工程建设标准规范分类汇编

城市公共交通规范

本 社 编

中国建筑工业出版社

(京)新登字035号

工程建设标准规范分类汇编
城市公共交通规范
本 社 编
*
中国建筑工业出版社出版、发行(北京西郊百万庄)
新 华 书 店 经 销
世界知识印刷厂印刷
*
开本:787×1092毫米 1/16 印张:$26^1/_2$ 字数:578千字
1997年12月第一版 1998年7月第二次印刷
印数:3,501—4,500册 定价:54.00元
ISBN 7-112-03323-3
TU·2565(8468)

出 版 说 明

随着我国基本建设的蓬勃发展和工程技术的不断进步，几年来国务院有关部委组织全国各方面专家陆续制订、修订并颁发了一批新标准、新规范、新规程。至今，现行的工程建设标准、规范、规程已达400多个。这些标准、规范、规程是人们在从事工程建设过程中通过总结、归纳、分析、提高形成的必须共同遵循的准则和规定，对提高工程建设科学管理水平，保证工程质量和工程安全，降低工程造价，缩短工期，节约建筑材料和能源，促进技术进步等方面有着显著的作用。

这些标准、规范、规程，绝大部分已由我社以单行本或汇编本公开出版，并作为强制性标准和推荐性标准在全国各地贯彻执行。标准、规范、规程单行本灵活、方便，但由于近几年出版单位不一，出版时间各异，加之专业分工越来越细，同一专业涉及的标准种类较多，专业读者很难及时购到、购齐。为了更加方便广大读者购买和使用，我社通过调查分析，并与标准、规范管理部门建设部标准定额研究所研究决定，现向广大工程技术人员推出工程建设标准规范分类汇编，计划36册，分两期出版。先期推出的工程建设标准规范分类汇编共16册，已于1996年6月出版发行，分别是：

《通用建筑结构设计标准》
《混凝土结构规范》
《预应力混凝土结构规范》
《建筑结构抗震规范》
《建筑工程施工及验收规范》
《安装工程施工及验收规范》
《建筑工程质量标准》
《安装工程质量标准》
《电气装置工程施工及验收规范》
《工程设计防火规范》
《电气设计规范》
《建筑施工安全技术规范》
《室外给水工程规范》
《室外排水工程规范》
《建筑给水排水工程规范》
《暖通空调规范》

这期推出的工程建设标准规范分类汇编共19册，分别是：

《土木建筑制图标准》
《民用建筑设计规范》

《工业建筑设计规范》
《建筑物理规范》
《土木建筑术语标准》
《地基与基础规范》
《砌体结构规范》
《钢木结构规范》
《特种结构与特殊施工技术规范》
《结构试验方法标准》
《工程勘察规范》
《测量规范》
《建筑防水工程技术规范》
《建筑材料应用技术规范》
《城镇燃气热力工程规范》
《城镇规划绿化与环境卫生规范》
《城市道路与桥梁设计规范》
《城市道路与桥梁施工验收规范》
《城市公共交通规范》

该类汇编分别将相近专业内容的标准、规范、规程汇编于一册，方便各种专业读者使用，也便于对照查阅；各册收编的均为现行的标准、规范、规程，大部分为近几年出版实施的，有很强的实用性；为了使读者更深刻地理解、掌握标准、规范、规程内容，该类汇编还收入了已公开出版过的有关条文说明；该类汇编单本定价，方便读者购买。该类汇编是广大工程设计、施工、科研、管理等有关人员必备的工具书。

尽管我们对已出版的现行工程建设标准规范作了精心的归纳、分类，但由于标准规范的不断修订和新标准、新规范的陆续颁布，有些标准规范暂时未能收入本次汇编中，不过今后我们将在该分类的基础上及时替换或增补新的标准规范。关于工程建设标准规范的出版、发行，我们诚恳地希望广大读者提出宝贵意见，便于今后不断改进标准规范的出版工作。

中国建筑工业出版社

目　录

1. 地下铁道设计规范(GB 50157—92) …… 1—1

第一章　总　　则 …… 1—2
第二章　限　　界 …… 1—3
　第一节　一般规定 …… 1—3
　第二节　限界确定的原则 …… 1—3
第三章　线　　路 …… 1—8
　第一节　一般规定 …… 1—8
　第二节　线路平面 …… 1—8
　第三节　线路纵断面 …… 1—10
　第四节　轨　　道 …… 1—10
第四章　车站建筑 …… 1—13
　第一节　一般规定 …… 1—13
　第二节　车　　站 …… 1—13
　第三节　车站出入口 …… 1—15
第五章　工程结构及防水 …… 1—15
　第一节　一般规定 …… 1—15
　第二节　荷　　载 …… 1—16
　第三节　工程材料 …… 1—17
　第四节　结构形式 …… 1—17
　第五节　计算原则 …… 1—18
　第六节　防　　水 …… 1—21
第六章　通风、空调和采暖 …… 1—22
　第一节　一般规定 …… 1—22
　第二节　隧道通风与空气调节 …… 1—22
　第三节　局部通风 …… 1—23
　第四节　采　　暖 …… 1—24
第七章　给水和排水 …… 1—25
　第一节　一般规定 …… 1—25
　第二节　给　　水 …… 1—25
　第三节　排　　水 …… 1—26
第八章　供　　电 …… 1—28
　第一节　一般规定 …… 1—28
　第二节　变电所 …… 1—28
　第三节　牵引电网 …… 1—29
　第四节　电缆与接地 …… 1—31
　第五节　动力与照明 …… 1—32
　第六节　供电系统管理自动化 …… 1—33
第九章　电梯、自动扶梯和自动人行道 …… 1—33
　第一节　一般规定 …… 1—33
　第二节　工艺布置 …… 1—33
第十章　通　　信 …… 1—34
　第一节　一般规定 …… 1—34
　第二节　专用通信 …… 1—35
　第三节　公务通信 …… 1—36
　第四节　通信线路 …… 1—36
　第五节　通信电源及接地 …… 1—37
　第六节　通信用房技术要求 …… 1—38
第十一章　信　　号 …… 1—39
　第一节　一般规定 …… 1—39

第二节 固定信号 …… 1—39
第三节 闭　塞 …… 1—40
第四节 联　锁 …… 1—40
第五节 行车指挥及列车运行控制 …… 1—40
第六节 其　它 …… 1—41
第十二章 防　灾 …… 1—42
第一节 一般规定 …… 1—42
第二节 建筑防火技术要求 …… 1—42
第三节 消防给水和灭火装置 …… 1—43
第四节 事故通风与排烟 …… 1—43
第五节 疏散指示与救援救护 …… 1—44
第六节 防灾报警与监控系统 …… 1—44
第七节 防水淹技术要求 …… 1—45
第十三章 车辆段及其它基地 …… 1—46
第一节 一般规定 …… 1—46
第二节 运用整备设施 …… 1—46
第三节 检修设施 …… 1—49
第四节 救援设施 …… 1—50
第五节 其它基地 …… 1—50
附录一 本规范用词说明 …… 1—51
附加说明 …… 1—51

2. 城市公共交通通信系统(GB 7283—87) …… 2—1

1 名词术语 …… 2—1
2 有线电通信系统 …… 2—2
3 无线电通信系统 …… 2—3
4 电视监视系统 …… 2—4
5 自动监控系统 …… 2—4
附录 *A* 《自动电话交换网技术体制》(节录) …… 2—6
附录 *B* 《移动通信网技术体制》(节录) …… 2—11

3. 地下铁道车辆通用技术条件(GB 7928—87) …… 3—1

1 使用环境条件 …… 3—1
2 基本要求 …… 3—1
3 一般要求 …… 3—2
4 机械部分 …… 3—3
5 电气部分 …… 3—4
6 安全设施 …… 3—5
7 试验与验收 …… 3—5
8 运输和保证期限 …… 3—5
附录 *A* 主要术语解释(参考件) …… 3—6

4. 城市公共交通站、场、厂设计规范(CJJ 15—87) …… 4—1

第一章 总则 …… 4—2
第二章 车站和渡轮站 …… 4—2
第一节 城市公共电、汽车首末站 …… 4—2
第二节 城市公共电、汽车中途站 …… 4—4
第三节 出租汽车营业站 …… 4—5
第四节 渡轮站 …… 4—5
第三章 停车场 …… 4—7
第一节 停车场的功能和选址 …… 4—7
第二节 停车场的用地和布局 …… 4—7
第三节 停车场的进出口 …… 4—8
第四节 低级保养 …… 4—8

第五节　工间 …… 4—9
第六节　油料管理 …… 4—9
第七节　清扫机械 …… 4—9
第八节　办公及生活性建筑 …… 4—9
第九节　绿化 …… 4—9
第十节　多层与地下停车库 …… 4—10
第十一节　出租汽车停车场 …… 4—11
第四章　保养场 …… 4—12
第一节　功能与场址 …… 4—12
第二节　平面布置和用地 …… 4—12
第三节　生产与生活性建筑 …… 4—13
第四节　油库 …… 4—14
第五节　出租汽车保养场 …… 4—14
第六节　保养中心 …… 4—14
第五章　修理厂 …… 4—15
第一节　建厂与用地 …… 4—15
第二节　库房、道路及其它 …… 4—16
第三节　渡轮修理厂 …… 4—16

5. 地铁杂散电流腐蚀防护技术规程（CJJ 49—92） …… 5—1

第一章　总　　则 …… 5—2
第二章　基本原则 …… 5—2
第三章　地铁结构与设备受杂散电流腐蚀的危险性指标 …… 5—3
第四章　地铁杂散电流值的限制 …… 5—4
第一节　地铁牵引供电系统 …… 5—4
第二节　地铁走行轨回流系统 …… 5—4
第五章　地铁沿线金属管线结构的防护 …… 5—6
第一节　地铁主体结构 …… 5—6
第二节　电缆及管道结构 …… 5—6
第三节　地铁及车辆段结构及设施 …… 5—6
第六章　防护监测 …… 5—7
第一节　一般规定 …… 5—7
第二节　监测点和测量室 …… 5—7
第七章　验收与检查试验 …… 5—8
附录一　本规程术语解释 …… 5—9
附录二　地铁杂散电流腐蚀与防护的试验测量和使用仪表 …… 5—11
附录三　本规程用词说明 …… 5—17
附加说明 …… 5—18
附:条文说明 …… 5—18

6. 城市用无轨电车技术条件（CJ 11—84） …… 6—1

1　技术要求 …… 6—1
2　试验方法 …… 6—10
3　验收规则 …… 6—19
4　运输与保管 …… 6—20
5　电车新产品定型鉴定与电车质量定期检查 …… 6—20
附录 …… 6—21

7. 城市公共汽车修理技术条件（CJ 17-86） …… 7—1

1　一般技术要求 …… 7—2
2　车身内外蒙皮修理技术条件 …… 7—5
3　底架修理技术条件 …… 7—5

4 骨架修理技术条件 …… 7—6
5 车身铆焊修理技术条件 …… 7—6
6 车身附件及装饰件修理技术条件 …… 7—7
7 铰接装置修理技术条件 …… 7—9
8 涂漆技术条件 …… 7—10
9 驾驶操纵机构修理技术条件 …… 7—11
10 发动机修理技术条件 …… 7—12
11 传动系修理技术条件 …… 7—30
12 前轴及转向器修理技术条件 …… 7—39
13 制动系修理技术条件 …… 7—42
14 悬挂及车轮修理技术条件 …… 7—46
15 电气设备及仪表修理技术条件 …… 7—47
16 竣工出厂验收技术条件 …… 7—50

8. 城市无轨电车修理技术条件(CJ 23—87) …… 8—1

1 一般技术要求 …… 8—1
2 集电装置 …… 8—2
3 高压电气控制设备与辅助设施 …… 8—3
4 直流牵引电动机和空气压缩机电动机 …… 8—11
5 高压电气设备的安装及高压电缆的敷设 …… 8—16
6 低压电气设备及导线敷设 …… 8—17
7 传动系 …… 8—19
8 前轴与转向系 …… 8—23
9 悬架及车轮 …… 8—26
10 制动系 …… 8—27
11 压缩空气系 …… 8—28
12 车厢 …… 8—32
13 铰接装置 …… 8—35
14 油漆涂层 …… 8—36
15 车辆竣工出厂检验技术条件 …… 8—36
附录 A 斩波调速装置 …… 8—39

9. 城市公共交通经济技术指标计算方法
(CJ 39.1～4—91)

CJ 39.1—91 城市公共交通经济技术指标计算方法
公共汽车、电车 …… 9—1
CJ 39.2—91 城市公共交通经济技术指标计算方法
出租汽车 …… 9—14
CJ 39.3—91 城市公共交通经济技术指标计算方法
客渡 …… 9—22
CJ 39.4—91 城市公共交通经济技术指标计算方法
地铁 …… 9—29

10. 城市客渡轮通信设备配备标准(CJ 3001—92) …… 10—1

1 主题内容与适用范围 …… 10—1
2 引用标准 …… 10—1
3 术语 …… 10—1
4 技术要求 …… 10—1
附加说明 …… 10—3

11. 出租汽车运行技术条件(CJ/T 3003—93) …… 11—1

1 主题内容和适用范围 …… 11—1
2 引用标准 …… 11—1
3 术语 …… 11—1

4 车型、级别 …… 11—1
5 运行车辆技术要求 …… 11—2
6 其他要求 …… 11—2
7 标志与补充标志 …… 11—2

12. 轿车、微型客车及小型客车修理技术条件（CJ/T 3004—93） …… 12—1

1 主题内容和适用范围 …… 12—1
2 引用标准 …… 12—1
3 一般技术要求 …… 12—1
4 发动机 …… 12—2
5 变速器 …… 12—9
6 传动轴 …… 12—11
7 驱动桥 …… 12—12
8 转向驱动桥 …… 12—14
9 非驱动式前轴及转向系 …… 12—14
10 制动系 …… 12—16
11 悬挂装置及车轮 …… 12—18
12 车身与底架 …… 12—18
13 电气设备 …… 12—20
14 空调装置 …… 12—22
15 车辆大修竣工出厂的验收 …… 12—23

13. 城市公共交通车辆自动监控系统（CJ/T 3010—93） …… 13—1

1 主题内容与适用范围 …… 13—1
2 引用标准 …… 13—1
3 术　语 …… 13—1
4 系统的功能 …… 13—3
5 系统制式 …… 13—3
6 系统的构成及各主要设备的功能 …… 13—3
7 系统设备的主要技术要求 …… 13—5
8 系统的特征参数和主要技术指标 …… 13—6
附录A　系统框图和信息流程图(参考件) …… 13—7
附录B　主要参数的推荐值(参考件) …… 13—9
附录C　AVM 系统可行性研究的基本内容(参考件) …… 13—10
附录D　系统的验评标准(参考件) …… 13—10

14. 无轨电车供电网规划和设计（CJ/T 3011—93） …… 14—1

1 主题内容与适用范围 …… 14—1
2 引用标准 …… 14—1
3 术　语 …… 14—1
4 规划导则 …… 14—3
5 协　调 …… 14—3
6 馈、触线网装置的一般规定 …… 14—5
7 馈、触线网的主要材料与组成件 …… 14—8
8 保养场(厂)内触线网架设的特殊要求 …… 14—9
9 馈、触线网的设计计算 …… 14—9
附录A　典型气象区(补充件) …… 14—13
附录B　典型气象适用区(补充件) …… 14—13
附录C　悬吊型式计算公式(参考件) …… 14—14

15. 城市公共交通信号系统—轻轨交通
（CJ/T　3027.1—93） …… 15—1

1　主题内容与适用范围 …… 15—1
2　引用标准 …… 15—1
3　术　语 …… 15—1
4　基本要求 …… 15—1
5　设备工作环境条件 …… 15—2
6　系统分类 …… 15—2
7　列车自动监视 …… 15—2
8　列车自动监控 …… 15—3
9　自动闭塞 …… 15—4
10　车内信号与自动停车 …… 15—4
11　列车自动防护 …… 15—5
12　列车自动运行 …… 15—5
13　联锁 …… 15—6
14　道口信号 …… 15—7
15　列车占用检测与信息传递 …… 15—8
16　供电 …… 15—9
17　接地与防护 …… 15—9

16. 城市客运车辆修理通用技术条件
（CJ/T 30—91） …… 16—1

1　主题内容和适用范围 …… 16—1
2　引用标准 …… 16—1
3　术语 …… 16—1
4　送修条件 …… 16—1
5　修理技术基本要求 …… 16—2
6　竣工检验要求 …… 16—3
7　质量保证 …… 16—4

17. 无轨电车产品型号编制规则
（CJ/T 5005—93） …… 17—1

1　主题内容与适用范围 …… 17—1
2　无轨电车产品型号的构成 …… 17—1
3　代号 …… 17—1

18. 无轨电车产品图样编号方法
（CJ/T 5006—93） …… 18—1

1　主题内容与适用范围 …… 18—1
2　引用标准 …… 18—1
3　无轨电车产品图样编号的构成 …… 18—1
4　外购件的编号 …… 18—2
5　借用零件的编号 …… 18—2
6　产品图样编号规定 …… 18—2
附录 A　无轨电车产品图样统一编号示
例表（补充件） …… 18—2

19. 有轨电车技术条件（CJ/T 5016—94） …… 19—1

1　主题内容与适用范围 …… 19—1
2　引用标准 …… 19—1
3　技术要求 …… 19—1
4　标志、运输与质量保证 …… 19—4

附加说明…………………………………………………… 19—4

20. 城市公共交通主要保修设备配备

（ZBP 52001.1～3—89）

ZBP 52001.1—89　城市公共交通主要保修设备配备
无轨电车保养场…………………………………………… 20—1
ZBP 52001.2—89　城市公共交通主要保修设备配备
公共汽车保养场…………………………………………… 20—8
ZBP 52001.3—89　城市公共交通主要保修设备配备
公共汽车修理厂 ………………………………………… 20—24

中华人民共和国国家标准

地下铁道设计规范

GB 50157—92

主编部门：首都规划建设委员会办公室
批准部门：中华人民共和国建设部
施行日期：1993 年 1 月 1 日

关于发布国家标准《地下铁道设计规范》的通知

建标〔1992〕372号

根据国家计委计综〔1986〕2630号文的要求，由北京市建委会同各有关部门共同编制的《地下铁道设计规范》已经会审。现批准《地下铁道设计规范》GB50157-92为强制性国家标准，自一九九三年一月一日起施行。

本规范由首都规划建设委员会办公室负责管理，具体解释工作由北京市城市建设设计研究院负责。出版发行由建设部标准定额研究所负责组织。

中华人民共和国建设部
一九九二年六月十三日

制订说明

本规范是根据国家计委计综〔1986〕2630号文的通知，由主编单位北京市城建设计研究院会同有关单位组成规范编制组共同完成。

本规范在制订过程中，调查总结了我国二十多年来地下铁道工程建设和运营管理经验，以及历年来的科研成果，同时，借鉴了国外地下铁道有关的成功经验和先进技术。在规范制订的各个阶段曾以多种方式广泛征求了全国有关单位的意见，规范的组成内容基本定型后，又在国内几座城市地下铁道的规划设计中试用检验，几经修改，最后由我办会同有关部门审查定稿。

本规范是我国首次编制的地下铁道工程设计国家标准，共分十三章和一个附录。规范中各章的条文规定，均基于可靠的技术依据和成熟的经验基础，对于部分限于当前国内没有实践经验或处于发展阶段技术尚不够成熟的内容，如车辆采用架空接触网受电方式的各种限界的规定和综合自动化系统技术要求等，本规范首版本暂时没有作出规定或仅作出原则性的规定。

为提高规范质量，请各单位在执行本规范的过程中，注意总结经验和积累资料，随时将发现的问题和意见，寄交北京市城建设计研究院《地下铁道设计规范》管理组〔北京西二环路甲1号（邮政编码100037）〕，以便今后修订时参考。

首都规划建设委员会办公室

一九九二年四月

第一章 总 则

第1.0.1条 为了使地下铁道设计做到技术先进，经济合理，安全适用，符合国情，特制定本规范。

第1.0.2条 本规范适用于新建的地下铁道工程设计。

第1.0.3条 地下铁道工程设计，应根据政府主管部门批准的地下铁道路网规划进行。

第1.0.4条 地下铁道在满足交通需求的前提下，人防要求可由城市主管部门根据具体情况确定。

第1.0.5条 地下铁道的设计年限分为近、远两期。近期宜为交付运营后第10年；远期应符合城市总体规划规定的年限，但不宜少于交付运营后25年。

第1.0.6条 地下铁道工程的规模、设备容量，以及车辆段的用地面积，应按预测的远期客流量和通过能力确定。对于可分期建设的工程和配置的设备，应考虑分期扩建和增设。

地下铁道工程建设，在有条件的地方应考虑综合开发利用。

第1.0.7条 地下铁道线路应为右侧行车的双线线路，并应采用1435mm标准轨距。

第1.0.8条 地下铁道线路远期的最大通过能力，每小时不应少于30对列车。

近期和远期列车编组的车辆数，应分别根据预测的近期和远期客流量和车辆定员数确定。车辆定员数为车厢座位数和空余面积上站立的乘客数之和，车厢空余面积应按每平方米站立6名乘客计算。

第1.0.9条 在客流量不均匀的线路上应组织区段运行。列车运行交路应根据远期全线客流分布确定。

线路的每个终点站和区段运行的折返站，应设置折返线或渡线，其折返能力应与该区段的通过能力相匹配。

当两折返站相距过长时，宜在沿线每隔 3 至 5 个车站的站端加设渡线或车辆停放线。

第1.0.10条 地下铁道每条线路宜设一个车辆段。当一条线路长度超过20km时，可设一个车辆段和一个停车场。当技术经济合理时也可两条或两条以上线路共用一个车辆段。

第1.0.11条 车辆段出入线设置双线或单线，应根据远期线路的通过能力计算确定。尽端式车辆段出入线宜采用双线。当为贯通式车辆段时，可在车辆段两端各设一条单线。

第1.0.12条 在地下铁道路网中，至少应有一个车辆段设置连接地面的铁路专用线。连接地面的铁路专用线，应符合国家现行有关铁路规范的规定。

第1.0.13条 设计地下铁道浅埋、高架及地面线路时，应采取降低噪声和减少振动的措施。

第1.0.14条 地下铁道工程设计，应符合逐步实现运营管理综合自动化的要求。

第1.0.15条 地下铁道设备的选型和设计，应符合标准化和系列化要求，引进国外设备应立足于能够实现产品国产化。

第1.0.16条 地下铁道的设计，除应遵守本规范外，尚应符合国家现行有关标准和规范的要求。

第二章 限　界

第一节 一般规定

第2.1.1条 地下铁道的限界应根据车辆的轮廓尺寸和性能、线路特性、设备安装以及施工方法等因素经技术经济比较综合分析确定。

第2.1.2条 地下铁道的限界应包括车辆限界，设备限界，建筑限界，接触轨和接触网限界。

第2.1.3条 本章规定适用于直线地段限界。曲线地段的限界，应在直线地段上，按不同曲线半径和超高以及车辆的有关尺寸分别进行加宽和加高。

第2.1.4条 双线地下铁道，当两线间无墙柱及其它设备时，两设备限界之间应有不小于100mm的安全量。

第二节 限界确定的原则

第2.2.1条 车辆限界应根据车辆主要尺寸等有关参数，并考虑在静态和动态情况下所达到的横向和竖向偏移量及偏转角度，按可能产生最不利情况进行组合计算确定。

接触轨受电的车辆主要尺寸应符合下列规定：

一、车辆长度：

车体长度为19000mm；

两车钩中心距离为19520mm；

二、车辆最大宽度为2800mm；

三、车辆高度为3515mm；

四、车辆定距为12600mm；

五、固定轴距为2300mm；

六、地板面距轨顶面高度为1100mm；

七、受流器安装尺寸：

受流器端部距车体横向中心为1473mm；

受流器中心距轨顶面高度为140mm。

第2.2.2条 设备限界应根据车辆限界、轨道状态不良引起车辆的偏移和倾斜，并计及适当的安全量等因素计算确定。

第2.2.3条 隧道建筑限界应按下列要求确定：

一、区间直线地段各种类型的隧道建筑限界与设备限界之间的间距，应能满足各种设备安装的要求。

二、曲线地段矩形和马蹄形隧道建筑限界，应按直线地段的建筑限界分别进行加宽和加高，其加宽和加高量应按下列公式计算：

1．曲线内侧加宽

$$E_{内}=\frac{l_1^2+a^2}{8R}+X_4\cos\alpha+Y_4\sin\alpha-X_4 \quad (2.2.3\text{-}1)$$

2．曲线外侧加宽

$$E_{外}=\frac{L_0^2-(l_1^2+a^2)}{8R}+X_8\cos\alpha-Y_8\sin\alpha-X_8 \quad (2.2.3\text{-}2)$$

3．顶部加高

$$E_{高}=Y_1\cos\alpha+X_1\sin\alpha-Y_1 \quad (2.2.3\text{-}3)$$

$$\alpha=\sin^{-1}(h/s) \quad (2.2.3\text{-}4)$$

式中 L_0——车体长度（mm）；

l_1——车辆定距（mm）；

a——车辆固定轴距（mm）；

R——圆曲线半径（mm）；

h——超高值（mm）；

s——内外轨中心距离（mm）；

（X_1、Y_1），（X_4、Y_4），（X_8、Y_8）分别为计算加宽和加高的控制点坐标值。

三、采用盾构施工的圆形隧道，应按全线最小曲线半径确定隧道建筑限界。

四、道岔区的建筑限界在直线地段上，应根据不同种类的道岔和车辆有关尺寸计算出的加宽量和安装设备所需的加高量，分别进行加宽和加高。在道岔导曲线范围内的加宽量应按下列公式计算：

1．内侧加宽

$$e_{内}=\frac{l_1^2+a^2}{8R_0} \quad (2.2.3\text{-}5)$$

2．外侧加宽

$$e_{外}=\frac{L_0^2-(l_1^2+a^2)}{8R_0} \quad (2.2.3\text{-}6)$$

式中 R_0——道岔导曲线半径（mm）。

五、竖曲线地段的建筑限界，应在直线地段上根据不同竖曲线半径及车辆的有关尺寸计算的加高量进行加高，其加高量应按下列公式计算：

1．凹形竖曲线

$$\Delta H_1=\frac{l_1^2+a^2}{8R_1} \quad (2.2.3\text{-}7)$$

2．凸形竖曲线

$$\Delta H_2=\frac{L_0^2-(l_1^2+a^2)}{8R_2} \quad (2.2.3\text{-}8)$$

式中 R_1，R_2——分别为凹凸形竖曲线半径（mm）。

六、车站直线地段的站台高度应低于车厢地板面，其高度差宜为50～100mm。站台边缘距车厢外侧面之间的空隙宜采用100mm。

第2.2.4条 接触轨限界应根据受流器的偏移、倾斜和磨耗、接触轨安装误差、轨道偏差、电间隙等因素确定。

第2.2.5条 直线地段隧道限界与坐标值规定如下：

一、区间直线地段圆形隧道限界（图2.2.5-1）；
二、区间直线地段矩形隧道限界（图2.2.5-2）；
三、区间直线地段马蹄形隧道限界（图2.2.5-3）；
四、车站直线地段矩形隧道限界（图2.2.5-4）；
五、节点1（图2.2.5-5）；
六、节点2（图2.2.5-6）；
七、车辆轮廓线坐标值（表2.2.5-1）；
八、车辆限界坐标值（表2.2.5-2）；
九、设备限界坐标值（表2.2.5-3）。

车辆轮廓线坐标值 表2.2.5-1

坐标＼点号	0	1	2	3	4	5	6	7	8
X	0	800	1100	1255	1325	1400	1400	1277	1277
Y	3515	3515	3435	3350	3250	1860	600	600	350
坐标＼点号	9	10	11	12	13	14	15	16	17
X	1277	1473	1473	1220	1160	1140	1000	1000	818
Y	210	185	105	105	105	150	150	100	100
坐标＼点号	18	19	20	21	22				
X	818	717.5	717.5	676.5	676.5				
Y	0	0	−25	−25	100				

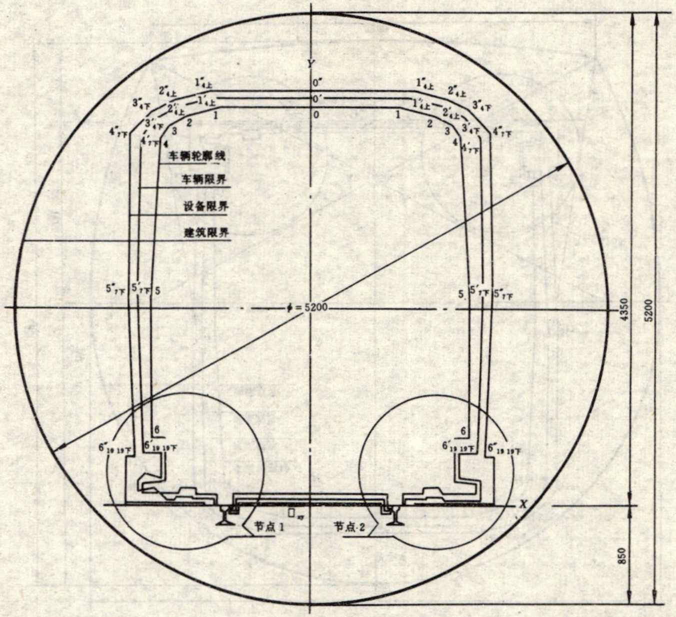

区间直线地段圆形隧道限界（图 2.2.5-1）

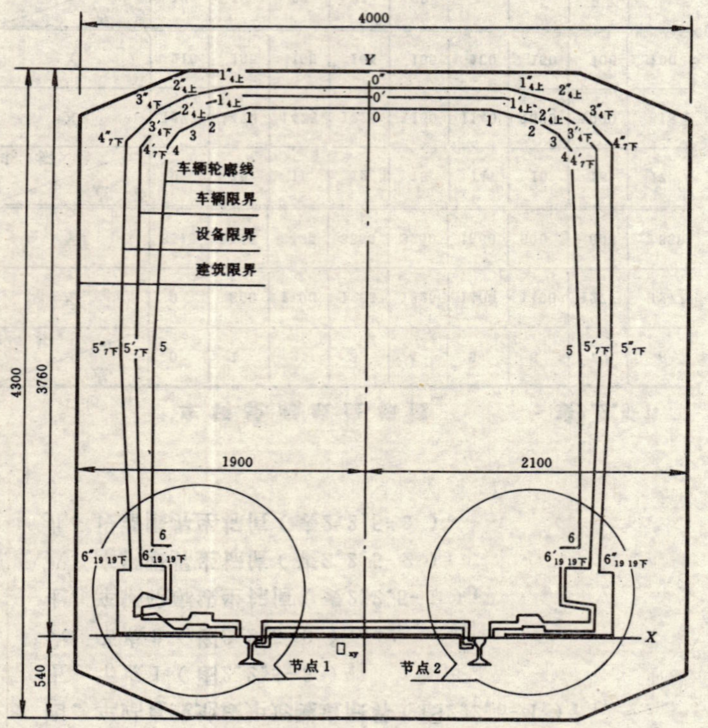

区间直线地段矩形隧道限界（图 2.2.5-2）

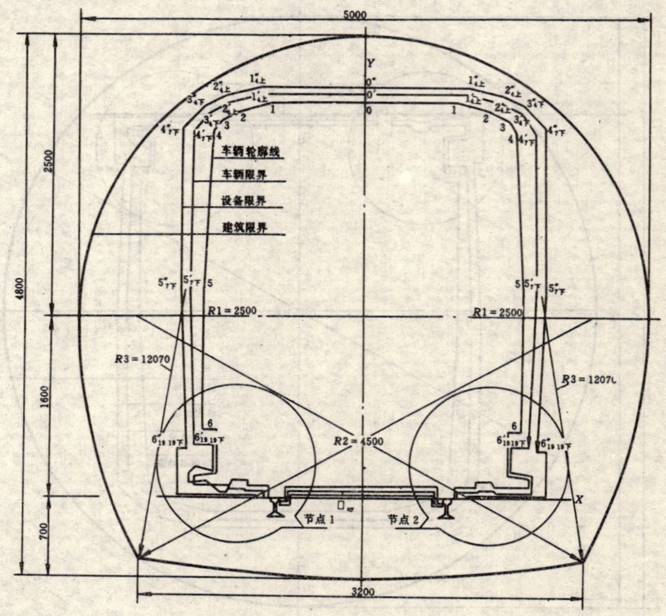

区间直线地段马蹄形隧道限界（图 2.2.5-3）

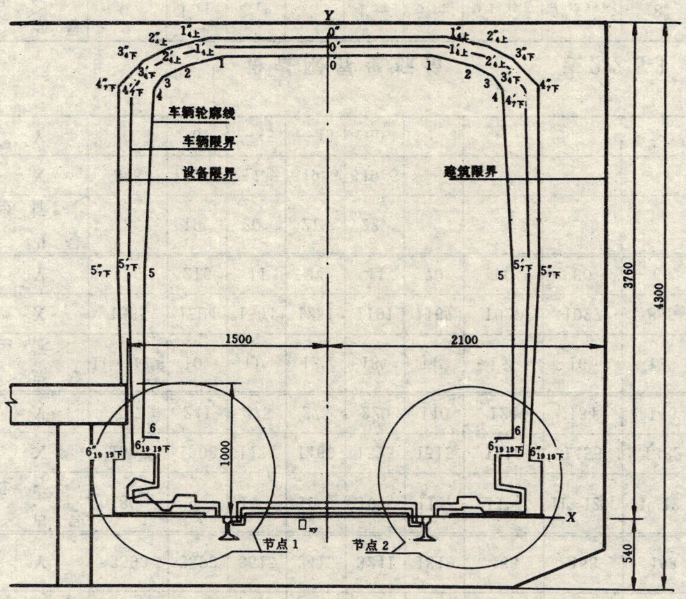

车站直线地段矩形隧道限界（图 2.2.5-4）

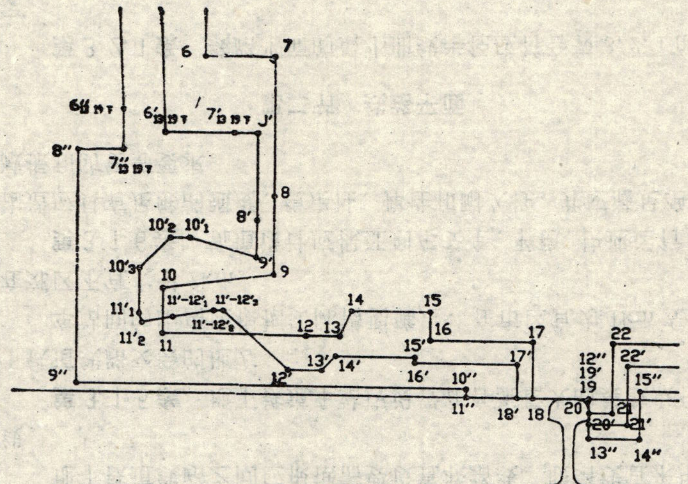

节点 1（图2.2.5-5）

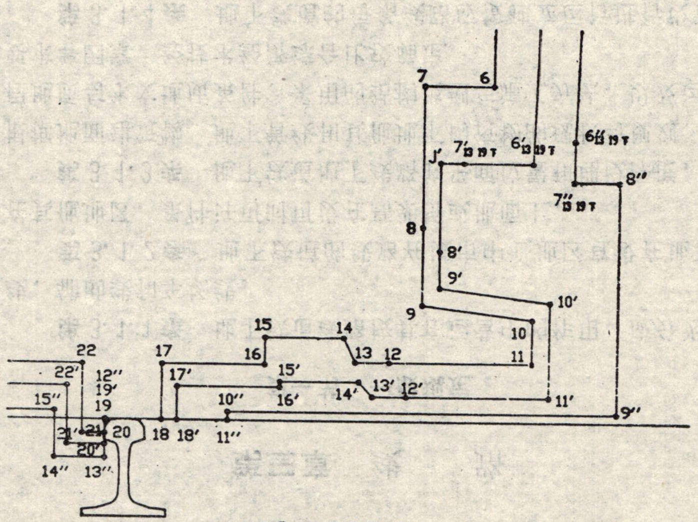

节点 2（图2.2.5-6）

车辆限界坐标值　　　　表 2.2.5-2

点号 / 坐标	$0'$	$1'_{4上}$	$2'_{4上}$	$3'_{4下}$	$4'_{7下}$	$5'_{7下}$	$6'_{13\,19下}$	$7'_{13\,19下}$	J'
X	0	881	1181	1368	1502	1520	1471	1348	1307
Y	3593	3593	3515	3415	3241	1849	463	463	463
点号 / 坐标	$8'$	$9'$	$10'_1$	$10'_2$	$10'_3$	$11'_1$	$11'_2$	$11'\text{-}12'_1$	$11'\text{-}12'_2$
X	1307	1308	1425	1460	1515	1515	1510	1455	1382
Y	307	241	275	275	220	140	124	134	146
点号 / 坐标	$11'\text{-}12'_3$	$10'$	$11'$	$12'$	$13'$	$14'$	$15'$	$16'$	$17'$
X	1365	1504	1504	1251	1191	1167	1027	1027	845
Y	146	216	44	44	44	70	70	60	60
点号 / 坐标	$18'$	$19'$	$20'$	$21'$	$22'$				
X	845	717.5	717.5	649.5	649.5				
Y	0	0	−45	−45	60				

设备限界坐标值　　　　表 2.2.5-3

点号 / 坐标	$0''$	$1''_{4上}$	$2''_{4上}$	$3''_{4下}$	$4''_{7下}$	$5''_{7下}$	$6''_{13\,19下}$	$7''_{13\,19下}$	$8''$
X	0	917	1218	1406	1593	1600	1545	1545	1625
Y	3653	3653	3578	3479	3282	1890	504	432	432
点号 / 坐标	$9''$	$10''$	$11''$	$12''$	$13''$	$14''$	$15''$		
X	1625	935	935	717.5	717.5	627.5	627.5		
Y	15	15	0	0	−70	−70	15		

第三章　线　　路

第一节　一般规定

第 3.1.1 条　地下铁道线路按其在运营中的作用，应分为正线、辅助线和车场线。

第 3.1.2 条　地下铁道的线路在城市中心地区宜设在地下，在其他地区，条件许可时可设在高架桥或地面上。

第 3.1.3 条　地下铁道地下线路的平面位置和埋设深度，应根据地面建筑物、地下管线和其他地下构筑物的现状与规划、工程地质与水文地质条件、采用的结构类型与施工方法，以及运营要求等因素，经技术经济综合比较确定。

第 3.1.4 条　地下铁道的每条线路应按独立运行进行设计。线路之间以及与其他交通线路之间的相交处，应为立体交叉。

地下铁道线路之间应根据需要设置联络线。联络线宜采用单线。

第 3.1.5 条　地下铁道车站应设置在客流量大的集散点和地下铁道线路交会的地方。

车站间的距离应根据实际需要确定，在市区宜为 1km 左右，在郊区不宜大于 2km。

第 3.1.6 条　轨道设计应保证列车安全、平稳、快速运行，其构造应具有足够的强度、稳定性、弹性和耐久性，并应满足绝缘、减振和防锈等要求。

第二节　线路平面

第 3.2.1 条　线路平面的最小曲线半径应符合表 3.2.1 的规定。

最小曲线半径 表 3.2.1

线路	一般情况(m)	困难情况(m)
正线	300	250
辅助线	200	150
车场线	110	80

第 3.2.2 条 在正线上当曲线半径等于或小于 2000m 时，圆曲线与直线间应根据曲线半径及行车速度按表 3.2.2 规定设置缓和曲线。

第 3.2.3 条 道岔附带曲线可不设缓和曲线和超高，但其曲线半径不得小于道岔导曲线半径。

第 3.2.4 条 地下铁道线路不宜采用复曲线。在困难地段，有充分技术依据时可采用复曲线。当两圆曲线的曲率差大于 1/2000 时，应设置中间缓和曲线，其长度应根据计算确定，但不应小于 20m。

第 3.2.5 条 正线及辅助线的圆曲线最小长度不宜小于 20m，在困难情况下不得小于一个车辆的全轴距。

第 3.2.6 条 正线及辅助线上两相邻曲线间的夹直线长度，不应小于 20m，车场线上的夹直线长度不得小于 3m。

第 3.2.7 条 车站站台段线路应设在直线上，在困难地段可设在曲线上，其半径不应小于 800m。

第 3.2.8 条 道岔应设在直线地段，道岔端部至曲线端部的距离不宜小于 5m，车场线可减少到 3m。

第 3.2.9 条 道岔宜靠近车站设置，但道岔基本轨端部至车站站台端部的距离不应小于 5m。

第 3.2.10 条 正线和辅助线上宜采用 9 号道岔，车场线应采用不大于 7 号的道岔。设置交叉渡线两平行线的线间距宜符合下列规定：

缓 和 曲 线 表 3.2.2

l \ V R	90	85	80	75	70	65	60	55	50	45	40	35	30
2000	30	25	—	—	—	—	—	—	—	—	—	—	—
1500	40	35	30	25	20	20	20	20	—	—	—	—	—
1200	50	40	35	30	25	20	20	20	—	—	—	—	—
1000	60	50	45	35	30	25	20	20	20	—	—	—	—
800	75	60	55	45	35	30	30	25	20	20	—	—	—
700	75	70	65	50	40	35	30	25	20	20	—	—	—
600	75	70	70	60	50	45	35	30	20	20	20	—	—
500	—	70	70	65	60	50	45	35	20	20	20	20	—
450	—	—	70	65	60	55	50	40	25	20	20	20	—
400	—	—	—	65	60	60	55	45	25	20	20	20	—
350	—	—	—	—	60	60	60	50	30	25	20	20	20
300	—	—	—	—	—	60	60	60	35	30	25	20	20
250	—	—	—	—	—	—	60	60	40	30	25	20	20
240	—	—	—	—	—	—	—	—	40	35	30	20	20
230	—	—	—	—	—	—	—	—	40	35	30	25	20
220	—	—	—	—	—	—	—	—	40	40	30	25	20
210	—	—	—	—	—	—	—	—	40	40	30	25	20
200	—	—	—	—	—	—	—	—	40	40	35	25	20
190	—	—	—	—	—	—	—	—	40	40	35	25	20
180	—	—	—	—	—	—	—	—	40	40	35	30	20
170	—	—	—	—	—	—	—	—	40	40	40	30	20
160	—	—	—	—	—	—	—	—	—	40	40	30	25
150	—	—	—	—	—	—	—	—	—	40	40	35	25

注：表中 R——曲线半径(m)；V——设计速度(km/h)；
l——缓合曲线长度(m)。

9号道岔可采用 4.6m 或 5.0m；

6、7号道岔可采用 4.5m 或 5.0m。

第 3.2.11 条 折返线的有效长度，应为远期列车计算长度加 24m(不包括车挡长度)。

第三节 线路纵断面

第 3.3.1 条 正线的最大坡度宜采用 30‰，困难地段可采用 35‰，辅助线的最大坡度宜采用 40‰，但均不包括各种坡度折减值。

第 3.3.2 条 隧道内的正线最小坡度不宜小于 3‰，困难地段在确保排水的条件下，可采用小于 3‰的坡度。

第 3.3.3 条 隧道内的车站站台段线路坡度宜采用 3‰，在困难条件下，可设在 2‰或不大于 5‰的坡道上。

第 3.3.4 条 地面和高架桥上的车站站台段线路宜设在平道上，在困难地段可设在不大于 5‰的坡道上。

车场线可设在不大于 1.5‰的坡道上。

第 3.3.5 条 道岔宜设在不大于 5‰的坡道上，在困难地段可设在不大于 10‰的坡道上。

第 3.3.6 条 车站站台段线路应设在一个坡道上。地下车站宜接近地面设置，有条件时宜布置在纵断面的凸型部位上，并设置合理的进、出站坡度。

第 3.3.7 条 隧道内的折返线和存车线，应布置在面向车挡的下坡道上，其坡度宜为 2‰。

第 3.3.8 条 两相邻坡段的坡度代数差等于或大于 2‰时，应设竖曲线连接，竖曲线的半径应符合表 3.3.8 的规定。

第 3.3.9 条 线路纵向坡段长度不宜小于远期列车计算长度，并应满足相邻竖曲线间的夹直线长度的要求，其夹直线长度不宜小于 50m。

第 3.3.10 条 车站站台和道岔范围不得设置竖曲线，竖曲线离开道岔端部的距离不应小于 5m。

竖 曲 线 半 径　　表 3.3.8

线别		一般情况 (m)	困难情况 (m)
正线	区间	5000	3000
	车站端部	3000	2000
辅助线		2000	
车场线		2000	

第四节 轨 道

第 3.4.1 条 正线及辅助线应采用 50kg/m 及以上的钢轨。车场线应采用 43kg/m 的钢轨。

钢轨接头应采用对接。在曲线内股应采用现行标准的缩短轨。当采用缩短轨接头对接有困难时可采用错接，其错开距离不应小于 3m。

第 3.4.2 条 正线地段和半径为 250m 及以上的曲线地段，应铺设无缝线路。在地面线及高架线上铺设无缝线路可按现行有关铁路规范设计。

第 3.4.3 条 两相邻道岔间插入短钢轨的最小长度，应符合表 3.4.3 的规定。

第 3.4.4 条 正线及辅助线上钢轨应设轨底坡，其坡度为 1/40，但在道岔和道岔间不足 25m 的直线段不应设轨底坡。

第 3.4.5 条 混凝土整体道床钢轨扣件的型式，应根据技术经济比较确定，并应采用构造简单、具有足够的扣压力和耐久的弹性扣件，以及能满足调整轨距和水平的要求。

道岔间插入短钢轨的最小长度　　表3.4.3

道岔位置		线别	插入短钢轨长度(L) 一般地段(m)	插入短钢轨长度(L) 困难地段(m)
对向单开道岔	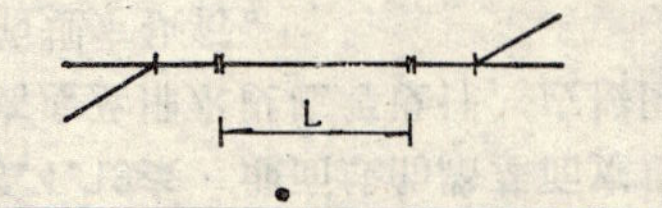	正线及辅助线	12.5	6.25
		车场线	4.5	0
顺向单开道岔	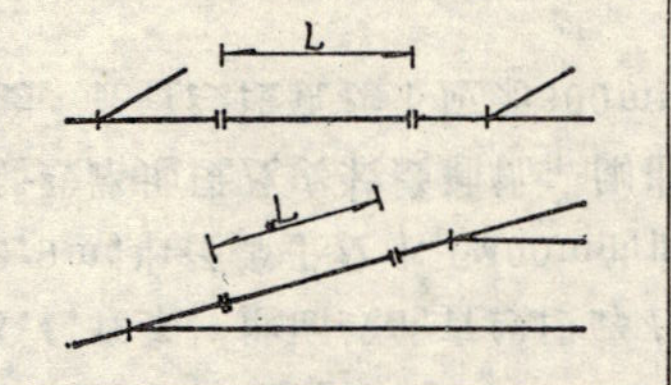	正线及辅助线	6.25	4.5
		车场线	4.5	3.0
反向单开道岔	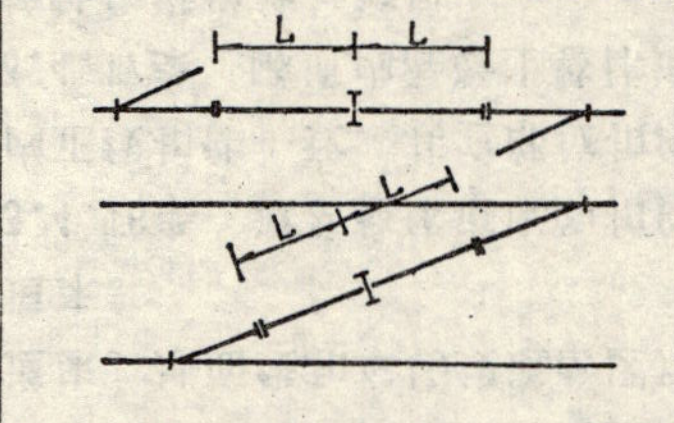	正线	6.25	4.5
		辅助线	6.25	3.0
		车场线	4.5	3.0

轨下应采用绝缘弹性垫层。

第3.4.6条　辅助线和车场线半径等于及小于200m的曲线地段的轨距应按标准轨距加宽，其加宽值应符合表3.4.6规定。

辅助线的曲线轨距加宽应在缓和曲线范围内或在直线段递减。车场线的轨距加宽应在直线段递减。

第3.4.7条　线路的曲线超高值应按下列公式计算：

$$h = 11.8V_c^2/R \qquad (3.4.7)$$

式中　h——超高值（mm）；

V_c——列车通过速度（km/h）；

R——曲线半径（m）。

辅助线和车场线曲线轨距加宽值　　表3.4.6

曲线半径（m）	加宽值（mm）
200～151	5
150～101	10
100～80	15

圆曲线的最大超高值为120mm。当设置的超高不能满足行车速度要求时，允许有不超过0.4m/s²的未被平衡横向加速度。

第3.4.8条　混凝土整体道床的曲线超高，采取外轨抬高超高值的一半和内轨降低超高值的一半的办法设置；碎石道床的曲线超高采取外轨抬高超高值的办法设置。

第3.4.9条　曲线超高值应在缓和曲线内递减顺接；无缓和曲线时，应在直线段递减顺接。

超高顺坡率不宜大于2‰，困难地段不应大于3‰。

第3.4.10条　轨下基础的结构型式应根据技术、经济比较确定。隧道内应采用混凝土整体道床，其强度等级宜为C30，需要加强地段，应增设钢筋。高架线宜采用新型轨下基础，地面线宜采用轨枕碎石道床。

第3.4.11条　矩形隧道内混凝土整体道床的轨道建筑高度不宜小于500mm，圆形隧道的轨道建筑高度不宜小于700mm。道床面应有不小于3%的横向排水坡，道床面至承轨台间的距离宜为30～40mm。

第3.4.12条　采用钢筋混凝土短轨枕式混凝土整体道床时，短轨枕宜在工厂预制，混凝土强度等级宜采用C50，底部宜伸出钢筋以加强与混凝土整体道床的连接。采用连续支承混凝土整体道床时，应采用整体灌注式。

第3.4.13条 混凝土整体道床排水沟的纵向坡度可与线路坡度一致，水沟横断面应根据相关因素确定。

第3.4.14条 隧道内正线及辅助线的直线段和半径大于及等于400m的曲线地段，每公里铺设短轨枕数为1680对，半径为400m以下的曲线地段和大坡道上，每公里铺设短轨枕数为1760对；地面线的碎石道床直线段和半径大于及等于400m的曲线地段，每公里铺设轨枕数为1680根，半径为400m以下的曲线地段，每公里铺设轨枕数为1760根；车场线每公里铺设轨枕数为1440根。碎石道床的防爬装置应按国家现行有关规范的规定设置。

第3.4.15条 隧道内道岔区宜采用钢筋混凝土短轨枕式混凝土整体道床。地面线和车场线道岔区可采用木枕或钢筋混凝土轨枕碎石道床。

第3.4.16条 道岔整体道床的扣件，在导曲线和一般部位应与隧道内正线扣件一致，其它部位扣件可另行设计。

第3.4.17条 隧道内混凝土整体道床与洞外碎石道床相连时，衔接处应设弹性过渡段。

第3.4.18条 地面线的直线段碎石道床顶面宽度为3m，车场线为2.9m，半径等于及小于400m的曲线地段外侧应加宽0.1m。铺设无缝线路地段及安装接触轨一侧也应适当加宽。碎石道床的最小厚度，在直线段轨枕下应为300mm，车场线轨枕下应为250mm。

第3.4.19条 地面线的路基面宽度、路拱形状、路堤、路堑边坡和高度及排水设施等设计，应按国家现行的《铁路路基设计规范》的规定执行。

第3.4.20条 线路上应设以下标志：

百米标、坡度标、制动标、圆曲线和缓和曲线始点及终点标、曲线标、竖曲线始点及终点标、水准基点标、限速标、警冲标、停车位置标志等。

第3.4.21条 隧道内百米标、限速标、停车位置标志应设在行车方向的右侧。警冲标应设在两会合线间，其位置应根据设备限界及安全量确定。隧道外的标志可按照国家现行有关规范的规定设置。

第四章　车　站　建　筑

第一节　一般规定

第 4.1.1 条　地下铁道车站设计，应保证乘客使用安全、方便，并具有良好的内部和外部环境条件。

第 4.1.2 条　设置在地下铁道线路交会处的车站，应按换乘车站设计，换乘设施的通过能力应满足预测的远期换乘客流量的需要。

第 4.1.3 条　地下铁道车站的总体设计，应妥善处理与城市规划、城市交通、地面建筑、地下管线、地下构筑物之间的关系。

第 4.1.4 条　地下铁道车站建筑设计应简洁、明快、大方、易于识别，并应体现现代交通建筑特点。

第 4.1.5 条　地下铁道车站的通过能力，应按该站远期超高峰客流量确定，超高峰客流量为该站高峰小时客流量乘以 1.2～1.4 系数。

车站的站厅、站台、出入口楼梯和通道、自动扶梯、自动人行道、售票口(机)、检票口(机)等部位的通过能力应相互适应。

第 4.1.6 条　地下铁道车站设计，应充分利用地下、地上空间，实行综合开发。

第 4.1.7 条　地下铁道车站的防灾设计应按本规范第十二章的规定执行。

第二节　车　站

第 4.2.1 条　车站的形式、规模和建筑装修标准，应根据预测的远期客流量的大小，所处位置的重要性，以及远期发展规划等因素确定。

第 4.2.2 条　车站一般由站厅、站台厅、行车道、出入口、通道或天桥、通风道，以及设备、管理用房等部分组成。

第 4.2.3 条　车站的站台形式可采用岛式、侧式和岛、侧混合的形式。地下、地面、高架车站应根据各自特点和运营要求选择站台形式。

第 4.2.4 条　站台的计算长度，应采用远期列车编组长度加 1～2m。

第 4.2.5 条　车站乘客通行各部位的最大通过能力，宜符合表 4.2.5 的规定。

车站各部位最大通过能力　　表 4.2.5

部　位　名　称	每小时通过人数
1m 宽通道：单向通行	5000
双向混行	4000
1m 宽楼梯：单向下楼	4200
单向上楼	3700
双向混行	3200
1m 宽自动扶梯	8100
1m 宽自动人行道	9600
人工检票口(月票)	3600
人工检票口(车票)	2600
自动检票机	1800
人工售票口	1200
半自动售票机	900
自动售票机	600

第 4.2.6 条　车站各建筑部位的最小宽度和最小高度，应符合表 4.2.6-1 和表 4.2.6-2 的规定。

车站各建筑部位的最小宽度　　　表 4.2.6-1

名　　称	最小宽度(m)
岛式站台	8
多跨岛式站台车站的侧站台	2
无柱侧式站台车站的侧站台	3.5
有柱侧式站台车站的侧站台：柱外站台	2
柱内站台	3
通道或天桥	2.5
出入口	2.5
楼梯	2

车站各建筑部位的最小高度　　　表 4.2.6-2

名　　称	最小高度(m)
站厅(地板面至吊顶面)	3
站台厅(站台面至吊顶面)	3
地下站厅一般用房(地板面至吊顶面)	2.4
地面站厅一般用房(地板面至吊顶面)	2.5
站台下面一般用房(地板面至站台板底面)	2.3
通道或天桥(地板面至吊顶面)	2.4
楼梯段(踏步面至吊顶面)	2.4

第 4.2.7 条　车站控制室位置的确定，应便于对售票处、检票口(机)、楼梯和自动扶梯等部位的监视。

第 4.2.8 条　地下车站的站厅可设在地下或地面；高架车站的站厅可采用高架式或地面式。

第 4.2.9 条　售票方式应根据具体情况，采用人工式、半自动式或自动式。

第 4.2.10 条　站厅布置应满足功能分区，避免进、出站及换乘人流路线之间的相互干扰。

检票口(机)应设在付费区与公用区的交界处，并应按垂直人流方向布置。在检票机处宜设置监票亭。

第 4.2.11 条　车站的设备、管理用房布置应紧凑合理，除保证行车正常运转必须设在地下的用房外，其他用房宜设在地面。

第 4.2.12 条　车站设备用房包括供电、通风、通信、信号、给排水、防灾等系统用房，其面积和要求应按各专业的工艺布置确定。

第 4.2.13 条　站台两端的设备、管理用房区，必要时可伸入站台计算长度以内，但不得超过半节车厢的长度，并不得侵入侧站台的最小规定宽度。

第 4.2.14 条　车站在设备区内宜设置垂直电梯。

第 4.2.15 条　有噪声源的房间，应远离有隔声要求的区域布置，并采用隔声、吸声措施。对音质要求较高的房间应作隔声、吸声处理。

第 4.2.16 条　分期修建的换乘车站，必须根据确定的换乘方式预留接口。

第 4.2.17 条　地下通道的长度不宜超过 100m。超过 100m 时，可设自动人行道。

第 4.2.18 条　修建在半地下、地面和高架线路上的车站，站台上应设置风雨棚。

第 4.2.19 条　距站台边缘 400mm 处，应铺设 80mm 宽的纵向白色耐磨材料的安全线。

第 4.2.20 条　乘客使用的楼梯踏步，高度宜采用 135～150mm，宽度宜采用 300～340mm。每个梯段不得超过 18 步，休息平台长度宜采用 1200～1800mm。

楼梯净宽度超过 3m 时应设置中间扶手。

第 4.2.21 条　车站的内部建筑装修材料，应采用防火、防潮、防腐、耐久和易于清洁的材料，并应符合本规范第 12.2.4 条规定。

地面宜采用防滑、耐磨的建筑材料。

第4.2.22条 车站内应设置各种向导乘客的标志，并宜与室内建筑装修环境相协调。照度标准应符合本规范第8.5.4条的规定。

第三节 车站出入口

第4.3.1条 车站出入口的数量，应根据客运需要与疏散要求设置，浅埋车站不宜少于四个出入口。当分期修建时，初期不得少于2个。

小站的出入口数量可酌减，但不得少于2个。

第4.3.2条 车站出入口的总设计客流量，应按该站远期超高峰小时的客流量乘以1.1～1.25的不均匀系数计算。

第4.3.3条 车站出入口和地面建筑物合建时，在出入口和地面建筑物之间应采取防火措施。

第4.3.4条 车站出入口布置应与主客流量的方向相一致。

车站出入口和通道宜与城市地下人行过街道、地下街，公共建筑物的地下层相结合或连通，统一规划，同步或分期实施。

第4.3.5条 车站出入口的提升高度超过8m时，宜设上行自动扶梯；超过12m时，除设上行自动扶梯外，并宜设下行的自动扶梯。站厅与站台面的高差在5m以内时，宜设上行自动扶梯，高差超过5m时，除设上行自动扶梯外，并宜设下行自动扶梯。

分期建设的自动扶梯，应预留位置。

第4.3.6条 车站地面出入口的建筑形式，应根据当地气候条件和具体位置确定，可做成独建式(敞口，带顶盖，全封闭及下沉式等)或合建式。

第4.3.7条 车站地面出入口应设置有特征的地下铁道统一标志。

第4.3.8条 车站出入口宜根据需要作无障碍设计，设置供残疾人专用的电梯或斜坡道。

第五章 工程结构及防水

第一节 一般规定

第5.1.1条 本章适用于下列地下铁道结构的设计：

一、放坡开挖或用工字钢桩、钢板桩、地下连续墙、钻孔桩等护壁施工的明挖隧道；

二、用盾构法或矿山法施工的暗挖隧道；

三、用顶进法等特殊方法施工的隧道；

四、用一般方法施工的高架结构。

第5.1.2条 地下铁道的结构设计必须以地质勘察资料为依据。工程地质和水文地质调查、勘探、试验的内容和范围，应根据不同设计阶段的任务和目的确定，并考虑不同施工方法对地质勘探的特殊要求，通过施工过程中对地层的直接观察或监测反馈进行验证，必要时应根据实际情况修改设计。

暗挖隧道的围岩分类可根据国家现行的《铁路隧道设计规范》的规定确定。

第5.1.3条 地下铁道的结构设计，应减少施工中和建成后对环境造成不利的影响，并应考虑城市规划引起周围环境的改变对地下铁道结构的影响。

第5.1.4条 地下铁道的结构设计，应根据地下铁道路网及城市规划等要求，考虑发展和扩建的可能性。

第5.1.5条 地下铁道的结构设计，应根据沿线不同地段的具体条件，通过对技术经济、环境影响和使用效果等的综合比较，选择施工方法和结构型式。

当确定高架结构的桥型时，应考虑城市景观要求。

第5.1.6条 地下铁道的结构设计，应根据结构或构件类型、使用条件及荷载特性等，选用与其特点相近的结构设计规范和设计方法。

隧道结构宜采用信息化设计。

第 5.1.7 条 结构的净空尺寸应满足地下铁道建筑限界和其他使用及施工工艺的要求，并应考虑施工误差、结构变形和位移的影响。结构变形和位移的量值可根据地质条件、隧道埋深、荷载状况、结构类型及跨度、施工方法等，参照类似工程的实践设定。

当高架结构与公路、铁路立交或横跨河流时，其桥下净空应满足行车、排洪、通航的要求。

第 5.1.8 条 地下铁道的结构设计，应采取防止杂散电流腐蚀的措施。钢结构及钢连接件应进行防锈处理。

第 5.1.9 条 盾构法施工的区间隧道覆土厚度不宜小于隧道外轮廓直径。

第 5.1.10 条 盾构法施工的平行隧道间的净距，应根据工程地质条件、隧道断面尺寸、埋置深度、施工方法等因素确定，并不宜小于隧道外轮廓直径。

当因功能需要或其他原因不能满足上述要求时，应在设计和施工中采取适当的措施。

第 5.1.11 条 跨越河流的高架结构，应按 1/100 的洪水频率标准进行设计。

第二节 荷 载

第 5.2.1 条 地下铁道的结构设计，应根据结构类型，按表 5.2.1 所列荷载，对结构整体或构件可能出现的最不利组合进行计算。在决定荷载的数值时，应考虑施工和使用过程中发生的变化。

第 5.2.2 条 地层压力应根据结构所处工程地质和水文地质条件、埋置深度、结构形式及其工作条件、施工方法及相邻隧道间距等因素，结合已有的试验、测试和研究资料，按有关公式计

荷载分类表 表 5.2.1

荷载分类		荷载名称	结构类型	
			隧道结构	高架结构
永久荷载		结构自重	+	+
		地层压力	+	+
		隧道上部和破坏棱体范围的设施及建筑物压力	+	−
		静水压力及浮力	+	+
		混凝土收缩及徐变影响力	+	+
		预加应力	+	+
		设备重量	+	+
		地基下沉影响力	+	+
		侧向地层抗力及地基反力	+	+
可变荷载	基本可变荷载	地面车辆荷载及其冲击力	+	−
		地面车辆荷载引起的侧向土压力	+	+
		地下铁道车辆荷载及其冲击力	+	+
		地下铁道车辆荷载的离心力及摇摆力	−	+
		人群荷载	+	+
	其他可变荷载	温度影响力	+	+
		施工荷载	+	+
		风力	−	+
		车辆加速或减速产生的纵向力	−	+
偶然荷载		地震荷载	+	+

注：①设计中要求考虑的其他荷载，可根据其性质分别列入上述三类荷载中。

②高架车站结构的屋盖设计，应考虑雪载。

③表中所列荷载本节未加说明者，可按国家有关规范或根据实际情况确定。

④施工荷载指：设备运输及吊装荷载，施工机具及人群荷载，相邻隧道施工的影

响，盾构法或顶进法施工的千斤顶顶力及压浆荷载等。

⑤位于河流中的高架结构的桥墩，必要时应考虑流水压力，冰压力及船只或漂流物的撞击力。

算或依工程类比确定。

第 5.2.3 条 侧向地层抗力和地基反力的大小及分布规律，应根据结构的形式和其在荷载作用下的变形、结构与地层的刚度、施工方法、回填与压浆情况及地层的变形特性等因素确定。

第 5.2.4 条 当设计需要考虑地下铁道车辆荷载的构件时，地下铁道车辆竖向荷载应按其实际轴重和排列计算，并考虑冲击力的影响，同时尚应采用线路通过的重型设备运输车辆的荷载进行验算。

第 5.2.5 条 车站站台、楼板和楼梯等部位的人群均布荷载值应采用 4.0kPa。

第 5.2.6 条 设备用房楼板的计算荷载应根据设备的实际重量及工作状态确定，其值不得小于 3.0kPa。

第 5.2.7 条 高架结构的挡板设计，除考虑其自重及风载外，尚应考虑 0.75kN/m 的水平推力。

第三节 工程材料

第 5.3.1 条 地下铁道结构物的工程材料应根据结构类型、受力条件、使用要求和所处环境等选用，并考虑经济性、可靠性和耐久性。主要受力结构的材料应采用混凝土或钢筋混凝土，必要时也可采用金属材料。

第 5.3.2 条 混凝土应满足强度需要，并考虑抗冻、抗渗和抗侵蚀的要求。其设计强度等级不得低于表 5.3.2 的规定。

最冷月月平均温度在 $-15°C$ 以下地区饱和含水地层中的隧道，其受冻害影响的地段，混凝土的设计强度等级不得低于 C30。

注：挤压混凝土衬砌应采用早强缓凝混凝土。

第 5.3.3 条 普通钢筋混凝土和锚喷支护结构中的钢筋及预

混凝土的最低设计强度等级 表 5.3.2

地下结构	明挖法	整体式钢筋混凝土结构	C 20
		装配式钢筋混凝土结构	C 30
		地下连续墙	C 25
	盾构法	装配式钢筋混凝土管片	C 40
		整体式钢筋混凝土衬砌	C 20
		挤压混凝土衬砌	C 30
	矿山法	喷射混凝土衬砌	C 20
		现浇混凝土或钢筋混凝土衬砌	C 20
	顶进法	钢筋混凝土结构	C 30
高架结构		整体式钢筋混凝土结构	C 20
		装配式钢筋混凝土结构	C 30
		预应力混凝土结构	C 40

应力混凝土结构中的非预应力钢筋可采用 Ⅰ、Ⅱ 级钢筋，当有技术经济依据时，也可采用强度较高的钢筋；预应力混凝土结构中的预应力钢筋，可采用碳素钢丝、钢绞线和 Ⅳ 级及以上的粗钢筋。

第 5.3.4 条 钢筋混凝土管片的连接螺栓宜采用 3 号钢和 45 号钢，必要时可采用有较好耐腐蚀性能的低合金高强度钢。

第四节 结构形式

第 5.4.1 条 隧道衬砌结构应设计为封闭式，在无地下水的 Ⅴ、Ⅵ 类围岩中可不设底板，但需铺设厚度不小于 100mm 的混凝土垫层。

第 5.4.2 条 明挖隧道可采用整体式钢筋混凝土结构或装配式钢筋混凝土结构。

兼作主体结构使用的地下连续墙宜采用壁板式现浇或预制的钢筋混凝土结构。墙体可作为侧墙的一部分与现浇钢筋混凝土内衬墙组成共同受力结构，或直接作为隧道结构的侧墙和上部建筑的基础。

第5.4.3条 盾构法施工的区间隧道，可采用单层衬砌或在其内现浇钢筋混凝土内衬的双层衬砌，在满足工程使用、受力要求的前提下，应优先选用单层衬砌。

根据不同的地质条件和设计要求，单层衬砌可采用装配式钢筋混凝土衬砌或现场浇注的挤压混凝土衬砌。

装配式衬砌联络通道的门洞区段，可采用钢管片、铸铁管片或钢与钢筋混凝土的复合管片。

第5.4.4条 矿山法施工的隧道，可采用整体式衬砌或复合式衬砌，确有技术经济依据时，也可单独采用锚喷衬砌。

复合式衬砌的外层衬砌为初期支护，可由注浆加固的地层，锚喷支护及钢拱架等支护型式组合而成，内层衬砌宜采用模筑混凝土。

第5.4.5条 高架线路的区间桥跨结构，宜采用工厂预制的钢筋混凝土或预应力混凝土梁，当梁的跨度大于30m时，可采用后张预应力混凝土梁或钢梁。

区间为双线时，上、下行线的桥跨结构应分开设置。

高架线路的区间支承结构，可采用钢筋混凝土悬臂式单柱墩，在线间距加大的区段，线路的交会部分或因受力及其他需要，宜采用双柱墩或多柱墩。

高架车站可采用钢筋混凝土框架结构，站内行车轨道部分的桥跨结构应与站台部分的梁板脱开。同一条线路各高架车站的结构布置应力求统一。

第5.4.6条 变形缝（沉降缝与伸缩缝）的设置应符合下列规定：

一、地下铁道建筑物，在结构、地基、基础或荷载发生变化的部分，或因抗震要求必须设置沉降缝时，应采取可靠的工程技术措施，确保沉降缝两边的结构不产生影响行车安全的差异沉降。

二、温度伸缩缝的设置，应根据所在地区的气象条件，结构的类型和埋深，以及其功能要求和施工工艺等确定。

高架结构伸缩缝的间距，当采用现浇钢筋混凝土框架结构时不宜大于35m，装配式钢筋混凝土框架结构不宜大于50m，装配式钢筋混凝土排架结构不宜大于70m。

三、变形缝的型式及宽度等应根据结构物高度、允许纵向沉降曲率和沉降差、变形缝间距、防水及抗震要求等确定。隧道结构变形缝的宽度一般采用20～30mm。

第五节 计算原则

第5.5.1条 结构设计计算应符合下列规定：

一、地下铁道结构物应就其施工和正常使用阶段，进行结构强度的计算，必要时也应进行刚度和稳定性计算。对于混凝土结构，尚应进行抗裂度或裂缝宽度验算。当地震力或其他偶然荷载作用时，不需验算结构的裂缝宽度。

二、钢筋混凝土结构的最大裂缝宽度允许值应根据结构类型、使用要求、所处环境条件和防水措施等因素确定。

最大裂缝宽度允许值 **表5.5.1**

结构类型	允许值（mm）
明挖隧道和矿山法施工的隧道	0.2～0.3
钢筋混凝土管片	0.15～0.2
钢筋混凝土高架结构	0.25～0.3

注：①结构有附加防水措施的一面取上限值。

②处于侵蚀环境等不利条件下的结构，其最大裂缝宽度允许值应根据具体情况另行确定。

处于一般环境中的结构，在永久荷载和可变荷载组合作用下的最大裂缝宽度允许值，可按表5.5.1中的数值进行控制。

三、结构的计算简图应符合结构的实际工作条件，并反映结构与周围地层的相互作用。

四、当设计地震区的地下铁道结构时，应根据设计烈度、场地条件、结构类型和隧道埋深等因素考虑地震的影响，并采取必要的构造措施，提高结构和接头处的整体抗震能力。

五、装配式构件的尺寸应考虑加工、运输以及施工的安全和方便。接头设计应满足受力、防水和耐久的要求。

六、隧道结构应进行横断面方向的受力计算，当遇下列情况时，尚应对其纵向强度和变形进行分析：

1.覆土荷载沿隧道纵向有较大变化时；

2.隧道结构直接承受桥梁、房屋建筑等较大局部荷载时；

3.基底地层或基础有显著差异时。

空间受力作用明显的区段，宜按空间结构进行分析。

七、当隧道结构采用双层衬砌时，应根据两层衬砌之间的构造形式、结合情况及施作时间，分别采用不同的计算原则，且宜按实际受载过程进行分析。

八、当暗挖隧道遇下列情况时，应及时向衬砌背后压注水泥砂浆或其他浆液：

1.用盾构法施工的装配式衬砌隧道；

2.用矿山法施工的不良地质地段或偏压地段的隧道，以及当开挖面采用构件支撑时，位于Ⅳ类及以下围岩地段的隧道拱部。

第5.5.2条 明挖隧道结构设计计算应符合下列规定：

一、明挖隧道宜按底板支承在弹性地基上的结构物计算。

二、当车站结构简化为平面问题进行分析时，宜计入立柱和楼板压缩变形的影响。

三、当设有斜托的框架结构进行内力分析时，宜计入斜托的影响。

四、当用逆筑法修建车站时，应计入立柱施工误差造成的偏心影响。

五、明挖隧道根据地质、埋深、施工方法等条件，必要时应进行抗浮、整体滑移及地基稳定性验算。

六、现浇钢筋混凝土壁板式地下连续墙的设计应符合下列要求：

1.单元槽段的长度和深度，应根据建筑物的使用要求和结构特点、工程地质和水文地质条件、施工条件和施工环境等因素参考类似工程的实践确定，必要时可进行现场成槽试验。

2.当确定地下连续墙的入土深度时，必须满足墙体整体抗滑动和抗倾覆稳定、坑底抗隆起稳定及坑底抗渗流稳定的要求。

3.地下连续墙的墙体结构，当支承系统设置围图或逆筑法中用楼板代替支撑时，可沿纵向取单位长度按弹性地基梁计算；当支撑系统不设围图只设对撑或锚杆时，可取一幅墙宽按弹性地基板计算。墙体宜按施工顺序逐阶段计算。当计入支撑作用时，应考虑每层支撑设置时墙体已有的位移和支撑的弹性变形。

4.地下连续墙墙段之间可采用不传递应力的普通接头，当纵向必须形成整体时，应采用刚性接头。

5.当地下连续墙作承重基础时，应进行承载能力、地基强度、变形和稳定性计算。

6.当地下连续墙与隧道结构连接时，预埋在墙内的受力钢筋、连接螺栓或连接板锚筋等，均应满足受力要求，其锚固长度应符合构造规定。

7.地下连续墙的墙面倾斜度和平整度，应根据建筑物的使用要求、地质条件及挖槽机械等因素确定。墙面倾斜度不宜大于1/150，局部突出不宜大于100mm且墙体不得侵入隧道净空。

第5.5.3条 盾构法施工的隧道结构设计计算应符合下列规定：

一、装配式衬砌宜采用具有一定刚度的柔性结构，应限制荷载作用下变形和接头张开量，满足其受力和防水要求。

二、隧道结构的计算简图应根据地层情况、衬砌构造特点及施工工艺等确定，宜考虑衬砌与地层共同作用及装配式衬砌接头的影响。在软土地层中，可按自由变形的弹性匀质圆环计算结构内力。

三、装配式衬砌的构造应符合下列要求：

1. 隧道衬砌宜采用块与块、环与环间用螺栓连接的管片。

2. 衬砌环宽可采用750～1000mm，在与盾构千斤顶冲程相适应的情况下宜选用较大的宽度。曲线地段应采用适量的不等宽的楔形环，其环面锥度由隧道的直径、楔形块间距及隧道曲率半径确定，每环的楔形量可采用20～50mm。

3. 衬砌厚度应根据隧道直径、埋深、工程地质及水文地质条件，使用阶段及施工阶段的荷载情况等确定，宜为隧道外轮廓直径的0.05～0.06倍。

4. 衬砌环的分块，应根据管片制作、运输、安装和受力要求确定。单线区间隧道可采用6～8块；双线区间隧道为8～10块。

四、衬砌制作和拼装必须达到下列精度：

1. 单块管片制作的允许误差，宽度为0.5mm；弧弦长为1.0mm；环向螺栓孔及孔位为1.0mm；厚度为1.0mm。

2. 整环拼装的允许误差，相邻环的环面间隙为不大于1.0～1.5mm，纵缝相邻块间隙为1.5～2.5mm；纵向螺栓孔中心形成的圆周直径为2～3mm；衬砌环外直径为3.5mm。

五、作用在挤压混凝土衬砌上的水平荷载，根据地层条件应按下列规定采用：

砂土：垂直荷载值的0.7倍；

粘土：垂直荷载值的0.8倍。

对岩石由专门试验结果确定。

当采用上述水平荷载值设计衬砌时，不计地层抗力。

六、盾构千斤顶作用在挤压混凝土衬砌上的纵向压力不得大于1.5MPa。

第5.5.4条 矿山法施工的隧道结构设计计算应符合下列规定：

一、当计算整体式衬砌时，应计入地层抗力对衬砌变形的约束作用。

二、锚喷衬砌和复合式衬砌初期支护的设计参数，可采用工程类比法或通过理论计算确定。

三、复合式衬砌的初期支护，应按主要承载结构设计；二次衬砌，应根据其施工时间、施工后外部荷载的变化情况和地质条件等因素按下列原则设计：

1. 地层和初期支护的变形基本稳定后施作的二次衬砌，在外部荷载不再增加的情况下可按构造要求设计。

2. 第四纪土层中的浅埋隧道及通过软弱或膨胀性围岩中的隧道，初期支护应具有较大的刚度和强度，且宜提前施作二次衬砌，由二者共同承受外部荷载。当二次衬砌采用素混凝土衬砌时，应验算其抗裂度。

第5.5.5条 顶进法施工的地下铁道结构，当长度较大时应分节顶进。分节长度根据地基土质、结构断面大小及控制顶进方向的要求确定，首节长度宜为中间各节长度的1/2。节间接口应能抵抗容许的空间变形。

第5.5.6条 高架结构设计计算应符合下列规定：

一、高架区间结构的设计，应根据当地运输、施工、工程地质、城市规划等条件，对桥跨结构、墩柱及基础进行综合比较，选择最佳跨长。

二、高架区间结构应对风力、列车脱轨及地震等情况下桥跨结构的稳定性进行验算，当不能满足要求时应采用防止落梁的措施。

第六节 防　　水

第 5.6.1 条 地下铁道隧道工程的防水设计，应根据工程地质、水文地质、地震烈度、结构特点、施工方法和使用要求等因素进行，并应遵循以防为主，防排结合，因地制宜，综合治理的原则。

第 5.6.2 条 地下铁道隧道结构的防水设计应符合下列规定：

一、车站及机电设备集中的地段，隧道结构不应渗水，结构表面不得有湿渍。

二、区间及其他一般隧道结构不得有线流和漏泥砂，当有少量漏水点时，每昼夜的漏水量不得大于 $0.5L/m^2$。

三、变形缝、施工缝、穿墙管等特殊部位应采取加强措施。

四、当在侵蚀性介质中仅用防水混凝土时，其耐蚀系数不应小于 0.8，小于 0.8 时，应有可靠的防腐蚀措施。

第 5.6.3 条 明挖隧道结构的防水应优先采用防水混凝土，并可根据需要增设附加防水层或采用其他防水措施。

防水混凝土的抗渗标号不得小于 0.8MPa。

防水层的卷材层数及层厚按工程防水要求选定，沥青类卷材不宜少于两层，橡胶、塑料类卷材宜为一层，厚度不小于 1.5mm。

防水层应设置保护层。

第 5.6.4 条 在丰富含水地层中，当地下连续墙兼作隧道结构时，宜采用钢筋混凝土内衬作为防水层。

当地下连续墙不设内衬时，其墙段之间的接头应有可靠的防水措施，车站墙体的内侧应作防水处理。顶底板应设置附加的外防水层。

第 5.6.5 条 盾构法施工的隧道，衬砌应达到设计规定的防水能力。装配式衬砌接缝的密封防水应多道设防，综合处理。

第 5.6.6 条 矿山法施工隧道的防水设计，应符合下列要求：

一、锚喷衬砌以自身的密实性防水；

二、复合式衬砌除以自身密实性防水外，尚需作夹层防水层；

三、整体式衬砌采用自身密实性防水，必要时可作附加防水层；

四、防水混凝土抗渗标号不得小于 0.8MPa。

第 5.6.7 条 顶进法施工的隧道，其混凝土自身的防水能力应比相同条件下明挖隧道的抗渗标号提高一个等级。

第 5.6.8 条 隧道防水材料应具有抗微生物和耐腐蚀的性能。防水层应保证连续性并满足不透水的要求。

第 5.6.9 条 变形缝处敷设的防水层和采取的其他防水措施，应能适应接缝两端结构产生的差异沉降及纵向伸缩。

第 5.6.10 条 现浇混凝土衬砌结构的施工缝，必要时可预埋止水板或设置遇水膨胀的橡胶止水条。

第六章　通风、空调和采暖

第一节　一般规定

第6.1.1条　地下铁道地下部分的通风应采用隧道通风系统和局部通风系统，必要时可采用空气调节系统。

第6.1.2条　隧道通风系统的进风应直接采自大气，排风应直接排出地面。局部通风系统的进风宜采自大气，当排风无特殊要求时，可排至行车隧道内。

第6.1.3条　地下铁道车站的站厅和站台厅、区间隧道、折返线和尽端线隧道应设置隧道通风或空气调节系统。车站内的设备、管理用房应设置局部通风或局部空气调节系统。

第6.1.4条　地下铁道通风系统应符合下列要求：

一、当列车在正常运行时，应保证地下铁道的热环境条件在规定的允许范围内；

二、当列车发生事故阻塞在区间隧道时，应能向事故地点送、排风；

三、当地下铁道发生火灾时，应能按本规范第十二章第四节的有关规定排烟和通风。

第6.1.5条　地下铁道隧道通风应充分利用自然冷源。

第6.1.6条　通风系统应按地下铁道预测的远期客流量和最大的通过能力设计，但设备安装应按近期和远期分期实施。

第6.1.7条　地下铁道的地下车站及区间隧道可不设采暖系统。

第6.1.8条　隧道通风设备传至车站站厅和站台厅的噪声不得超过70dB(A)，传至地面风亭的噪声应符合现行有关城市区域环境噪声标准的要求。

第二节　隧道通风与空气调节

第6.2.1条　地下铁道隧道通风应采用活塞通风，当活塞通风风量不能满足排除余热要求时，或布置活塞通风道、通风亭有困难时，应设置机械送排风系统。

夏季当地最热月的平均温度超过25℃，且地下铁道高峰时间内每小时的行车对数和每列车车辆数的乘积大于180时，可采用空气调节系统。

第6.2.2条　当车站采用活塞通风或机械通风时，站内夏季的空气计算温度不宜高于室外空气计算温度5℃，且不应超过30℃。

第6.2.3条　当车站采用空气调节系统时，站内夏季的空气计算温度、相对湿度应符合下列规定：

一、当车站只设站台厅时，站台厅的空气计算温度比空调新风室外计算干球温度低2℃，相对湿度在45％～70％之间。

二、当车站设有站厅和站台厅时，站厅的空气计算温度比空调新风室外计算干球温度低2℃，站台厅的空气计算温度比站厅的空气计算温度低1℃，相对湿度均在45％～70％之间。

第6.2.4条　区间隧道夏季的最高温度应符合下列规定：

一、车厢设置空气调节时，不得高于35℃；

二、车厢不设空气调节时，不得高于33℃。

区间隧道冬季的平均温度不应高于当地地层的自然温度，但最低温度不应低于5℃。

第6.2.5条　在计算隧道通风风量时，室外空气计算温度应符合下列规定：

一、夏季为20年最热月月平均温度的平均值；

二、冬季为20年最冷月月平均温度的平均值。

第6.2.6条　夏季空气调节新风的室外计算干球温度，应采用近20年夏季地下铁道晚高峰负荷时平均每年不保证30h的干球温度。

第6.2.7条 夏季空气调节新风的室外计算湿球温度，应采用近20年夏季地下铁道晚高峰负荷时平均每年不保证30h的湿球温度。

第6.2.8条 当采用活塞通风或机械通风时，每个乘客每小时需供应的新鲜空气量不应少于$30m^3$。当采用闭式循环运行时，其新鲜空气量不应少于$12.6m^3$。

第6.2.9条 当采用空气调节系统时，每个乘客每小时需供应的新鲜空气量不应少于$12.6m^3$，且系统的新风量不应少于总送风量的10%。

第6.2.10条 隧道通风系统的通风量，应保证隧道内换气次数每小时不少于3次。

第6.2.11条 当计算排除余热所需风量时，应计算隧道内的散热量和传至地层周围土壤的传热量。

第6.2.12条 隧道内的散热量应包括列车散热量，地下铁道内的乘客和工作人员的人体散热量，照明散热量和设备散热量。

第6.2.13条 地下铁道的散湿量应包括围护结构的散湿量，人体散湿量，通风带入的湿量，以及冲洗水和排水沟中水分蒸发的湿量等。

第6.2.14条 地下铁道车站宜设站台下排风系统。

第6.2.15条 当活塞风对车站有明显影响时，应在车站的两端设活塞风泄流风井或活塞风迂回风洞。

第6.2.16条 当需要设置区间通风道时，通风道应设于区间隧道长度的1/2处。在困难情况下，其距车站站台端部的距离可移至不小于该区间隧道长度的1/3处，但不宜小于400m。

第6.2.17条 通风道和风井的风速不宜大于8m/s，站台下排风风道的风速不宜大于15m/s，风亭格栅的风速不宜大于4m/s。

站台厅与站厅的风速宜采用1～5m/s。

第6.2.18条 地面进风风亭应设在空气洁净的地方，任何建筑物距通风亭的口部的直线距离不应小于5m。

第6.2.19条 当进、排风风亭合建时，排风口应比进风口高出5m。

第6.2.20条 当排风口单独设置时，其格栅可设在地面绿化带内，并应配备排水设施。

第6.2.21条 进风亭格栅底部距地面的高度应大于2m，当布置在绿地内时，高度允许降低，但不宜低于1m。

第6.2.22条 通风机房应具有设备起吊、运输和冲洗机房等设施。

第6.2.23条 地下铁道隧道通风系统宜设就地控制、距离控制、远程控制的三级控制。

地下铁道内宜设温度、湿度遥测系统。

第6.2.24条 通风、空气调节系统的管材及保温材料、消声材料应采用非燃材料，并应具有防潮、防腐、防蛀等性能。

第三节 局部通风

第6.3.1条 地下铁道车站的各类用房应根据使用要求设置独立的或集中的通风系统，必要时可设置空气调节系统。

第6.3.2条 一般的设备用房和办公室、值班室、休息室等管理用房，应设置集中式的机械送、排风系统，通风量按换气次数计算。

第6.3.3条 厕所应设置独立的机械排风、自然送风系统，所排出的气体应直接排出地面。当坑位与小便器总数不超过3个时，允许将所排出的气体排至隧道内。

第6.3.4条 地下牵引变电所应设置机械送、排风系统，排风宜直接排至地面。通风量按排除余热量计算。当余热量很大，采用机械送、排风系统不能满足设计要求时，可设置冷风再循环系统。

第6.3.5条 电子计算机房、调度集中总机室或对温湿度有特殊要求的房间，应设置空气调节系统。

第6.3.6条 酸性蓄电池室和设置自动化学灭火装置的房间，应设置机械送、排风系统，所排除的气体必须直接排出地面。

第6.3.7条 设在折返线内的维修用房，应设机械排风、自然进风系统。

第6.3.8条 当车站管理用房通风系统由隧道内吸风时，吸风口应设在列车进站一侧，排风口设在列车出站一侧。吸风口应设有滤尘装置，经过滤尘装置净化后的空气，每立方米的灰尘含量不应大于0.5mg。

第6.3.9条 车站管理用房的通风系统应有消声和减振措施。通风设备传至各房间内噪声不得超过60dB(A)。

第6.3.10条 车站内的设备、管理用房的室内计算温度和换气次数可按表6.3.10采用。

车站用房计算温度与换气次数 表6.3.10

房间名称	计算温度℃		小时换气次数	
	冬季	夏季	进风	排风
站长室、站务室、值班室、休息室	16	27	6	6
售票室	18	27	6	4
电力值班室、车站控制室、广播室	18	25	6	4
修理间、清扫员室	16	27	6	6
盥洗室	—	—	4	4
排水站、水泵房	5	36	—	4
厕所	>5	—	—	排风
自动扶梯机房	—	36	—	—
牵引变电所	18	36	—	—
降压变电所	18	36	—	—
碱性蓄电池室	16	30	6	6
酸性蓄电池室	16	30	12	18
继电室、配电室、机械室	16	30	—	—
电子计算机室	18	25	—	—
调度集中总机室	18	25	—	—
折返线维修用房	12	30	—	6
储藏室	—	—	4	4
会议室	16	27	6	6
茶水间	—	—	—	10

注：厕所排风量每坑位按100m³/h计算。

第四节 采 暖

第6.4.1条 在采暖地区的地下铁道地面厅应设热水采暖系统，供水温度为95℃，回水温度为70℃。

第 6.4.2 条 地面厅的室内计算温度为 12℃。

第 6.4.3 条 对于最冷月份室外平均温度低于 −10℃ 的地区，车站的出入口应设置热风幕。

第 6.4.4 条 当车站各类用房冬季室内温度低于表 6.3.10 规定的标准时，可采用电热采暖。

第 6.4.5 条 当设在隧道内的水泵房冬季室内温度低于 5℃ 时，可设电热采暖。

第七章 给水和排水

第一节 一般规定

第 7.1.1 条 地下铁道的给水应满足各使用单位对水量、水压和水质的要求，并应坚持综合利用、节约用水的原则。

地下铁道的排水应满足各项排水的要求，污水排放应符合国家现行有关排放标准。

第 7.1.2 条 地下铁道给水水源的选择，应优先采用城市自来水。排水方式的确定，应优先利用城市的排水系统。

第 7.1.3 条 地下铁道给排水管道及设备应采取防止杂散电流腐蚀的措施。

第二节 给 水

第 7.2.1 条 地下铁道可采用生产、生活和消防共用的给水系统，有技术经济依据时，也可采用生产、生活与消防分开的给水系统。

第 7.2.2 条 给水系统的用水量、水质和水压应符合下列规定：

一、用水量

1. 工作人员生活用水量为 30～50L/班·人，小时变化系数为 2.5～2；

2. 冲洗用水量为 2～4L/m^2·次；

3. 生产用水按工艺要求确定。

二、水质

1. 生活饮用水水质应符合国家现行生活饮用水卫生标准的要求；

2.生产用水水质按工艺要求确定。

三、水压

1.生活用水设备及卫生器具的水压，应符合国家现行标准《建筑给水排水设计规范》的规定；

2.生产用水的水压按工艺要求确定；

3.消火栓的水压应保证水枪充实水柱不小于 10m。消火栓栓口处的静水压力不应大于 80m 水柱；

4.自动喷水灭火系统的压力，应符合国家现行标准《自动喷水灭火系统设计规范》的规定。

第 7.2.3 条 当地下铁道水源采用城市自来水时，其引入管道的供水能力应满足供水区段生产、生活和消防用水的需要。每区段消防引入管不得少于两条。

第 7.2.4 条 地下铁道每条隧道内应设一条给水干管，当采用接触轨供电时，区间给水干管应设在接触轨对侧，并于车站两端及区间设连通管。

第 7.2.5 条 给水干管应采用给水铸铁管，也可采用钢管，但必须考虑热膨胀的影响。隧道内的给水干管必须固定在主体结构上。

第 7.2.6 条 隧道内区间给水干管的阀门间距不应大于 500m。车站两端的给水干管和每个给水支管处应设阀门。

第 7.2.7 条 给水干管在最低点设泄水阀，最高点设排气阀。

第 7.2.8 条 在寒冷地区，地下进风道附近的给水管及阀门，应采取保温措施。保温层的厚度及敷设长度根据当地气象条件和所采用的保温材料确定。

第三节 排 水

第 7.3.1 条 地下铁道的粪便污水、结构渗水、冲洗及消防等废水和车站露天出入口及洞口的雨水，应分类集中，就近排放。

排水管应采用金属管。

第 7.3.2 条 地下铁道隧道内的排水泵站(房)设置应符合下列规定：

一、主排水泵站 应设在线路坡度最低点，每座泵站所担负的隧道长度单线不宜超过 3km，双线长度不宜超过 1.5km。主要排除结构渗漏水、事故水、凝结水和生产、冲洗及消防废水。

二、辅助排水泵站 当主排水泵站所担负的区间隧道长度超过规定而排水量又较大时，以及车站结构渗水及废水量较大或车站结构需要设倒滤层排水时，宜设辅助排水泵站。

三、污水泵房 应设在厕所附近，主要排除厕所的粪便污水。

四、局部排水泵房 宜设在折返线车辆检修坑端部、盾构端头井、碎石道床区段等处。

五、临时排水泵房 应设在地下铁道分期修建的隧道先建段的最低点。

第 7.3.3 条 排水泵站(房)的水泵台数、排水能力及控制方式的设计应符合下列规定：

一、排水泵站(房)应设两台排水泵，平时一台工作一台备用。当排除消防废水时两台泵共同工作，排水泵总的能力按消防时最大的小时排水量确定。位于河、湖等水域下的排水泵站应增设一台排水泵。

二、排水泵站(房)应设计成自灌式，采用自动、就地和距离三种控制方式。并应在控制室内设置显示排水泵工作状态和水位信号的装置。

第 7.3.4 条 排水泵站(房)的集水池有效容积，按下列原则确定：

一、主排水泵站、辅助排水泵站、临时排水泵房宜按不小于 10min 的渗水量与消防废水量之和确定，但主排水泵站不得小于 $30m^3$。

二、局部排水泵房宜按不小于10min的渗水量与平时冲洗废水量之和确定。

三、污水泵房宜按不大于6h污水量确定，但必须满足污水泵排水的要求。

四、冲洗废水量如小于消防废水量时，应按消防废水量计算。

第7.3.5条 排水泵站(房)的机房布置和起重设备的选配，应按国家现行标准《室外排水设计规范》的规定执行。

第7.3.6条 主排水泵站和辅助排水泵站的集水池底面应设不小于0.01的坡度坡向吸水坑。池内应有冲洗污泥的设施，池顶设进人孔。

第7.3.7条 主排水泵站、辅助排水泵站和污水泵房的废水及污水，应分别排入城市雨水和污水管道系统。局部排水泵房和临时排水泵房的废水宜排入城市雨水管道，当有困难时可通过线路排水沟排至排水泵站的集水池。

第7.3.8条 车站及各类用房的盥洗池、污水池和洗脸盆的污水，必须通过管道排入污水泵房的集水池。

第7.3.9条 厕所集水池底面应设不小于0.01的坡度坡向吸水坑，集水池顶板上的进人孔位置应设在吸水坑上方。

第7.3.10条 车站站厅及站台厅应设地漏，其排水立管应接至道床排水沟。

第7.3.11条 隧道内排水泵的扬水管宜由结构顶板或侧墙穿出，并应设防水套管。当洞外管道埋设较深或维修有困难时，应设便于维修的管道井和管沟，管沟高度不小于1.2m，宽度根据扬水管数量确定。

第7.3.12条 区间隧道主排水泵站和辅助排水泵站的室内地面，应高出轨面0.25～0.30m。

第7.3.13条 隧道内主排水泵站和辅助排水泵站应设两根扬水管，其他泵站(房)设一根扬水管。

第7.3.14条 隧道内碎石道床应设排水管，每隔20m设一个检查坑。排水管及明沟的纵向坡度不宜小于3‰。

第7.3.15条 车站露天出入口的雨水当不能自流排除时，宜单独设置排水泵房。设计降雨重现期可采用30年。泵房设两台排水泵，一台工作，一台备用，必要时两台泵可同时工作。

第7.3.16条 地下铁道隧道洞口雨水的排除方式，宜采用自流排水，当不能自流排水时，必须在洞口设排雨水泵站，并在道床的适宜位置，设横向连通沟槽。排水管渠或水泵的排水能力，按当地30年一遇暴雨强度计算。

第八章　供　　电

第一节　一般规定

第 8.1.1 条　地下铁道的供电应根据路网规划和城市供电网络进行设计，可采用集中式供电或分散式供电。

第 8.1.2 条　供电系统设计应根据建设要求，会同电力部门协商确定下列内容：

一、外部供电方案；

二、系统一次接线方案；

三、近、远期用电量及需要电源容量；

四、电力系统近、远期有关的规划及系统参数；

五、地区变电所出线保护与地下铁道供电系统进线保护的配合。

第 8.1.3 条　地下铁道电力用户的供电，应从牵引变电所、降压变电所或牵引降压混合变电所供给。在条件允许的情况下，地下牵引变电所可设在车站附近的地面。

第 8.1.4 条　地下铁道重要的电力用户如站厅和站台厅照明、电动车辆、通信、信号、防灾装置等为一级负荷。

第 8.1.5 条　对重要电力用户供电的变电所应有两路电源，每路进线电源容量应满足变电所全部一、二级负荷的要求。

第 8.1.6 条　变电所的数量、容量及其在线路上的分布应由计算确定。当计算牵引负荷时，应根据运营高峰小时行车密度、车辆编组及车辆型式确定。整流机组的数量和功率应根据近、远期运行的需要确定。

第 8.1.7 条　供电系统应按列车运行的远期通过能力设计，并考虑互相备用线路在一路事故状态下用电的需要。

第 8.1.8 条　直流牵引供电系统的电压及其波动范围应符合表 8.1.8 的规定。

直流牵引供电系统电压值　　表 8.1.8

电压（V）		
最低值	标称值	最高值
500	750	900
1000	1500	1800

第 8.1.9 条　直流牵引系统在电源侧的谐波电流、电压应符合国家现行有关规范的规定。

第 8.1.10 条　动力、照明配电电压为 380/220V，变压器中性点应直接接地。

第二节　变 电 所

第 8.2.1 条　地下铁道变电所根据供电内容应设计成为主变电所、牵引降压混合变电所、牵引变电所、降压变电所。

第 8.2.2 条　变电所选址应符合下列原则：

一、靠近负荷中心；

二、电缆线路引入方便；

三、设备运输方便；

四、独立设置的地面变电所宜靠近地下铁道线路，并应和城市规划相协调。

第 8.2.3 条　变电所一次接线应在可靠的基础上力求简单。

第 8.2.4 条　变电所对动力、照明、通信、信号供电，其高压母线应设计成单母线分段系统；对牵引供电，其高压母线可设计成备用电源自投的单母线系统；直流配电装置宜采用手车式开关柜。

第 8.2.5 条　进入地下的电器设备及材料，应采用防潮、无自爆、耐火或阻燃型产品。

第 8.2.6 条 室内配电装置各种通道的最小净距，不应小于表 8.2.6 规定的数值。

室内配电装置通道最小净距 表 8.2.6

设备名称	操作通道（mm）	离墙距离（mm）
变压器	—	800
手车开关柜单列布置	手车长+900	—
手车开关柜双列布置	两个手车长+600	—
开关柜（柜后设维护通道）	—	800

第 8.2.7 条 变电所应采用成套开关柜。

第 8.2.8 条 当变电所正常运行时，应有分别接于两段低压母线的所内自用电。

第 8.2.9 条 操作电源宜采用 220V 蓄电池组供电，蓄电池组正常运行于浮充状态。

第 8.2.10 条 车辆段牵引变电所宜设两套整流机组。

第 8.2.11 条 牵引变电所整流机组的容量，当其中一座牵引变电所事故解列时，相邻的两座牵引变电所应能分担其供电区段的牵引用电量。

第 8.2.12 条 直流牵引配电装置的馈线回路，应设置能分断最大短路电流和感性小电流的直流快速自动断路器。

第 8.2.13 条 牵引整流机组的负荷特性应符合表 8.2.13

牵引整流机组负荷特性 表 8.2.13

负荷	持续时间
100%额定	连续
150%额定	2h
300%额定	1min

要求。

第 8.2.14 条 降压变电所宜选用两台动力、照明变压器，每台变压器应满足一、二级负荷所需的容量。

第 8.2.15 条 动力和照明的一、二级负荷，在正常情况下均应由两台变压器分别供电。

第 8.2.16 条 变电所低压配电母线，应为分段单母线系统。

第 8.2.17 条 变电所继电保护自动化装置应力求简单，并满足安全可靠和适应系统运行灵活性的要求。

第 8.2.18 条 变电所设计应满足自动化的要求和实现远动监控的需要。

第 8.2.19 条 变电所自动化装置应具备下列功能：

一、电器短路和过负荷的保护；

二、交流电压消失时，事故照明自动转换至事故照明母线段；

三、必要的安全闭锁；

四、控制对象设位置信号、指示信号；

五、操作回路电压监测。

第 8.2.20 条 变电所的备用电源失压自动投入装置，宜采用电流闭锁。

第 8.2.21 条 在事故状态下接触网短路电流的保护，应保证单边供电接触网区段一条馈线的开断和双边供电接触网区段两条馈线的开断。

第 8.2.22 条 直流馈线应设自动重合闸装置。

第 8.2.23 条 设值班员的变电所宜采用集中监控。主接线简单的变电所可采用就地控制。

第三节 牵引电网

第 8.3.1 条 牵引电网由接触网和回流网组成。

接触网按安装位置和接触导线的不同分为：

一、接触轨；

二、架空接触网。

架空接触网可分为：

1. 刚性架空接触网；

2. 柔性架空接触网。

第 8.3.2 条 正线接触网在正常工作状态下，应从牵引变电所或牵引降压混合变电所直接得到馈电，并构成双边供电。

第 8.3.3 条 接触网的电分段应设在下列各处：

一、车辆行情处(进站端)；

二、辅助线与正线的衔接处；

三、车辆段与正线的衔接处；

四、车辆段库线入口处。

第 8.3.4 条 当终端车站后面的正线区段作临时折返线用时，其接触网应单独分段，通过手动隔离开关与正线连接。

第 8.3.5 条 在有牵引电源引入的车站附近的正线接触网上应设电源隔离开关。

第 8.3.6 条 设车辆检查坑的折返线接触网，应通过检修所附近的配电装置供电。配电装置应有主、备两个电源，主电源由附近的牵引变电所或牵引降压混合变电所的直流快速自动断路器馈电，备用电源来自一条正线接触网。主、备电源均通过隔离开关连接到配电装置上。

第 8.3.7 条 车辆检查坑接触网开断后，应通过短路天关与走行轨连接，该短路开关与电源隔离开关应具有机械联锁。

第 8.3.8 条 车辆检查坑区段上的走行轨必须与引入的走行轨绝缘，绝缘接头应在检查坑区段的接触网送电时自动短接。

第 8.3.9 条 有检修作业的线段，应设接触网有无电压的灯光信号。

第 8.3.10 条 不设检查坑的折返线，接触网的供电也应有主、备二路电源，分别接自两侧正线接触网。

第 8.3.11 条 牵引网的馈线、回流线的电缆数和截面积，应根据单边供电状态及远期运行的规模确定。

馈电线和回流线采用的电缆数，应按负荷计算确定，但每路不得少于两根。

第 8.3.12 条 直流馈线电缆、回流电缆和连接线宜采用双塑型单芯电缆。

第 8.3.13 条 地面线路接触导线距轨顶面的最小高度为 4.4m。

第 8.3.14 条 各带电部分和结构体、车体之间的最小净距，应符合表 8.3.14 的规定。

接触网带电体和结构体、车体之间的最小净距　表 8.3.14

标称电压	静态 (mm)	动态 (mm)	绝对最小动态 (mm)
750V	25	25	25
1500V	150	100	60

注：绝对最小动态值在特殊条件下使用。

第 8.3.15 条 柔性接触导线在每个支架处距轨顶面的高度应该相同，当由于局部条件需改变高度时，接触导线的坡度应符合表 8.3.15 的规定，并宜在始端和终端加进一个具有半个坡度的过渡跨距。

柔性接触导线最大坡度值　表 8.3.15

速度(km/h)	最大坡度(‰)
10	40
30	20
60	10
120	6

第 8.3.16 条 直线区段的架空接触导线应采用“之”字形布置，曲线区段采用拉出布置。沿轨道每 100m “之”字值的变化率应不小于 150mm。

第 8.3.17 条 接触轨断轨处宜设斜率为 1/25 至 1/12.5 的端部弯头。

第 8.3.18 条 在车场线的道岔处车辆运行速度在 25km/h 以下时，接触轨可设侧面弯头。

第 8.3.19 条 接触轨的安装位置及其安装误差应根据车辆受电器与接触轨相对运动中可靠接触确定。

第 8.3.20 条 在车站、地面线和其他有必要的地段，接触轨应设有足够强度的接触轨防护罩。

第 8.3.21 条 车库内接触网宜由牵引变电所单独回路馈电，并由车场接触网引入备用电源。每条库线的接触网送电需通过隔离开关。

第 8.3.22 条 车库内走行轨与车场的走行轨衔接处应设有绝缘接头，并通过与库线接触轨的电源开关联动的隔离开关(双刀隔离开关)同步断开与短接，当库线停电检修时将接触轨与走行轨短接。

第 8.3.23 条 对直流牵引系统的杂散电流，应采取有效措施进行防治。

第四节 电缆与接地

第 8.4.1 条 地下铁道的地下建筑物内应采用阻燃护套电缆，必要时可采用耐火电缆或低烟、低毒型电缆。

第 8.4.2 条 电缆在隧道及车站内敷设时，各相关尺寸及距离应符合表 8.4.2 的规定。

第 8.4.3 条 车站站台下不宜设电缆中间接头。

第 8.4.4 条 单线隧道内的动力电缆和控制电缆，宜敷设在沿行车方向的左侧。

电缆敷设相关尺寸及距离 表 8.4.2

名称		电缆通道(mm)		电缆沟(mm)	
		水平	垂直	水平	垂直
两侧设支架的通道净宽		1000	—	300	—
一侧设支架的通道净宽		900	—	300	—
电缆架层间距离	电力电缆	—	150 (200)	—	150 (200)
	控制电缆	—	100	—	—
电缆架之间的距离	电力电缆	1000	1500	1000	—
	控制电缆	800	1000	800	—
车站站台下电缆通道净高	人通行部分	—	1800	—	—
	电缆敷设部分	—	1400	—	—
变电所内电缆通道净高		—	1800	—	—
电力电缆之间的净距		35	—	35	—

注：①表中括号内数字为 35kV 电缆标准；
②电力电缆与控制电缆混敷时，电缆架之间的距离可采用电力电缆标准；
③车站站台下电缆通道人通行部分的净高，当有困难时，可减至 1400mm 左右；
④变电所内电缆通道净高，当电缆敷设长度不大于 25m 时可减至 1200mm。

第 8.4.5 条 电缆从隧道一侧过渡到另一侧时，应采用刚性固定卡固定，沿隧道顶部通过。

第 8.4.6 条 直埋电缆进入地下铁道隧道时，应在隧道外适当位置设置电缆检查井。

第 8.4.7 条 电力装置的金属外壳除有特殊规定外均应接地或接零。

第 8.4.8 条 地下电力装置的接地引入线，必须与结构钢筋绝缘。

第 8.4.9 条 在腐蚀性较强场所的接地装置，应根据腐蚀的性质采取镀锌或镀锡等防腐措施，也可适当加大截面积。

第五节 动力与照明

第 8.5.1 条 地下铁道的动力与照明，一级负荷应有两路电源及专用电缆供电；二级负荷应有两路电源供电；三级负荷可由一路电源供电。

第 8.5.2 条 动力设备的控制根据需要可采用：

一、就地控制；

二、距离控制；

三、远程控制；

四、自动控制。

第 8.5.3 条 区间每隔 100～200m 和道岔附近应设维修用移动电器的电源，车站站厅和站台厅每隔 50～100m 应设清扫用移动电器的电源插座。

第 8.5.4 条 地下铁道内照度宜符合表 8.5.4 的要求。

第 8.5.5 条 车站大面积照明光源宜采用荧光灯。

第 8.5.6 条 车站站厅、站台厅等处正常照明，应由变电所两段母线分别供电，采用分组控制方式。

第 8.5.7 条 在折返线检查坑和车辆段检查坑内，应设置安全工作照明和携带式照明用插座。

第 8.5.8 条 车站出入口、站厅、站台厅、值班室、变电所、信号机械室、车站控制室、金库等处，应设工作照明和事故照明。

地下铁道内照度标准 表 8.5.4

名称	平均照度(lx)		平均照度的平面位置
	白炽灯	荧光灯	
车站站厅、自动扶梯	—	150～250	地板
车站站台厅	—	150～200	地板
出入口通道、楼梯	—	150～200	地板
出入口地面建筑	—	100～250	地板
区间隧道	≥10	—	轨顶面
车站事故照明	0.5～1	—	地板
区间隧道事故照明	≥0.5	—	轨顶面
渡线、岔线、折返线	20～25	—	轨顶面
车站控制室、控制中心、站长室	—	150～250	工作面
配电室	—	≥100	工作面
车辆段车场线	15～20	—	轨顶面

第 8.5.9 条 地下铁道事故照明及指示照明宜采用蓄电池作备用电源，容量应满足 30min 供电的需要。

第 8.5.10 条 动力和照明应采用补偿电容提高功率因数满足供、用电标准。

第 8.5.11 条 当车站内装设电炉插座时，应设置单独回路供电。

第 8.5.12 条 当区间隧道用水冲洗时，应采用防水溅的电器设备。

第 8.5.13 条 分散安装于泵房、机房等处的电器设备宜采用防潮、防霉产品。

第六节 供电系统管理自动化

第 8.6.1 条 供电系统管理自动化宜分两个阶段实施：

一、实行简单的调度集中指挥；

二、基础设备经运行考核后实现远动监控。

第 8.6.2 条 供电系统必须设置能够指挥和监控系统正常运行及事故处理的电力控制中心。

第 8.6.3 条 控制方式宜优先采用计算机自动控制，计算机应具有自诊断和程序监视功能。

第 8.6.4 条 电力控制的设施应能显示系统的运行状况，并能对系统传送的信息和数据进行处理。

第 8.6.5 条 数据采集与传送功能应包括遥测、遥信、遥控。

第 8.6.6 条 计算机应能建立运行数据日志和分类记录档案。

第 8.6.7 条 电力控制中心宜根据需要设置：

一、模拟盘；

二、调度台；

三、通信设备；

四、远动装置及其辅助设备；

五、交、直流电源装置。

第 8.6.8 条 远动监控装置的通道宜统一于能信电缆内，其电缆芯应满足远期发展需要，并具有一定数量的备用芯。

第九章 电梯、自动扶梯和自动人行道

第一节 一般规定

第 9.1.1 条 当地下铁道设置电梯时，应采用人员与货物两用电梯。电梯的提升速度宜用 0.63m/s，载重量为 1t，轿厢的尺寸应按人员、货物的需要确定。

第 9.1.2 条 自动扶梯和自动人行道的主要技术规格，应符合表 9.1.2 的规定。

自动扶梯和自动人行道主要技术规格 表 9.1.2

项目名称	自动扶梯	自动人行道
梯道宽度	(按双人)1000mm	(按双人)1000mm
运行速度	≥0.5m/s	≥0.5m/s
倾斜角度	≤30°	0°～12°

第二节 工艺布置

第 9.2.1 条 电梯的机房宜设置在电梯井道的顶部，也可设在井道的侧面。

第 9.2.2 条 电梯机房内应设有起重锚环。设备周围的安装和检修间距不应小于 500mm，电器设备尚应满足有关规定的间距要求。

第 9.2.3 条 在自动扶梯、自动人行道两台之间和靠构架外部周围有连续建筑物或其他障碍物时，应设宽度不小于 500mm 的安装和检修通道。当顶部不可开启时，其净空高度不小于

1800mm。在构造形式不需要留有安装和检修通道时则可不设。构架周围无连续建筑物或其他障碍物时，应在外部装修板适当位置设检修孔。

第 9.2.4 条 当自动扶梯上部和自动人行道驱动部分设有机房时，设备周围的安装和检修间距为 800～1000mm，净空高度应不小于 2300mm。当机房有单独的配电设备和通风除湿设备时，安装和检修空间应符合机电设备的有关规定。

第 9.2.5 条 地下铁道车站内安装自动扶梯和自动人行道时，应根据设备最大部件的外廓尺寸、重量及运输方式设置起重、运输设备的预埋件和孔洞。

第 9.2.6 条 自动扶梯、自动人行道机房的通道和门的尺寸应满足设备运输的要求。当不需要机房时可在自动扶梯的上、下部及自动人行道的前、后部设置人孔，其尺寸不小于 800mm×500mm，人孔内的阶梯宽度不小于 500mm。

第 9.2.7 条 自动扶梯和自动人行道驱动装置的顶部应设活动地板。

第 9.2.8 条 自动扶梯穿过楼板处，沿洞口应设高度不小于 1200mm 的栏杆或栏板。洞口边缘与自动扶梯扶手中心的水平距离不应小于 500mm。

第 9.2.9 条 自动扶梯的踏步面至顶部洞口处的建筑物底面垂直净空高度不应小于 2300mm。

第 9.2.10 条 自动扶梯空过楼板时，楼板底面至踏步面的距离小于 1300mm 处的洞口两侧边缘，应设有不小于 300mm 高度的垂直防护板。

第 9.2.11 条 在地下斜通道安装自动扶梯和自动人行道时，构架下部的结构底板应设踏步，构架下部至踏步面的距离不应小于 500mm。

第 9.2.12 条 自动扶梯和自动人行道应设就地控制和自动控制装置，必要时可设集中控制装置。

第十章 通 信

第一节 一般规定

第 10.1.1 条 地下铁道必需设置独立的内部通信网。在工程中应优先考虑数字通信，为逐步建成能传输语言、文字、数据、图象等信息的地下铁道综合数字通信网创造条件。

第 10.1.2 条 地下铁道通信的主要分类如下：

一、专用通信

1. 列车调度电话；
2. 电力调度电话；
3. 环控调度电话；
4. 站间行车电话；
5. 局部电话；
6. 区间电话；
7. 列车无线调度电话；
8. 有线广播；
9. 列车广播；
10. 时钟；
11. 电视监视。

二、公务通信

1. 自动电话；
2. 会议电话。

第 10.1.3 条 地下铁道通信设计应根据下列要求和条件进行方案比选：

一、工程建设的需要；

二、运营的要求；

三、通信网的构成；
四、电话所的分布；
五、通信线路的类型和径路；
六、设备的类型和规模；
七、其他专门要求。

第 10.1.4 条 当地下铁道出现异常情况时，专用通信系统应能迅速转为防灾救援和事故处理的指挥通信系统。

第二节 专用通信

第 10.2.1 条 列车调度电话区段的划分，应与行车指挥的调度区一致。

第 10.2.2 条 列车调度电话总机应设在行车控制中心所在地，其所属分机应设在行车值班室或车站控制室、车辆段信号楼值班室、电力控制中心、环控中心及相邻调度区的列车调度所等处，以及折返线列检所、行车派班室、救护救援车库内。

第 10.2.3 条 电力调度电话区段应按其控制管界划分。

第 10.2.4 条 电力调度电话总机设在电力控制中心所在地，其所属电话分机应设在各变电所的主控制室和低压配电室及其他特殊需要的地点。

第 10.2.5 条 环控调度电话总机设在环控中心所在地，所属电话分机应设在各车站控制室。电话区段应按其控制管界划分。

第 10.2.6 条 列车调度、电力调度、环控调度三个系统的电话总机宜设置在同一机房内。

第 10.2.7 条 调度电话的设备制式，宜采用共线的选叫式调度电话设备。有条件时也可采用辐射式直通电话设备。

第 10.2.8 条 站间行车电话应设在各车站行车值班室或车站控制室，在其回线上不得连接其他电话。

第 10.2.9 条 局部电话可为车辆段段内调度、车辆检修、行车派班，车站自动扶梯、自动人行道、电梯、信号设备维修值班和防灾控制系统等处构成直通电话使用，并宜采用辐射式直通电话设备。

第 10.2.10 条 区间电话是供司机和区间维修人员与邻站值班员及相关部门联系通话使用。在信号机、道岔、接触轨(网)开关柜、通风机房、隔断门等处附近应设置电话机箱。一般区段每隔 150～200m 设一处。

第 10.2.11 条 地下铁道应设置列车无线调度电话，其主要用户应为列车调度员，列车司机，车站、车辆段或停车场值班员。

第 10.2.12 条 列车无线调度电话应采用满足隧道传输特性的无线电台，其工作频率应选在当地无线电管理部门指定的使用频段内。

第 10.2.13 条 列车无线调度电话系统应采用有线、无线相结合的方式构成。

第 10.2.14 条 地下铁道有线广播网宜设广播控制中心和车站两级。中心广播控制台可以对全线选站、选路广播；车站广播控制台可对本站管内选路广播。

车站广播设备可按使用要求分路输出(如值班室、站台厅、上行隧道、下行隧道、站厅等)。

从扩音机到任一扬声器，线路的最大损耗不应大于 4dB(额率为 1000Hz 时)。

第 10.2.15 条 在站厅、站台厅应设置供车站服务人员可随时插入本站广播系统作定向广播的装置。

第 10.2.16 条 扬声器的选用及馈送功率应符合下列规定：
一、室内宜采用 2W 扬声器，馈送 0.5～1.0W 功率；
二、站厅、站台厅宜采用 5W 扬声器，馈送 1～2W 功率；
三、区间隧道采用 3W 扬声器，馈送 1～2W 功率。

第 10.2.17 条 各种扬声器采用分散布设方式，其相互间隔应保证现场的扬声器输出声压级比环境噪声声压级大 10dB。

第 10.2.18 条 列车上应设置列车广播设备，设备应兼有自动和人工两种播音方式。

第 10.2.19 条 为保证各线、各车站有统一的时间显示，宜设置子母钟系统。

母钟应设在中心电话所机房内，各车站分别设置电钟中继器。子钟应设于车站控制室、变电所值班室、站厅、站台厅等处所。

第 10.2.20 条 地下铁道电视监视系统宜设行车控制中心对各车站的集中监视和车站值班员对本站的局部监视。

第三节 公务通信

第 10.3.1 条 地下铁道自动电话交换网可由单电话所或多电话所组成。多电话所交换网应含有中心(或汇接)电话所和分电话所。

地下铁道电话所应与市内电话局间设置中继线。条件允许时应采取呼出、呼入全自动中继方式。中继线的数量，应根据话务量大小和国家的有关规定确定。

第 10.3.2 条 地下铁道应采用符合国家规定的制式系列的数字程控式自动电话交换机。交换机的容量按下列原则确定：

一、近期容量为开通时装机数的 170%～190%；

二、远期容量为近期容量的 180%～200%。

第 10.3.3 条 电话交换网的通话损耗应符合下列规定：

一、地下铁道用户经市内电话网进行长途通话时，如为模拟网，全程损耗不应大于 33dB；如为数字网，全程损耗不应大于 22dB，如为数模混合网损耗应介于数字网和模拟网之间。

二、地下铁道内部用户通话时，采用音频线路的全程损耗不应大于 24dB；采用载波或编码设备的通话全程损耗不应大于 30dB；

三、地下铁道程控自动电话交换机至市话端局间采用二线传输时，用户至市话端局间的损耗应不大于 7dB。

四、地下铁道程控自动电话交换机至市话程控端局采用四线传输时，用户线路的损耗应不大于 7dB。

第 10.3.4 条 地下铁道自动交换电话应采用等位数的用户编号。在交换网中宜采用：

“0”或“9”为呼叫市内电话的号码。

“11X”为特种业务的号码：

111　自振铃；

112　电话障碍受理；

114　问询、查号；

118　救援；

119　火警；

110　公安(匪警)。

“2～9”(或“2～8”)为地下铁道用户的首位号码。

“14X～160”为新业务号码。

第 10.3.5 条 当设置地下铁道会议电话网时，宜按两级辐射方式汇接。汇接中心和分汇接点应设总机，各站、段应设会议电话分机。

会议电话网的通路应采用四线制传输。

第四节 通信线路

第 10.4.1 条 地下铁道通信线路应建成多功能、多用途和集中维护、统一管理的综合传输网。

第 10.4.2 条 通信传输网宜由各种类型金属芯电缆、光缆和多路复用传输设备构成。

第 10.4.3 条 通信电缆应与强电电缆分开敷设。

通信电缆在区间隧道内可采用沿墙架设方式，进入车站宜采用隐蔽敷设；高架区段通信管道应敷设在高架区间人行道下的空间内；地面电缆采用直埋式。

地下直埋电缆与其他建筑物、管线的间距应符合表10.4.3的规定。

地下直埋电缆与其他建筑物的最小间距　　表10.4.3

设施名称		最小间距(m) 平行时	交叉时
电力电缆	电压＜35kV	0.5	0.5
	电压≥35kV	2.0	0.5
市话管道边线		0.75	0.25
给水管	管径＜0.3m	0.5	0.5
	管径≥0.3m	1.0	0.5
煤气管	管压＜300kPa	1.0	0.5
	管压300～600kPa	2.0	0.5
高压石油、天然气管		10	0.5
热力管、排水管		1.0	0.5
污水沟		1.5	0.5
房屋建筑红线(或基础)		1.0	—
厕所		3.0	—
大树树干边(市内)		0.75	—

注：①靠近高压石油、天然气管的电缆应采取防蚀措施。
②靠近热力管的电缆，应采取隔热措施。
③当电缆有保护管时，与电压＜35kV电力电缆的最小交叉间距可降为0.1m。
④当电缆有保护管时，与给水管、煤气管的最小交叉间距可降为0.15m。
⑤当电缆采取防蚀损伤措施后与厕所的间距可降为1.0～1.5m。

第10.4.4条　隧道内和高架线路上的通信主干电缆、光缆应采用防电蚀、阻燃、低毒的防护层，可充气电缆应进行充气维护。

站内配线电缆应采用带有屏蔽层的塑料护套电缆。

第五节　通信电源及接地

第10.5.1条　通信电源的设计应保证对通信设备不间断地供电，同时必须考虑使用中的设备及人身安全。

第10.5.2条　地下铁道通信设备应按一级负荷供电。由变电所引接两路独立的三相四线制交流电源至通信机房的交流配电屏(箱)，当使用中的一路故障时，应能自动切换至另一路。

第10.5.3条　当交流电源电压的波动范围超过交流用电设备正常工作范围时，应采用交流稳压器。

第10.5.4条　通信设备的直流电源可采用交流直接供电和连续浮充供电两种方式，交流直接供电方式宜用于车站、车辆段；连续浮充供电方式宜用于行车控制中心和自动电话所。

第10.5.5条　调度电话、站间行车电话等不允许中断的通信系统，采用交流直供方式时，应设一组蓄电池或干电池作备用。

第10.5.6条　采用浮充供电方式时，每种电源宜设形式和容量相同的两组蓄电池和两台具有自动稳压、稳流性能的整流器互为备用。蓄电池的容量应保证连续供电不少于4h。

第10.5.7条　通信直流供电的电压变动范围、杂音电压及直流馈电线的全程最大压降值，应符合用电设备的技术要求。

第10.5.8条　车站、车辆段、行车控制中心和电话所应设联合接地装置，引接至下列各点：

一、直流电源需要接地的一极；

二、通信设备的保安避雷器；

三、通信设备的机架、机壳；

四、引入电缆、室内电缆和配线的金属护套或屏蔽层。

第 10.5.9 条 通信机房的交流配电屏(箱)、整流器等供电设备的正常不带电金属部分，当不与通信设备在同一机架、机柜内时，应采用接零保护。

交、直流两用通信设备的机架、机柜内的供电整流器的正常不带电金属部分，当与机架、机柜不绝缘时，应采用接地保护，接至通信联合接地装置。

第 10.5.10 条 通信接地不应与工频交流接地或建筑避雷接地互通。不同地线的接地体相互距离不应小于 20m。

第 10.5.11 条 地下车站的通信地线应在隧道外埋设接地体，联合地线接地电阻不应大于 4Ω。

第六节 通信用房技术要求

第 10.6.1 条 地下铁道通信设备用房，应根据设备类型设置各类机房及生产辅助用房。

第 10.6.2 条 地下铁道内通信机房的位置安排，除应做到经济合理，运转安全外，在技术上尚应考虑引入方便，配线最短，荷重与楼层协调，以及便于维修等方面的因素。

第 10.6.3 条 各种机房的面积，均应按远期容量确定。

第 10.6.4 条 通信机房与电力变电所，应分设于车站的两端。

第 10.6.5 条 地下铁道电话所的机房及辅助用房，应构成一个独立的整体。

第 10.6.6 条 通信机房的设备排列尺寸可按照表 10.6.6 中的数值采用。

第 10.6.7 条 地下铁道通信机房的工艺要求应符合表 10.6.7 的规定，安装程控设备的机房应有防静电措施。工区、仓库、休息室按一般办公用房工艺要求设计。

通信机房设备排列标准 表 10.6.6

间距类别		净距离(m)	间距类别		净距离(m)
自动电话交换机室	单列式主走道	1.4～1.6	蓄电池室	蓄电池组平行距墙	0.8～1.2
	双列式主走道	1.4～1.8		蓄电池组平行距门	≥1.4
	次走道	1.0～1.2	电源设备室	机背对墙	1.0～1.2
	面对背	≥1.2		机面对墙	≥2.2
	首列面距墙	≥1.5		交流盘侧面距整流器	≥0.6
	末列背距墙	≥1.0		机架侧面距墙	>0.8
总配线室	主要工作面距墙	≥1.5		机架侧面间距	≥0.6
	次要工作面距墙	≥1.3	通信设备室	主走道	1.2～1.5
	面对测量台(平行)	≥2.0		次走道	1.0～1.2
	面对测量台(垂直)	≥0.8		机背对墙	1.0～1.5
	主走道	≥1.5		机距间	0.8～1.0
	次走道	≥1.0	人工台室	面距墙	≥1.5
蓄电池室	蓄电池组间	0.9～1.0		背距墙	0.8～1.2
	蓄电池组引线端距墙	0.3～0.5		侧面距墙	≥1.2
	蓄电池组另一端距墙	1.2～1.5			

通信机房工艺要求 表10.6.7

技术要求内容 \ 机房种类	自动电话交换机室、总配线室	电源设备室	通信设备室	人工台室、广播室、会议室	蓄电池室
室内最小净高(m)	3.0	2.8	2.8	2.8	2.8
地面均布荷载(kg/m²)	通信提供机架重量和平面布置由房建计算		350	350	同自动电话交换机室，由房建计算
门	防尘主门宽不应小于1.2m，次门宽不应小于0.9m，并向外开启				防尘，耐酸，外开净宽不应小于1.2m
地　面	防尘，防潮，坚固耐磨				防尘、防酸一侧应设排水沟，地面坡度5‰，并有上水管
墙面、顶棚	防尘，易擦拭，设墙裙和踢脚板			做吸音处理	防尘、防酸，浅色设墙裙
照　明(lx)	150	100	150	150	架间设防爆灯50lx，开关设于门外
交流插销	次走道侧宜3m设一个，距地面0.3m				—
温、湿度	温度15～30℃ 湿度40%～70%			—	按第6.3.10条规定办理

第十一章　信　　号

第一节　一般规定

第11.1.1条　地下铁道信号系统应由信号、联锁、闭塞、行车指挥和列车运行控制设备组成，并应设必要的故障监测和报警设备。

第11.1.2条　信号系统采用的器材和设备应符合国家现行有关标准或行业标准的规定。

各种信号机和表示器的显示方式应按地下铁道有关标准执行。

第11.1.3条　涉及行车安全的设备及电路必须符合故障一安全的原则。

第二节　固定信号

第11.2.1条　信号机应采用色灯信号机。

第11.2.2条　信号机应设在列车运行方向的右侧，困难时可设在左侧。

第11.2.3条　车站宜设进站和出站信号机；区间道岔应设防护信号机；车辆段及停车场应设进段(场)和出段(场)信号机；有调车作业的区域应设调车信号机。

第11.2.4条　在自动闭塞区段的闭塞分区分界处，应设通过信号机。实行列车自动防护的线路可不设通过信号机。

在不设通过信号机的闭塞分区分界处宜设分界标志。

第11.2.5条　进站信号机、防护信号机和车站防护道岔的各种信号机可设引导信号。具有两个及其以上运行方向的信号机可设进路表示器。

第 11.2.6 条 信号机的定位显示应符合下列规定：

一、不防护道岔的进站和出站信号机可显示进行信号，必要时应能人工关闭；

二、防护道岔的各种信号机均应显示停车信号；

三、通过信号机应显示进行信号。

第三节 闭 塞

第 11.3.1 条 地下铁道运营线路的区间可采用自动闭塞。

在双线区段，宜采用单向自动闭塞；单线双向运行的区段应采用双向自动闭塞。

第 11.3.2 条 自动闭塞分区的划分，应根据牵引计算、行车间隔和有关要求确定。

第 11.3.3 条 自动闭塞分区的最小长度应满足列车最高速度时的安全制动距离。实行列车自动防护的线路应按限速要求检查。

第 11.3.4 条 自动闭塞设备应符合下列规定：

一、通过信号机应不间断地检查所防护闭塞分区的空闲和占用情况；

二、轨道电路应不间断地检测列车运行位置或传递运行信息；

三、双向运行的自动闭塞设备，必须保证在任何情况下不得同时开通两个相对的运行方向；当闭塞分区被占用或轨道电路失效时，不得改变运行方向。

第四节 联 锁

第 11.4.1 条 有道岔车站、车辆段及停车场应采用电气集中联锁。根据需要也可采用计算机联锁。

无道岔车站可装设控制列车出站、进站和监视列车运行的控制设备。

第 11.4.2 条 联锁设备应符合下列规定：

一、确保进路上道岔、信号机和区段的联锁，联锁条件不符时，信号机不得开放。敌对的进路必须相互照查，不得同时开通。

二、能受列车自动监控系统或行车指挥控制系统控制或车站控制。

三、装设引导信号的信号机因故不能开放时，可使用引导信号。开放引导信号应检查进路中道岔位置正确及其锁闭状态。

四、根据作业需要，应能办理列车和调车进路。

五、宜采用进路操纵方式。具有连续追踪运行作业的车站，进路应能随列车运行自动排列。

六、进路解锁宜采用分段解锁方式。锁闭的进路应能随列车正常运行自动解锁和人工办理取消进路和限时解锁。限时解锁时间应确保行车安全。

七、锁闭的进路应能防止轨道电路分路不良造成的错误解锁。

八、联锁道岔应能单独操纵和进路选动。影响行车效率的联动道岔宜采用同时启动方式。

九、控制台应监督线路及道岔区段占用、进路开通及锁闭、信号开放和挤岔等。

第 11.4.3 条 联锁设备中，下列进路规定为敌对进路：

一、同一到发线上对向的进路；

二、同一咽喉区内对向重迭或顺向重迭的进路；

三、其他危及行车安全的进路。

第五节 行车指挥及列车运行控制

第 11.5.1 条 行车指挥及列车运行控制系统的选定应符合下列规定：

一、最大的通过能力等于和小于 30 对的运营线路，宜采用列车自动监控系统和列车自动防护系统。根据运营需要，行车指挥也可采用行车指挥控制系统，并配置车号识别和列车运行实迹记录设备。

二、最大的通过能力大于30对的运营线路，应采用列车自动控制系统。列车自动控制系统应由列车自动监控系统、列车自动防护系统和列车自动运行系统组成。

第11.5.2条 列车自动监控系统和行车指挥控制系统控制区段的划分，均应根据行车调度区域确定。不同行车调度区的行车控制中心可集中设于一处。

第11.5.3条 运营线路的车站应列为列车自动监控系统或行车指挥控制系统控制，车辆段或停车场宜不全部列为该系统控制。

涉及行车安全的直接控制项目应由车站办理。

第11.5.4条 装设列车自动监控系统或行车指挥控制系统的车站宜设发车时间指示设备。根据需要在行车控制中心表示盘上，可设置牵引供电表示和事故断电装置。

第11.5.5条 列车自动监控系统或行车指挥控制系统应能及时、正确和不间断地发送控制信息，以及监督列车运行和现场设备。

第11.5.6条 列车自动监控系统计算机，宜采用双机系统，并应配置必要的外部设备。

第11.5.7条 列车自动防护系统或列车自动运行系统应在区间、车站的正线和折返线上起控制作用。车辆段及停车场根据需要采用。

第11.5.8条 装有列车自动防护系统和列车自动运行系统的列车，在两端司机室均应装设速度显示、报警装置和必要的切换装置。

第11.5.9条 列车自动运行系统定点停车精度的选定应满足站台定位要求。

第六节 其　他

第11.6.1条 信号系统轨道电路应符合下列规定：

一、区间宜采用无绝缘轨道电路；道岔区段、车辆段及停车场线路应采用有绝缘轨道电路。区间轨道电路应为双轨条式；道岔区段、车辆段及停车场轨道电路均为单轨条式。

二、同一类型的相邻轨道电路应考虑干扰防护。

三、轨道电路参数可采用下列数据：

1. 道床电阻：2Ω·km；

2. 分路电阻：0.15Ω。

第11.6.2条 信号系统供电应符合下列规定：

一、供电负荷等级应为一级负荷，设两路独立电源。车上设备应由车上电源直接供电或经变流设备供电。

二、当交流电源电压的波动超过交流用电设备正常工作范围时，应设稳压设备。

三、信号设备应由专用的电源屏供电。计算机系统应采用不间断电源设备。

四、信号设备专用的交、直流电源应对地绝缘。

第11.6.3条 信号系统电线路应符合下列规定：

一、隧道内电缆应采用阻燃、低毒、防腐蚀护套电缆。

二、电缆敷设采用下列方式：

1. 地面电缆为直埋式；

2. 隧道内电缆区间宜用明敷方式，车站宜用隐蔽方式敷设；

3. 高架线路的电缆宜用隐蔽方式敷设。

三、信号电线路应与电力线路分开敷设。交叉敷设时，应采取防护措施。

四、电缆芯线或芯对应有足够的备用量。

第11.6.4条 信号设备应考虑强电干扰防护和人身安全防护。

第11.6.5条 信号机房应满足设备和运营的要求。根据需要室内可设空调设备。

第十二章　防　　灾

第一节　一般规定

第 12.1.1 条　地下铁道应具有防火灾、水淹和地震等灾害的防灾设施。

第 12.1.2 条　地下铁道防火灾应贯彻“预防为主，防消结合”的原则。设计时按同一时间内发生一次火灾考虑。

第 12.1.3 条　地下铁道结构和设备的抗震设计，应按国家现行有关抗震规范的规定执行。

第二节　建筑防火技术要求

第 12.2.1 条　地下铁道的地下工程及出入口、通风亭的耐火等级应为一级。

第 12.2.2 条　地下铁道的控制中心、车站行车值班室或车站控制室、变电所、配电室、通信及信号机房、通风和空调机房、消防泵房、灭火剂钢瓶室等重要设备用房，应采用耐火极限不低于3h的隔墙和耐火极限不低于2h的楼板与其他部位隔开，建筑吊顶应采用非燃材料。隔墙上的门应采用甲级防火门。

第 12.2.3 条　地下铁道车站应采用防火分隔物划分防火分区，除站台厅和站厅外，每个防火分区的最大允许使用面积不应超过 1500m²。

注：消防泵房、污水泵房、蓄水池、厕所、盥洗室的面积可不计入防火分区的面积内。

第 12.2.4 条　车站的站台厅、站厅、出入口楼梯、疏散通道、封闭楼梯间等乘客集散部位，其墙、地及顶面的装修应采用非燃材料；其他部位的装修不应采用可燃材料。车站的装修材料不得采用石棉、玻璃纤维制品及塑料类制品。

第 12.2.5 条　管道穿过防火墙、楼板及防火分隔物时，应采用非燃材料将管道周围的空隙填塞密实。

第 12.2.6 条　通过防火墙或防火分隔物下的地沟，应将防火墙或分隔物伸至地沟底板。当风道通过防火墙或防火分隔物并连通风口时，应在风道内或风口处设防火阀。

第 12.2.7 条　防火门宜采用平开门，并在关闭后能从任何一侧手动开启。疏散楼梯间或主要通道上的防火门，应采用向疏散方向开启的甲级单向弹簧门。

第 12.2.8 条　钢筋混凝土的各类密闭门可代替防火门。

第 12.2.9 条　当车站设置防火墙或防火门有困难时，可采用水幕保护的防火卷帘或复合防火卷帘。防火卷帘上应留有小门并采用两级下落式，先降至离地面 2m 处，在确认无人员遗漏情况下，最后降落第二级。

第 12.2.10 条　防火分区安全出口的设置应符合下列规定：

一、每个防火分区安全出口的数量不应少于两个，并应有一个出口直通安全区域，与相邻防火分区连通的防火门可作为第二个安全出口。竖井爬梯出口不得作为安全出口。

二、附设于地下铁道的地下商场等公共场所，除按规定设防火分区外，应有两个直通地面的安全出口。

第 12.2.11 条　出口楼梯和疏散通道的宽度，应保证在远期高峰小时客流量时发生火灾的情况下，6min 内将一列车乘客和站台上候车的乘客及工作人员疏散完毕。

第 12.2.12 条　安全出口门、楼梯和疏散通道的设置应符合下列规定：

一、供人员疏散的出口楼梯和通道的宽度，应按本规范表 4.2.5 及 4.2.6-1 的规定计算。

二、附设于地下铁道的地下商场等公共场所的安全出口门、楼梯和疏散通道的宽度应按其通过人数每 100 人不小于 1m 净宽计算。

三、地下铁道车站的设备、管理区及附设于地下铁道的地下商场等公共场所的安全出口门、楼梯、疏散通道的最小净宽应符合表 12.2.12 规定。

安全出口门、楼梯、疏散通道最小净宽　　表 12.2.12

名　称	安全出口门、楼梯 (m)	疏 散 通 道 (m)	
		单面布置房间	双面布置房间
地下铁道车站设备、管理区	1.00	1.20	1.50
地下商场等公共场所	1.50	1.50	1.80

四、疏散通道应减少曲折并能向两个方向疏散，疏散通道内不能设置阶梯、门槛和有碍疏散的物体等。

五、附设于地下铁道的地下商场等公共场所的房间门至最近安全出口的距离不得超过 35m。位于袋形通道两侧或尽端的房间，其最大距离不得超过上述距离的一半。

第 12.2.13 条　地下铁道与地下商场等地下建筑物相连接时，必须采取防火分隔措施。

第 12.2.14 条　站厅与站台厅间的楼梯口处，宜设挡烟垂幕，挡烟垂幕下缘至楼梯踏步面的垂直距离不应小于 2m。

第 12.2.15 条　车站间两条单线隧道之间应设联络通道，通道内宜设防火卷帘或防火门。区间隧道内排水泵站宜结合通道设计。

第 12.2.16 条　地下铁道采用的钢结构应进行防火处理。

第三节　消防给水和灭火装置

第 12.3.1 条　隧道内的消火栓最大间距、最小用水量及水枪最小充实水柱应符合表 12.3.1 的规定。

消灭栓最大间距、最小用水量及水枪最小充实水柱

表 12.3.1

地 点	最大间距 (m)	最小用水量 (L/s)	水枪最小充实水柱 (m)
车 站	50	20	10
折返线	50	10	10
区间(单洞)	100	10	10

第 12.3.2 条　车站及折返线消火栓箱内宜设火灾报警按钮，当车站设有消防泵房时尚应设水泵启动按钮。

第 12.3.3 条　地下铁道的车站出入口或通风亭的口部等处应设水泵接合器，并在 40m 范围内设置室外消火栓或消防水池。

第 12.3.4 条　当水幕仅起保护作用配合防火卷帘进行防火隔断时，其用水量不应小于 0.5L/s·m。

第 12.3.5 条　当城市管网的水量和水压不能满足地下铁道隧道内消防要求时，必须设消防泵和消防水池。确定消防水池容积时，自动喷水灭火装置按火灾延续 1h 计算，消火栓按 2h 计算，但应减去火灾延续时间内连续补充的水量。

第 12.3.6 条　下列场所应设置自动喷水灭火装置：

一、与地下铁道同时修建的地下商场；

二、与地下铁道同时修建的地下可燃物品仓库和Ⅰ、Ⅱ、Ⅲ类地下汽车库。

第 12.3.7 条　地下变电所的重要设备间、车站通信及信号机房、车站控制室、控制中心的重要设备间和发电机房，宜设气体灭火装置。

第四节　事故通风与排烟

第 12.4.1 条　地下铁道车站及区间隧道内必须具备事故机

械通风系统。

第 12.4.2 条 隧道内事故通风应具有下列功能：

一、当列车阻塞在区间隧道时，应能向事故地点迎着乘客疏散方向送新风，背着乘客疏散方向排风；

二、当区间隧道发生火灾时，应能背着乘客疏散方向排烟，迎着乘客疏散方向送新风；

三、当车站站台发生火灾时，应能及时排烟，并防止烟气向站厅和区间隧道蔓延；

四、当车站的站厅发生火灾时，应能及时排烟，并防止烟气向出入口和站台蔓延。

第 12.4.3 条 每个防烟分区的建筑面积不宜超过 $750m^2$，且防烟分区不得跨越防火分区。

第 12.4.4 条 防烟分区可采用挡烟垂壁或从顶棚下突出不小于 500mm 的梁体实现。

第 12.4.5 条 车站站台厅和站厅排烟量，应按每分钟每平方米建筑面积为 $1m^3$ 计算。排烟设备应按同时排除二个防烟分区的烟量配置。

第 12.4.6 条 区间隧道火灾的排烟量，按单洞区间隧道断面的排烟流速不小于 2m/s 计算，但排烟流速不得大于 11m/s 。

第 12.4.7 条 列车阻塞在区间隧道时的送风量，按区间隧道断面风速不小于 2m/s 计算，但风速不得大于 11m/s。

第 12.4.8 条 排烟风机及烟气流经的辅助设备如风阀及消声器等，应保证在 150℃时能连续有效工作 1h。

第 12.4.9 条 排烟口的风速不宜大于 10m/s。

第 12.4.10 条 当排烟干管采用金属管道时，管道内的风速不应大于 20m/s，采用非金属管道时不应大于 15m/s。

第 12.4.11 条 排烟系统宜与正常排风系统合用，当火灾发生时应确保将正常排风系统转换为排烟系统。

第五节　疏散指示与救援救护

第 12.5.1 条 地下铁道应设置事故照明和通信广播系统。

第 12.5.2 条 地下铁道宜设防灾电视监视系统。

第 12.5.3 条 疏散指示灯应设在有指示标志的地方，并采用玻璃或其他非燃材料制作的保护罩。

第 12.5.4 条 疏散指示标志应设在下列部位：

一、站厅、站台厅、自动扶梯、自动人行道及楼梯口；

二、人行疏散通道拐弯处、交叉口及安全出口处；

三、单洞区间隧道及疏散通道每隔 100m 设一处。

第 12.5.5 条 疏散指示标志应标明走行方向及距安全出口的距离，其高度距地面为 1～1.2m。

第 12.5.6 条 事故照明灯应设在下列部位：

一、站厅、站台厅、自动扶梯、自动人行道、电梯及楼梯口；

二、疏散通道和区间隧道内每隔 20m 左右处。

第 12.5.7 条 事故照明灯和指示照明灯的供电要求，应符合本规范第 8.5.4 条、第 8.5.8 条和第 8.5.9 条的规定。

第 12.5.8 条 地下铁道车站应配备防灾救护设施，车辆段应配备防灾救援设施。

第六节　防灾报警与监控系统

第 12.6.1 条 地下铁道应设置防灾自动报警与监控系统，并应设置中心和车站两级控制室。

第 12.6.2 条 地下铁道下列场所宜设火灾自动报警装置：

一、车站控制室、计算机房、通信机房、信号机房、变电所、配电室、广播室、电缆间及控制中心的重要机房；

二、站厅、站台厅、售票室、储藏室及管理用房；

三、地下折返线和停车线；

四、车辆段的检修库、列检库、停车库和可燃物品仓库。

注：设有火灾自动报警装置的场所，应在适当部位增设手动报警装置。

第12.6.3条 火灾自动报警系统中的信号装置和联动控制装置，应采用自动和手动两种方式。

第12.6.4条 地下铁道主排水泵站和排雨水泵站，应设危险水位自动报警装置。

第12.6.5条 防灾控制中心应具有以下功能：

一、监视全线防灾设备的运行状态；

二、接收车站、区间及列车的火灾报警，并显示报警部位及自动记录；

三、接收主排水泵站和排雨水泵站的危险水位报警，并显示其报警部位；

四、接收当地有关部门的地震预报；

五、发出救灾指令和安全疏散命令；

六、发出控制事故通风及防灾设备的指令；

七、向有关车站及有关部门通报灾情；

八、将接收的报警信息及发出的指令信息输入数据库。

第12.6.6条 车站防灾控制室应具有以下功能：

一、监视车站及相邻区间管辖范围内的各种防灾设备的运行状态；

二、监视自动扶梯、自动人行道及电梯的运行状态；

三、接收火灾报警，并显示火灾报警部位及自动记录；

四、接收车站管辖范围内的主排水泵站和排雨水泵站的危险水位报警，并显示其报警部位；

五、发出火警信号，对乘客进行安全疏散引导；

六、向防灾控制中心及有关部门通报联络；

七、接收防灾控制中心的救灾指令；

八、控制车站的事故广播；

九、控制消防水泵、灭火设备、事故通风等防灾设备。

第七节　防水淹技术要求

第12.7.1条 车站出入口及通风亭的门洞下沿应高出室外地面150～450mm，必要时应设临时防水淹措施。

第12.7.2条 位于水域下的区间隧道两端应设电动、手动防淹门。

第12.7.3条 位于水域下区间隧道的排水措施应按本规范第7.3.2条的规定执行。

第十三章　车辆段及其他基地

第一节　一般规定

第 13.1.1 条　地下铁道车辆段分为检修车辆段(简称车辆段)和停放车辆段(简称停车场)两种。

第 13.1.2 条　车辆段的业务范围应包括：

一、列车的运用和在段内编组、调车、停放、日常检查、一般故障处理和清扫洗刷；

二、车辆的技术检查、月修、定修、架修和临修；

三、运营线路列检所的列车检查、一般故障处理和清扫；

四、运营线路折返站乘务司机换班室的业务工作；

五、段内设备和机具的维修及调车机车的日常维修工作。

第 13.1.3 条　停车场的业务范围为本规范第 13.1.2 条中第一款工作和车辆技术检查、月修等工作。

第 13.1.4 条　车辆的厂修和车辆段内设备的大修，可由地下铁道专设的车辆设备修理工厂或委托其他工厂担当，也可选定一个车辆段增加车辆厂修任务。

第 13.1.5 条　车辆段位置的确定应符合下列要求：

一、保证列车进入正线安全、可靠、方便、迅速、运行经济；

二、避开工程地质及水文地质不良地段；

三、有利于电力线路、各种管道的引入和道路的连接；

四、场地标高具有良好的自然排水条件；

五、具有远期发展余地。

停车场位置的设置可参照上述要求执行。

第 13.1.6 条　车辆段的规模应根据线路长度、列车对数、列车编组、车辆技术性能、车辆定检周期、停修时间等主要资料计算确定。

第 13.1.7 条　车辆段专用设备宜采用标准设备或成熟的非标准设备。

第 13.1.8 条　车辆段总体布置根据作业要求及地形条件，可采用尽端式或贯通式。总图布置除符合作业、防火、道路和管线设置及环保等要求外，尚应充分利用自然采光和自然通风，并力求整齐、紧凑。

第 13.1.9 条　车辆段的空气压缩机间、锅炉房等应设置在邻近负荷中心，其房屋建筑宜分别单独设置。

第 13.1.10 条　产生噪声、冲击震动和易燃、易爆的车间应单独设置；产生粉尘、有毒和有害气体的车间，宜布置在常年主导风向的下风侧，排出的有害气体、粉尘、废水应符合环境保护的卫生标准。

第 13.1.11 条　各辅助车间应根据生产性质按专业系统布置，与生产关系密切的辅助车间，宜布置在主车库侧跨内或紧邻设置。

第 13.1.12 条　车辆段列车的运用、日常检查、清扫工作，以及锅炉房、空气压缩机间、变电所和防灾控制室等部门的工作人员应采用三班工作制，各检修和行政、技术管理等部门的工作人员应采用白天工作制。

第二节　运用整备设施

第 13.2.1 条　车辆段内应设列车运用车间、运转值班室、信号楼等运用整备设施。

第 13.2.2 条　车辆段内应设置牵出线，其数量根据调车作业工作量确定，但不应少于一条线，线路有效长度(不包括车挡长度)不应小于公式(13.2.2)计算的数值。

$$L_Q = L + L_n + 15 \qquad (13.2.2)$$

式中　L_Q——牵出线有效长度(m)；

L——列车长度(m)；

L_n——内燃机车长度(m)。

第 13.2.3 条　车辆段内应设值班室、检修间和备品库，其面积根据列车日常检查任务确定，并应设在列检库的侧跨内或紧邻地点。

第 13.2.4 条　列检库的库线可按运用列车数的 30%设置。列检库形式为尽端式时，每条库线停放列车数可为远期车辆编组数量的一列车，但在初、近期可停最少车辆编组数量的两列车；列检库形式为贯通式时，每条线上停放列车数可为远期车辆编组数量的两列车，但在初、近期可停最少车辆编组数量的三列车。库内应设检查坑或高架检查线。当车辆为受电弓受电时，架空接触网应进库，车库顶部设受电弓检修固定走廊和梯子。当车辆为受流器受电时，库内接触轨应分段设置，并加装防护罩。车库长度不应小于公式(13.2.4)计算的数值。

$$L_{jk}=(L+10)N_1+1.5N_2+3 \quad (13.2.4)$$

式中　L_{jk}——列检库长度(m)；

N_1——一条线上停放列车数；

N_2——一条线上有阶梯处数。

第 13.2.5 条　停车库的库线数和长度不应小于公式(13.2.5-1)和(13.2.5-2)计算的数值，每条线上可停放的列车数与第 13.2.4 条列检库规定相同，但停车库由于地形条件或有其他依据时，远期停放列车数当采用尽端式时可停放两列，采用贯通式时可停放三列。库内需要时可设检查坑。架空接触网或接触轨应进库，接触轨应加装防护罩。露天停放对列车正常运行不受影响的地区可不设车库。停车库线数和长度应按下列公式计算：

$$S_t=\text{配属列车数}-(\text{检修列车数}+\text{列检库停留列车数}+\text{折返线停留列车数}) \quad (13.2.5\text{-}1)$$

式中　S_t——停车库线数。

$$L_t=(L+6)N_1+3 \quad (13.2.5\text{-}2)$$

式中　L_t——停车库长度(m)。

第 13.2.6 条　备用停车库线应根据停放列车的需要确定，但不应少于一条。停车库线长度可按(13.2.5-2)公式计算。

第 13.2.7 条　车辆段内应设车辆清扫、洗刷值班室和工具、备品仓库，并应靠近停车库设置。人工清扫和洗刷工作应在停车库内进行。段内尚应设置机械洗刷线及洗刷库，洗刷库的长度、宽度和高度应根据洗刷设备的要求确定，洗刷库及其前后一辆车长度的范围应在直线上。洗刷线长度应按下列公式计算：

一、尽端式机械洗刷线：

$$I_{ds}=L+1+L_s+8 \quad (13.2.7\text{-}1)$$

式中　I_{ds}——尽端式机械洗刷线长度(m)；

l——一辆车长度(m)；

L_s——洗刷库长度(m)。

二、贯通式机械洗刷线：

$$L_{ts}=L_s+2l \quad (13.2.7\text{-}2)$$

式中　I_{ts}——贯通式机械洗刷线长度(m)。

第 13.2.8 条　车辆段内应备有内燃机车和车库。机车可按 2 台配备或根据段内调车作业和运行列车故障情况确定。机车牵引能力应满足远期列车通过最大坡度的要求。车库用于机车停放、检查和一般故障处理，库内应设检查坑。库线数可按远期所需内燃机车台数确定，库长不应小于公式(13.2.8)计算的数值。

$$L_R=(L_n+9)N_3+6 \quad (13.2.8)$$

式中　L_R——内燃机车库长度(m)；

N_3——一条线上停放内燃机车数。

第 13.2.9 条　当运行列车需要定期进行调头作业时，可在段内设回转线或其他调头设施。

第 13.2.10 条　列检库、停车库和内燃机车库的大门、检查坑、车辆之间通道宽度等最小尺寸宜符合表 13.2.10 的要求。

各车库有关部位最小尺寸　　表 13.2.10

车库种类 / 项目名称	停车库 (m)	列检库 (m)	月修库 (m)	定修库 (m)	架修库 (m)	油漆库 (m)	内燃机车库 (m)
车体之间通道宽度（无柱）	1.6	2	3	4	4.5	2.5	2
柱边与车体之间通道宽度	1.3	1.3	—	—	—	—	—
车体与无车间侧墙之间通道宽度	1.5	1.5	2.5	3.5	3.5	2.2	1.5
车体与有车间侧墙之间通道宽度	—	1.7	3	3.7	4	2.2	1.7
车体距无车间侧墙柱子边通道宽度	1.3	1.3	2.3	2.7	2.7	1.8	1.3
车体距有车间侧墙柱子边通道宽度	—	1.5	2.8	2.9	3.2	1.8	1.5
库内前通道宽度(由前墙内至检查坑端)	4	4	4	5	5	3	3
库内后通道宽度(由后墙内至检查坑端)	3	3	4	4	4	3	3
车库大门宽度	B+0.6	B+0.6	B+0.6	B+0.6	B+0.6	B+0.6	B+0.6
车库大门高度	H+0.4	H+0.4	H+0.4	H+0.4	H+0.4	H+0.4	H+0.4
检查坑宽度	—	1.2	1.2	1.2	1.2	—	1.2
检查坑深度	—	1.2	1.2	1	1	—	1.2
检查坑阶梯平面长度	—	1.5	1.5	1.2	1.2	—	1.5

注：①B——电动车辆或内燃机车的宽度。
②H——电动车辆高度(带受电弓的电动车辆按受电弓工作位置计算)或内燃机车的高度。

第 13.2.11 条　在停车库、列检库、内燃机车库和各运用整备的生产车间内，根据工艺要求设动力和局部安全电压照明电源，并应设有上下水和压缩空气管路设施。

第 13.2.12 条　在列检库和内燃机车库的检查坑内两侧或地下作业处，应设安全电压照明及其插座以及 220V 插座。固定照明不应凸出检查坑内壁。

第 13.2.13 条　在停车库、列检库每条线路上停放的列车前，均应设有与库外隔离的牵引供电开关柜，并应设有送电时的信号显示或音响。

第 13.2.14 条　在停车库、列检库、检修库和内燃机车库、列检值班室、信号楼、段内运转值班室等处，应设置对讲式扩音通话柱。

第 13.2.15 条　车辆段内宜设乘务员公寓，其规模根据早晚两班运行列车乘务人员数确定。

第 13.2.16 条　车辆段内宜备有隧道清洗车和平板车及其停放库线。

第 13.2.17 条　地下铁道各折返线处根据列车作业要求，应设列车检修所，列车检修所应具备下列设施：

一、设列检线，其数量根据列检任务量确定。列检线和检查坑长度不应小于公式（13.2.17-1）、（13.2.17-2）计算的数值。

$$L_{jx}=L+d+24 \quad (13.2.17\text{-}1)$$

式中　L_{jx}——列检线长度(m)；

d——车挡长度(m)。

$$L_k=L+9 \quad (13.2.17\text{-}2)$$

式中　L_k——检查坑长度(m)。

二、列检线两侧设给排水管，检查坑内设排水设施。

三、列检线两侧和检查坑内两侧设 220V、36V 插座和固定照明。

四、设列检和清扫服务的值班室、检修间、备品仓库、男女厕所。

五、生产房屋内设通风除湿设施，检修间备有动力和局部安全照明电源，值班室设生活用给排水设施。

六、列检和清扫值班室设电钟和自动电话，列检值班室与邻近车站值班室和乘务人员换班室设直通电话。

第 13.2.18 条 有列车折返的车站应设乘务人员换班室。

第三节 检修设施

第 13.3.1 条 车辆段内应设车辆检修车间、设备维修车间和动力车间。

第 13.3.2 条 车辆段内的各种检修台位数，应根据全段运用车辆的全年走行公里、检修周期和检修停留时间，以及临修工作量计算确定。各种检修台位可按一班工作制计算。

第 13.3.3 条 架修库的形式、长度和库线数，应根据检修台位数、车辆规格、作业方式和检修工艺要求确定。

第 13.3.4 条 定修库和月修库的形式可建为尽端式车库，在库的一侧或两侧设生产车间。库线数量应根据检修台位和检修工艺要求确定，库长不应小于公式（13.3.4-1）、（13.3.4-2）计算的数值。

$$L_d=(l+1)N+1.5N_2+(L_z+1)N_4+3N_5+9 \quad (13.3.4\text{-}1)$$

式中 L_d——定修库长度(m)；

N——一条线上的车辆数；

N_4——一条线上的转向架数；

N_5——一条线上的中间通道数；

L_z——转向架长度(m)。

$$L_y=(l+1)N+11 \quad (13.3.4\text{-}2)$$

式中 L_y——月修库长度(m)。

第 13.3.5 条 根据检修工艺的需要或车辆段内近期检修任务量不大时，可将定修工作合并在架修库进行，定修库可缓建。

第 13.3.6 条 车库前应设有一段平直线路，其长度应能满足车辆进库时车前端侧面距大门凸出部分不小于 150mm 的要求。

第 13.3.7 条 车辆段内应设有不落轮镟削设备和控制间，线路长度应能满足列车前后车辆的车轮镟削工作要求。

第 13.3.8 条 各检修库的车辆之间和车辆与侧墙之间距离，以及大门、检查坑等最小尺寸可按表 13.2.10 确定。

第 13.3.9 条 各检修库的电动桥式起重机性能应满足检修工艺要求，其数量按检修任务量确定。

第 13.3.10 条 车辆的架车起重设备，按检修工艺需要可采用电动桥式起重机或电动架车机。

第 13.3.11 条 各检修库沿检查坑两侧各 1m 宽度范围内应考虑起重作业的承重要求。

第 13.3.12 条 车辆段内应设一条吹扫库线，其长度应按列车长度、吹扫作业方式及设备布置的要求确定。

第 13.3.13 条 车辆段内应单独设车辆油漆库。库内应设通风、给排水设施和压缩空气设备。库内的电气设备均应采取防爆措施。

第 13.3.14 条 架修库的转向架检修车间应设在侧跨内或紧邻地点。检修台位数应根据车辆架修和临修任务、作业方式、检修时间及不均衡性等要求确定。车间内应设不小于 10t 的电动桥式起重机，其数量根据任务量确定。

第 13.3.15 条 转向架车间应设有转向架、轮对、滚动轴承和零部件的清洗设备。

第 13.3.16 条 在转向架车间附近应设轮对存放间，内部应设不小于 2t 的起重机，存放轮对的数量不应少于架修车辆所需轮对的 2 倍。

第 13.3.17 条 电机试验间与试验电源间应靠近设置，电机试验间应有隔噪声措施。

第 13.3.18 条 计量、仪表间和广播设备间设置的位置不应受到振动的影响，广播设备间应有隔噪声措施。

第 13.3.19 条 碱性蓄电池及酸性蓄电池的检修间和充电间应分开设置，室内均应设通风、给排水和防腐设施。酸性蓄电池充电间应采取防爆措施。

第 13.3.20 条 空气压缩机间的压缩机不应少于 2 台，其压力和容量应根据工艺要求确定。

第 13.3.21 条 车辆段内乙炔焊接间可使用瓶装乙炔气或移动式乙炔气发生器。如用量不大时乙炔气焊接间可与电焊间合并设置。

第 13.3.22 条 生产车间、辅助车间的设备宜按集中检修和零部件互换的原则选用。

第 13.3.23 条 各检修库和检修间应设交、直流动力电源、安全照明电源及给排水、压缩空气、蒸汽等管路设施。

第 13.3.24 条 检修库检查坑内的电源设置，应符合第 13.2.12 条的规定。

第 13.3.25 条 车辆段内应设车辆试运转线，其长度应满足远期列车最高运行速度的性能试验要求，并设置不小于一辆车长度的检查坑。

第 13.3.26 条 车辆段内应按需要设置各类仓库。易燃、易爆仓库应单独设置。根据需要段内可设置材料线。

第 13.3.27 条 当牵引供电采用接触轨时，车场线路的外侧应设置安全防护栅栏。

第 13.3.28 条 在车场线路内根据需要可设动力电源开关柜。

第四节 救援设施

第 13.4.1 条 车辆段内应设救援办公室，受车辆段和地下铁道防灾控制中心指挥。

第 13.4.2 条 救援办公室应设有：

一、值班室；

二、设备检修间；

三、材料和备品仓库；

四、救援工程车停放库。

第 13.4.3 条 值班室应设电钟、自动电话、直通防灾控制中心的调度电话。

第五节 其他基地

第 13.5.1 条 综合维修中心、培训中心、总仓库的基地宜独立设在车辆段用地范围内。

第 13.5.2 条 综合维修中心为地下铁道供电、通信、信号、机电、工务和建筑等维修及管理单位。地下铁道内综合维修工作任务量较大时可分别设供电、通信、信号、机电、工务、建筑等段(所)，任务量不大时可设综合维修段(所)以及各专业维修队(工区)等。

第 13.5.3 条 综合维修中心根据各专业任务量可分别或集中设置生产调度室、技术室、电气试验间、通信信号车间、机电车间、工务和建筑车间等，同时尚应设置与检修配套的配电所、空气压缩机间、锻工间、内燃机车库、平板车线、仓库等生产设施和办公、生活设施。

第 13.5.4 条 培训中心为地下铁道各专业职工培训的基地，在培训中心应设有教室、设备室、教职员工的办公和生活用房，以及必要的配套设施。

第 13.5.5 条 总仓库为地下铁道全线各专业所需机电设备，机具、材料、劳保用品的存放和发放的管理单位。在总仓库内应设机电设备，通信、信号器材和各种材料的库房以及露天存放场地；并应设有起重、运输设备，专用轨道线和办公、生活用房及配套设施。

附录一　本规范用词说明

一、执行本规范条文时，对要求严格程度不同的用词说明如下，以便执行中区别对待。

1．表示很严格，非这样做不可的：

正面词采用“必须”；

反面词采用“严禁”。

2．表示严格，在正常情况下，均应这样做的：

正面词采用“应”；

反面词采用“不应”或“不得”。

3．表示允许稍有选择，在条件许可时首先应这样做的：

正面词采用“宜”或“可”；

反面词采用“不宜”。

二、条文中指定应按其它有关标准、规范执行的写法为“应按……执行”或“应符合……要求或规定”。非必须按所指定的标准、规范执行的写法为“可参照……执行”。

附加说明

本规范主编单位、参加单位和主要起草人名单

主编单位： 北京市城建设计研究院

参加单位： 铁道部通信信号公司研究设计院

上海市隧道工程设计院

天津市地铁管理处

主要起草人： 施仲衡　周庆瑞　谢仁德　叶大德　杨月云

康　恩　周淑媛　杨桂花　周才宝　王仲良

蔡秀岳　王元湘　韩秋官　乔宗昭　张长瑞

单兆铁　褚敬止　靳玉广　包国兴　刘通华

关中绍　赵景铭　施焕石　刘　文

中华人民共和国国家标准

城市公共交通通信系统

Communication System for Urban Public Transport

GB 7283—87

国 家 标 准 局

1987-02-22发布　1987-11-01实施

本标准适用于城市公共汽车、无轨电车、出租汽车、轨道交通、客渡轮、轨道缆车、索道缆车等公共交通系统。

1 名 词 术 语

1.1 轨道交通

以电能为动力采取轮轨运转方式的公共交通的总称。例如有轨电车、快速有轨电车、地下铁道等。

1.2 客渡轮

在城市水域以运送乘客为主的船舶。

1.3 轨道缆车

由钢索牵引在沿坡面铺设的轨道上运行的载客车辆。

1.4 索道缆车

由钢索牵引沿架空索道运行的载客车辆。

1.5 调度站

具有调度业务职能的车站或码头。

1.6 调度室（调度分中心）

对多条线路进行综合调度的控制中心。

1.7 中心调度室（总调度室、调度中心）

对全市线路（或多条线路）进行综合调度的控制中心。

1.8 载客量

公共交通工具上装载乘客的数量。

1.9 满载率

公共交通工具实际载客量与额定载客量之比。

1.10 最大客流断面

线路上客流量最大的断面。

1.11　乘客集散点

聚集和疏散乘客的地点。

1.12　站距

同一线路相邻两站之间的距离。

1.13　通信网

由许多用户设备、传输设备、交换设备相互连接成的通信组织总体，在网内任意两用户间能进行通信联络。

1.14　绳路

在交换机或调度设备中，向用户电话机馈电、连接通话桥路、监视用户使用状态、控制机键复原的电路。

1.15　单呼

总机送出一个预定的选叫信号，只能叫出一个预定的分机。

1.16　组呼

总机送出一个预定的选叫信号，可叫出预定的某一组分机。

1.17　全呼

总机送出一个预定的选叫信号，可叫出全部分机。

1.18　覆盖

在以基地电台为中心的一块面积（区域）内，依一定技术条件能进行基地台与所属分台间的通信联络。

1.19　射频

在无线电通信中用来发射或接收的辐射频率。

1.20　闭路传输

用电缆或光缆等传输信号。

1.21　模拟显示

用模拟线路图（表）显示运营车（船）的运态位置。

1.22　定位信标

在运营线路上为确定车辆位置而设置的收（发）标志信号的装置。

1.23　电子里程计

测量车辆行驶距离的电子装置。

2　有线电通信系统

2.1　系统的职能

2.1.1　城市公共交通有线电通信系统是公共交通运行调度的专用自动电话交换网。

2.1.2　本系统应能保证下列值勤单位之间的调度通信：

a. 各级调度室（站）之间；

b. 供电调度室与各整流站（变电站）之间；

c. 调度室与抢修单位之间；

d. 中心调度室与城市交通控制中心之间；

e. 供电调度室与城市供电局调度室之间。

2.1.3　公共交通的其他值勤单位之间的业务联络，以及调度室（站）内非调度业务的通信，应使用市内电话，一般不占用调度通信设备。

2.2　系统的传输质量

系统传输的主要质量指标应符合邮电部《自动电话交换网技术体制》关于传输质量的有关规定（见附录A）。

2.3　系统的构成及基本特性

本系统由调度设备、电话交换机、电话分机和线路网等设备组成。

2.3.1　调度设备

调度设备是各级调度室利用通信设施对公共交通系统实行调度指挥的专用设备。

调度设备应具有下列功能：

a. 直接单呼、组呼和全呼系统内各调度分机；

b. 主持电话会议；

c. 备有一条具有双向扩音功能的调度绳路，在汇接网上进行调度或两用户间的对讲；

d. 遥控广播设备；

e. 催挂；

f. 监听；

g. 将通话或电话会议的内容录音；

h. 向各调度室、站发校时信号。

2.3.2 电话交换机

所需满足的条件如下：

a. 本系统的电话交换机应是自动电话交换机；

b. 调度中心的电话交换机容量应根据公共交通企业的规模和调度方式确定，一般可按每个调度室4门、调度站1门计算，并留有一定的扩充容量；

c. 电话交换机对市内电话的中断线对数应按邮电部《市内电话业务规程》规定的上限值确定；

d. 技术要求应符合邮电部《自动电话交换网技术体制》关于市内自动交换设备进网要求的有关规定。

2.3.3 电话分机

系统内各电话分机应为自动电话机。技术要求应符合GB1498—79《共电、自动电话机技术条件》的规定。

2.3.4 线路网

根据本地区的条件，可租用市话线路或单独设置，技术要求应符合邮电部《自动电话交换网技术体制》关于市内传输系统的种类系列和进网要求。

3 无线电通信系统

3.1 系统的职能

3.1.1 城市公共交通无线电通信系统是公共交通运行调度和业务联络的专用移动通信网。

3.1.2 本系统应能保证下列单位之间的调度通信：

a. 各级调度室（站）之间；

b. 调度室（站）与所辖运营车辆（渡轮）之间；

c. 调度室（站）与现场指挥车和工程急修车之间；

d. 中心调度室与城市交通控制中心之间。

3.2 系统制式

3.2.1 组网方式

调度中心（分中心）电台大面积覆盖所辖各分台。

3.2.2 工作方式

一般采用双工制或半双工制。

3.2.3 调制方式

调频、调相。

3.3 系统的传输质量

系统传输的质量指标应符合邮电部《移动通信网技术体制》的有关规定（见附录 *B*）。

3.4 系统的构成及基本特性

3.4.1 本系统由总调度台、分调度台、车（船）载台以及其他调度设备组成。

3.4.2 调度台可单呼、组呼和全呼各分台。

3.4.3 总调度台应能监听所辖各分台间的通信。

3.4.4 调度台具有录、放音功能。

3.4.5 全系统应能统一校准时间。

3.4.6 能实现本系统内有线、无线用户间的接续。

3.4.7 本系统各主要设备的技术要求应符合邮电部《移动通信网技术体制》对无线电设备的主要技术指标要求。

3.5 射频频段

采用国家分配给移动通信的频段（见附录 *B*)。

4 电视监视系统

4.1 系统的职能

4.1.1 城市公共交通电视监视系统用于对公共交通的运营状况进行现场监视。

4.1.2 系统对下列场所进行监视：

a. 重点线路的最大客流断面；

b. 主要的乘客集散点；

c. 关键的公共交通路口。

4.2 系统制式

本系统的制式及基本技术要求应符合 GB3174－82《彩色电视广播》或 GB1385－78《黑白电视广播》的有关规定。

传输方式为闭路或开路。

4.3 系统的传输质量

系统的传输质量应符合 GB1583—79《彩色电视图象传输标准》的有关规定。

4.4 系统的构成及基本特性

4.4.1 本系统由下列四部分组成：

a. 摄象机及发送设备；

b. 以监视器为中心的接收设备；

c. 传输设备；

d. 控制设备。

4.4.2 本系统应能传输图象、伴音和数据信息。

4.4.3 发送设备的启闭和调整应能进行程控和遥控。

4.4.4 根据需要，调度中心(分中心)配备监视器若干台，并能分别选收各监视点发出的信息。

4.4.5 调度中心(分中心)应能对各监视点的现场实况进行录制或重放。

4.4.6 经过转接，本系统应能与城市交通控制中心交换信息。

5 自动监控系统

5.1 系统的职能

5.1.1 城市公共交通自动监控系统是对公共交通车辆的运行状况进行自动监测和实时处理的调度系统。

5.1.2 本系统应能进行下列工作：

a. 监测运营车辆的动态位置；

b. 检测车辆的载客量或满载率；

c. 根据有关信息和运行计划，提出控制命令并发至车辆或车站；

d. 模拟显示运营状况；

e. 打印运营报表；

f. 车辆的报警；

g. 车辆进入或退出本系统的处理；

h. 积累数据，为预测客流、编制运行计划以及线网优化提供依据。

5.2 系统制式

5.2.1 信息收集方式

调度中心(分中心)的电子设备周期性地自动查询各车辆的运行数据。

5.2.2 控制方式

调度中心(分中心)的电子设备周期性地自动控制车内的调度信号装置或车站显示装置,必要时可人工干预。

5.2.3 车辆定位方式

采用信标或信标与电子里程计相结合。

5.2.4 组网方式

调度中心(分中心)电台大面积覆盖所辖各分台,或采用有线传输。

5.3 系统的性能指标

5.3.1 车辆在任意两站之间行驶的时间内(不包括停站时间)至少被查询两次。

5.3.2 车辆位置误差不大于$\frac{1}{2}$站距。

5.3.3 系统时钟误差不大于 1s。

5.3.4 车辆到站时刻的测量误差小于 30s。

5.3.5 车辆载客量(满载率)的测量误差* 不大于 10%。

5.4 系统的构成及基本特性

5.4.1 本系统一般由中心计算机、前置计算机、车载计算机、中心电台、车载电台、车辆方位检测设备、载客量(或满载率)检测设备、模拟显示装置、发车显示装置等部分组成。

5.4.2 中心计算机的职能是控制全系统的运行,处理并存储运营数据,与调度员交换信息,编制和打印运营报表,与城市交通控制中心交换信息。

5.4.3 前置计算机的职能是通过中心电台与各车辆或车站交换信息,控制调度中心的模拟显示装置等。

5.4.4 车载计算机的职能是从检测设备中采集运营数据并作预处理,通过车载电台与调度中心或车站交换信息。

5.4.5 中心电台为异频双工电台。

5.4.6 车载电台为异频双工或异频单工电台。

5.4.7 车辆方位检测设备检测车辆运行的方向和位置,计量单位为“站”*。

5.4.8 载客量(满载率)检测设备为车载式。

5.4.9 调度中心的模拟显示装置显示全系统运营车辆的动态位置。

5.4.10 主要车站的模拟显示装置显示即将到站的车辆的动态位置。

5.4.11 车内报站装置预报到达站名。

5.4.12 始发站的发车显示装置显示待发车的车号和发车时刻。到点时,发出开车信号。

5.5 射频频段

采用国家分配给移动通信的频段(见附录 B)。

---

* 载客量测量误差为满载误差,按下式计算:

$$满载误差=\frac{|测量值-实际值|}{标称满载值}\times 100\%$$

* 指以站牌为中点的±$\frac{1}{2}$站距的区间。

附 录 *A*
《自动电话交换网技术体制》（节录）
（参考件）

5* 市内电话网

5.3 传输损耗标准及其分配

5.3.1 市内用户至用户间全程最大参考当量应不大于30.0dB。全程最大传输损耗应不大于29.0dB。

注：① 局间中继线参考当量系指线径为0.7mm的非加感电缆，依照CCITT建议G121附录C4.3节所述，$d=0.7$mm时，$K=1.06A800=13.0$dB时，$Yc=Ka800\sim14.0$dB。

② 用户线传输损耗7.0dB系指$d=0.5$mm的非加感电缆。

5.3.2 市内用户和效区用户以及效区用户之间全程最大参考当量、传输损耗同5.3.1节。

5.3.3 传输损耗的分配

5.3.3.1 用户电路

用户电路是指从用户话机的送话器至其所在交换局（端局或汇接局）的配线架或从受话用户所在交换局的配线架至用户话机的受话器为止。

a. 参考当量（在用户电缆线径$d=0.5$mm标准话机时）：

发送参考当量小于（等于）12dB；

接收参考当量小于（等于）3dB。

b. 传输损耗：

在f为800Hz时，非加感电缆线径为0.5mm的传输损耗应不超过7.0dB。

c. 在具有用户交换机的情况下，由用户交换机至市话端局间的传输损耗应不大于4.5dB，用户交换机至其他用户间的传输损耗应不大于1.5dB。

5.3.3.2 市内局间中继线

市内局间中继线是指发话分局（包括大城市的郊县局和卫星城镇局）的总配线架到受话分局（包括大城市郊县局和卫星城镇）的总配线架之间的线路（或电路）

两端间的最大参考当量应不大于14.0dB，其间的最大传输损耗应不大于13.0dB。

由端局至汇接局间传输损耗不大于3.5dB，汇接局之间传输损耗不大于4.0dB。

5.3.3.3 交换机传输损耗

二线交换机局内传输损耗应小于1.0dB。

5.3.4 交换机杂音

长途四线交换机忙时杂音计杂音折算到四线电路零相对电平点应不大于200PWP（—67dBm0P）。

市话交换机和二线长途交换机的忙时杂音计杂音应不大于200PWP。步进制交换机可放宽到500PWP（—63dBmP）。

5.3.5 局间中继线杂音

中继线采用频分多路短程载波时，电路忙时杂音计杂音折算到电路的零相对电平点应不大于1000PWP（—60dBm0P）。中继线采用音频电缆时，由热杂音和线对间串音引起的杂音在中继线末端测量应不大于500PWP（—63dBmP）。

5.3.6 用户线杂音

由于热杂音和线对间串音在用户线上引起的杂音在话机

* 附录中的序号是原文序号。

端测量应不大于100PWP（-70dBmP）。

5.3.7　用户线串音衰减（$f=800$Hz）

同一配线点的两对用户线之间的串音衰减应不小于80dB（对现有电缆线的个别情况允许在70dB以上）。

11.8　市内自动交换设备进网要求

11.8.1　能作为等位拨号的单局制、多局直接制和汇接制的市内网的终端局，也可作为汇接局，在必要的情况下，加装附加设备后，可适应市内网中号长差不超过一位的要求。

11.8.2　能与纳入市内网的纵横制或步进制直拨小交换机配合工作，也能与不纳入市内网的用户小交换机配合工作。

11.8.3　能与占用几个十位号码和几个百位号码的纵横制支局配合工作。

11.8.4　能与我国定型生产的各类型长话全自动、半自动和人工交换设备配合工作。

11.8.5　具有特种业务中继设备（包括查号台、报时台等），特种业务号码安排见第七章。

11.8.6　具有实现来去话汇接的性能，在选用出中继电路时，应优先选用直达路由，次选迂迴路由。出局路由数量（特种业务路由除外）对六位及七位编号的汇接局和终端局应不少于35个，对五位编号汇接局或5000门至10000门的终端局应不少于20个，而1000门至5000门的终端局则应不少于15个。

11.8.7　话路复原控制方式：

a. 市内接续中，普通用户之间的接续为互不控制方式。

如被叫为特种业务“112”、“113”、“116”、“119”、“110”时，亦为被叫控制方式。“117”等自动应答特种业务为互不控制方式。对其他特种业务呼叫均为主叫控制方式。

b. 长途接续中长途全自动去话接续及长途全自动来话接续为主叫控制。

长途半自动和人工来话接续均为主叫控制方式。

长途半自动去话接续在话务员应答后为被叫控制方式。

11.8.8　应具有国际半自动交换的性能和核对主叫用户号码的性能。

11.8.9　允许接入下列用户终端设备：

号盘话机、投币式电话机、按键话机和用户单路传真机、书写话机、低中速数据传输终端机。

对市内接续具有计次或复式计次性能，呼叫某种特种业务可以不计次。

在紧急情况下，可暂时切断一般用户的发话呼叫，以保证重要用户通信畅通。

公用控制设备（标志器）有重接核对性能，重要公用设备（如标志器、铃流发生器等）应采用互助、备用或多工等工作方式，以保证通信可靠。

交换设备应包括测重台及控制测试设备，基本性能详见《部定技术文件汇编（长、市自动交换部分）》。

11.8.10　交换设备话务负荷能力：

当前我国大部分城市因为电话普及率（平均每百人话机数）较低，话务量一般偏高。因此，建议交换设备的话务负荷能力近期取为：

对话务量大的城市，呼出和呼入最大总和为0.22～0.23小时呼/线。

对话务量小的城市，呼出和呼入最大总和为0.19～0.21

小时呼/线。

随着我国电话普及率的提高，远期话务负荷能力将会有所下降，届时再作调整。

11.8.11 交换设备的呼损指标：

对纵横制交换设备和准电子式交换设备在设计负荷情况下要求：

a. 用户摘机至听拨号音的明显损失率不大于 0.3～0.5%。

b. 用户拨完最后一位号码至听回铃音的明显损失率（不包括被叫用户占线率）对本局呼叫不大于 1.5～2%，对入局呼叫不大于 1.5～2%，对出局呼叫不大于 1%，且每经过一次汇接允许增加的呼损率不大于 1%，并要求当一个路由的话务量在 25 小时呼叫时其每条中继线的利用率不得低于 0.6 小时呼。

c. 超负荷 10%时各种呼损率均不得超过额定呼损率的 300%。

11.8.12 接续速度

对纵横制交换设备或准电子交换设备：

a. 在不等待公用设备的情况下，用户摘机至听拨号音（或忙音）的时长不超过 0.6s。

b. 用户摘机至听拨号音（或忙音）时长（包括等待公用设备在内）超过 6s 的概率在设计负荷情况下不超过 0.5%。

c. 在不等待公用设备和一次接续成功的正常情况下，用户拨完最后一位号码或入局呼叫收完最后一位号码至听回铃音（或忙音）的时长对本局单机用户的呼叫不超过 0.8s，对本局小交换机中继线呼叫不超过 1.0s，对出局呼叫每经过一局增加接续时长 1.0s（暂定）。

d. 用户拨完最后一位号码或入局呼叫收完最后一位号码至听回铃音（或忙音）的时长（包括等待公用设备在内）超过 6s 的概率（按统一方法计算），在设计负荷情况下对本局和入局呼叫均不应超过 1%。

11.9 市内自动交换设备的传输指标

11.9.1 局内损耗

自动电话局一次用户至用户的局内接续其局内损耗在 800Hz 时，应不大于 0.87dB，由于局内电缆形成的损耗应不大于 0.35dB。

11.9.2 衰耗频率特性

一次局内接续在其他频率测得的衰耗与 800Hz 测得的衰耗之差应在下列范围（其中“＋”值表示比 800Hz 衰耗大，“－”表示比 800Hz 衰耗小）。

300～400Hz	－0.2～＋0.5dB
400～2400Hz	－0.2～＋0.3dB
2400～3400Hz	－0.2～＋0.5dB

11.9.3 非线性失真

一次局内接续在测试信号电平从－40dB（相对零电平点绝对功率电平）改变到＋3.5dB 时，传输衰耗变化应不大于 0.20dB。

11.9.4 串音衰耗

11.9.4.1 两个接续之间串音衰耗

局内串音衰耗使用单一频率 1100Hz 进行测试。在最不利情况下，即两个接续尽可能相邻时，两通话回路间的串音衰耗应不大于 78dB。

11.9.4.2 同一接续中每一侧的发送支路与接收支路之间

的串音衰耗

四线交换设备的同一话路的发送和接收支路之间的串音衰耗应大于 60dB。

11.9.5 杂音

交换局在忙时的杂音计功率电平应小于或等于－67dB（相对零电平点绝对功率电平），即相当于在零相对电平点测得的杂音计功率小于 200PW，而在忙时的非杂音计功率电平（测量频宽为 30～20000Hz）应小于或等于－40dB（相对零电平点绝对功率电平），相当于功率为 0.1μW。

交换局在忙时的脉冲杂音的平均次数，在 5min 内超过－35dB（相对零电平点绝对功率电平）的脉冲杂音次数应小于五次。

在一个 5min 内允许电平为－35～－25dB 的脉冲杂音计次最大数目为 5～20 次。

11.9.6 互调失真

采用端副端的多频信号和传输数据时，应考虑互调失真的干扰，测试时使用 900Hz 和 1020Hz 同时发送，每个信号频率的发送电平为－6dB（相对零电平点的绝对功率电平），而信号频率电平与（$2f_1 \sim f_2$）或（$2f_2 \sim f_1$）频率上量得的电平之差应不小于 40dB。

11.9.7 群时延失真

一次局内接续在 600～3000Hz 频带内的群时延失真应不超过 100μs。

11.9.8 对地不平衡度

通话回路不平衡度应满足以下指标：

300～600Hz 频带内不平衡度衰耗应不小于 40dB。

600～3400Hz 频带内不平衡衰耗应不小于 46dB。

12 传输系统的种类、系列和进网要求

12.2 市内传输系统

12.2.1 用户电缆

铅包电缆

线径 0.4、0.5、0.6、0.7mm

进网要求：

线径 (mm)	导线直流电阻（Ω/km）（20℃）	导线间绝缘电阻（MΩ·km）	工作电容 (nF/km)
0.4	≤148	≥2000	标称值 50
0.5	≤95	≥2000	
0.6	≤65.8	≥2000	
0.7	≤48.0	≥2000	

12.2.2 局间中继电缆

12.2.2.1 铅包对绞电缆　线径 0.7、0.9mm。

12.2.2.2 铅包星绞低频对称电缆：

a. 线径　0.8、0.9、1.0、1.2mm；

b. 进网要求：

线径 (mm)	导线直流电阻（Ω/km）（20℃）	导线间绝缘电阻（MΩ·km）	工作电容 (nF/km)
0.8	≤36.1	≥10000	非屏蔽 36 屏蔽 38
0.9	≤28.5		
1.0	≤23.5		
1.2	≤16.4		

12.2.2.3 铜芯聚乙烯烃绝缘铝塑综合护层市内通信电缆：

a. 线径　0.32、0.4、0.5、0.6、0.8mm；

b. 进网要求：

①导线直流电阻（20℃）（Ω/km）

线径（mm）	
0.32	≤236.0
0.4	≤148.0
0.5	≤95.0
0.6	≤65.8
0.8	≤36.6

②导线间绝缘电阻（MΩ·km）

填充石油膏：≥3000

非填充石油膏：≥10000

（直流电压100～500V，充电1min）

③工作电容（nF/km）

		高电容	低电容
平均值	10对	/	/
	10对以上	51±2	不大于42
最大值	10对	61	49
	10对以上	与该盘电缆工作电容平均值之比不大于1.09	

④固有衰减（20℃）（dB/km）

线径（mm）	150kHz	1024kHz
0.32	≤15.5	≤31.1
0.4	≤11.7	≤26.0
0.5	≤8.6	≤21.4
0.6	≤6.9	≤17.6
0.8	≤5.4	≤13.0

⑤远端串音防卫度；

⑥近端串音衰减。

12.2.3　市内通信中继复用系统（12、24、30/60载波系统）

12.2.3.1　系列：12路载流系统

24路载波系统

30/60路载波系统

12.2.3.2　进网要求：

a. 话路传输频带

300～3400Hz。

b. 电路噪声

每个载波电话电路在零相对电平点不超过$1000PW_0P$。

c. 电路衰减失真

应达到下列表格给出的限值（暂定）

频　率（Hz）	相对于800Hz的允许最大偏离（dB）
300～3400	−0.9～+3.0
400～3000	−0.9～+1.7
600～2400	−0.9～+0.9

d. 可懂串话防卫度

不小于65dB。

e. 非线性失真

不大于2%。

f.时延

待定。

12.2.4 市内通信均衡放大传输系统进网要求

a.话路传输频带

300～3400Hz。

b.电路噪声

不超过1000PWOP。

c.电路衰减失真

相对于800Hz的允许最大偏离 $^{+0.1dB}_{-0.2dB}$ 。

d.可懂串话防卫度

不小于65dB。

e.非线性失真

不大于2%。

f.时延

待定。

附 录 B

《移动通信网技术体制》(节录)

(参考件)

4* 陆地公用移动通信网的频率配置

4.1 工作频段

160MHz频段、450MHz频段、900MHz频段。

160MHz频段:

138.000MHz～149.900MHz

150.050MHz～167.000MHz

450MHz频段

403.000MHz～420.000MHz

450.000MHz～470.000MHz

900MHz频段:

870.000MHz～898.975MHz

915.000MHz～943.975MHz

其中,经国家无委会批准的全国公用移动业务频段如下

450MHz频段:

450.500MHz～453.500MHz(移动台发)

460.500MHz～463.500MHz(基站发)

900MHz频段:

879.000MHz～898.975MHz(移动台发)

924.000MHz～943.975MHz(基站发)

4.2 频道间隔

每个频段的相邻频道间隔均为25kHz。标称频率最后

* 附录中的序号是原文序号。

两位有效数字应为00、25、50、75k。对于450MHz频段大中容量公用移动通信网，为了减少网内互调和同频干扰，允许载频偏置1.25kHz。

4.3 双工收发间隔

每个频段的双工收发间隔见表1。其站频率发高、收低，移动台频率收高、发低。

每个频段的双工收发间隔 **表1**

频　段	160MHz	450MHz	900MHz
双工收发间隔	5.7MHz	10MHz	45MHz

4.4 频率容限

在规定的电源电压范围和移动环境的温度范围之内，任何载频发射的频率误差不得超过表2给出的数值。

每个频段的频率容限 **表2**

频　段	160MHz	450MHz	900MHz
频率容限	10×10^{-6}	5×10^{-6}	3×10^{-6}

4.5 发射机的杂散辐射

在标称输出阻抗的负载上测量，当发射机载频功率小于25W时，任何一个离散频率的杂散辐射功率应不超过2.5μW。当发射机载频功率大于25W时，任何一个离散频率的杂散辐射功率应低于发射载频功率70dB。

4.6 必需的发射带宽

对于160MHz频段、450MHz频段，发射带宽为16kHz。

对于900MHz频段，发射带宽为32kHz。

4.7 邻频道功率

对于160MHz频段、450MHz频段，落在邻频道16kHz带内的功率应较载频功率低70dB。

对于900MHz频段，落在相邻的第2个频道32kHz带内的功率应较载频功率低65dB。

8 公用移动通信网的传输质量

8.1 衰耗分配

8.1.1 移动通信网内的净衰耗要求移动用户至市话网接口处的净衰耗标称值为4.5dB。

8.1.2 移动通信网和市话网之间的接口电平要求向市话网方向接口处的电平标称值为−4.5dBm/600Ω。可移动通信网方向接口处的电平标称值为0dBm/600Ω。

8.1.3 移动通信网与市话（程控局）网、长途（程控局）网相连接时，移动用户至市话程控汇接局、长途程控汇接局的净衰耗标称值为4dB。

8.1.4 移动用户接收端音频电路内加装衰耗器，衰耗值为4dB。

8.2 话音质量

8.2.1 话音质量的表示方法

移动通信网内的话音质量以音频带内的信噪比

$$\left(\frac{\text{信号}+\text{失真}+\text{噪声}}{\text{噪声}}\right)$$ 来表示。

8.2.2 话音质量

音频带内的信噪比大于或等于29dB（标准测试音测试）。

8.3 无线信号的错误率

由于无线信号的错误而引起误叫不得超过呼叫次数的1‰。

8.4 设计话务量

单基站小容量移动通信网的用户忙时设计话务量最大为0.06爱尔兰，最小为0.01爱尔兰。

蜂房结构大、中容量移动通信网的用户忙时设计话务量最大为0.03爱尔兰，最小为0.01爱尔兰。

8.5 呼损率

无线频道的呼损率为5%，此值不包括区内可通率的影响在内。经过移动无线交换局或交换接入公用通信网的全程呼损率，相应地按各个环节的呼损率相加。

8.6 覆盖区边界上无线可通率

移动无线电话网覆盖区边界上无线可通率为90%。

8.7 无线工作方式

无线工作方式采用双频双工。

8.8 汽车火花干扰

要求汽车安装消火花装置，火花干扰电平应符合"国家标准"的规定。

9 接　口

9.1 单基站小容量移动通信网与市话网的接口参数

单基站小容量移动通信网与市话网的接口参数应符合"附件1"的规定。

11 移动通信网对无线设备的主要技术指标要求

11.1 调制方式

160MHz、450MHz频段：

调制方式：调相（PM）、调频（FM）。

频　　偏：±3kHz

最大频偏：±5kHz

注：测试频率为1000Hz。

900MHz频段：

话音：调制方式：调相（PM）

有效值频偏：±23kHz

峰值频偏：±9.5kHz

控制：数字信号的调制方式：移频键控（FSK）

数字信号的频偏：±6.4kHz

带外连续单音的频偏：±1.7kHz

11.2 音频特性

11.2.1 音频带宽

音频带宽规定为300～3000Hz或300～3400Hz

11.2.2 音频响应

相对于800Hz的幅度衰耗变化范围如下：

发信机：300～3400Hz或300～3000Hz

－1dB至＋3dB

收信机：300～3400Hz或300～3000Hz

－1dB至＋3dB

11.2.3 音频阻抗

输入、输出阻抗：600Ω（平衡）

回波损耗：300～600Hz＞15dB

600～3000Hz＞20dB

11.2.4 谐波失真

谐波失真电平应不超过10%

11.3 发射机性能

11.3.1 必须的发射带宽

同 4.6 节

11.3.2 发射机的杂散辐射

同 4.5 节

11.3.3 邻频道功率

同 4.7 节

11.3.4 射频输出阻抗

50Ω（不平衡）

11.3.5 预加重

调频设备在 300～3000Hz 范围内，音频振幅以 6dB/每倍频程预加重。

11.4 接收机特性

11.4.1 参考灵敏度

参考灵敏度小于（等于）1.0μV（电动势）。

$\left(接收机音频输出端：\frac{信号+噪声+失真}{噪声+失真}=12dB\right)$。

11.4.2 邻频道选择性

邻频道选择性应不低于 70dB。

11.4.3 无线频率互调

互调抑制比应不低于 70dB。

11.4.4 杂散辐射

在天线端接入匹配终端上测量，离散频率的杂散辐射功率应不超过 2.0nW。

11.4.5 射频阻抗

50Ω（不平衡）。

11.4.6 去加重

调频设备在 300～3000Hz 范围内，音频振幅以 6dB/每倍频程去加重。

11.4.7 音频输出功率

音频输出功率不小于 200mW（扬声器）或 1mW（话机）。

11.5 天线系统

天线使用垂直极化。

11.6 电源

移动通信设备可使用下列电源：

a. AC：标称电压：220V、50Hz

b. DC：标称电压：12V、24V、48V、60V。

使用直流电源时，基站、移动无线局电源接地按现有设备的接法接地。

附加说明

本标准由城乡建设环境保护部提出，由北京市公共交通研究所负责编写。

本标准编写单位：

主编单位：北京市公共交通研究所

参加单位：北京市地下铁道公司、上海市公共交通公司、天津市出租汽车公司、重庆市公共交通公司、济南市公共汽车公司

本标准主要起草人（按姓氏笔划为序）：杜莺、李文超、李明远、吴天文、杨大忠、杨天全、杨身则、张自明、梁满华、蒋瑞清。

中华人民共和国国家标准

地下铁道车辆通用技术条件

General Technical Specifications for Metro Vehicles

GB 7928—87

国 家 标 准 局

1987-06-10发布　　1988-01-01实施

本标准适用于轨距1435mm的地下铁道直流电动车辆（以下简称车辆）。

本标准未作规定的事项可在产品技术文件中规定或由供需双方商定。

1 使用环境条件

1.1 海拔高度不超过1200m。

1.2 周围空气温度（遮荫处）在－25℃至＋40℃范围内。

1.3 最湿月平均最大相对湿度不大于90%（该月月平均温度不高于＋25℃）。

1.4 车辆应能承受风、沙、雨、雪的侵袭。

2 基本要求

2.1 车辆外限尺寸符合地下铁道车辆限界的规定。

2.2 车辆种类有设置司机室的电动车辆（以下简称动车）、拖车，不设置司机室的动车、拖车。它们可联挂组成电动车组、多动力单元列车运行。

2.3 在确定的供电电压和受电制式下，电动车组、多动力单元列车应正常运行。

2.4 电动车组、多动力单元列车在规定的线路条件下应正常运行。

2.5 车轮直径为840^{+3}_{0}mm；同轴的两轮直径之差不超过1mm；同一动车的各轮直径之差不超过2mm。

2.6 轮对内侧距为1353±2mm。

2.7 动车在整备状态下的实际总重与设计值之差最大不超过设计值的5%；同一动车的每个动轴的实际重量与该车辆实际平均轴重之差不应超过其实际平均轴重的±3%；每个车轮的实际重量与该轴两轮平均轮重之差不超过该轴两轮平均轮重的±4%。

2.8 车辆客室地板面距轨面高度应与车站站台面高相协调。设置高度自动控制装置，以保持车辆地板面高度不因载客量变化而明显改变。

注：站台面距轨面高按约1000mm计，车辆地板面距轨面高约1100mm。

2.9 车钩水平中心线距轨面高H^{+10}_{0}mm（H为钩高名义尺寸）。

2.10 电动车组、多动力单元列车能以5km/h速度安全通过规定的最小半径曲线区段，并能在规定的小半径曲线上进行正常摘挂作业。

2.11 电动车组、多动力单元列车的起动平均加速度不低于$0.9m/s^2$。

2.12 电动车组、多动力单元列车的常用制动平均减速度不低于$1.0m/s^2$。

2.13 电动车组、多动力单元列车的紧急制动平均减速度不低于$1.2m/s^2$。

2.14 电动车辆应设有空气制动和电气制动。

2.15 电动车组的牵引力——速度特性（包括各起动级和牵引电动机磁场各削弱级）和制动力——速度特性（包括各制动级）应符合产品设计要求。

2.16 车辆的各种设备应能承受振动频率f为1～50Hz的垂向、横向和纵向的正弦振动，相应的振幅A为：

$$A=\frac{25}{f}\text{mm}，当 f 为 1\sim10\text{Hz}时；$$

$$A=\frac{250}{f^2}\text{mm}，当 f 为 10\sim50\text{Hz}时。$$

2.17 车辆的各种设备应能承受相应于车辆纵向加速度为$2g$（g为重力加速度）的冲击。

2.18 车辆运行的平稳性指标参照GB5599—85《铁道车辆动力学性能评定和试验鉴定规定》，应不低于2.5。

2.19 司机室内的噪声不超过80dB（A），客室内的噪声以不超过83dB（A）为限。

注：噪声的测定按照ISO3381—1976(E)《声学-轨道车辆内部噪声测量》进行。

2.20 车辆的结构材料、电缆和部件的阻燃性不得低于难燃级，低于难燃级的材料、部件需进行阻燃处理或用难燃、非燃材料加以封罩。

3 一般要求

3.1 车辆的各种机械、电气设备应按经过规定程序批准的图样和技术文件制造，并应符合有关标准的规定。

3.2 相同的零部件一般应能互换。

3.3 车辆的各种设备的配置应有良好的可接近性，便于检修和成组（箱）拆装。

3.4 车辆应设有架车支座，车体吊装座，以便于拆装起吊和救援。

3.5 车辆应设置无动力回送设备。

3.6 电动车组应设置空载车自动调整装置。

3.7 司机室应视野宽广，保证能清楚方便地瞭望到前方信号、线路、供电轨（或接触网）、隧道和站台。

3.8 司机室的窗玻璃应采用安全玻璃。

3.9 司机室设出入门（侧门），其净开宽度不小于500mm，高度不小于1700mm。

3.10 司机室与客室之间应设连通门，车前端设通过门（兼作紧急疏散门），后端设贯通门（仅用作乘务、检修作业人员穿越或为通道），并有保证通行安全的保护设施。

3.11 司机室各门、窗关闭时要严密，车辆运行中不得有使司机感到不安的振动噪声发生。

3.12 司机室灯光照明在地板中央的照度为3～5lx。司机各台面为5～10 lx。指示灯、机车信号灯和人工照明均不应引起司机瞭望行车信号产生错觉，并应设有强照度的照明装置，以适应室内设备故障处理时的需要。

3.13 司机室的仪表和指示灯在隧道内或地面（有日光下），距离它们500mm处都能清楚地看见其显示值。

3.14 司机台应按照人机工程学的原则进行设置。各种操纵装置应便于司机操作，不易引起疲劳，且符合现代美学观点。

3.15 司机坐椅为软式或半软式，其高度、前后位置可以调节。

3.16 使用于冬季寒冷地区地下、地上通行的车辆，司机室应设取暖设备。

3.17 司机室设机械通风装置，在车辆运行条件下，供风量人均不少于$30m^3/h$，并应为弱压式，若设空气调节器，供气量人均不少于$10m^3/h$。

3.18 客室应设通风换气装置。如采用机械通风，在列车整个运行条件下，供风量应达到人均不少于$20m^3/h$（按额定载员计）；若装设空气调节器、供气量人均不少于$10m^3/h$。

3.19 客室内布设适量的乘客坐椅。额定站立位数按6人/m^2计，超员定额可按9人/m^2计算，人均重量计为60kg。

3.20 客室内应设置数量足够并牢固的扶手（杆）、吊环。

3.21 客室两侧墙应合理布设数量充足的乘降门，每个门的净开宽度不小于1300mm，高度不小于1800mm，并设置适量的车窗。

3.22 客室设灯光照明，距地板面高800mm处的照度平均值不小于200 lx，最低值不小于150 lx（车外无任何光照时）。在正常供电中断时，备有事故照明。

3.23 客室内应设有明显、清楚的列车前方停站预告装置。

3.24 动车组装设电度表。

3.25 车辆上应为司机设置工具、器件柜。

4 机 械 部 分

4.1 整备状态下的车辆，停在平直道上并将制动缓解，其车体底架和转向架构架以轨面为基准的高度值，应符合产品技术条件规定。

4.2 在车体底架上承受相当于车辆整备状态时车体及其设备的垂直静载荷的同时，沿车钩中心水平位置按设计规范施加规定的纵向静压力时，其合成应力应不超过许用应力，并能保证多动力单元成列运行时，列车在以相对速度5km/h冲撞下不出现残余变形。

4.3 客室设置的乘降门一般采用压缩空气为动力、电气控制的方式，其传动和控制应灵活可靠，并在列车行驶中确保门的锁闭无误。

4.4 车体以及安装在车体外部的各种设备的外壳和所有的开孔、门窗、孔盖均应能防止雨、雪侵入。封闭式的设备箱、柜应做到密闭良好。

4.5 转向架构架应做改善内应力处理。

4.6 轮对轴箱的温升不得超过30℃。

4.7 空气压缩机组的性能、排气量、供风质量及储风缸容积应满足设计要求。空气压力调节器的开断电路压强值为775kPa，闭合电路的压强值为600kPa，安全阀的动作压强值为810kPa，压力调节器和安全阀的动作应准确、可靠。

4.8 电动车组总风缸压强达到其工作最高值时，空气压缩机停止工作，风压稳定后，压缩空气系统和空气制动缸的气密性应满足产品技术要求。

4.9 压缩空气管路、储风缸安装前要进行清洗、防锈处理，保证洁净。

4.10 车辆的基础制动装置闸瓦的压力实际值与其设计值之差对组合式杠杆传动方式，不得超过产品设计值的±10%；若装设闸瓦间隙调整器，则不超过±5%。

4.11 测量压缩空气压强的指示仪表准确度应不低于2.5级。

5 电 气 部 分

5.1 车辆的牵引电机、牵引电器和电力变流器应符合国家级有关技术标准。

5.2 车上的电子设备应符合国家级关于铁道机车动车电子装置有关规定，具有足够的抗干扰能力；在网压波动或邻近的列车开断电路时，均能保持正常工作。

5.3 各电路应能经受耐压试验，试验电压直为受试电路中的电气设备试验电压最低者的85%，但对电子器件和电气仪表应加保护，使其不承受电路耐压试验。

5.4 车辆的主电路、辅助电路、控制电路和信号（指示）电路应有可靠的防护。主电路的短路保护还应与牵引变电站的过电流保护相协调配合，并且设有故障信号显示和故障设备的切除装置，以便电动车组维持运行至检修处所。

5.5 当供电电压在容许范围内变化或突（跃）变时，电动车组、多动力单元列车应安全正常运行，辅助电机、静止变流机组保持工作。

5.6 各电路的电气设备联接导线应采用多股铜芯电缆，其耐压等级、导电性能、阻燃性均应符合有关规范要求。

5.7 电线电缆的布放应合理排列汇集，不得已交叉时，高压线缆的接触部分应有附加绝缘加强，线缆应纳入专用管槽，并用线卡、扎带等捆扎卡牢。电缆管槽要安装稳固，防止车辆运行引起振动损伤。穿越电器箱壳的线缆应用线夹卡牢，与箱壳邻靠部位加装护套。

5.8 电线电缆端头与接头压接应牢固、导电良好。

5.9 每根线缆的两端应有清晰耐久的线号标记，母排打钢印号码。

5.10 蓄电池组的容量应充足，对其充电的浮充性能良好。

5.11 各电路的接地联接线应有足够的截面积，汇集点合理布放。各车轴的接地装置须良好地传导回路电流，可靠地保护轮对轴承免受接地电流的不良作用。

5.12 车上各种电测量指示仪表的准确度应不低于2.5级。

6 安全设施

6.1 司机台设置紧急停车操纵装置。

6.2 司机台应有紧急停车、最高允许运行速度、压缩空气最大压强值等警告标志，并易于辨认。

6.3 司机室内应设置乘降门开闭状态（位置）显示和机车信号，并便于司机观察。

6.4 司机室内应设自动停车装置（ATS）或自动控制装置（ATC），或者装设自动驾驶装置（ATO，即与行车指挥控制设备组成列车运行全自动化系统），以及通信联络装置。

6.5 司机室前端应装设角度可调式前照灯，使光线集聚，在车辆前端紧急制停距离处照度不小于2 lx（无其它光亮时）。列车尾端外壁应有显示距离足够的防护灯。

6.6 司机室内须配置一定数量适于电气装置和油脂类的灭火器具，并便于取用。

7 试验与验收

7.1 车辆总装配完成后，应按有关标准规定进行试验。试验通过后，方可进行验收。

7.2 车辆在进行型式试验前，制造厂家可进行调整。在调整过程中，还可作必要的修改和线路试运行。试运行的里程，应按车辆类型、最高运行速度和采用新设备的情况综合考虑，原则上系列产品比试制新产品短些，高速的比低速的要长些。一般可在2000km至5000km范围内，酌情选定。

7.3 车辆属于下列情况之一时，需进行型式试验：

新设计制造的车辆；

定型批量生产的车辆实施重大技术改造，其性能、构造、材料、部件有较大改变者；

批量生产的车辆制造一定数量后，有必要重新确认其性能时，抽样进行测试；

制造厂首次生产该型号的车辆。

7.4 批量生产的车辆，应全部进行检查试验。试验结果与该型产品型式试验相符，方可提交验收。

7.5 正式提交验收的车辆应有产品合格证书、车辆履历簿（填记有完整的检查试验结果和有关技术数据）和使用维护说明书。

7.6 车辆移交时，制造厂应向需方提供检修有关的图样、技术文件和随车工具、备品。

8 运输和保证期限

8.1 车辆应由制造厂妥善防护，并负责运送至合同指定的交货地点。

8.2 制造厂明确给出车辆及其主要部件的保用期限（一般应不短于车辆完成验交后一年），在用户遵守使用维护说明书的情况下，保证期限内确属制造质量不良而出现故障不能运行或损坏时，制造厂须及时无偿地负责修理或更换零部件、安装调试，恢复运行。

附　　录　　A
主要术语解释
（参考件）

A.1　起动平均加速度是指在平直线路上，车组载荷为额定定员，自牵引电动机电枢取得电流开始，至起动过程结束（即转入其自然特性时），该速度值被全过程经历的时间所除得的商。

注：牵引电动机自然特性即通常所指的在其额定电压、满磁场时的牵引电动机的速度特性、牵引力特性等工作特性。

A.2　制动平均减速度是指在平直线路上，车组载荷为额定定员，自制动指令发出至车组停住的全过程，相应的制动初始速度（一般即最高运行速度）被全过程经历的时间所除得的商。

附加说明

本标准由中华人民共和国城乡建设环境保护部提出，北京市公共交通研究所归口。

本标准由北京市地下铁道公司、天津市地下铁路管理处、铁道部长春客车工厂、机械部牵引电气设备研究所、湘潭电机厂、上海市地铁公司、广州市地下铁道筹建处、北京市公共交通研究所负责起草。

本标准主要起草人为吴传宇、刘瑞祥、武田勇、朱德库、陈穗九、吴景铨、杨传德、陈韶章、任尔实。

中华人民共和国城乡建设
环境保护部部标准

城市公共交通站、场、厂设计规范

CJJ 15—87

主编部门：武汉市公用事业研究所
批准部门：中华人民共和国城乡建设环境保护部
实行日期：1987年6月1日

关于发布部标准《城市公共交通站、场、厂设计规范》的通知

根据（83）城科字第224号文的要求，由武汉市公用事业研究所负责编制的《城市公共交通站、场、厂设计规范》，经我部审查，现批准为部标准，编号CJJ15—87，自一九八八年六月一日起实施。在实施过程中如有问题和意见，请函告本标准管理单位武汉市公用事业研究所。

城乡建设环境保护部
一九八七年十二月三日

第一章　总　　则

第 1.0.1 条　为使我国城市公共交通能适应城市建设和经济发展的需要，使其站、场、厂等主要设施能根据规定要求进行科学规划和合理设计，特制定本规范。

第 1.0.2 条　城市公共交通是城市规划的主要内容之一。城市公共交通站、场、厂的设计应结合城市规划合理布局，计划用地，做到保障城市公共交通畅通安全、使用方便、技术先进、经济合理。

第 1.0.3 条　本规范适用于我国城市公共汽车、无轨电车、轮渡和出租汽车新建、扩建和改建的站、场、厂。有轨电车、索道缆车的站、场、厂设计可参照执行。

第 1.0.4 条　城市公共交通站、场、厂设计，除执行本规范外，尚应符合我国现行的其他有关标准和规范的要求。

第二章　车站和渡轮站

第一节　城市公共电、汽车首末站

第 2.1.1 条　首末站的规模按该线路所配营运车辆总数来确定。一般配车总数（折算为标准车）大于 50 辆的为大型站；26～50 辆的为中型站；等于或小于 25 辆的为小型站。

第 2.1.2 条　在城市总体规划中，城市道路网的建设与发展应根据城市公共交通的需要和规划，优先考虑首末站的设置，使其选择在紧靠客流集散点和道路客流主要方向的同侧。

第 2.1.3 条　首末站一般设置在周围有一定空地，道路使用面积较富裕而人口又比较集中的居住区、商业区或文体中心附近，使一般乘客都在以该站为中心的 350m 半径范围内，其最远的乘客应在 700～800m 半径范围内。在缺乏空地的地方，城市规划部门应根据此要求利用建筑物优先安排设站。

第 2.1.4 条　首末站宜设置在全市各主要客流集散点附近较开阔的地方。这些集散点一般都在几种公交线路的交叉点上。如火车站、码头、大型商场、分区中心、公园、体育馆、剧院等。在这种情况下，不宜一条线路单独设首末站，而宜设置几条线路共用的交通枢纽站。不应在平交路口附近设置首末站。

第 2.1.5 条 在设置无轨电车的首末站时，应同时考虑车辆转弯时的偏线距和架设触线网的可能性；车辆特别集中的首末站要尽量靠近整流站，充分考虑电力供应的可能性和合理性。

第 2.1.6 条 首末站在建站时必须保证在站内按最大铰接车辆的回转轨迹划定足够的回车道，道宽应不小于 7m，在用地较困难的地方，城市规划和城市交通管理部门应安排利用就近街道回车。

第 2.1.7 条 首末站必须建停车坪。停车坪在不用作夜间停车的情况下，首站用地面积应不小于该线路营运车辆全部车位面积的 60%。

停车坪内要有明显的车位标志、行驶方向标志及其他营运标志。

停车坪与回车道一起构成站内停车、行车、回车的整体。

第 2.1.8 条 首末站必须设有标志明显、严格分隔开的入口和出口，其使用宽度应不小于标准车宽的 3～4 倍。若站外道路的车行道宽度小于 14m 时，进出口宽度应增加 20～25%。在出入口后退 2m 的通道中心线两侧各 60°范围内能清楚地看到站内或站外的车辆和行人。

第 2.1.9 条 首末站非铰接车的出入口宽度应不小于 7.5m。候车廊的建设规模，按廊宽 3m 规划。廊边应设置明显的站牌标志和发车显示装置，夜间廊内应有灯光照明。

候车廊的建筑式样、材料、颜色等各城市应根据本地的建筑特点统一设计建设，宜实用与外形美相结合。

第 2.1.10 条 首末站周围宜安排绿化用地（包括死角及发展预留用地），其面积宜不小于该站总用地的 15%。

第 2.1.11 条 首末站的建设规模应根据每条营运线路所配营运车辆的数量确定。规划部门作城区的新建、改建、扩建规划时，应配套安排首末站的规划用地。对位于城市边缘或近郊的首末站宜结合用地条件适当放宽用地标准。

第 2.1.12 条 首末站的规划用地面积宜按每辆标准车用地 $90 \sim 100m^2$ 计算。若该线路所配营运车辆少于 10 辆或者所划用地属于不够方正或地貌高低错落等利用率不高的情况之一时，宜乘以 1.5 以上的用地系数。

首末站安排在建筑物内时，用房面积宜因地制宜。

首末站若用作夜间停车，其停车坪应按该线路营运车辆的全部车位面积计算。

第 2.1.13 条 为了确保首末站的建设规模，回车道（行车道）和候车廊的用地不包含在 $90 \sim 100m^2$ 的计算指标内，应按第 2.1.6 条、第 2.1.9 条要求另算后再加入站的用地面积中。

第 2.1.14 条 末站停车坪的大小按线路营运车辆车位面积的 10%计算；末站生产、生活性建筑面积一般为首站建筑面积的 12～15%。

若全线单程运行时间超过 30min，则末站增加开水间、备餐间等建筑，全站建筑面积宜为首站的 20%。

第 2.1.15 条 若首末站建加油设施，其用地应参照 GBJ67—84《汽车库设计防火规范》的有关要求另行核算后加入，并按其要求建设。

第 2.1.16 条 车队办公用地应按所辖线路配备的营运车辆总数单独进行计算（不含在首末站用地指标内）计算指标宜每辆标准车 $1m^2$。

第 2.1.17 条 枢纽站的建设必须统一规划设计，其总平面布置应确保车辆按路线分道有序行驶；在电、汽车都有的枢纽站，应特别布置好电车的避让线网和越车通道。

枢纽站的用地参照第2.1.2条因地制宜进行核算。城市规划部门宜在枢纽站附近安排自行车停车处。

第二节　城市公共电、汽车中途站

第2.2.1条　中途站应设置在公共交通线路沿途所经过的各主要客流集散点上。城市规划交通管理部门有责任为这些站点的设置提供方便。如所设站点与城市交通管理规则确有矛盾，妨碍交通，应协商调整。

第2.2.2条　中途站应沿街布置，站址宜选在能按要求完成车辆的停和通两项任务的地方。

第2.2.3条　在路段上设置停靠站时，上、下行对称的站点宜在道路平面上错开，即叉位设站。其错开距离宜不小于50m。在主干道上，快车道宽度大于或等于22m时也可不错开。如果路旁绿带较宽，宜采用港湾式中途站。

第2.2.4条　在交叉路口附近设置中途站时，一般设在过交叉口50m以外处。在大城市车辆较多的主干道上，宜设在100m以外处。

第2.2.5条　几条公交线路重复经过同一路段时，其中途站宜合并。站的通行能力应与各条线路最大发车频率的总和相适应。在并站的情况下，电、汽车不应共用同一停靠点；两条以上电、汽车共用同一车站时，应有分开的停靠点，其最小间距宜不小于2～2.5倍标准车长；共用同一停靠点的线路宜不多于3条。

第2.2.6条　中途站的站距要合理选择，平均站距宜在500～600m。市中心区站距宜选择下限值；城市边缘地区和郊区的站距宜选择上限值；百万人口以上的特大城市，站距可大于上限值。

第2.2.7条　公共交通的线路长度不宜过长或过短。其取值市区线路宜取该城市平均运距的二倍，市郊线路宜不大于其三倍。

第2.2.8条　一般中途站仅设候车廊，廊长宜不大于1.5～2倍标准车长，全宽宜不小于1.2m。

在客流较少的街道上设置中途站时，候车廊可适当缩小，廊长最小宜不小于5m。

第2.2.9条　单程运行在30min以上的较长线路上，线路中间的中途站、在市中心主要交通要道上设置的中途站或者在客流较多的地方设置的中途站，均宜设中间调度室。

第2.2.10条　中途站候车廊前必须划定停车区。在大城市，线路行车间隔在3min以上时，停车区长度宜为一辆670型铰接车车长加前后各5m的安全距离；线路行车间隔在3min以内时，停车区长度为两辆670型铰接车车长加车间距5m和前后各5m的安全距离；若多线共站，停车区长度最多为三辆670型铰接车车长加车间距5m和前后各5m的安全距离，停车区宽度一律为3.5m。

在中小城市，停车区的长度视所停主要车辆类型而定。通过该站的车型在两种以上时，均按最大一种车型的车长计算停车区的长度。

第2.2.11条　在车行道宽度为10m以下的道路上设置中途站时，宜建避车道，即沿路缘处向人行道内成等腰梯形状凹进应不小于2.5m，开凹长度应不小于22m（即17＋5m）。在车辆较多、车速较高的干道上，凹进尺寸应不小于3m。

第2.2.12条　在设有隔离带的40m以上宽的主干道上

设置中途站时，可不建候车廊，城市规划和市政道路部门应根据城市公交的需要，在隔离带的开口处建候车站台，站台成长条形，平面尺寸长度应不小于二辆营运车同时停靠的长度，宽度应不小于 2m，站台宜高出地面 0.20m。

若隔离带较宽（3m 以上）可减窄一段绿带宽度，作为港湾式停靠站。减窄的一段，长度应不小于二辆营运车同时停靠的长度，宽度应不小于 2.5m。

第三节　出租汽车营业站

第 2.3.1 条　出租汽车应在客流较大而又繁忙的火车站、航运和公路客运站、医院、大型宾馆、商业中心、文化娱乐和游览活动中心、大型居住区和交通枢纽等地方设站。

第 2.3.2 条　营业站宜在半径为 1.5km 的服务范围内，在街头设置若干呼叫出租汽车的专线电话，方便群众就近日夜租车。

第 2.3.3 条　一般营业站的营业小轿车数在 30 辆以下；大型营业站在 31～50 辆。

其他类型车辆均按上海牌 760 型小轿车折算。

第 2.3.4 条　营业站的规划用地宜按每辆车占地不小于 $32m^2$ 计算（其中，停车场用地宜不小于每辆车 $26m^2$，建筑用地宜不小于每辆车 $6m^2$）。

营业站的建筑项目一般包括：营业室、司机休息室、蒸饭茶水间、候车室、厕所等，每个项目的建筑面积据每个站的实际情况酌情确定。

营业站的建筑式样、色彩、风格应具有鲜明的地区及出租汽车特点。

第四节　渡　轮　站

第 2.4.1 条　城市公共客运轮渡码头简称渡轮站。渡轮站的选址要考虑岸线的建设条件和对两岸道路的运行条件，并要有人流集散、设置回车、停车场、公交车站等条件，城市规划部门应充分发挥渡轮站在城市交通中的作用，从规划上保证渡轮站的水域和陆上用地。渡轮站的间距，客流、交通密度较大的地区为 500～1000m，较疏的地区为 1000～2000m，近郊区视具体情况确定，一般约为 5000m 左右。

第 2.4.2 条　渡轮站应与货运、长途客运码头隔开，一般宜不小于 50m。

第 2.4.3 条　渡轮站必须选在水位落差最大时也能使用、两岸坡度比较平缓的地方。

第 2.4.4 条　水位落差最大时，最低应保持有 3.8m 以上的水位（落潮后应有 2.5m 以上的水位）。

水位落差超过 12m 以上时，渡轮站的进出口宜增设电动绞（缆）车或自动扶梯等电动提升工具。

第 2.4.5 条　渡轮站应按港章规定，两边有 30～50m 的船只活动水域。最低这一水域应不小于 20m。港务和航道部门应在措施上保证这一规定的实施。

第 2.4.6 条　渡轮站的水域一般应在 30m×50m，最大在 50m×100m。在轮渡客运量较大，渡船较多的大城市，其渡轮站的水域应采用 50m×100m。

有两条以上航线的渡轮站，应有两艘以上船只安全航行的水域（包括航线船只活动水域的安全间隔）、有两个以上互不干扰的泊位。

第 2.4.7 条　渡轮站一般采用钢结构囤船。其大小应能满足渡轮安全地靠岸。

第 2.4.8 条 渡轮站使用的囤船必须有上盖和鲜明的行业标志。囤船上应设办公室、值班室、船员休息室（包括卧室）、小食堂、小卖部、广播室、候船座椅、厕所。

第 2.4.9 条 跳板拼成的引桥宽度最低不小于 2.5m，挠度应不大于±10mm，两边应设有高 1.2m 以上的护栏。护栏必须有足够的强度，安全可靠。

可采用舟桥来做引桥，引桥的长短可根据需要增减。渡轮站可采用活动斜桥连接囤船和码头。

第 2.4.10 条 渡轮站的主要建筑式样宜主要采用长方形。个别受地形条件限制无法采用长方形的，也可因地制宜，采用正方形、圆形等式样。其结构一般为钢筋混凝土型。主要建筑的颜色以表征江河海水的浅蓝色为宜，建筑物上应饰以轮渡标志和能日夜显示的通航标志。

第 2.4.11 条 渡轮站主要建筑的规模以客运量的大小为标准。日客运量在 1 万人次（包括自行车，下同）以下的，主要建筑的用地应不小于 150m^2（25m×6m）；日客运量在 1～3 万人次的，主要建筑的用地应不小于 300m^2（30m×10m）；日客运量在 3～5 万人次的，主要建筑的用地应不小于 500m^2（40m×12.5m）；日客运量在 5～10 万人次的，主要建筑的用地应不小于 1000m^2（50m×20m）；日客运量在 10 万人次以上的，其主要建筑的用地照此类加。

第 2.4.12 条 渡轮站主要建筑用于办公和组织生产，应包括办公室、票务室、调度室、安全员工作室、会议室、学习室、售票处等。其中，调度室应有宽敞、通视良好的用房；售票处应分设在进口处一侧。

在多雾的城市，轮渡应有雾航设施。

第 2.4.13 条 在岸上设候船室，其用地应单列，然后再加入主要建筑的用地中。候船室的大小应按候船乘客高峰人数最多时计算，其用地宜 1m^2/每人。

第 2.4.14 条 渡轮站的附属建筑主要用于生活方面，应有工作人员休息室（包括值班人员卧室）、单身职工宿舍、婴幼室、小型食堂、文娱活动室、浴室、厕所和预留机动用房，其建筑用地根据该码头全体职工总数计算，宜 7m^2/每人左右。

第 2.4.15 条 渡轮站建筑在造型上应成为具有鲜明地方特色，并充分体现城市水上公共交通独特建筑风格的有机整体，同时又能突出主要建筑的主体作用。

第 2.4.16 条 渡轮站的进出口和安全门应以保持通畅为原则，分开设置；进口可以并排多设，应确保乘客能迅速进出。

第 2.4.17 条 渡轮站进出口的尺寸应根据客运量的大小具体确定。日客运量在 1 万人次以下的，进出口宽度应不小于 5m；日客运量在 1～3 万人次的，进口宽度应不小于 6m、出口宽度应不小于 8m；日客运量在 3～5 万人次的，进口宽度应不小于 8m、出口宽度应不小于 10m；日客运量在 5～10 万人次的，进口宽度应不小于 10m，出口宽度应不小于 12m，日客运量在 10 万人次以上的，进、出口宽度照此类加。

第 2.4.18 条 渡轮站进出口应有夜间显示标志，应配有较先进的售、检票设施，应不允许在其附近有阻碍通行的障碍物或者摆摊设点。

第三章 停 车 场

第一节 停车场的功能和选址

第3.1.1条 停车场的主要功能是为线路营运车辆下班后提供合理的停放空间、场地和必要设施，并按规定对车辆进行低级保养和重点小修作业。

第3.1.2条 停车场宜按辖区就近使用单位布置，选在所辖线网的重心处，使其与线网内各线路的距离最短。其距离宜在1～2km以内。

第3.1.3条 停车场距所在分区保养场的距离宜在5km以内，最大应不大于10km。

第3.1.4条 在城市总体规划中应有计划地安排停车场用地，将停车场均匀地布置在各个区域性线网的重心处。在旧城区、交通复杂的商业区、市中心、城市主要交通枢纽的附近，应优先安排停车场用地。在发展新的小区或建设卫星城时，城市规划部门必须预留包括停车场在内的公交用地。

第3.1.5条 停车场的用地应安排在水、电供应和市政设施条件齐备的地区。

第二节 停车场的用地和布局

第3.2.1条 确定停车场用地面积的前提是要保证公交车辆在停放饱和的情况下，每辆车仍可自由出入（无轨电车应保证顺序出车）而不受前后左右所停车辆的影响。

第3.2.2条 公共交通车辆的停放方式，公共汽车宜主要采用垂直式或斜排式，无轨电车应采用平行式。

停车面积系数K_t，垂直式为0.35，斜排式为0.30，平行式为0.50～0.60。

第3.2.3条 停车场的规划用地宜按每辆标准车用地150m²计算。在用地特别紧张的大城市，公共交通首末站、停车场、保养场的用地可按每辆标准车用地不小于200m²综合计算。若用地利用率不高，各地可酌情增加。

第3.2.4条 停车场的洗车间（台）、油库和锅炉房的规划用地按有关标准和规范要求单独计算后再加进停车场的规划用地中。

第3.2.5条 停车场的规模一般以停放100辆铰接式营运车辆为宜。

第3.2.6条 停车场的总平面布置为场前区、停车坪、生产区和生活区四部分，共同构成一个有机整体。各部分平面设计的主要要求：

a. 场前区由调度室、车辆进出口、门卫等机构和设施构成，要求有安全、宽敞、视野开阔的进出口和通道。

b. 停车坪的设计应采用混凝土刚性结构，有良好的雨水、污水排放系统，排水明沟与污水管线不得连通，坪的排水坡度（纵、横坡）不大于0.5%。

停车坪应有宽度适宜的停车带、停车通道，并在路面采用划线标志指示停车位置和通道宽度。

在北方（黄河以北），停车坪上必须有热水加注装置，有条件宜建成封闭式停车库。

c. 生产区的平面布局必须包括低保保修工间及其辅助工间和动力及能源供给工间两个组成部分，两部分的设计应符合工业厂房设计标准和规范要求。

d. 生活区的平面布局包括办公楼、教育用房、文化娱乐和会议用房、食堂、保健站、婴幼室、浴室、集体宿舍、厕所等，其设计需结合本身的特点，参照执行有关标准。全场必须搞好绿化。

第三节　停车场的进出口

第 3.3.1 条　停车场的进出口由车辆进出口和人员出入口组成，两者必须分开设置，严格各行其道。

第 3.3.2 条　停车场的进出口应设在其用地范围内永久性停车坪一端，其方向要朝向场外交通路线。

第 3.3.3 条　车辆的进口和出口应分开设置，另外应再设一个备用进出口。在条件不允许的情况下，进出口不得不合用时，其通道宽度应不小于 10～12m；同时应有备用进出口。在停车数小于 50 辆时，如无条件设置备用进出口时可不设。

第 3.3.4 条　车辆进出口的使用宽度见第（2.1.8）条。

当需要断开与进出口相对应的道路上的隔离带、绿化带、人行道时，其断开宽度宜不小于标准车最小转弯半径的 2～3 倍。

第 3.3.5 条　车辆进出口门的净高应不小于 3.6m。调度室宜设在进出口的适中位置上，采用广角多方位窗户。

停车场内的交通路线应采用与进出口行驶方向相一致的单向行驶路线，避免互相交叉。同时进出口必须有限速、禁止停放车辆、禁止鸣笛和停车线等标志，应有夜间显示装置和不小于 1lx 的灯光照明。

无轨电车停车场进出口宜分开设置。场内线网应统一按顺时针或逆时针行车方向布置。试车线在停车区域绕周设置。线网触线高度一般为 5.00～5.50m。

人员出入口可在车辆进出口的一侧或两侧设置，其使用宽度应大于两人同时步行宽度的 1.6m。

第四节　低　级　保　养

第 3.4.1 条　一级保养和小修作业在停车场一并进行分管作业，进行作业的工位数根据每日一保车数和需进入工位作业的重点小修车次及每车位日均一保车次和小修车次确定。

一级保养所需工位数应不少于二个工位。

第 3.4.2 条　工位面积可参考下表进行核算。其中车前、后及两侧各留宽度（H_1、H_2、a_1、a_2）依工位位置排列方式不同等实际情况由各地自定。

工 位 面 积 计 算 表　　　　表 3.4.1

项　目	单位	符　号	标 准 车	铰 接 式	备 注
车辆全长	m	L			出租小轿车、旅行车可参照标准车执行
全宽	m	b			
车前留宽	m	H_1	2.5	3	
车后留宽	m	H_2	1.5	2	
车两侧各留宽	m	a_1+a_2	3.0	3	
每车工位面积	m²	sw	$=(L+H_1+H_2)\times(b+a_1+a_2)$	$=(L+H_1+H_2)\times(b+a_1+a_2)$	

第 3.4.3 条　运营车数在 200 辆以下的企业，可不在停车场进行低保作业；运营车数在 200～500 辆的企业，低保作业可在停车场或保养场进行；运营车数在 500 辆以上的企业，

低保作业应在停车场进行。

第五节 工 间

第 3.5.1 条 低级保养工间修车地沟应根据工位数量相应确定。

通道式修车沟，长度应不小于两倍车长；独立式修车沟，其长度应不小于一辆车长。修车沟净宽应不小于0.85m，有效深度应不小于1～1.2m。并列修车沟间的中心距应不小于2倍标准车宽。地沟内墙应镶嵌光洁的饰面材料（如瓷砖），墙内应设有照明灯具洞口和低压安全灯电源。

第 3.5.2 条 主修工间的建筑面积可根据工位数量、每车的工位面积，并留有必要的通道和小修作业区域计算，一般不小于全场低保保修工间规划用地的50～60%。辅助工间的建筑面积为低保保修工间规划用地的剩下部分。

保修工间的机具设备，应按低保车辆数量合理配备。

第 3.5.3 条 辅助工间宜采用卫星式、两翼式等排列整齐的布局布置在主修工间的周围或上层。

第六节 油 料 管 理

按照本规范第四章第四节油库的有关条款执行。

第七节 清 扫 机 械

第 3.7.1 条 停车场应建清洗车辆用的洗车间（台），其用地宜为停车场规划用地的1～1.5%。洗车间（台）的用地单独计算，未计入停车场的规划用地中。

第 3.7.2 条 清洗车辆在室内进行，应建洗车间；在室外进行，应建洗车台。北方（黄河以北）不宜在室外洗车，可建洗车间，洗车间内宜增设远红外线干燥器。

第 3.7.3 条 停车数在100辆营运车以下的建半自动化洗车台；在100辆营运车以上的建自动化洗车台，采用全自动双架洗车机洗车，要求两次洗涤，3 min洗一辆，每次用水量在$0.3 \sim 1m^3$，80%以上的水应回收再用。

第八节 办公及生活性建筑

第 3.8.1 条 停车场的办公及生活性建筑用地应不小于$10 \sim 15m^2$/每标准车。其中，办公楼的用地为$3 \sim 5m^2$/每标准车，生活性建筑用地为$7 \sim 10m^2$/每标准车。

第 3.8.2 条 生活性建筑的用地中不含家属宿舍的用地。家属宿舍系停车场必须的配套建筑。

第 3.8.3 条 办公及生活性建筑应从建筑造型、色彩、布局、风格等方面体现城市公共交通企业服务性强、人员流动性大、妇女多、作息时间不一等工作特点。

第 3.8.4 条 在食堂设计中，厨房面积与餐室面积之比为2或1.5:1。

第 3.8.5 条 在浴室、厕所设计中必须增大女部的建筑使用面积，其与男部的面积比约为1.5:1左右。

婴幼托室的面积应满足本企业职工入托子女1/3以上。

第九节 绿 化

第 3.9.1 条 停车场必须确保场区的绿化用地，对全场绿化进行总体布局，把种植树木、花卉和水池、草坪、花坛、休息亭台结合起来，适当点缀以反映公共交通特点的建筑小品。

第十节　多层与地下停车库

第 3.10.1 条　在城市用地紧张的大城市，停车场可向空间或向地下发展，尤其是出租汽车可以采取这种形式。

第 3.10.2 条　多层停车库的选址与停车场的基本相同，唯其地质条件和基础工程必须符合多层建筑的设计要求。同时，还必须根据GBJ67—84《汽车库建筑设计防火规范》与周围易燃、易爆物体、单位和高压电设施严格保持防火间隔。

地下停车库应选在水文地质条件好、出口周围宽敞、排风口不朝向建筑物、公园、广场等污染较大的公共场所，确保避开地下水和特别复杂的地质构造。

第 3.10.3 条　独立的多层停车库的布局可分为停车区（包括有停车位、车行道、人行道在内的停车部分；有回车场地、坡道、升降机、移车机、车辆转盘、电梯在内的运行设施）；保修工间区（包括低保、小修、充电、轮胎等主辅修工间、吸烟室、洗车间）；调度管理区（包括办公室、调度室、场务司机室等）；辅助区。

第 3.10.4 条　多层停车库的建筑面积宜按100～113 m^2/每标准车确定(其中,停车区的建筑面积宜为67～73m^2/每标准车,保修工间区的建筑面积宜为14～17m^2/每标准车,调度管理区的建筑面积宜为8～10m^2/每标准车，辅助区的建筑面积宜为6～7m^2/每标准车，机动和发展预留建筑面积宜为5～6m^2/每标准车）。

地下停车库主要用于停车，其它建筑均安排在地面上。地下停车库的建筑面积按70m^2/每标准车确定。其地面建筑另行计算。

出租汽车的多层及地下停车库的建筑面积参照标准车进行折算。

第 3.10.5 条　多层停车库的坡道宜布置在主体建筑之外。在条件不允许时采取布置在建筑物的中部、两侧或者两端，但这时必须注意作为停车用的主体建筑的柱网和结构的处理。

第 3.10.6 条　多层停车库停车区车辆的停放形式有成0°的序列停放，成30°、45°、60°的斜列停放，成45°的斜角交叉停放，成90°的直角停放，在设计时应结合停放区的平面形状，选用进出车最自由，占用停放区建筑面积最小的那一种作为该停放区的停放形式。

公交车辆进出停放车位的方式宜顺车进、顺车出。在条件不允许时，宜倒车进、顺车出，不允许顺车进、倒车出或者倒车进、倒车出。

第 3.10.7 条　停车区内应采用单向行车，车行道必须有足够的宽度和保证车辆能安全通车的转弯半径。为了减少车辆转弯次数，并使通视距离保持在50～80m范围内，车行道应尽力维持直线形。

第 3.10 8 条　停车区的柱网是确定多层车库柱网的主导因素。必须根据所停车型的停放形式、所需的安全间隔、车行道布置方式、占用的建筑面积最小以及使柱网采用同一尺寸等原则选定结构最合理、最经济的停车区柱网。在选定柱网时，应首先确定柱网的单元尺寸、车位和车行道所需的合理跨度，应避免为减少柱的数量而使跨度或地下车库埋深过分增大所带来的不利因素。当车位和车行道所需跨度尺寸无法统一时，柱网可分别采用不同尺寸，但不应超过两种。

第 3.10.9 条　停车区的层高除考虑因工作需要（如装

置各类管道）需增加适当高度外，层高不应过大，一般为车身高度，加0.2m安全距离和结构所需高度之和。

地下车库的埋深应适当，其顶部地面如要植树时，其土层最小厚度应不小于2m；种草、花卉或者菜时，最小土层厚度应不小于0.6m。

第 3.10.10 条 多层车库的坡道应参照GBJ67—84《汽车库设计防火规范》的要求设置。

公共汽车、无轨电车库的坡道以直线形为宜，条件不允许时，也必须大部分为直线形，兼配少量曲线段，坡道的面层构造应有防滑措施，要有与城市道路相一致的照度。公共汽车库直线坡道纵坡宜小于7%，曲线形坡道的纵坡宜小于5%；无轨电车库直线坡道纵坡宜小于8%，曲线形坡道的纵坡宜小于6%；出租汽车库直线坡道纵坡宜小于12%，曲线形坡道的纵坡宜小于9%。坡道与行车交汇处、与平地相衔接的缓坡段的坡度为正常坡度的1/2，其长度，标准车为6m左右、铰接车为10m、出租汽车为4m。直线坡道还应有纵向排水沟和1～2%的横向坡度。

第 3.10.11 条 公共汽车和无轨电车的直线双车坡道最小宽度不小于6.8m，曲线形双车坡道最小宽度内圈不小于7.2m，外圈不小于6.8m；出租汽车的直线双车坡道最小宽度不小于5.5m，曲线形双车坡道最小宽度内圈不小于4.2m、外圈不小于3.6m。电、汽车坡道可在一侧设立宽1m的人行道。

第 3.10.12 条 多层车库进出口必须分开设置。有限速、禁停车辆、禁止鸣笛等日夜能显示的标志；进出口地面上的最小照度应不小于2lx，库内上下坡道的平均照度应不小于1lx。应执行《汽车库设计防火规范》的有关规定，完善消防设施。应有排除库内有毒气体的措施。多层车库的建筑造型应注意体现其公交特点。

第十一节 出租汽车停车场

第 3.11.1 条 出租汽车停车场的设置以位于所辖营业站的重心处、空驶里程最少、调度方便、进出口面向交通流量较少的次干道为原则。

第 3.11.2 条 出租汽车停车场的规模一般以100辆为宜，最大不超过200辆，主要用以停放车辆、低级保养和小修。大城市可以根据所拥有的出租汽车数量，分别在全市设立若干停车场。

在车辆不超过100辆的中小城市，可在停车场内另建一座担负二级保养以上任务的保修车间，不再另建保养场。保修车间设计参照本规范保养场的要求进行。

第 3.11.3 条 出租汽车停车场不宜采用露天停车坪停放车辆，宜建有防冻和防曝晒的停车库。在用地紧张的市中心区，可建多层停车库。

第 3.11.4 条 出租汽车停车场的平面布置包括停车库、低级保养保修工间、办公及生活区、绿化(包括死角)、机动及预留发展用地。全站规划用地按上海牌760型小轿车作计算标准应不小于50m²/每出租标准车。

第 3.11.5 条 出租汽车停车场应设置油料库房和加油站，其用地和设置的各项要求按本规范第四章第四节《油库》和GBJ67—84《汽车库设计防火规范》执行。

第 3.11.6 条 出租汽车停车场应设洗车间，其各项要求参照本规范第三章第七节《清扫机械》一节各款执行。

出租汽车停车场的进出口宜按本规范第三章第三节停车场的进出口各款执行。

第四章 保 养 场

第一节 功 能 与 场 址

第4.1.1条 保养场的功能主要是承担营运车辆的高级保养任务及相应的配件加工、修制和修车材料、燃料的储存、发放等。

在中、小城市，停车场的低级保养和小修设备较差，保养场有提供其所需配件的任务；如车辆较少，不需单独建停车场时，可按本规范停车场的各项要求在保养场内建设停车场（库）。

在中小城市，由于车辆不多，一般也不建修理厂，保养场应同时承担发动机和车身修配的任务，并按修理厂的设计规范要求建设修理车间。

第4.1.2条 保养场应建在城市每一个分区线网的重心处（大城市宜在市区半径的中点；中、小城市宜建在城市边缘），使之距所属各条线路和该分区的各停车场均较近。应避免建在交通复杂的闹市区、居住小区和主干道内，宜选择在交通情况比较清静而又有两条以上比较宽敞、进出方便的次干道附近，并有比较齐备的城市电源、水源和污水排放管线系统。

第4.1.3条 保养场应避免建在工程地质和水文地质不良的滑坡、溶洞、活断层、流砂、淤泥、永冻土和具有腐蚀性特征的地段，尤其应避免高填方或开凿艰巨的石方地段。其地下水位必须低于地下室和建筑物基础的底面。

第4.1.4条 保养场的纵轴朝向，一般宜与主导风向一致。如有困难，也只能成一个影响不大的较小交角。其主要建筑物宜尽量不处于西晒、正迎北风的不利方向。保养场还必须处在城市居住区的下风方向。

第二节 平面布置和用地

第4.2.1条 保养场的平面布置应遵循以下原则：

a. 保养场平面布置应有明显的功能分区，把功能相近、生产（工作）性质相同、动力需要和防火、卫生等要求类似的车间、办公室、设备、设施布置在同一功能分区内。尤其是保养车间及其附属的辅助车间必须按照工艺路线要求布置在相邻近的建筑物里，建筑物之间既有防火等合理的间隔，又要有顺畅而方便的联系。

b. 保养场的办公及生活性建筑宜布置在场前区，其建筑式样、风格、色彩等与所在街景的美学特点要相谐和。场区的道路应不小于7m，人行道不小于1m；场区还必须按GB4992－85《城市公共汽车技术条件》要求设置符合标准的试车跑道，还应有一定数量（不小于50辆营运车）的机动停车坪。

c. 保养场的配电房、锅炉房、空压机房、乙炔发生站等动力设施应设在全场的负荷中心处。锅炉房，应位于全场的下风处。近旁应有便于堆放、装卸煤炭的场地。保养场进出应有供机动车用的宽度不小于12m的铁栅主大门，主大门两边应有宽度不少于3m的人员出入门，同时还应在适当处设置紧急出入门。

第4.2.2条 保养场是保证城市公共交通正常营运的重要后方设施，在城市规划上应有明确的地位，切实加以规动划。一个城市建立保养场的数量应根据城市、城市的发展规模以及为其服务的公共交通的规模从规划上具体加以确定。

第 4.2.3 条 保养场按企业营运车的保有量设置：企业营运车保有量在200辆以下或200辆左右，可建一个小型保养场；保有量在300～500辆左右的企业，可建一个中型保养场；在车辆超过500辆以上的大型企业，可建保养中心。中、小城市车辆较少，不应分散建很多场，可根据线网布置情况，适当集中车辆在合理位置建场。大城市车辆较多，宜于大中小结合，不应不分情况地都建规模很大的大型场或中心。

第 4.2.4 条 保养场的规划用地按所承担的保养车辆数计算，每辆标准车用地200m²，乘以用地系数K_y。当保养车辆数小于或等于100辆时，K_y值取1.2；保养车辆数为150辆左右，K_y值取1.1；保养车辆数在200辆车以上时K_Y值取1。在山城建设保养场不论规模大小，K_Y值一律取1.2。

第 4.2.5 条 保养场若同时考虑营运、停车或修理，其规划用地应在保养场的基础上，按本规范关于营运、停车场、修理车间的用地要求增加所需面积或按第3.2.3条综合计算。

保养场油库、变电房的用地另行计算。

第三节 生产与生活性建筑

第 4.3.1 条 保养场应有确保完成其生产任务的现代化厂房。应根据保修生产的工艺路线要求，由保养车间和发动机、底盘、轮胎修理、喷烤漆工间等构成主车间，成为厂房的主要部分。其它如电工间、蓄电池间、设备维修间、材料配件工具库，动力站等构成辅助车间。各辅助车间应根据工艺要求，紧凑地布置在主车间的四周。对于有较大噪声、有毒气体、液体和易燃气体的空压机间、蓄电池间、乙炔间在布置时按GBJ67—84《汽车库建筑设计防火规范》执行。

保养厂应重视车身保养，有固定的车身保养工作场所，单独建立车身保养车间（工段、组），单独进保进修。

第 4.3.2 条 保养场的保修厂房应根据南北方城市的不同情况因地制宜，采取相适应的形式。一般宜采用通过式，顺车进房，顺车出房，利用房外通道回车。厂房宽可据每日保修车辆台次确定，厂房长度宜因地制宜，保养厂生产性建筑规划用地宜按50m²/每标准车计算，各车间（包括库房、动力站）的用地应根据工艺设计确定。

第 4.3.3 条 保养场保修厂房和辅助车间的地面应根据保养、发动机和底盘解体清洗、蓄电池、车间楼面等不同的作业特点分别采用高标号混凝土面层、耐机油、耐酸耐腐蚀材料面层和非刚性材料面层。其车间的采暖、通风、照明、给排水等分别参照有关规范、标准执行，场内应有污水净化处理设施。

第 4.3.4 条 保养场的设施可按下述经验数确定，即每百辆标准车需九个保修工位，其中车身二个、机电七个；每百辆电车（标准车）需十一个工位，其中车身四个、机电七个。

第 4.3.5 条 办公楼的规划用地宜占办公室及生活性建筑用地的13%。办公楼的各项设计参照有关建筑标准执行。

保养场的生活性建筑包括食堂（兼作全场会议礼堂）、单身职工宿舍、婴幼室、保健站、教育用房、会议和文娱活用房、浴室、厕所。其规划用地宜为 35m²/每标准车。

第 4.3.6 条 保养场应在场前区按合理关系和相互联系有机而紧凑地布置各项生活性建筑。各项建筑的用地可参照有关设计规范和各场的具体情况确定，确定的原则是：

a. 食堂应有宽敞的工作间（包括贮藏室），宜与全场会议室通用；

b. 单身职工宿舍每床位建筑面积应不小于 6m²（严寒地区应不小于 6.5m²），每人使用面积应不小于 4m²，每个房间不超过 6 人；

c. 婴幼室除保证有宽敞的教室和午休卧室外，同时应有幼儿进行文体活动的场院、雨雪天用室内活动场地，以及舒适的哺乳室；

d. 保健站应据场的规模设置一定床位的观察病房；

e. 应有光线充足的专用教室和包括图书室、阅览室在内的文娱俱乐部；

f. 应有包括更衣室在内的淋浴室，其设计按有关卫生规范执行；

g. 应按有关卫生规范配备厕所，男、女厕所的面积应握男女职工的具体比例确定。

保养场应确保绿化用地，搞好厂房办公楼周围的植树种花，搞好生活区的绿化，有条件宜配以喷水池或庭园式花园。

第四节　油　　库

第 4.4.1 条 油库应选在场内安全的地方，应按 GBJ67—84《汽车库建筑防火设计规范》的要求建设。

第 4.4.2 条 油库包括库房（办公室）、地下油罐和加油站三部分。油库地下油罐的储油能力，一般为全日车辆用油总量的 3～4 倍。

第 4.4.3 条 加油站应有站房和自动计量油泵供管理人员值班休息和给车辆加油，其使用面积应不小于 10m²。加油站的构造材料必须采用以铁物撞击不发生火花的可靠防火材料。加油站的自动计量油泵上方应有罩棚，棚的下沿距地面净高应不小于 3.3m。

第五节　出租汽车保养场

第 4.5.1 条 出租汽车保养场的选址与建场设计等各项内容可按本章 1～4 节的各项内容实施。

在进行出租汽车保养场设计时宜突出它的特点，允许在这方面有特殊合理的要求。

第 4.5.2 条 出租汽车保养场的规模按其保养车辆的能力可分为大、中、小型三类。保养车辆能力在 500 辆以上的为大型场，在 200～500 辆时为中型场，在 200 辆以下为小型场。

第 4.5.3 条 出租汽车保养场的规划用地按 60m²/每车乘以用地系数 K_Y 值计算。一般，大型场的 K_Y 值取 1，中型场的 K_Y 值取 1.1～1.2，小型场的 K_Y 值取 1.5。

第六节　保 养 中 心

在车辆较多的大型企业，为实行专业化保养，向现代化、高效率、大生产方向发展，可按《城市公共交通企业技术管理制度》（国家城建总局颁布试行）的要求建立保养中心。

第五章 修 理 厂

第一节 建厂与用地

第 5.1.1 条 修理厂宜建在距城市各分区位置适中、交通方便、又不面临交通流量较大的主干道、周围有一定发展余地的市区边缘，有可靠的水、电煤供应。厂区周围半径不小于 25m 范围内应避免有居民居住，应按环保法规减少对城市的空气和噪声污染、对排污进行生物化学回收处理。

一个大城市，一般宜建一个修理厂。

第 5.1.2 条 修理厂的规模应视该城市公交企业所拥有的运营车辆数而定。一般凡运营车辆在 500 辆左右时，应建具有年产 200 辆次大中修能力的修理厂一座；凡运营车辆在 1000 辆左右时，应建具有年产 500 辆次大中修能力的修理厂一座。若运营车辆在 1000 辆以上，或者更多时，应建的修理厂的规模按此类推。

修理厂应根据运营车辆数及其大、中修间隔年限计算生产能力。以此作为基础对修理厂的规模、厂房的大小等进行设计。大、中修间隔年限由各城市按本地具体情况确定。所需修理设备的数量最少应达到生产能力的 30%左右。

第 5.1.3 条 修理厂的规划用地按所承担年修理车辆数计算，宜按 $250m^2$/每标准车进行设计。

第 5.1.4 条 修理厂的生活性建筑可按以下办法进行设计：

a. 食堂（包括厨房、膳堂及库房）要求能容纳在厂进餐职工；

b. 婴幼室要求能容纳全厂女职工三岁以下婴幼儿，设有卧室、活动室、保健室、厨房、仓库、办公室、婴幼儿户外活动场地；

c. 幼儿园要求能容纳全厂 10～15%职工的幼儿入园；

d. 卫生所要求能容纳全厂 5%左右的职工同时就诊；

e. 浴室要求能容纳全厂 4%左右的职工同时淋浴；

f. 厕所除办公楼每层设置外，全厂应在车间、生活区等职工主要工作和生活的地方按全厂 10%的职工均衡设置男女厕所；

g. 单身职工宿舍，要求能容纳全厂 15%左右的单身职工居住；

h. 俱乐部，要求能容纳全厂职工在内同时进行活动（包括全厂听报告），设有图书室、阅览室、游艺室和职工学习教室；

i. 运动场（篮排球场在内）一座。

以上各项可参照民用建筑设计的各项标准或规范进行。

第 5.1.5 条 修理厂的平面布置应根据各自的功能，将全厂划分成生产区、辅助区、厂前区、生活区，分开进行设置，并有机地联系成一个统一整体。

修理厂的生产区是以生产厂房为中心的区域，一般在全厂总平面布置的中间；辅助区一般在主厂房的附近，围绕着主厂房设置，也可放在厂区后面；厂前区是包括办公楼在内的营业区；生活区是为职工生活服务的区域，一般宜与生产分开。

第 5.1.6 条 修理厂厂房的方位应按照采光及主导风向来确定，一般尽量利用天然采光和自然通风。厂房的建筑宜采用组合式，应尽可能采用有利于运输和降低建筑费用的式样。

第5.1.7条 在进行修理厂的布局设计时必须遵守下述原则：

a. 应按工艺路线、工作顺序和便于生产上互相联系的要求安排各车间、工作间的位置；

b. 各主要通道的布局应整齐，应充分照顾到各种运输方式的衔接，尽力避免生产运输线路迂回往复以及跨越生产线的现象；

c. 各工作间应有门直接与主通道相连通，经常开启的大门应避免朝北。有重型设备（如压制的）车间应有通向室外的紧急备用大门；

d. 热加工、锻压、铸工、电镀等会散发有害气体、烟尘及噪声的车间应置于主导风下风向和厂区的边缘；噪声过大的车间应设在隔开的房间内；

e. 车间办公室和生活间应就近布置在各车间内；

f. 必须为今后生产的发展，给车间和全厂留有足够的扩建余地。

第二节 库房、道路及其他

第5.2.1条 修理厂的全厂性仓库应布置在服务中心处，专用仓库宜靠近所服务的车间，易燃仓库应布置在下风处和厂区边缘。仓库均需靠近工厂道路，并确保消防车能自由接近库房，周围有足够的消火栓。

第5.2.2条 修理厂仓库的设计可按有关规范进行。一般其用地面积 S_Q 等于该厂年生产量 Q（修车数/年）、物料入库量占年生产量的百分比 K 与材料储备期 n（月）的乘积与仓库总面积上的平均荷载量 P_x（吨/m^2）乘以12个月的商即 $S_Q=Q\cdot K\cdot n/12P_X$（$m^2$）。

第5.2.3条 修理厂内的道路一般采用工业企业道路等级Ⅲ级，即单向行车密度每小时15辆汽车以下。回车场最小面积按铰接车计算；厂内道路最小转弯半径 R 应不小于12m；路面可按汽13级设计；双车道宽7m以上，人行道最小宽度不低于1.2～2.5m，横向坡度为2～3%，最大纵坡5%；直交路口弯道面积在31m^2左右，交叉路口（斜交）弯道面积为 R^2。

第5.2.4条 修理厂内的道路不应迂回曲折，主要道路应人车分道，宽度应不小于10m，人车出入的大门必须分开设置。车辆进出的主大门宽不少于12m；净高应不小于3.6m。厂门应直接与两条以上道路相连。应设有紧急备用门。

修理厂建筑应执行TJ16—74《建筑设计防火规定》的各项有关条款。

第5.2.5条 修理厂内四周宜建宽度为2～2.5m的绿化带。各建筑物之间要种植花草，点缀以喷水池、建筑小品，生活区可点缀以庭园式的绿化景致。

第5.2.6条 修理厂消防、环保设施等应按有关标准、规范和法规的规定进行设计。

第三节 渡轮修理厂

第5.3.1条 渡轮修理厂应选在近郊沿江（河）处，水位落差对船台工作一般没有影响，没有淤泥堵塞，周围水域较宽敞。

第5.3.2条 厂门应面向偏僻的城郊公路，交通比较方便，周围有发展余地，水电供应和排水等市政设施齐备。

第 5.3.3 条 一般以有轮渡交通的大城市为中心设修理厂一座。中小城市如有轮渡交通，与设有修理厂的大城市水上交通又不便，可按要求设立修理车间。

第 5.3.4 条 渡轮修理厂的规模，一般以具有年修理量40艘左右渡轮为宜。

全厂规划用地宜按300m^2/每标准船计算。

第 5.3.5 条 渡轮修理厂的办公、生活性建筑等项可参照本规范修理厂部分的有关条款和工厂建筑的有关标准、规范的规定进行。城市规划部门应充分考虑到渡轮修理厂建设的特殊性并纳入总体规划。

第 5.3.6 条 船台和船坞是船舶修造的工具，其技术规格要求应按造船行业的统一技术标准执行。

船台应按年修理40艘左右渡轮规模的配备，一般在500t以下，一个修理厂可选配六座左右。

第 5.3.7 条 北方封冻地区的渡轮船坞应能可靠地防止流冰期冰排的碰撞。

附加说明

主编单位：武汉市公用事业研究所

主要起草人：胡润洲

中华人民共和国行业标准

地铁杂散电流腐蚀防护技术规程

CJJ 49-92

主编单位：北京市地下铁道科学技术研究所
批准部门：中华人民共和国建设部
施行日期：1993年4月1日

关于发布行业标准《地铁杂散电流腐蚀防护技术规程》的通知

建标〔1992〕477号

根据原城乡建设环境保护部（88）城标字第141号文的要求，由北京市地下铁道科学技术研究所主编的《地铁杂散电流腐蚀防护技术规程》，业经审查，现批准为行业标准，编号CJJ49-92，自1993年4月1日起施行。

本标准由建设部城镇建设标准技术归口单位建设部城市建设研究院归口管理，其具体解释工作由北京市地下铁道科学技术研究所负责。

本标准由建设部标准定额研究所组织出版。

中华人民共和国建设部
1992年7月25日

第一章　总　　则

第1.0.1条　地铁的杂散电流(迷流)对城市建筑和地铁本身具有较大的腐蚀作用，为有效地限制地铁杂散电流，降低与消除其不利影响，保证地铁具有良好的社会经济总体效益，制订本规程。

第1.0.2条　本规程适用于采用直流电力牵引和走行轨回流方式的地铁系统的设计、施工和运行维护等各个环节。其中主要包括：

一、地铁直流牵引供电系统中与限制和减小杂散电流值有关的措施；

二、地铁中可能受到杂散电流腐蚀或影响其外泄的结构与设备；

三、地铁系统中的防蚀措施。

本规程不适用于地铁建设过程中所采取的临时性措施。

第1.0.3条　地铁的工程设计，应包括杂散电流腐蚀防护的内容(积极防护和消极防护措施)。

第1.0.4条　地铁的建设施工必须按照工程设计的要求，完成限制杂散电流的各项措施和地铁结构的腐蚀防护与监测设施，并作为工程验收的内容。施工过程中，应及时逐段检查施工质量，保证达到技术指标。

第1.0.5条　常年正常运行的地铁线路，应在运行方式上力求减小杂散电流值。地铁的线路和线路上部建筑，应经常处于清洁、干燥和良好绝缘的状态。

第1.0.6条　地铁的杂散电流腐蚀防护除应遵守本规程外，尚应符合国家现行有关标准的规定。

第二章　基本原则

第2.0.1条　地铁杂散电流(迷流)腐蚀防护的基本原则应符合下列规定：

一、以治本为主，将地铁杂散电流减小至最低限度；

二、限制杂散电流向地铁外部的扩散；

三、地铁附近的地中金属管线结构，应单独采取有效的防蚀措施。

第2.0.2条　新建的地铁线路，在其工程设计中，应包括下述有关杂散电流腐蚀防护的内容：

一、在地铁的牵引供电与回流系统中限制杂散电流的措施；

二、设计合理、性能可靠持久的隧洞绝缘防水措施；

三、主体结构钢筋及金属管线结构的防护措施；

四、在地铁沿线敷设的各种电缆、水管等管线结构，应选择符合杂散电流腐蚀防护要求的材质、结构设计和施工方法；

五、沿线及车站防蚀监测点的设置方案；

六、杂散电流腐蚀特殊防护方法论证和实施方案。

第2.0.3条　在对既有地铁线路进行“杂散电流腐蚀防护”设计时，应以现场实测和调查的结果为依据。

第三章 地铁结构与设备受杂散电流腐蚀的危险性指标

第 3.0.1 条 应对运行中的地铁建筑、结构与设备等进行相应的电气测量，以判断其受杂散电流腐蚀的情况。

第 3.0.2 条 地铁结构与设备受杂散电流腐蚀的危险性指标，应由结构表面向周围电解质漏泄的电流密度和由此引起的电位极化偏移来确定。

第 3.0.3 条 电腐蚀危险性的直接定量指标漏泄电流密度，其允许值应符合表 3.0.3 的规定。

地铁结构允许漏泄电流密度　　表 3.0.3

材料与结构	允许漏泄电流密度 (mA/dm^2)
生铁	0.75
混凝土结构中的钢筋	0.60
钢结构	0.15

注：①表中所列为列车运行高峰时的 1h 平均值；

②漏泄电流密度的计算方法见附录二。

第 3.0.4 条 腐蚀危险性的间接指标漏泄电流引起的结构的电位极化偏移（电压）值，应取在列车运行高峰时间内测得的小时平均值。

第 3.0.5 条 隧洞结构的外表面，受杂散电流腐蚀危害的控制指标是由漏泄电流引起的结构电压偏离其自然电位数值。对于钢筋混凝土质地铁主体结构的钢筋，上述极化电压的正向偏移平均值不应超过 0.5V。

第 3.0.6 条 直接埋设在土壤中的金属外铠装电，受杂散电流腐蚀的危险电压不应大于表 3.0.6 中所列数值。

电缆金属外铠装危险电压　　表 3.0.6

"危险电压"值(V)		土壤电阻率 ρ ($\Omega \cdot m$)
铁质接地极	硫酸铜测量参比电极	
0	−0.55	<100
0.1	−0.45	100～500
0.2	−0.35	500～1000
0.4	−0.15	>1000

注：表中所列为在列车运行高峰时的 1h 平均值。

第四章　地铁杂散电流值的限制

第一节　地铁牵引供电系统

第4.1.1条　在采用走行轨回流的直流牵引供电系统中，接触网应与牵引变电站的正母线相连接，回流走行轨应与负母线连接。

第4.1.2条　新建地铁线路的牵引供电系统，宜选用较高的牵引电压和分布式的牵引供电方案。应缩短直流牵引馈电距离。

第4.1.3条　在正常运行情况下，地铁接触网应实行双边供电。馈电区间两侧牵引变电站直流母线上的空载电压值应保持一致，不应出现越区供电现象。

第4.1.4条　不得从一个牵引变电站向不同的地铁线路实行牵引供电。

第4.1.5条　牵引变电站的负回流线应使用电缆，其根数不应少于两根。耐压等级不应低于工频5kV。

第4.1.6条　地铁结构钢筋、自来水管及电缆金属外铠装等金属管线结构，与回流走行轨和电源负极间不应有直接的电气连接。

可经过论证设置极性排流防护系统。

第4.1.7条　牵引变电站的负极回流线应与主线路的走行轨相连接，并应保证在走行轨的任何线路区段实现牵引电流沿双方向回流。只有在车站线路上长度不超过12.5m的单线区段以及车辆段车场及检修库中的连接线路等，可允许单方向回流。

第4.1.8条　地铁车辆段中的牵引供电网，应具有来自本段牵引变电站的主电源及来自正线的备用牵引电源。在两电源的接合处，接触网和回流轨应分别实现电气分断并分别装设相应的断路器与隔离开关，两者应能实现同步操作。

第4.1.9条　不同地铁线路之间的连接与过渡区段，应从一条地铁线路接触网取得主供电电源，另一条线路提供备用电源。备用电源线路的接触网和走行轨应从备用电源侧与过渡区段的接触网和走行轨实行电气分断，装设专用的断路器与隔离开关，并实现操作连锁。

不重要的过渡区段接触轨，可从一条地铁线路上实现牵引供电。

第二节　地铁走行轨回流系统

第4.2.1条　兼用作回流的地铁走行轨与隧洞主体结构（或大地）之间的过渡电阻值（按闭塞区间分段进行测量并换算为1km长度的电阻值），对于新建线路不应小于15Ω·km，对于运行线路不应小于3Ω·km。

第4.2.2条　木质轨枕必须先用绝缘防腐剂进行防腐处理。枕木的端面和螺纹道钉孔，必须经过绝缘处理，或设置专门的绝缘层。

螺纹道钉孔不应贯通。轨底部与道床之间的间隙值不得小于30mm。

第4.2.3条　地铁的隧洞衬砌结构和钢筋结构不应兼作它用。

第4.2.4条　走行轨回路中的扼流变压器、道岔等与线路的路基，路面混凝土及主体结构之间，应具有良好的绝缘。道岔转撤装置控制电缆的金属外铠装与道岔本体之间亦应具有良好绝缘。

扼流变压器的塑料连接电缆、股道间均流线用塑料电缆的绝缘要求，应与负回流电缆相同。

第4.2.5条　在车辆段的检修与停车库中，每一条线路的走行轨均应使用绝缘接头与车场线路的走行轨相隔离。在绝缘接头处，应设置隔离开关，以保证列车能驶出停车位置。轨道和接地回路之间应具有良好绝缘。轨道和金属结构、管道、电缆外铠装壳、混凝土钢筋等之间亦应具有良好绝缘。

第4.2.6条 地铁隧洞内及沿线的各种金属设施和设备、临时存放洞内的钢轨、备用材料及设备等与走行轨之间不得有金属连接。

第4.2.7条 位于钢轨下面的道床素混凝土层的厚度，不宜小于0.4m。

第4.2.8条 地铁线路的结构，应能保证道床、线路上部建筑及轨道不受水流和积水的浸蚀，不污染。隧洞结构不得漏水和积水，且应具有良好的排水系统。严禁采用直排废水入隧洞的设计与运行方式。

第4.2.9条 回流走行轨应焊接成长钢轨，其连接质量应符合有关标准规定，且能满足相应等级钢轨纵向电阻值的要求。

第4.2.10条 地铁线路中的道岔与撤岔的连接部位应设置铜引连接线，其截面面积不应小于120mm^2，铜引线与钢轨之间应焊接，接头电阻不应超过1m长完整轨道的电阻值。

第4.2.11条 回流走行轨系统中，每处扼流变压器所增加的电阻值不应超过36m长度轨道的等值电阻。扼流变压器和走行轨之间的连接，应采用耐压水平不低于工频5kV的铜芯塑料电缆。

第4.2.12条 复线地铁中应设置股道间均流线，股道间均流线所用电缆的绝缘水平和截面与回流电缆相同。在具有牵引变电站的车站上，股道间均流线的功能，可通过连向各股道的负回流电缆来实现。

第4.2.13条 在地铁线路的区间区段中，股道间均流线及走行轨可分断点的设置与分布，应符合杂散电流测试和信号系统的技术要求。

第4.2.14条 地铁走行轨的下述部位，应实现电气隔离。

一、所有的电气化与非电气化区段之间；

二、地铁的运行线路与正在建设的线路区段之间；

三、地铁与地面铁道线路之间；

四、尽头线母条轨道的车档装置与电气化轨道之间。

第五章　地铁沿线金属管线结构的防护

第一节　地铁主体结构

第 5.1.1 条　结合工程的具体情况，应将地铁主体结构沿纵向分为若干结构段，相邻的结构段之间应绝缘。每个结构段内部的主钢筋，应实现可靠焊接，在结构段两端的变形缝或沉降缝处附近，应按设计要求焊接引出杂散电流测防端子。

第 5.1.2 条　地铁主体结构的防水层，必须具有良好的防水性能和电气绝缘性能。防水材料的体积电阻率 ρ 不得小于 $10^8\Omega\cdot m$。

第 5.1.3 条　地铁线路与电车线或直流电气化铁路交叉跨越的地方，在自交叉位置向两侧各延长 50m 的区段中，地铁主体结构应采取双倍的加强型防水绝缘措施。

第二节　电缆及管道结构

第 5.2.1 条　敷设在地铁沿线的电力、通讯及控制测量电缆，应采用防水绝缘护套的双塑电缆。

第 5.2.2 条　地铁中各种电缆应以绝缘方式进行敷设。电缆在支架上敷设时应具有 5mm 以上的塑料绝缘垫层。

第 5.2.3 条　敷设在隧洞中的电缆、水管等金属管线结构，不得与地下水流、积水、潮湿墙壁、土壤以及含盐沉积物等发生接触。

第 5.2.4 条　水管在铁轨线路下方穿越时，宜采用非金属绝缘材质，否则水管应具有加强的绝缘层并在穿越部位两侧装设绝缘法兰，其安装部位应便于检查和维护，穿越部位必须保持清洁、干燥。

第 5.2.5 条　所有通向地铁隧洞外部的电缆和管道，必须装有绝缘接头或绝缘法兰，并应装设在地铁中的干燥和可以接近的部位，以便于进行观察和检测。上述电缆及管道结构位于绝缘法兰至穿越部位的区段应与周围的结构绝缘。

第 5.2.6 条　在供水贮槽的水管出口处，应设置绝缘法兰。

第三节　地铁及车辆段结构与设施

第 5.3.1 条　地铁与城市管网相连接的电缆和水管线路，在其离开车辆段的部位，应设置绝缘接头、绝缘套管或绝缘法兰。

第 5.3.2 条　在地铁车辆段范围内，直接埋设在地中的金属管线，应具有双倍加强的绝缘保护层。必要时，经过论证可采用阴极保护或保护阳极等防护方法。

第 5.3.3 条　在地铁车辆段范围内，电缆应按相应技术要求敷设在专门的电缆沟中，当采用地中直埋敷设方式时应采用塑料绝缘护套的电缆。

第六章　防 护 监 测

第一节　一 般 规 定

第 6.1.1 条　地铁沿线应设置专用的防蚀监测点。

第 6.1.2 条　每处监测点应具备下述条件：

一、在走行轨回流电路中能串接入测量电流的分流器；

二、提供本部位的接地测量电极；附近的金属管线结构应具备测量接线点；

三、在需要测量土壤电阻率 ρ 的地方，提供专用的土壤电阻率测量电极；

四、进行两种形式的定电流试验。

第 6.1.3 条　必须定期对监测点进行检查维护。

第 6.1.4 条　CD-I 型监测点接线盒的构成宜符合图 6.1.4 所示。

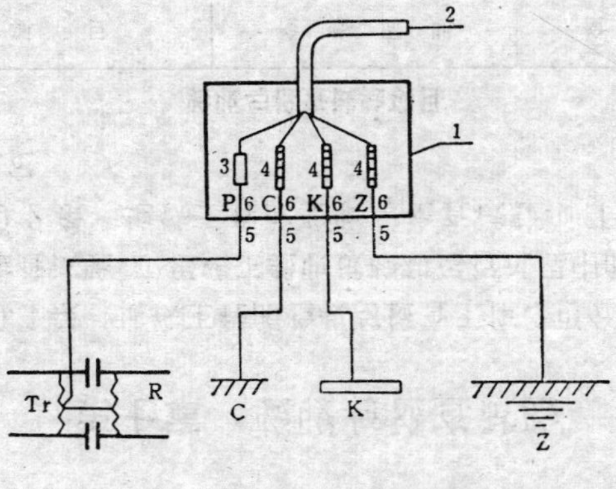

图 6.1.4　CD-I 型监测点接线盒示意图

1——监测点接线盒；　2——通往监测中心的测量电缆；
3——熔断器；　4——活动式短接导线或铜片；
5——测量连接线；　6——接线端子；
R——走行轨；　C——结构钢筋；
K——电缆外铠装等金属结构；　Z——测量接地极；
Tr——扼流变压器(或走行轨分断点)

第 6.1.5 条　地铁杂散电流腐蚀与防护的试验测量和使用仪表应符合附录二的规定。

第二节　监测点和测量室

第 6.2.1 条　监测点宜采用 CD-I 型，并应设置在下列部位：

一、车站站台的两侧进、出站信号附近；

二、每一个回流点处及需要进行测试的走行轨分断点处；

三、地铁桥梁的两端；

四、地铁的尽头线及线路与车辆段的连接坡道处。

第 6.2.2 条　在有绝缘轨道电路的线路上，监测点应设在距轨道扼流变压器 10m 以内处。在采用无绝缘轨道电路的线路上，监测点的设置应与走行轨分断点配合。

第 6.2.3 条　监测点测量线的截面面积不应小于 2.5mm^2，长度不宜超过 10m，并应具有工频 2kV 以上的绝缘耐压水平。

第 6.2.4 条　在需要进行遥测杂散电流参数的情况下，应在车站上设置监测室，敷设必要的遥测线路。

第 6.2.5 条　车站测量室内应具备符合现场测试要求的试验场地，测量专用电源、接地极和专用仪表等。

第 6.2.6 条　对以直埋方式敷设在地中的水管和电缆等，应利用已有的可接触部位作监测点(如观察窗、观测井以及建筑物或其他可利用的设施等)。对于距离较长的管线结构，可参照通信部门的有关规定，设置专用的监测点。

第七章　验收与检查试验

第 7.0.1 条　地铁工程的验收与检查工作，可分为工程建设过程中的检查试验、工程竣工验收试验和运行过程中的检查试验。

第 7.0.2 条　地铁工程的验收与检查试验项目，应符合表 7.0.2 的规定。

验收与检查试验项目　　表 7.0.2

序号	项目	检验周期	检验方法
1	测量回流走行轨的过渡电阻	工程验收时；投入运行 12 个月内；运行中每两年一次或巡视发现问题时	附录二(三,1)
2	测量回流走行轨的平均电压曲线	投入运行后 12 个月以内，根据需要进行	附录二(二,2)
3	检查轨道铜引线焊接质量及扼流变压器的连接质量	工程验收时；运行中每季度一次	巡视
4	测量轨道连接部位的电阻	工程验收时；运行中每两年一次或巡视发现问题时	附录二(三,3)
5	测量扼流变压器连接单元的电阻	工程验收时；运行中每两年一次或巡视发现问题时	附录二(三,4)
6	根据第 1.2.11 条要求设置的所有绝缘接头的绝缘电阻测试	工程验收时；运行中每两年一次或巡视发现问题时	用绝缘摇表测量或参照附录二(四,3)
7	车辆段及停车场库线中的走行轨过渡电阻测试	工程验收时；运行中每两年一次	附录二(三,1)
8	牵引变电站负回流母线及股道间均流线的绝缘电阻测试	工程验收时；运行中每两年一次或巡视发现问题时	用绝缘摇表测量
9	隧道衬砌层的状态质量检查；洞内地面是否有漏水、被水淹的区段；轨道线路上部建筑、混凝土结构表面清洁干燥性检查	工程验收时；隧洞内工程竣工以后或根据需要进行	巡视
10	定电流试验	工程验收时(在典型区段进行)；在其他必要情况下	附录二〔三，2，(2)〕
11	检查电缆、水管等结构在隧洞中及地铁桥上的敷设条件	工程验收时；运行中每两年一次	巡视
12	绝缘套管与绝缘法兰状态检查及绝缘电阻测试	工程验收时；运行中每两年一次；巡视发现问题时	附录二(三,3)
13	在地铁特殊区段测量隧道钢筋相对土壤的极化电压	线路段投入运行 8 个月以内；运行中需要进行	附录二(四,1)
14	地铁结构钢筋漏泄电流测试	线路段投入运行 6 个月以内；运行中根据需要进行	附录二(四,2)
15	防腐蚀监测点及测试线路的状态检查	每年一次	三用表测量
16	电气防蚀设施的工作状态及完好性检查	根据需要进行	巡视
17	车辆段车库轨道绝缘检查	每年一次或根据需要进行	附录二(三,1)

第 7.0.3 条　隐蔽工程应在建设施工过程中进行中间验收试验，并作好记录。主体结构的防水层、结构段内钢筋焊接质量及

其纵向电阻值的测定和线路及上部建筑的施工质量、过渡电阻等参数，均应逐段试验验收。

第7.0.4条 工程验收时，应提供下列技术文件：

一、有关杂散电流监测及腐蚀防护设施的竣工图纸；

二、在工程的具有代表性区段上进行定电流试验的试验报告；

三、走行轨对地(结构)过渡电阻的测试报告；

四、接触轨及走行轨回流系统的纵向电阻测试报告以及回流走行轨连接质量的检查记录；

五、地铁试运行后的结构电位分布曲线测试报告；

六、全线各监测点施工质量检查报告及初次试验的使用情况说明；

七、本地铁工程中各有关绝缘接头及绝缘法兰的绝缘电阻测试报告；

八、有关的接地电阻的测试报告；

九、主体结构钢筋纵向电阻的测试报告。

第7.0.5条 各项检查与试验工作，应由专业人员进行，试验工作应遵守有关安全标准的规定和地铁现场工作的规定。

第7.0.6条 在地铁线路的露天区段，严禁在雨、雪及大雾天气中进行各种试验工作。

第7.0.7条 验收与检查试验工作中所使用的导线，应具有工频 2kV 以上的绝缘耐压水平和不小于 $2.5mm^2$ 的截面。

当需要在接触轨或走行轨的下面通过测量接线时，必须将测量导线沿全长进行逐点可靠固定。

附录一 本规程术语解释

本规程术语解释 **附表1.1**

术语名称	解释
1. 杂散电流	在非指定回路上流动的电流
2. 杂散电流腐蚀	由杂散电流引起的腐蚀
3. 土壤腐蚀	以土壤作为腐蚀介质的腐蚀
4. 地下金属结构腐蚀	由于周围腐蚀性介质或杂散电流的电化学作用，或是由于它们的综合作用而引起的地下金属结构的腐蚀
5. 电气排流保护	通过从金属体上将杂散电流排回电源负极来防止杂散电流腐蚀的电化学保护
6. 排流装置	用于实现电气排流防蚀的装置
7. 直接电气排流	具有双向导电能力的排流装置
8. 极性电气排流	具有单向导电性能的电气排流装置
9. 强制排流装置	在排流回路中串接入直流电源以加强排流防蚀效果的排流装置
10. 杂散电流源	产生地中杂散电流的直流电气设施及系统
11. 绝缘接头	结构的金属部分之间利用绝缘材料实现的机械连接，借以防止它们之间电气导通的装置

续附表 1.1

术语名称	解释
12. 阴极极化	电极电位从自然电位向负方向的极化现象
13. 阴极保护	电化学保护的一种，通过向金属结构表面输入阴极电流，使其电位向负方向极化，并保持在比自然腐蚀电位更负的数值，以达到防蚀的目的
14. 消极防护	从结构的材质和加强表面绝缘方面采取的防止金属结构与电解质接触以达到防蚀目的的保护措施
15. 防蚀监测点	由金属结构及接地端子等组成的测量装置
16. 介质的腐蚀性	给定的腐蚀体系内，环境介质对金属腐蚀的能力
17. 牵引电流负极回流线	用于连接牵引变电站负极和回流轨的电气绝缘导线
18. 回流点	回流线与回流走行轨的连接点
19. 表面漏泄电流密度	从金属结构单位表面积上向其周围介质中漏泄出的电流值
20. 地下金属结构电位分布图	在金属结构的实际线路坐标图上按一定比例画出的结构对地电位的平均值或最大值分布图
21. 回流走行轨电压分布图	在回流走行轨的线路坐标图上按一定比例画出的回流走行轨电压的平均值和最大值的分布图
22. 地下金属结构的电压	地下金属结构相对于其周围大地电介质的某一点(相对于此点进行电压测量)的电压

续附表 1.1

术语名称	解释
23. 保护阳极	与被保护金属结构相连，可以提供阴极保护电流的接地电极
24. 防蚀保护层	在金属管道或结构的表面为防蚀目的而施加的绝缘保护层

附录二　地铁杂散电流腐蚀与防护的试验测量和使用仪表

一、杂散电流腐蚀测量工作的一般规定：

1. 为及时了解地铁中牵引回流漏泄的情况和地下金属结构受杂散电流腐蚀的程度，应进行专门的测量工作。现场测量的结果应作为金属结构受杂散电流腐蚀的定量判断依据。

2. 对地铁回流系统、隧道体结构等的电压测量，应在地铁正常运行条件下进行。

根据测量的目的，试验进行的时间和频率应符合附表 2.1 的规定。求取平均值的测量持续时间，应大于地铁运行中双向通过 10 对列车的时间。

地铁结构是否受外部杂散电流腐蚀影响的试验，其持续时间，应不小于 0.5h。

地铁杂散电流参数计算公式表　　　　**附表 2.1**

被测参数种类	测　量　目　的	被测参数代号	测量结果计算公式
日(每昼夜)平均值	对被测参数分布情况的一般评价； 对日和年杂散电流腐蚀损失情况等进行一般评价	A_{da}	$A_{da}=\frac{n_d}{n_m}\cdot Ar$
地铁运行时间内的平均值	对被测参数的水平进行一般评价	A_{ea}	$A_{ea}=\frac{n_e}{n_m}\cdot Ar$
高峰运行时间内的小时平均值	确定被测参数超过允许值的程度	A_{pa}	$A_{pa}=\frac{n_p}{n_m}\cdot Ar$
参数的最大值(短时测量的瞬时最大值)	根据运行安全要求确定保护装置工作条件与其额定值的对应程度	A_{mmax}	根据实测结果确定
测量时间内的被测参数平均值	根据运行安全要求确定保护装置工作条件与其额定值的对应程度	A_{ma}	根据实测结果确定

表中符号的含义：

A_r——被测参数物理量(电压、电流等)实测值；

N——每昼夜运行列车总对数；

n_d——每昼夜的地铁列车小时平均运行对数，$n_d=N/24$；

n_e——在地铁运行时间内，运行列车的平均对数(列车/h)，$n_e=N/T_e$；

n_m——在进行测量的时间内的每小时平均列车对数(列车/h)；

n_p——地铁运行高峰时间内每小时平均列车对数(列车/h)；

T_e——地下铁道的工作时间(h)。

当需要将上述测量值换算为预测值时，可将实测值乘以一个预测系数 y。

$$y=n_y/n_m$$

式中　n_m——测量时的列车实际运行对数；

n_y——地铁未来预期运行对数；

注：本条中列车的单位均为列车对数。

3. 当测量仪表的内阻值小于测量电极的电阻值时，所测得的实测值 U_r 应按下式换算：

$$U_r=U_m(R_i+R_e)/R_i \qquad (附\ 2.1)$$

式中 U_r——实测电压数值(V)；

U_m——测量时仪表的指示值；

R_i——仪表内阻值；

R_e——测量电极电阻值。

二、回流走行轨电压的测量和电压分布图：

1. 当进行“走行轨-结构”、“走行轨-大地”电压的测量时，应使用内阻值符合要求的指针式或记录型测量仪表。仪表的正极通过 CD-I 型监测点与走行轨扼流变压器中性点相连接，其负极与主体结构钢筋或接地极相连。

测量工作的持续时间，应符合本附录(一、2)的有关规定。

2. 为了绘制走行轨电压分布图，应在线路的不同监测点上同时进行测量，相邻测点间的距离可取为 0.5～1km。当测量不同时进行时，应按附表 2.1 中的公式将实测值换算为相应时间区段的平均值。

3. 电压分布图的绘制方法(昼夜平均值)宜符合下列规定：

沿水平轴线标出地铁长度距离(百米公里标)，沿纵轴标出相应的电压值，正极性向上，负极性向下。

在电压分布图的下面，按线路相应区段的坐标位置，标出现场测得的“走行轨-结构”的过渡电阻值 ω 值。

4. 为对电压分布图进行定量评价，走行轨电压特性区段可分为优先阳极区、优先阴极区和极性变换区。电压不对称系数应符合附表 2.2 的规定。

不对称系数 β 应按下述公式计算：

$$\beta=\frac{U_{r-c}(+)}{|U_{r-c(+)}|+|U_{r-c}(-)|} \qquad (附\ 2.2)$$

式中，$U_{r-c}(+)$ 和 $U_{r-c}(-)$ 分别表示走行轨对主体结构电压昼夜平均值的正值和负值。

走行轨电压特性区段 **附表 2.2**

走行轨电压特性区段	电压不对称系数 β
优先阳极区	$\beta>0.7$
极性变换区	$0.3\leqslant\beta\leqslant0.7$
优先阴极区	$\beta<0.3$

三、地铁杂散电流参数的测量方法：

1. 走行轨和主体结构之间的过渡电阻 ω 和带有绝缘节的走行轨相邻闭塞区段之间的绝缘电阻值，可利用电压、电流表法或 ZC-8 型接地电阻测量仪测量。测量工作应在停电以后进行，并应断开本闭塞区段与相邻区段之间的电气连接。在具有股道间均流线的扼流变压器处，应在分断处断开股道间均流线。对整个区间过渡电阻的测试，宜对各个闭塞区间的过渡电阻逐个进行测试，并按下述方法求出其等值过渡电阻。

(1) 整个区间或 1km 线路中，共有 n 个测试闭塞区间，则整个区间或 1km 线路的等值过渡电阻值 ω 的倒数为：

$$\frac{1}{\omega}=\sum_{i=1}^{n}\frac{1}{R_{m_i}} \qquad (附\ 2.3)$$

(2) 一般情况下，实测得走行轨对主体结构的过渡电阻值，相当于 1km 长度走行轨的等值过渡电阻值 $\omega(\Omega\cdot km)$ 为：

$$\omega_{r-c}=R_m\cdot L/1000 \qquad (附\ 2.4)$$

式中 R_m——测量时仪表的实际指示值(Ω)；

L——被测闭塞区段的长度(m)。

将被测区间所含的各闭塞区段的测量结果按并联方式计算其等值电阻值，即可求出本区间的等值过渡电阻。

在车场测量过渡电阻时，测量工作应在被测库线或尽头线上没有电压的情况下进行。

2. 地铁杂散电流不得用电流表直接测量，应采用间接测量法或定电流试验方法进行现场实测。

（1）间接测量法：按上述方法分别测出过渡电阻值 ω 和隧道对走行轨的电压值，然后根据欧姆定律计算出杂散电流值：

$$i_s=\frac{U_{r-c}}{\omega} \qquad (附 2.5)$$

（2）定电流试验方法：应在列车停运之后或新线投入运行前进行。以模拟的方法创造一个接近实际的走行轨回流条件，并在走行轨扼流变压器线圈中性点处串接入分流器或电流表，实测该点的走行轨回流电流，同时用电压表测量各点的有关电压值，这样相应的各测点走行轨电流之差即为漏泄出的杂散电流值。走行轨电流达到最小值的点即为中性点，最大杂散电流等于总负荷电流与中性点电流之差。定电流试验原理及电源波形示意图如附图 2.1 所示。

3. 走行轨轨道接头部位的电阻可采用双毫伏表法进行测量。测量工作应在停车、无电的情况下进行。为使轨道中产生测量电流，可短时内将一试验用直流电源与轨道接通。

以相对值表示的轨道接头电阻 R_j 可按下式进行计算：

$$R_j=\frac{U_1}{U_2}-1 \qquad (附 2.6)$$

式中 U_1——包括有接头的 1m 轨道长度上的电压降(V)；

U_2——不包括有接头的 1m 轨道长度上的电压降(V)。

测量时，同时读取 U_1 和 U_2 之值，读数应同步进行。取不少于 5 次读数的平均值。

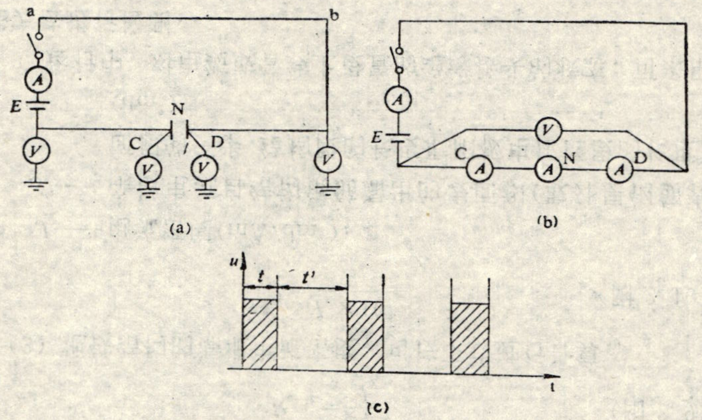

(a)漏泄电流试验示意图

(b)轨道电流试验原理接线图

(c)定电流试验电源波形

附图 2.1 定电流试验原理及波形示意图

A——电流表；V——电压表；C、D——测点

4. 走行轨回路扼流变压器连接处的接头电阻值，可按双电压表法进行测量。测量应在没有列车运行的停电情况下进行。可利用具有相应容量的直流电源产生测量电流，在短时间通以电流的情况下，在扼流变压器的一个半边和附近 1m 长度的走行轨上同时测量电压降 U_1 及 U_2，然后在线路的另一侧轨道上进行同样的测量，测出另一半边的电压降 U_3 和 U_4。

根据上述的测量结果，由扼流变压器所带入的附加回流电阻可按下式算出：

$$R_b=\frac{U_1}{U_2}+\frac{U_3}{U_4}-1 \qquad (附 2.7)$$

式中 U_1、U_3——相应半边扼流变压器上的电压降(V)；

U_2、U_4——1m 长度走行轨上的电压降(V)。

按上述方法求出扼流变压器单元的电阻值，与第4.2.11条中规定的标准进行比较判断(其单位用相对倍数表示)。

5. 地铁运行过程中，应及时发现“走行轨-主体结构”过渡电阻值 ω 局部降低的区段，并进行处理，使过渡电阻值达到标准要求。

四、对地铁建筑与结构的腐蚀状态及防蚀措施效果的监测：

1. 结构极化电压的测量：

(1) 测量主体结构钢筋在不受地铁杂散电流影响时的自然本底电位 U_c，测量应采用高内阻双向指针式或自动记录式电压表。在地铁停电半小时以后进行。仪表正极接主体结构钢筋，负极接测量参比电极，如附图 2.2(a)所示。这样测出的自然本底电位如附图 2.2(b)中的平行于时间轴的横线 U_c 所示。

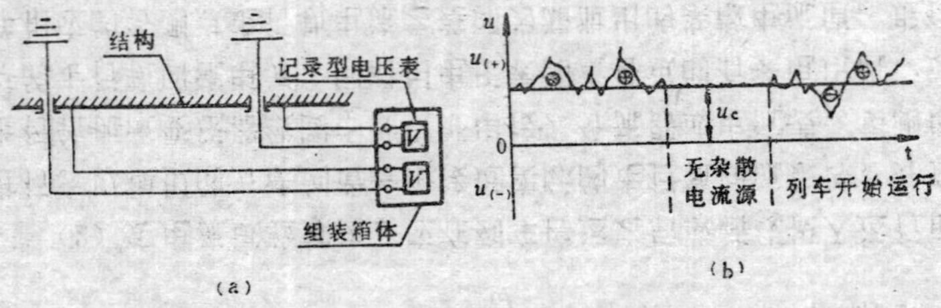

(a) 测量原理接线　(b)考虑自然本底电位 U_c 时的电位曲线处理方法

附图 2.2　隧道体结构对地电位测量方法示意图

(2) 以 U_c 作为本次测量的基准零电位，在地铁运行时，按上述相同的测量条件和相同仪表测量具有随机变量特性的地铁结构的极化电压值(测量时间应不少于 30min)。求取正向极化的电压曲线平均值，并与规程规定值进行分析比较。

根据上述方法求得的电压平均值，可画出沿线路的电压分布曲线，为此，应按照一定比例沿地下金属管线结构标出线路各个坐标位置上的电压数值并作出电压分布曲线。

测量所用的参比电极，应设在与被测点接近的地方。测量应采用短引线进行。

2. 从地铁结构钢筋向外漏泄出的杂散电流密度，在地铁结构钢筋按区段连通的情况下，可按下述的间接测量方法求得：

(1) 间接测量方法是分别测量主体结构钢筋对地的电压和漏泄回路的电阻值，再计算出漏泄电流值。

$$I_S=\frac{U_{c-z}}{R_{c-z}} \qquad (附 2.8)$$

式中　I_S——在测量时间内，钢筋的漏泄电流平均值(A)；

U_{c-z}——结构钢筋对地电压平均值(V)；

R_{c-z}——钢筋对地过渡电阻(Ω)。

(2) 测定 R_{c-z}，可用接地电阻测量仪进行，也可以通过电流表将回流走行轨扼流变压器的中点和结构钢筋连通，测量此电流 I_y，并同时测量钢轨对地电压 U_{r-z}，测量时间不少于 30min，如用指针式仪表，则每隔 10s 读取一次读数，求取其占优势极性的平均值，按下式计算电阻 R_{c-z} 的值：

$$R_{c-z}=\frac{U_{r-z}}{I_y} \qquad (附 2.9)$$

(3) 地铁结构的漏泄电流密度，可按下式进行计算：

$$J=\frac{I_s\times10^3}{S_a} \qquad (附 2.10)$$

式中　J——电流密度(mA/dm^2)；

S_a——杂散电流自结构钢筋漏出的表面积(取外层钢筋表面积的一半，结构段的长度取阳极电压区段的长度)(dm^2)。

3. 运行中，对电缆或管线上设置的绝缘接头的状态，可采用下述方法进行检测：

(1) 近似测量：如附图 2.3(a)所示，在地铁和设备运行的情况下，并且在绝缘接头上有电压存在时，如在一侧电缆外皮一定长度上所接毫伏表的指针不发生偏转，则表示绝缘接头的状态正常。

当利用近似方法测量发现仪表指针偏移时，则应采用精确测量方法，作进一步的测量和确定。

（2）精确测量：如附图 2.3(b)所示，在短时接通电源的情况下，同步读取四支仪表的读数，按下式计算出绝缘电阻 R_{j1} 值：

$$R_{j1}=\frac{U_1+U_2}{U_1}\cdot\frac{U}{I} \quad (附 2.11)$$

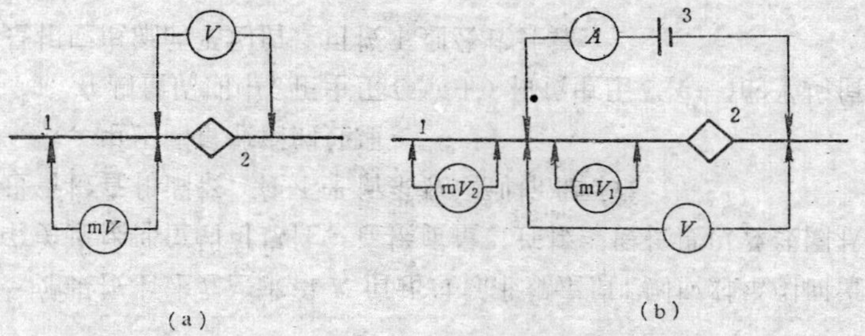

（a）不需电源的近似监测法　（b）准确检测方法示意图

附图 2.3　电缆或管线绝缘接头状态检测方法示意图

1——电缆或管线；2——绝缘接头；3——测量用电源

当测得的绝缘电阻值 $R_{j1}\geqslant10^3\Omega$ 时，可认为其绝缘接头的质量是可靠的。测量时，所取的电缆或管线区段，应具有相同的长度。

当运行的电缆额定电压高于 1kV 时，应在没有电压的情况下进行测量。

4. 为了判断土壤对金属结构的腐蚀性和进行杂散电流腐蚀防护计算的需要，应进行土壤电阻率的现场测量。

在地铁的地面部分应每隔 100m 测量土壤的电阻率 ρ 值，测量可利用接地电阻测量仪或电压电流表法，按四电极方法的接线方式进行。

测量时，各电极按直线方向设置，直线的方向应与线路平行，对于已埋设在地下的金属管线应在与此结构垂直或平行的方向（平行时应距离线路轴线 2～4m）上进行测量。相邻电极之间的距离 a 可取结构埋设深度的 2 倍，且各电极间取相等的距离。测量电极打入地下的深度不宜超过 a/20。

测量时，如果不具备接地电阻测量仪，可利用"电压-电流"法进行测量。

土壤电阻率的实测值，当采用接地电阻测量仪时，可按下式计算：

$$\rho=2\pi Ra \quad (附 2.12)$$

式中　a——测量时，两相邻测量电极之间的距离(m)；

R——仪表指示值(Ω)。

当按电压-电流法测量时，可按下式计算：

$$\rho=2\pi a\frac{U}{I} \quad (附 2.13)$$

式中　U——在不同电源极性连接方式的情况下，各次测量电压表指示的平均值(V)。

为测量土壤电阻率，还可以从现场取土样，在试验室条件下，进行专门的试验和分析，也可以同时对土壤水分和地下水进行化学分析试验。

五、为保证地铁信号自动闭塞系统正常工作而进行的电气测量工作：

1. 扼流变压器的主线圈和附加线相对于变压器外壳的绝缘电阻值，应在地铁停电后用 500V 兆欧表进行测量，测量时，应断开被测扼流变压器的外部接线。

主线圈对外壳的绝缘电阻值应不小于 10kΩ，附加线圈对外壳的绝缘电阻值应不小于 2MΩ，测试周期为每 3 年一次。

对于安装在水泥底座上的扼流变压器，测量其线圈对外壳绝缘电阻时，可以在先不解开外引接线的情况下进行测量，当测得的电阻值达不到标准要求时，再解开外部接线进行测量。

2. 每年测量一次扼流变压器相对于回流牵引电流的不平衡系数。可通过测量扼流变压器的两个线圈上的电压降得到。在扼流变压器的两个线圈上各接以相应量程的电压表，在10～15min测量时间内，每隔一定的时间，同时读取两只电压表的读数，测量时，宜使用记录型仪表。在使用指针式测量仪表时，应读取不小于10次的读数，求电压降的平均值U_{1b}和U_{2b}，再按下述公式求出不平衡系数K。

$$K=\frac{U_{1b}-U_{2b}}{U_{1b}+U_{2b}}100\%\leqslant 15\% \qquad (附 2.14)$$

如果按上述方法求得K值超过标准规定值，则应对牵引回流的有关连接部位的可靠性、连接质量、连接线段长度以及线圈状态进行检查和调整，使不平衡系数达到标准要求。

六、电压测量数据的处理：

1. 在测量周期中，正电压$U_a(+)$和负电压$U_a(-)$的平均值或是相应电流的平均值，可按下列公式计算：

$$U_a(+)=\sum_{i=1}^{p}U_i(+)/n \qquad (附 2.15)$$

$$U_a(-)=\sum_{i=1}^{m}U_i(-)/n \qquad (附 2.16)$$

式中 $\sum_{i=1}^{p}U_i(+)$——被测物理量正极性瞬间实测值之和；

$\sum_{i=1}^{m}U_i(-)$——被测物理量负极性瞬间实测值之和；

n——试验中读取测量数据的总数；

p，m——分别为试验中读取的正极性和负极性实测值的次数。

2. 利用非极化电极测得电压的平均值，可按下式计算：

$$U_a(+)=\sum_{i=1}^{p}U_i(+)/n-U_c \qquad (附 2.17)$$

式中 $\sum_{i=1}^{p}U_i(+)$——所有正电极性电压瞬时值和绝对值小于U_c值的负极性电压各瞬时值之和；

p——所有正电极性电压瞬时值读取次数及绝对值小于U_c的负极性瞬时值读取次数之和。

对于其余所有被测量的负极性瞬时值，其平均值可按下式计算：

$$U_a(-)=\sum_{i=1}^{m}U_i(-)/n-U_c \qquad (附 2.18)$$

式中 $\sum_{i=1}^{m}U_i(-)$——绝对值超过结构恒定电位U_c的负极性瞬时值之和；

m——绝对值超出U_c的负极性电位的读取次数；

n——总的测量次数。

3. 在使用自动记录仪表对电压值进行连续测量时，可在记录纸上标出相应的电压位移U_c值，在整理试验结果和进行相应计算时，可相对于上述位移后的电压水平曲线进行计算。

七、测量仪表：

1. 在进行本规程中所规定的各种测量时，测量仪表应满足下述技术要求：测量轨道、隧道洞体、建筑与结构的电压或电位时，需要使用高内阻电压表，用于钢筋混凝土衬砌层和高架桥结构电压测量仪表的内阻应不小于$1\times10^6\Omega$，且仪表应具有多量程和快阻尼特性。在杂散电流场中测量所使用的电气仪表，应符合附表2.3所列的技术要求。

2. 对于随时间有强烈变化特性的被测物理量可采用记录型仪表进行测量，记录仪应具有较高的内阻值和便于携带。

3. 对于土壤电阻率ρ、过渡电阻ω、结构的接地电阻等进行现场测量，可采用 ZC-8 型接地电阻测量仪以及额定电压为 50V、100V、250V、500V、1000V、2500V 的 ZC-7 型兆欧表。

杂散电流参数测量专用仪表的技术要求　　附表 2.3

仪表类型	精度等级	刻　度	量　　程	内　阻
毫伏表配合分流器使用	0.5 携带式	双向刻度 0 位在中间	0—±75mV—±150mV—±300mV—±1V—±3V—±5V	20kΩ/V
电压表 携带式电压表	0.5 携带式	双向刻度 0 位在中间	0—±10V—±50V—±100V—±200V	50kΩ/V
携带式自动记录电位差计或电压表	不低于 0.5	仪表 0 位可根据需要调节	根据需要确定	1×10^{6}Ω
接地电阻测量仪 ZC-8	1.0	单向刻度	0—10—100Ω 0—10—100—1000Ω	
兆欧表 ZC-7 型	1.0	单向刻度	仪表电压为 50V、100V、500V、1kV、2.5kV	

4. 测量参比电极，在进行与杂散电流有关的结构电位测量时，常用参比电极，即接地电极，以便在测量回路中实现与大地的电连接。电极与土壤接触产生的电极电位应稳定并可预先测知，对测量结果产生的影响应较小，并宜采用预先准确知道其极化电位值的专用硫酸铜测量电极。

在现场测量中，当被测电压值在 1V 以上时可采用钢制参比电极，如直径 10～15mm、长度 0.5～0.8m 的钢钎，其上端设有专用的测量接线螺母。在洞内可通过监测点进行测试，在地面测量时，钢钎电极打入地下的深度不应小于 0.5m。

附录三　本规程用词说明

一、为便于在执行本规程条文时区别对待，对于要求严格程度不同的用词说明如下：

1. 表示很严格，非这样作不可的：

正面词采用“必须”；

反面词采用“严禁”。

2. 表示严格，在正常情况下均应这样作的：

正面词采用“应”；

反面词采用“不应”或“不得”。

3. 对表示允许稍有选择，在条件许可时，首先应这样作的：

正面词采用“宜”或“可”；

反面词采用“不宜”。

二、条文中指明必须按其他有关标准执行的写法为“应按……执行”或“应符合……的要求(或规定)”。非必须按所指定的标准执行的写法为“可参照……的要求(或规定)”。

附加说明

本规程主编单位、参加单位和主要起草人名单

主 编 单 位：北京市地下铁道科学技术研究所

参 加 单 位：北京市城建设计研究院
铁道部电气化工程局
铁道部第三勘测设计院
天津地铁管理处
北京腐蚀与防护学会
北京市公共交通研究所

主要起草人：马洪儒　张佩春　包国兴
史集芬　张兴昭　耿悦宾
李明远

中华人民共和国行业标准

地铁杂散电流腐蚀防护技术规程

CJJ49—92

条 文 说 明

前 言

根据原城乡建设环境保护部（88）城标字第141号文的要求，由北京地下铁道科学技术研究所主编，北京市城建设计研究院、铁道部电气化工程局等单位参加共同编制的《地铁杂散电流腐蚀防护技术规程》（CJJ49-92），经建设部1992年7月25日以建标〔1992〕477号文批准，业已发布。

为便于广大设计、施工、科研、学校等单位的有关人员在使用本规程时能正确理解和执行条文规定，《地铁杂散电流腐蚀防护技术规程》编制组按本规程章、节、条顺序编制了条文说明，供国内使用者参考。在使用中如发现本条文说明有欠妥之处，请将意见函寄北京市地下铁道科学技术研究所。

本《条文说明》由建设部标准定额研究所组织出版发行。

1992年7月

目 录

第一章 总 则 …… 5-20
第二章 基本原则 …… 5-21
第三章 地铁结构与设备受杂散电流腐蚀的危险性指标 …… 5-21
第四章 地铁杂散电流值的限制 …… 5-22
第一节 地铁牵引供电系统 …… 5-22
第二节 地铁走行轨回流系统 …… 5-23
第五章 地铁沿线金属管线结构的防护 …… 5-26
第一节 地铁主体结构 …… 5-26
第二节 电缆及管道结构 …… 5-26
第三节 地铁及车辆段结构与设施 …… 5-27
第六章 防护监测 …… 5-27
第一节 一般规定 …… 5-27
第二节 监测点和测量室 …… 5-27
第七章 验收与检查试验 …… 5-28

第一章　总　　则

第1.0.1条　我国各主要城市的地铁，大都采用走行轨回流的直流牵引供电方式，这种方式将产生杂散电流腐蚀问题。杂散电流的腐蚀速度和强度比土壤腐蚀大得多。如果防护不善，它还有可能漏泄至地铁外部，危害城市的地下金属结构和管网设施，甚至还有可能造成灾难性的事故，成为城市的一种“公害”，给国民经济带来巨大损失。所以，为合理地解决地铁杂散电流腐蚀防护问题，使地铁更好地发挥其社会经济效益，制定本规程是十分必要的。

第1.0.2条　本规程的适用范围，主要指两个方面：

一、对产生杂散电流的系统和设备(主要包括地铁的直流牵引供电系统和回流系统)，应大幅度有效地降低其杂散电流的量值，并防止回流电流向地铁外部的漏泄。

二、对可能受到杂散电流腐蚀的各种金属管线结构，采取经济有效的防蚀措施，以提高其工作质量和使用寿命。

除上述以外，本规程的各项规定也适用于地铁系统中采用的防蚀与监测设施。

第1.0.3条　为保证地铁工程及防蚀设施的质量，其基础工作在于工程设计，鉴于以往杂散电流腐蚀防护工作常受到忽视的情况，故在本条中规定，杂散电流腐蚀防护问题，应作为地铁工程设计的一项必要内容。

第1.0.4条　在具有设计保证的基础上，其各项措施应在施工过程中得到有效的落实。为了保证工程质量，把杂散电流腐蚀防护作为工程的百年大计，本条中作了逐段检查施工质量、逐段试验、逐段验收的规定。

第1.0.5条　本条从以下两个方面对地铁的运行管理提出了要求：

一、从牵引供电与回流的正常运行方式上，最大限度地降低杂散电流数值。

二、在走行轨回流系统中，保持道床和线路上部建筑的清洁干燥，从而使其具有良好的绝缘状态以限制和降低回流牵引电流向外部的漏泄。

第二章　基本原则

第 2.0.1 条　在进行全面分析的基础上，本条规定了地铁杂散电流腐蚀防护的基本原则和指导思想，即从三个层次上来解决问题。

治理杂散电流腐蚀的最根本和有效的措施，首先应致力于治理和消除产生杂散电流腐蚀现象的根源，即贯彻“治本”的基本思想，对牵引供电和回流系统采取有效措施，将杂散电流减小至最低限度，直至完全消除杂散电流。

在“治本”的基础上，同时不放松对“条件”的治理，在地铁系统中采取若干层“绝缘屏障”，加强绝缘设施，如设置轨道绝缘、道床绝缘以及持久有效的结构防水绝缘层等，其目的同样是防止、减少直至消除杂散电流向外部的漏泄。

在作好上述两项工作的基础上，对地中金属结构(包括属于地铁的和地铁外部的)，还必须解决其自身的防蚀问题，包括其线路走向、材质的选择、表面绝缘防蚀直至排流或电化学防护等。

从这三个层次上来考虑防蚀工作，可使地铁杂散电流腐蚀防护问题得到有效的解决。

第 2.0.2 条　为了保证地铁工程的整体防蚀效果，本条中对地铁工程设计中必须包括的有关防蚀内容，作了具体规定。在工程施工和运行过程中，应满足设计中规定的防蚀要求。

第 2.0.3 条　做好防蚀设计的基本思想是从实际条件出发，有针对性地解决具体存在的问题。由于测试结果和现场条件之间的巨大依存关系，使得实地测量工作成为现场准确信息的重要来源。因此，在对原有地铁线路地段进行防蚀设计时，必须从现场的实际条件出发，例如现场的腐蚀条件、土壤及介质条件、电位情况等等，均应以现场实测和调查的结果为依据。

第三章　地铁结构与设备受杂散电流腐蚀的危险性指标

第 3.0.1 条　金属的腐蚀过程实质上是一种微观的电解过程，为了掌握地铁结构与设备受杂散电流腐蚀的情况，宜通过对有关电气参数的测量，来定性地判断腐蚀现象的有无，或定量地判断其危害程度。

第 3.0.2 条、第 3.0.3 条　腐蚀现象实质上是一种电化学过程，它遵从法拉第电解定律 $Q=KIt$。公式中的漏泄电流(或其密度)值 I，就成了影响腐蚀过程的十分重要的参数，为便于在实际工作中具体掌握，应对这个电流密度值给予定量的规定。世界上大多数国家如德国、日本、美国和瑞士等国的标准，对此物理量作了如本规程表 3.0.3 的规定。为与世界大多数先进国家保持一致，本规程也采用了这些数值。

第 3.0.4 条、第 3.0.5 条　对国外文献的分析表明，在弱有害介质中，基于结构钢筋电压和漏泄电流密度之间的相互关系，密度为 0.6mA/dm² 的电流能引起钢筋电压偏离 0.4～0.6V，根据对电极和极化现象的理解，当漏泄电流自金属(钢筋或极化电极)与电解质的界面流过时，金属将发生极化，上述电压即为极化电压数值。因此，可以将此杂散电流引起的极化电压数值作为简化的临界值标准，并将此极化电位值定为 0.5V。关于此极化电压值以及漏泄电流密度值的测量方法，可参见本规程附录二的有关内容。

第 3.0.6 条　对于以直埋方式敷设在地中的电缆外铠装钢甲，参照国内、外的有关标准，暂按本规程表 3.0.6 的规定试行，其对地电压不得大于表中所列之值。

第四章　地铁杂散电流值的限制

第一节　地铁牵引供电系统

第 4.1.1 条　鉴于我国的具体情况和实际水平，我国各城市的地铁目前都是采用走行轨回流的方式，对国内、外文献资料和运行经验的分析表明，采用正极性的牵引供电方式，对杂散电流腐蚀防护是有利的。

第 4.1.2 条　本规定是在牵引供电系统中降低牵引电流并进而降低杂散电流值的重要措施。提高直流牵引电压，在相同的牵引功率下可以按相同的比例降低负荷电流，由 $P=U\cdot I$ 的关系式很容易得出这个结论。

采用分布式的牵引供电和双边供电方案，可以有效地减小馈电距离，根据杂散电流的估算公式：

$$I_S=\frac{Ir}{\omega}\cdot\frac{l}{2}\left(\frac{l}{4}+\frac{l_3}{2}\right)\tag{4.1.2}$$

式中　I_S——杂散电流值；

ω——对结构的过渡电阻值；

l——用电列车与供电牵引变电站间的距离；

r——回流走行轨的纵向电阻值。

各参数的具体含义参见图 4.1.2。

可知，一般情况下，杂散电流值和供电距离的平方成正比，即减小供电距离可以按平方倍数降低杂散电流值，其效果是十分显著的。

第 4.1.3 条　本条中规定应采用双边供电的牵引供电方式，并要求两侧直流母线上的空载电压及牵引机组的外部特性保持一

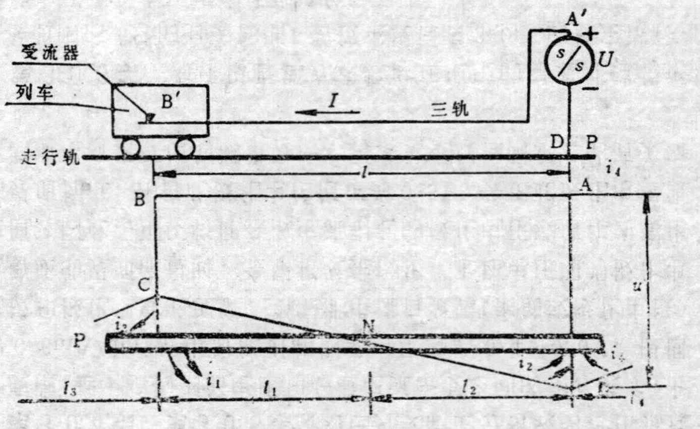

图 4.1.2　地铁直流牵引供电回流系统示意图

致。这些规定，主要是为了保证双边供电情况下两侧牵引变电站负荷的合理分配，并可以有效地消除越区供电现象。

越区供电使供电距离大大增加，导致杂散电流值按其平方的比例增加，故必须设法防止这种最不利情况的发生。

第 4.1.4 条　规定了不得从一个牵引变电站向不同的地铁线路实行牵引供电是为了消除不同的地铁线路之间杂散电流的相互影响。每一条地铁线路，应该有自己独立的牵引供电和回流系统，不同线路之间不得有电气连接，这样可以避免一条地铁线路的回流和杂散电流影响和腐蚀另一条地铁线路的结构与设备。此外，每一条地铁线路的牵引负荷电流及杂散电流值，都是具有概率统计特性的随机变量，并不同时出现最大值，因而本条规定对有效地限制和降低杂散电流腐蚀更有作用。

第 4.1.5 条　牵引变电站的回流线，是牵引供电回流系统的最后一个重要环节，应保证其具有足够的导电截面和较高的绝缘水平，并考虑到在最不利情况下，当一根回流电缆出现故障时，还

有一根电缆来保证使牵引回流过程不致中断，保证系统的正常运行，因此作了本条的规定。

第 4.1.6 条 回流走行轨和电源负极，作为牵引和回流电路的一部分，使牵引供电和回流形成一个完整的独立系统，它们与相邻近的结构与设备之间应具有可靠的绝缘，且没有任何直接的电气连接，否则，大量的回流电流将通过这些连接点直接进入相应的金属结构，致使杂散电流值剧增而导致结构出现严重的电腐蚀。

在特殊情况下，经过技术经济论证可以采取电化学的极性排流防护，因为排流器具有单向导电的性能，当回流走行轨具有正电位时，排流器电路不导通，从而实现了本条前述的意图。而当结构出现较大正电位，有可能产生电腐蚀危险时，排流器电路导通，将杂散电流不经过电解质而是通过电子导电方式将其直接引回负极，从而避免了电解腐蚀现象而达到结构防蚀的目的。

随着地铁和综合防蚀技术的发展，近年来出现了一些新的防护方法。如我国上海地铁及世界上某些城市(马尼拉、香港等)专用排流钢筋和辅助回流线配合极性排流的保护方式等。在目前国际上相应标准中尚无类似提法和缺乏实践经验的情况下，为了支持类似的新型防护思想和技术的发展，在本条末尾作了原则的规定。

第 4.1.7 条 本条规定的基本思想是保证在任何情况下回流系统都能可靠工作，并使回流通路具有尽可能小的电阻值，提供沿两个方向回流的可能性，降低回流电阻，这样作对降低杂散电流无疑是有利的。

第 4.1.8 条、第 4.1.9 条 这两条对车辆段中和不同地铁线路之间过渡区段的牵引电源的设置方式作了规定。其目的是在保证牵引供电的机动性和可靠性的前提下，防止不同地铁线路之间杂散电流的相互影响。

第二节 地铁走行轨回流系统

第 4.2.1 条 限制地铁回流系统中杂散电流值的一项根本措施，是设法提高回流走行轨与结构(或大地)之间的过渡电阻值，这个走行轨与主体结构之间过渡电阻 ω 的数值，对于地铁的杂散电流腐蚀防护是一个十分重要的参数。根据公式 4.1.2 和欧姆定律可以近似地认为，杂散电流值和过渡电阻 ω 值成反比，如能使过渡电阻值提高几倍，即可以按相同的倍数降低杂散电流的数值。所以提高过渡电阻值可有效降低金属的杂散电流腐蚀损失。在美国等一些国家把加强轨道绝缘作为防止杂散电流腐蚀的一项根本措施。

为了将杂散电流限制在一定的允许值以内，有必要对轨道过渡电阻规定一个最低标准值，以作为地铁工程验收和运行中掌握的标准。

日本东京地铁于 1969 年至 1971 年间对 24 个地下区段和 11 个地上区段的过渡电阻值作过现场实测，其地下部分 24 个测量数据的最大值为 36.8Ω·km，最小值为 0.91Ω·km，平均值为 8.19Ω·km，$\sigma=9.41\Omega\cdot km$。

在地上测量了 11 个区段，其平均值为 18.9Ω·km，$\sigma=16.37\Omega\cdot km$。

在现场通过定电流试验测量过渡电阻和杂散电流，试验条件和地铁的实际运行条件近似，测试结果接近实际情况。但进行现场定电流试验比较复杂，要耗费大量的人力，且受运行条件的限制。因此，如果仅是为了测试过渡电阻参数，可以采用更简单的测试方法，即采用电压电流表法或 ZC-8 型接地电阻测量仪在现场按测量电阻的方法进行，测量工作在被测的信号闭塞区间上进行。为了消除相邻轨道区段对测量结果的影响，测量时，需在被测区段的两侧解开其与相邻区段的连接，这样测量的结果代表该被测区段的过渡电阻数值。

为便于进行比较，还需将上述过渡电阻的现场实测值换算为每公里线路的等值过渡电阻值(换算方法参见本规程附录二)。

为确定标准数值，我们还对北京地铁一号线木樨地至崇文门区段中41个闭塞区间中的上行和下行线路82个线路区段进行了现场实测，然后又在北京地铁环线上选择了25个闭塞区段进行抽测实验。

对北京地铁1号线40个实测数据的计算结果为：

$\omega_a=9.07\Omega\cdot km$

$\sigma=12.84\Omega\cdot km$

$\omega_{max}=74.1\Omega\cdot km$

$\omega_{min}=0.16\Omega\cdot km$

对北京环线地铁25个闭塞区段实测数据的统计分析结果为：

$\omega_a=13.73\Omega\cdot km$

$\sigma=17.02\Omega\cdot km$

$\omega_{max}=58.9\Omega\cdot km$

$\omega_{min}=0.849\Omega\cdot km$

注：ω_a 为数学期望值，σ 为均方根差。

将上述之大量现场实测数据进行综合统计分析，其结果列于表4.2.1中。

北京地铁现场实测数据 表4.2.1

序号	测试线路及地点	测试区段数目 n	过渡电阻参数 (Ω·km) ω_a (Ω·km)	σ (Ω·km)	ω之最大值及最小值 ω_{max} (Ω·km)	ω_{min} (Ω·km)
1	日本地铁	24	8.19	9.41	34.57	0.91
2	北京1号线	40	14.32	16.16	74.1	0.5
3	北京1号线	82	9.07	12.84	74.1	0.16
4	北京2号线	25	13.73	17.02	58.9	0.849

考虑到防止电腐蚀的需要和工程上的可能，并参照上面的数据，将工程验收时过渡电阻ω的最低标准值定为15Ω·km。

由于在运行过程中地铁隧洞及线路所处的复杂条件，且许多条件在洞体成型后难以人为控制，考虑到在运行过程中对过渡电阻值的基本要求，规定原有运行线路ω的最低值不得小于3Ω·km。

第4.2.2条 由于木质材料的轨枕容易吸湿受潮而导致绝缘电阻值的急剧下降，为了保证在采用木质轨枕时仍能满足第4.2.1条关于轨道对结构(或大地)绝缘电阻值的要求，故当地铁采用木质轨枕时，必须满足本条规定的内容。

第4.2.3条 地铁主体结构属于永久性建筑，必须保证其结构钢筋具有良好的防蚀和绝缘状态，为了保证结构防蚀的需要，消除可能来自其他设施的影响，规定了地铁主体结构的钢筋不可兼作它用。

第4.2.4条 为有效防护杂散电流腐蚀，回流走行轨与各金属结构之间应具有良好绝缘。扼流变压器及其他与走行轨有电气连接的道岔、辙岔的金属部分，在电气上与走行轨形成一体，它们与金属结构及路面水泥之间，应具有良好的绝缘。

道岔转辙装置控制电缆的金属外壳，作为一种金属结构，与作为走行轨一部分的道岔本体之间亦应具有良好绝缘。

扼流变压器的连接电线和电缆、股道间均流线用电缆等，是回流电路的组成部分，它们的绝缘水平和技术要求，应与负回流线相同。

第4.2.5条 规定主要是为了防止车辆段及车库中各股道之间的相互影响，防止车场走行轨上的电流进入车库线路而使腐蚀范围扩大。设置绝缘接头，保证库内在列车不用电时，其走行轨与车场线路之间具有良好的绝缘。

车库中的轨道与接地回路及其与各种金属结构和混凝土结构钢筋之间，按照杂散电流腐蚀防护的一般要求，亦应具有良好绝缘。

第 4.2.6 条 地铁洞内的各种金属设施和具有金属外壳的设备，临时存放在洞内的钢轨、备用材料及设备等，均属于洞内金属结构与设备的范畴，从杂散电流腐蚀防护的基本思想出发，它们与走行轨之间不得有金属连接。

第 4.2.7 条 位于钢轨下面的道床素混凝土层的厚度，对于自钢轨下面漏泄出的杂散电流密度及其分布情况具有重要影响。国外资料所载的研究结果表明，随着混凝土层厚度的减低，漏泄杂散电流具有向轨道紧固部位紧缩的趋势，当轨道下混凝土层的厚度在 0.4m 以上时，漏泄电流密度具有较均匀的分布。

第 4.2.8 条 北京地铁 1 号线的线路纵断面，具有车站低、区间高的类似锅底的形式，加上排水系统中存在的一些问题，致使在车站附近出现道床脏污和被水淹的情况，这里走行轨的绝缘过渡电阻 ω 已基本为零值，失去了限制杂散电流的作用。

另外，在地铁车站结构的设计当中，应给车站值班人员考虑设置必要的方便条件，运行中严禁向洞内道床丢弃异物和泼洒污水，以防止车站附近道床结构的人为污染与受潮，经常保持清洁干燥的状态。

第 4.2.9 条～第 4.2.11 条 这三条规定，是从不同的方面采取措施来降低走行轨回流系统的纵向电阻 r 之值。包括采用重型钢轨和长钢轨，提高轨道各个连接部位的连接质量，使其纵向电阻值满足要求。

第 4.2.12 条、第 4.2.13 条 在复线地铁线路上设置股道间均流线，是为了降低走行轨回流系统的纵向电阻，并使其沿两个方向回流，充分利用复线地铁回流走行轨的纵向导电能力，形成近似于上、下行走行轨并联回流的情况，以求达到降低杂散电流值的目的。

第 4.2.14 条 在地铁走行轨系统中设置电气绝缘隔离的目的，是尽量缩小杂散电流的存在与作用范围，防止电气化区段对非电气化区段、运行线路对施工线路以及地铁对地面铁道线路之间的影响。在尽头线的车档装置与电气化的轨道之间，在每一条轨道上设置单独的绝缘接头，也是基于相同的原则。

第五章　地铁沿线金属管线结构的防护

第一节　地铁主体结构

第 5.1.1 条　关于地铁主体结构中钢筋的处理工艺和方式，有两种不同的意见。

一种意见认为，地铁隧洞的各个结构段及它们之间的隔离变形缝，是整个杂散电流通路的一部分，是一段特殊的电流通路。其电阻值(包括钢筋之间及变形缝等串接起来的总电阻)越大则限流效果越好，总的杂散电流值也将会变小。

另一种意见是，考虑到在地铁主体结构钢筋的周围，存在有潮湿的土壤和潮湿的混凝土层，它们都具有电解质的特性，当隧洞的钢筋之间、结构段之间具有较大的绝缘电阻时，杂散电流在各相邻钢筋和结构段之间，将不再通过此绝缘电阻流过，而是由钢筋直接进入其周围的电解质中，沿着阻值不大的电解质流向另外的钢筋和结构段，由电解质再进入结构钢筋，沿钢筋流向此结构段末端的绝缘隔离层，杂散电流在那里再次进入电解质，这样多次流进、流出结构钢筋的杂散电流在其每一次自钢筋向电解质流出时，都发生一次阳极电解腐蚀现象。很显然，应该避免这种多重腐蚀现象的出现。因此规定将地铁隧洞主体结构的钢筋以焊接方式连接为一个整体。国外有些国家如美国和德国的专家也持有类似的意见。

其次，如果将主体结构的钢筋焊接为一体，还可以为实现地铁的电化学排流防护提供方便，预留了实现后备保护的条件。

上述两种意见各有其合理之处，我们在制定规程和进行地铁新线建设时，考虑采取将两者优点相结合的方法，即在工程设计和施工实践中，根据工程的实际情况和需要，将地铁主体结构通过变形缝和沉降缝将其分为若干个结构段，在每一个结构段内部将主钢筋实现可靠焊接，并在每一个结构段或变形缝的两端各自通过焊接引出杂散电流测防端子，而在相邻结构段间的变形缝处实现可靠绝缘。上述杂散电流测防端子，可以用于进行现场测量。当需要实现排流防护时，可以在结构变形缝的两侧通过导线将其连通。

第 5.1.2 条、第 5.1.3 条　在这两条中对地铁隧洞主体结构的防水层作了规定。地下铁道的隧洞主体结构必须具有性能良好的防水层。为了杂散电流腐蚀防护的需要和防止地铁杂散电流对外部的影响，还应要求防水层具有良好的电气绝缘性能。

在地铁线路与电车线路或直流电气化铁路相交叉跨越的区段，为防止它们之间的相互影响，本规程规定在自交叉位置向两端各自延长 50m 的区段中，地铁隧洞应采取加强绝缘措施。

第二节　电缆及管道结构

第 5.2.1 条　本条中建议从材质的选择方面来考虑解决各种电缆的腐蚀防护问题，这是解决电缆结构杂散电流腐蚀的一条根本的、行之有效的途径。

第 5.2.2 条　本条规定了电缆在地铁隧洞中的敷设方式，为了有效地实现电缆防蚀和进行维护检查工作的需要，规定电缆在隧洞中应以绝缘方式进行敷设，当电缆在支架上敷设时应具有可靠的绝缘垫层。

第 5.2.3 条　地铁隧道中的水流和积水，潮湿墙壁和土壤以及含盐沉积物等，都是电解质一类的物质，是使金属结构发生腐蚀的重要因素。如能使电缆外铠装、水管等金属结构与这些电解质类物质脱离接触，就相应地消除了它们发生腐蚀(包括土壤腐蚀和杂散电流腐蚀)的条件。这对结构的防蚀是有利的。

第 5.2.4 条　水管在铁轨线路下方穿越的部位，最容易受到自走行轨漏出的杂散电流腐蚀，危害性最大。因此本条中规定，最好从水管材质的选择方面来解决其防蚀问题。如果从材质方面根本解决问题有困难，则要求在此部位设加强的绝缘防护层并在穿越部位的两侧设绝缘法兰，以防止杂散电流沿管路进一步扩散，规定穿越部位必须保持清洁干燥，以消除可能导致结构发生腐蚀的电解质条件。

第 5.2.5 条 本条规定的目的在于消除地铁内部与外部之间的相互影响，凡是由地铁内部通向其外部的电缆、管道等金属管线，必须具有绝缘接头或绝缘法兰，并且对它们的装设位置和工艺要求等作了相应的规定。

第三节 地铁及车辆段结构与设施

第 5.3.1 条 为消除地铁与城市中金属结构之间的相互影响，制定了本条规定。

第 5.3.2 条 由于地铁采用直流电力牵引和走行轨回流方式，在车辆段地层中可能存在有杂散电流，因此规定在车辆段范围内，直埋地下的金属管线结构，必须具有加强的绝缘保护层。

第 5.3.3 条 在车辆段范围内，由于具有比较严重的杂散电流腐蚀条件，要求将电缆敷设在专门的电缆沟中，以便于检查和维护。当采用地中直埋敷设方式时，为适应此种条件，并增强电缆的防蚀性能，建议采用塑料绝缘护套的电缆。

第六章 防护监测

第一节 一般规定

第 6.1.1 条～第 6.1.4 条 在判断地下金属结构受杂散电流腐蚀危险的程度，或是在解决地下金属结构的防蚀问题时，都需要进行大量的现场测量工作。这些测量工作，有的要在作为杂散电流源的设备上进行，有的要在被防蚀的金属结构上进行。由于地铁中的杂散电流、杂散电流场及许多有关的参数，与现场的实际运行条件存在有十分明显的依存关系，这使得现场实测工作成为获取杂散电流参数和判断金属结构防蚀状态的重要而可靠的信息来源。因此，按照规程统一规定的试验条件和测试方法高质量地进行现场测试，是十分重要和必要的。

一、检查地铁牵引供电的走行轨回流系统，判断其作为杂散电流源，满足本规程及有关标准要求的情况和进行现场实验（在地铁回流走行轨系统及牵引供电系统中的试验测量工作）。

二、判断地下金属结构受杂散电流腐蚀危险程度的有关测量工作（测量各种地下金属结构的电压、过渡电阻值及土壤电阻率的测量等）。

三、检查工程质量及各种防蚀设施工作状况的测量工作。

为了能在现场有效地进行上述各项测试，在第 6.1.2 条中，对相应监测点应当具备的条件和功能，作了规定。

在第 6.1.3 条中对监测点的定期检查维护作了规定，以保证其经常处于完好状态。

第二节 监测点和测量室

第 6.2.1 条～第 6.2.6 条 根据现场测量工作的实际需要，

并考虑到节约的原则和方便现场施工，在第6.2.1条中规定了监测点的装设位置要求。

为了保证现场测试工作的安全，并考虑到测量技术发展和实行集中自动化测试的需要，在第6.2.4条和第6.2.5条中，规定了在车站应设置测量室和为进行杂散电流参数集中遥测提供必要的条件。

对于以直埋方式敷设在地中的金属管线结构(例如在车辆段和地面区段附近)，对它们防蚀状态的监测应尽量利用原有条件，在原有条件不能满足测试要求时，则应根据需要考虑设置若干可接触的专用监测点。

第七章　验收与检查试验

第7.0.1条　本条中规定了验收与检查的三个方面。各种形式的检查试验，是保证工程质量达到设计要求的一项基本措施。

第7.0.2条　本条中以表格的形式列出了在不同情况下进行的试验项目。有关项目的试验方法可参照本规程附录二的有关规定。关于试验周期，考虑到我国地铁事业的现状，本规程没有像国外类似标准那样作严格的规定，在保证达到预期目标的前提下，某些项目可以根据具体情况适当灵活掌握。

第7.0.3条　由于地铁的主体结构属于地下隐蔽工程，工程中有关杂散电流腐蚀防护与监测的若干工序的工艺过程(如主体结构钢筋的处理方式，监测点与接地测量电极的设置，结构防水层、线路上部建筑结构中的有关防蚀措施等)、工艺质量要求等许多措施必须在工程施工中组织实施，并在进入下一步工序前保证按质量要求完成，否则可能造成无法补救的后果。因此本条规定了在工程中逐段进行试验和逐段验收的方法，发现质量问题时可以及时采取措施，进行处理和补救，这对保证工程质量是十分重要的。

第7.0.4条　本条中对工程验收交接时，在杂散电流腐蚀与防护方面必须提供的测试报告和技术文件作了明细的规定，这对工作的连续性和在地铁投入运行以后继续作好杂散电流腐蚀防护工作是十分必要的。

第7.0.5条　由于地铁系统中的防蚀测量工作与牵引供电系统和轨道及信号系统密切相关，因此试验工作应由熟悉有关电气设备及电气设备安全工作的专业人员进行。

此外，由于试验工作现场大多在地铁隧洞内，场地面积小，工作条件差，周密的安全设施至关重要，因此在工作中应遵守电力系统中的试验工作安全规程和地铁隧洞内工作的有关规定。

第7.0.6条 在地铁线路的露天区段，具有和地面电力系统近似的运行和试验条件。因而必须认真借鉴和吸取电力部门保证安全的经验和有关规定。在雷雨和大雾天气，为避免雷击伤害和保证试验工作质量，保证人身和设备安全，不允许在雷雨和大雾中进行电气试验工作。

第7.0.7条 关于试验用导线的规定是为了保证试验工作安全和测量结果的准确。当需要在轨道的下面通过测量接线时，必须将测量导线沿全长进行逐点可靠固定，以防止在列车通过时被车带动或被风吹动而出现意外。

中华人民共和国城乡建设环境保护部部标准

城市用无轨电车技术条件

CJ 11—84

中华人民共和国城乡建设环境保护部
1984-12-19发布 1985-07-01实施

本标准适用于《城市用无轨电车系列型谱》（CJ10—84）中所列的各型无轨电车。

本标准适用的自然条件：

a. 海拔不超过1200m；

b. 环境温度在 $-25°C \sim +40°C$ 范围内；

c. 最湿月月平均最大相对湿度不大于90%（该月平均最低温度不高于25°C）。

对超出上述自然条件的地区，其要求由用户与制造厂商定。

1 技术要求

1.1 一般要求

1.1.1 无轨电车（以下简称电车）的结构应能保证在《公路工程技术标准》（JTJ1—81）所规定的高级或次高级路面上安全可靠地运行。

1.1.2 电车的外廓尺寸及车厢内高等限界参数应符合CJ10—84中的规定，各部尺寸的极限偏差：

总长：单车—30mm；

铰接车—50mm。

总宽：10mm。

车身高：30mm。

轴距：单车及铰接车的前、中轴—10mm；轴距左、右差不大于5mm。

铰接车的中、后轴—20mm；轴距左、右差不大于10mm。

前、后悬：10mm。

车厢内高：10mm。

1.1.3 电车的额定载客数是座位数与站立人数之和。一位乘客所占据的地板有效面积的标准：

座位上的乘客不小于$0.3m^2$；

站立乘客不小于$0.125m^2$。

注：地板有效面积系指车厢内除驾驶室、售票员占据的地方、踏步以及对座位上和站立乘客不可能利用的地板面积以外的全部面积。

1.1.4 电车的通过性及机动性应符合CJ10—84表2中第9～14项的规定。

1.1.5 电车的允许最大总质量应符合CJ10—84中的规定。

1.1.6 对电车允许最大总质量的各桥轴载质量分配：

单车：当前桥为转向桥并装有单胎，后桥装有双胎时，

前桥轴载质量为整车总质量的25%～35%，后桥轴载质量为整车总质量的65%～75%。

铰接车：当前桥为转向桥并装有单胎，中、后桥装有双胎时，其前、中、后三桥轴载质量之比应近似于1：2：2；且后桥轴载质量应略小于中桥。

当前、后桥为转向桥且装有单胎，而中桥装有双胎时，其前、中、后三桥轴载质量之比应近似于1：2：1。

1.1.7 电车的额定电压应符合有关城市公共交通直流电力牵引电压标准的规定。

1.1.8 电车在允许最大装载质量及线网额定电压条件下，在干燥的水平路面上由静止加速至30km/h，其平均加速度：

对于比功率不低于6.5kW/t的电车应不小于$1.0m/s^2$；

对于比功率不低于4.5kW/t的电车应不小于$0.7m/s^2$。

1.1.9 电车在允许最大装载质量及线网额定电压条件下的最高车速及爬坡能力应符合CJ10—84中的规定。

1.1.10 电车应采用脚踏板起动及调速，在正常操作下应能起动平稳，加速均匀。

1.1.11 当周围空气相对湿度在75%～85%时，电车的总绝缘电阻应不小于3MΩ；相对湿度在85%以上时，应不小于1MΩ。

一级踏步及相应的扶手、扶手栏杆处的绝缘电阻，应不低于0.6MΩ。

1.1.12 电车对外部无线电设备所造成的干扰应符合国家有关规定，并能防止由于外部无线电干扰而产生的误动作。

1.1.13 电车所允许的噪声应符合《机动车辆允许噪声》（GB1495—79）中的规定；在行驶中，车厢内的噪声应不高于82dB。

1.1.14 当电车行驶在外部空气含尘量大于$200mg/m^3$的路段上时，关闭所有门、窗及通风口，车厢内的空气含尘量应为车外空气含尘量的25%以下。

1.1.15 电车在雨天行驶时，当关闭所有通风窗口，车厢内顶部位，外蒙皮接缝处及驾驶室不应有漏水、渗水现象；车厢其它部位（包括通气用的眉窗）不应有明显的进水、渗水现象；车厢外部不应有积水之处。

1.1.16 电车在正常使用、保养情况下，从投入运行到第一次车身大修的行驶里程（或自投入运营日期起的年限）应不少于40万公里（或7年）。

注：车身大修是对车身全面、彻底的修理，以恢复车身结构的坚固性和完整的车容、车貌。

1.2 高压电气设备及布线

1.2.1 所有牵引电气装置应符合《牵引电器基本技术条件》（JB 2286—78）及有关斩波器标准的规定；当线网额定电压为600V时，应能在400～720V的直流电压范围内可靠地工作。

1.2.2 电车应装有能与600V直流线网接通或断开的自动断路器，其灭弧装置的喷弧方向与相邻设备之间应设防弧屏蔽。断路器应能用手操纵。

1.2.3 集电器

1.2.3.1 当集电靴距地面高度在4.2m至6.0m范围内，集电器应能正常工作；集电靴自由升起的最大高度距路面不应超过7m。

1.2.3.2 集电杆与集电靴之间应有耐雨水的电气绝缘，并应装有带绝缘子的安全绳或其它相应设备。

1.2.3.3 集电器的结构在车速不低于5km/h的情况下，应能保证无轨电车纵向中心线偏离接触线网中心线左、右各4.5m。

1.2.3.4 集电座与车顶之间应装有电气绝缘且应有减震隔音装置，以减轻来自集电器的撞击声响。

1.2.3.5 集电杆与线网两根触线非正常接触时，应能防止短路。

1.2.3.6 线网在标准高度情况下，集电靴与接触线网的压力应能在80～110N范围内调节；行驶中不产生较严重的火花。

1.2.3.7 电车应设有脱线报警装置，当集电靴脱离触线时，应发出音响信号。

1.2.3.8 集电杆的拉紧绳索应由绳箱控制，在电车行驶中随集电杆的升降，绳箱应有效的控制绳索；当集电靴脱离触线时，绳箱的控制机构应能限制集电杆继续上升；集电杆与绳索之间应有绝缘设施；绳索应耐潮湿。

1.2.4 牵引电动机

1.2.4.1 牵引电动机的性能应符合《牵引电动机基本技术条件》（JB 3369—83）的规定。

1.2.4.2 牵引电动机在车架上的固定，与传动轴或其它装置的联接，均应用绝缘体作电气隔离。

1.2.4.3 牵引电动机上不应受到水滴或雨雪的侵入。

1.2.5 空气压缩机电动机与车架的联接应有电气绝缘，且有减震效能；电动机与空气压缩机机轴的联接机构须有电气绝缘效能。

1.2.6 高压电器与车体之间应装有次级绝缘；电器的安装应安全可靠，并便于检查维修。车厢内的电器应能防止灰尘及雨雪侵入；根据需要，应设有相应的通风隔热装置。

1.2.7 牵引电路中应设有过载、欠压等保护装置。对具有再生制动的电路，还应设有过电压保护装置。

1.2.8 高压电气系统应有相应的防雷措施。

1.2.9 高压电线的敷设应排列整齐，接头编号标志清晰，穿过洞孔或转弯处时应有保护绝缘措施，固定应牢靠。

1.2.10 在安装高压电气设备时，其裸露的导电金属部位距金属车架之间的漏电距离（即沿绝缘体表面的最短距离）不得小于30mm。

1.3 低压电气设备及布线

1.3.1 电车的低压电气设备，暂执行《汽车、拖拉机电气设备基本技术条件》（JB 2261—77）的规定。

1.3.2 在低压电路中应设有短路保护装置和总开关，

各低压电气设备各分路应装有相应的分路熔断器。

1.3.3 各种指示仪表工作应正常

1.3.4 低压线路应优先采用双线制和24V电源。低压线路应与高压线路分开敷设，在不能分开的场合下应分别包扎；应与气路管道保持一定的距离，排列整齐、固定牢靠；穿过洞孔时应加保护绝缘措施。

1.4 底盘

1.4.1 转向装置

1.4.1.1 电车在允许最大装载质量情况下，以5km/h的速度驶入最小转弯直径的曲线道路上时，施加于转向盘上的力（包括助力转向）应在90～120N范围内。

1.4.1.2 转向盘与水平面安装的倾斜角度应在15°～25°范围内；转向盘直径应优先采用550mm。

1.4.1.3 在平直的道路上，电车以交通规则所允许的各种速度直线运行时，轻握转向盘即应保持直线行驶；转向盘的自由转动量不应大于15°。

转向盘由一极端位置转到另一极端位置时不应超过原设计规定的圈数。

1.4.1.4 当转向桥上的轴载质量超过4t时应装有转向助力器。

1.4.2 制动系统

1.4.2.1 电车的制动装置及制动性能应符合《中华人民共和国机动车制动检验规范》（试行）的规定。

在允许最大装载质量情况下，对不同比功率和不同允许最大总质量的电车，其制动距离见表1。

1.4.2.2 对路面坡度大于4%的地区，冬季气温较长时期低于－20℃的地区或用户提出需要时，电车应装有电制动（主要为再生电力制动或电阻电力制动）。

表 1

制动距离不大于m / 初速度km/h / 电车允许最大总质量t	30 比功率不小于4.5kW/t	50 比功率不小于6.5kW/t
11.5～12	7.4	18.6
>12	8.4	21.1

注：（1）对用“解放”牌底盘改装的电车，其制动距离可按表1同类车型增加10%；
（2）对铰接式电车，其制动距离可按表1相应地增加20%。

电制动在允许最大装载质量及额定电压条件下，电车速度由40km/h减至15km/h的平均减速度应不低于$0.5m/s^2$，最大减速度不大于$1.5m/s^2$。

1.4.2.3 常用的气路制动应有不少于两条独立回路的制动系统，当其中一条回路发生故障失效时，另一条回路的作用应不受影响。当设有储能制动系统时，常用的气路制动也可为单回路系统。

1.4.2.4 气制动系统的结构应便于排除冷凝水和制动系统的结冻故障。

1.4.2.5 气路系统在各气动元件不工作的情况下，气压由686kPa（$7kg/cm^2$）下降到588kPa（$6kg/cm^2$），时间不应少于30min。

1.4.2.6 当气路系统内的气压低于（或高于）规定的工作气压值时应能自动接通（或断开）空气压缩机电动机回路。当任一制动管路发生故障致使气压低于极限值时应能发出音响警报信号。

1.4.2.7 气制动系统应装有安全阀，并应装有足够容量的贮气筒，贮气筒上应有排污阀。

1.4.3 电车轮胎的主要技术参数和质量标准应符合《汽车充气轮胎》（GB 516—65）及《充气轮胎外观质量标准》（GB 520—65）的规定。

1.4.4 当电车在中、后桥上装有成对的双轮胎时，在不拆卸外轮轮胎的情况下应能方便地对内轮轮胎进行充气和测量轮胎压力。

1.4.5 前桥安装及前轮定位应使左右转向角符合图纸技术要求和有关技术文件的规定。

1.4.6 传动轴应与底盘相适应。对改制的传动轴须采取相应措施，以保证其原设计的技术条件。传动轴总成在所允许的各种车速行驶时应无抖动、无异响。

1.4.7 电车悬挂装置在允许最大装载质量情况下的固有振动频率不应超过2 Hz（每分钟120次）。

1.4.8 电车的底盘各总成均应符合其相应的技术标准。各桥的承载能力应符合车辆轴载质量分配的要求。

1.5 乘客车厢

1.5.1 乘客车厢内的地板有效面积在额定载客量时，站立乘客与座席上的乘客之比：

城区无轨电车，约为2∶1；

城郊无轨电车，约为1∶2；

1.5.2 车厢构造应尽可能地采用标准型材、标准件及通用件。

1.5.3 乘客车厢的内部装饰、围板及顶棚板应采用光滑、耐光照的材料，固定应牢靠，不应有突出的尖角及锐边，覆面易于清洁。

1.5.4 乘客车厢内的布置应符合图1中的标注及表2中的数据要求。

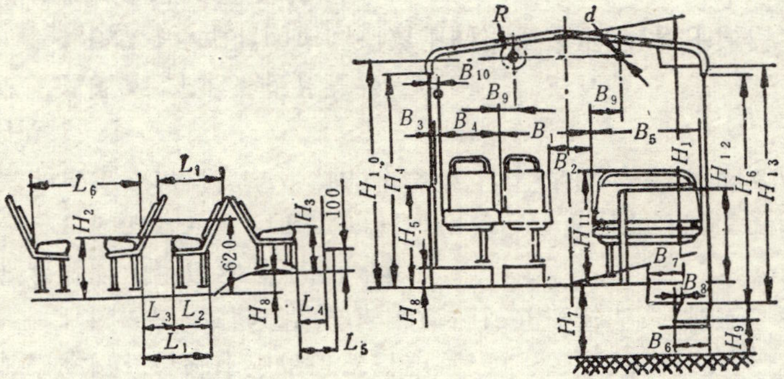

图 1 乘客车厢的布置

1.5.5 乘客座椅

1.5.5.1 车厢内座椅的布置应使大多数乘客的面部朝向车辆行进的方向。

1.5.5.2 座椅的安装应使城区无轨电车在乘客车门的一侧为双人座椅，另一侧为单人座椅；城郊无轨电车在车厢两侧均为双人座椅。座椅骨架与车身的固定应牢固可靠。

1.5.5.3 座椅一般应具有软座垫及半软靠背。经制造厂与用户协商，也可采用其它材质的座椅。

1.5.5.4 座椅宽度（见图1）

单人座椅宽度B_4应为420～450mm；

双人座椅宽度B_5应为840～900mm；

座垫深度L_2应为350～400mm。

1.5.6 乘客车门及车窗

表 2

序 号	尺 寸 名 称	尺寸要求，mm
1	中间通道宽度	
（1）	一侧为双人座椅（或两个单人座椅并列），另一侧为一个单人座椅时 B	不小于900
（2）	两侧均为双人座椅（或两个单人座椅并列）时 B_2	不小于450
2	通道高度 H_1	不小于1900
3	同方向座椅间距 L_1	不小于680
4	座椅座垫与前面座椅靠背的间距 L_3	不小于280
5	座椅座垫与前面护板的间距 L_4	不小于280
6	安装在护轮罩上的座椅，或座椅前面有围板时，座位上的乘客放里脚所需要的距离 L_5	不小于300
7	对面座椅靠背内表面的间距 L_6	不小于1200
8	座垫与侧围板的间距 B_3	不小于30
9	由地板面到座垫的高度 H_2	400～500
10	护轮罩上的座椅由脚蹬板至座垫的高度 H_3	不小于300
11	地板面至窗口上边缘的高度 H_4	不小于1600
12	地板面至窗口下边缘的高度 H_5	不小于800
13	由车门一级踏步至车门口上边缘的高度 H_6	不小于1900
14	整车整备质量时车厢地板高度 H_7	不大于950
15	座椅下面地板允许抬高值 H_8	不大于200
16	整车整备质量时一级踏步高度 H_9	不大于400
17	一级踏步深度 B_6	不小于300
18	二、三级踏步深度 B_7	不小于200
19	踏步的内凹度 B_8	不大于100
20	地板到顶棚扶手杠的高度 H_{10}	1750±50
21	顶棚扶手杠到座椅座垫边的水平距离 B_9	200±50
22	地板到座椅靠背扶手的高度 H_{11}	900～1000
23	顶棚扶手杠周围空间半径 R	不小于70
24	车窗玻璃与护窗扶手杠间的距离 B_{10}	50～70
25	车门处的扶手栏杆距地板面的高度 H_{12}	900±50
26	从登上二级踏步至车门机构下平面的距离 H_{13}	不小于1800

1.5.6.1 乘客车门应设置在车厢的右侧；后车门应布置在后车轮的后边。

1.5.6.2 单车乘客车门应不少于2个，铰接车乘客车门应不少于3个。

1.5.6.3 车门打开的净宽：供一个人通过的车门应不小于600mm；供二人通过的车门应不小于900mm。

1.5.6.4 驾驶员处须装有控制乘客车门的开关。售票员控制的车门开关应装在不易发生误动作的位置。乘客车门操纵机构在关闭车门时应有缓冲作用。

1.5.6.5 各车门均应设有与车身导电良好的接地链，当车门处于开启状态时，接地链应可靠地接触地面。

1.5.6.6 乘客车厢内的车窗玻璃应采用平整光洁的钢化玻璃。

1.5.6.7 前挡风玻璃应采用钢化玻璃或安全玻璃，不应有影响驾驶员视觉的波纹或气泡。

1.5.6.8 所有车厢玻璃，必须安装牢固可靠，不得松旷；车辆在行驶中不得有震抖声响。

1.5.6.9 车厢侧窗的活动玻璃应开关灵活、轻便，车辆行驶时不得自动落下或移动。

1.5.6.10 当电车的侧窗分为上、下两部分时，其中部的横框不得设置在坐着的中等身材乘客眼睛部位的高度上。

1.5.7 车厢地板及踏步

1.5.7.1 车厢内中间通道上的地板应平整，便于清洁，并应保持在同一平面内。

1.5.7.2 车门踏步宽度应不小于门口宽度，但为了保证车门开关，在踏步上允许有切口；踏步的结构须有足够的强度。

1.5.7.3 一级踏步与乘客车门下缘的间隙不应大于30mm，并应有密封设施。

1.5.7.4 车厢内通道上的地板盖应有足够的强度，并与地板表面平齐，材料一致。地板盖及其附件不应与其下部设施接触。

1.5.7.5 通道上的铰接盘盖板、踏步板均应采用耐磨、表面粗糙的防滑材料。

1.5.8 扶手及扶手杠

1.5.8.1 车厢内应设置下述扶手杠：

车顶左、右侧应设有顶棚扶手杠，在成排的单座座椅一侧的侧窗上沿后挡风窗上以及无座椅处的侧窗上沿，应设置护窗扶手杠，铰接棚处应设有顶棚扶手。

1.5.8.2 横向座椅的靠背上应有支撑扶手，支撑扶手应便于利用，易于用手握住，不打滑，不妨碍座位上的乘客。

1.5.8.3 在乘客车门处应装有便于乘客上下车用的扶手及扶手栏杠。

1.5.8.4 扶手杠及扶手栏杠应固定牢靠，对铝制扶手杠，表面应有覆盖层。

1.5.8.5 扶手杠的直径d为25～35mm。

1.5.9 行李架

在城郊无轨电车的车厢内，侧窗上部应设有行李架，其宽度应不小于300mm，空间高度不小于200mm，相对于水平面的上倾角不小于10°。

1.6 售票员工作处的布置

1.6.1 车厢内靠近车门处应设有售票台及售票座椅。单车应不少于一套；铰接车应不少于二套。

售票员工作处所占据的面积应能便于售票员站立和坐着工作；售票台如在靠近中间通道的一侧设有围板时，围板应凹进，其深度不小于150mm，以便乘客站立。

1.6.2 售票员工作处应装有与驾驶员联系的音响信号装置及扩音器（每辆车至少应设一套）。

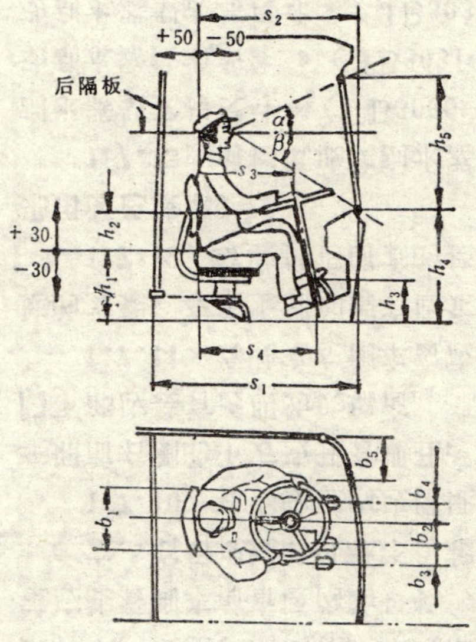

图 2 驾驶室的布置

1.6.3 售票员工作处的侧窗应为活动玻璃窗，并应设有供安装窗帘的支架。

1.7 驾驶室的布置（见图2）

1.7.1 驾驶室工作处应用隔板及隔栏，与乘客车厢隔开；对冬季气温较长时间低于−20°C的寒冷地区，驾驶室与乘客车厢应用隔板及安全玻璃（或有机玻璃）完全隔开，以防止乘客车厢内的湿气进入驾驶室内。

从前挡风玻璃下缘至隔板间的距离s_1应不小于1320mm。

1.7.2 在车厢的左侧靠近驾驶员处应设有驾驶室门（按用户需要驾驶室门也可设在右侧），并应保证驾驶员进出的方便。

注：在驾驶员工作位置的右侧有乘客车门时，也可不设驾驶室门。

1.7.3 从前挡风玻璃下缘至驾驶员座椅靠背之间（以

座椅平面向上150mm处为基准)的距离 s_2 应不小于1100mm。

1.7.4 驾驶员的座椅及其布置

1.7.4.1 座椅的结构应安全可靠，并能上、下、前后调整座椅的位置；座垫和靠背应能调整倾斜角度。

可调整部位的锁止机构应牢固可靠。

1.7.4.2 座椅表面的宽度 b_1 应不小于450mm，座垫的深度应为420～450mm，并能适应不同季节的需要。

1.7.4.3 在驾驶员就座的情况下，座垫表面距驾驶室地板面的设计高度 h_1 应在400～500mm范围内；其上下调节幅度应不小于±30mm；与转向盘下边缘之间的垂直距离 h_2 应不小于200mm。

1.7.4.4 驾驶员座椅的靠背与转向盘中心的距离 s_3 应为620～700mm；其前后调整幅度应不小于±50mm，靠背至操纵踏板中心的纵向距离 s_4 应为750～900mm。

1.7.5 操纵踏板中心高出驾驶员座椅处的地板面的最大高度 h_3 不应超过200mm。

起动及制动踏板布置的位置建议与城市公共汽车的加速和制动踏板布置一致，同设在方向盘转向柱的右侧（气制动踏板可兼作电制动踏板）。

制动踏板至转向柱中心线的距离 b_2 应为95～180mm，起动踏板至制动踏板的距离 b_3 应为100～125mm。

设在转向柱左侧的踏板，距转向柱中心线的水平距离 b_4 应为140～200mm。

踏板至周围障碍物的最小距离不得小于50mm。

1.7.6 转向柱中心线与驾驶员座椅中心线的偏移距应不大于50mm。

转向盘外缘至车厢内壁或驾驶室门内壁的距离 b_5 应不小于125mm。

1.7.7 前挡风玻璃下缘距地板高度 h_4 不得超过770mm；前挡风玻璃的总高度 h_5 应不小于750mm。

1.7.8 驾驶员向上的视角 α 应不小于13°，向下的视角 β 应不小于20°；且当驾驶员在工作位置上正常操作时，前盲区的前缘离车头的距离应不大于3m，并能通过前挡风窗方便地看到车前远12m、高5m处的交通信号灯。

1.7.9 驾驶员借助于左、右后视镜应能看到所有乘客车门及左、右两侧距车尾部25m内的景物；借助前反光镜应能看到车前盲区内的景物。

左、右后视镜的外缘不得超出车厢外廓250mm。

1.7.10 在驾驶室内应保证驾驶员右侧所必需的视区；车厢前右侧的下方应开有视孔；对有前乘客车门的车辆，车门下部应装有透明的玻璃窗。

1.7.11 驾驶室左侧车窗应设活动玻璃窗并安装遮阳设施的支架；车窗上部如装有固定玻璃时，须装深色玻璃。

1.7.12 驾驶员正前方的挡风玻璃应有遮阳设施或上部采用深色玻璃。

1.7.13 前挡风玻璃刮水器应符合《汽车挡风玻璃气动刮水器型式与尺寸》（JB3030—81）、《汽车挡风玻璃气动刮水器技术条件》（JB3031—81）、《汽车挡风玻璃电动刮水器型式与尺寸》（JB3032—81）和《汽车挡风玻璃电动刮水器技术条件》（JB3033—81）的规定。

1.7.14 靠近前挡风窗处应根据用户需要安装化霜器，

1.7.15 为了便于清洗前挡风玻璃的外表面，在车头前面应装有脚蹬板和把手。

1.8 外部、内部照明及信号装置

1.8.1 电车的外部照明及信号装置的位置和光色应符合《汽车和挂车的外部照明和信号装置的位置和光色》（JB 786—65）的规定。

1.8.2 乘客车厢内不同区域的照度平均值不应小于表3中所列数据。

表 3

照明位置	照度平均值L,
乘客车厢内	25
踏步表面上	10
驾驶室内	30
售票员工作处	50
车厢外距乘客车门1m远处	5

1.8.3 售票员工作位置处应有由售票员控制的照明装置。

1.8.4 在夜间，照明装置不应使驾驶员的能见度恶化。

1.8.5 每个车门处的上、下部位均应装设车门灯。

1.8.6 电车的顶部前、后四角距车厢外廓边缘不大于400mm处，应装有示廓灯。

1.9 采暖及通风装置

1.9.1 对于冬季气温较长时间低于－20°C的寒冷地区，驾驶室内应根据用户需要安装冬季取暖设备，且能保证驾驶室内温度高于外部温度20°C以上。

1.9.2 为了保证乘客车厢内的自然通风，在车厢顶部应设有顶风窗。当打开所有通风窗孔时，车厢内的空气每小时至少应换新20次。

1.9.3 顶风窗的结构应能调节通风效果，关闭后应严密；用手开启时，所施加的推力不应大于150N。

1.9.4 在夏季炎热的地区，驾驶室内应设有降温用的电风扇。

1.10 铰接机构及伸缩棚

1.10.1 铰接机构的水平方向偏转角应符合CJ 10—84中对电车最小转弯直径的规定，并且应有限位装置及音响警报器，以便在铰接机构水平转角达到左右极限位置前5°时向驾驶员发出警报。

1.10.2 铰接机构在纵向垂直面内的允许转动角应不小于10°，在横向垂直面内的允许扭转角应不小于2°。

1.10.3 球头式铰接机构的球头销应符合有关技术文件的规定；材质必须经过化验，成品须经探伤检验。

1.10.4 铰接机构必须装有保险索或其它的安全装置。

1.10.5 铰接必须装有等分装置机构，当前车厢和后车厢在水平方向相对转动时，伸缩棚中间骨架的位置要保持在偏转夹角的等分线上；伸缩棚的伸缩量应均匀一致。

1.10.6 伸缩棚和铰接地板必须有与铰接机构相适应的活动范围。当前车厢和后车厢的相对角度符合本标准中1.10.1及1.10.2条所规定的范围时，伸缩棚和铰接地板都必须与之相适应，不应有卡阻现象。

1.10.7 伸缩棚的接缝应严密、不漏水，拆装方便。

1.10.8 车厢内的铰接部分必须设有安全防护装置和密封防尘罩，在车辆转弯时应能防止挤伤乘客。

1.11 骨架、车身蒙皮及装饰件

1.11.1 骨架、底架及构件应连接牢固可靠、并应符合

《公路客运车辆改装技术要求和检验标准》(JT3103—82)中2.1～2.4条的规定。

1.11.2 车身各部分的金属构件应有可靠的防腐、防锈措施，以达到本标准中1.1.16条的要求。

1.11.3 车身外蒙皮应有减振措施；车顶蒙皮还应有隔热措施。

1.11.4 车身内、外蒙皮及装饰条应符合JT 3103—82中的3.1及3.2条的规定；车身外蒙皮不应有突出的尖角及锐边。

1.11.5 车身装饰件的防护装饰性镀层应符合《汽车用电镀层和化学处理层》(JB2864—81)的规定。

1.11.6 在设计车厢外部的蒙皮及装饰时应考虑能利用机械化清洗设备。

1.12 油饰

1.12.1 车身面漆的颜色应符合设计规定，深浅一致，色泽光亮，无污点、变色及明显的流痕，异色边界应分明整齐；漆膜要结合牢固，无脱层、起泡和皱裂等缺陷。

1.12.2 规定的非油漆部分(如玻璃、抛光件、电镀件、橡胶件、塑料件等等)不允许有油污或漆迹。

1.13 其他设施要求

1.13.1 在车厢外部的前、后及右侧的明显位置处应设有供安装路线标志牌的设施。

1.13.2 车厢的正前面应装有拖拽装置，拖拽装置不应突出车辆的外廓。

1.13.3 在电车的尾部应设有供上、下车顶的装置。

1.13.4 每辆电车应装有适于电气设备用的灭火器。

1.13.5 电车驾驶室内应装有考核行车耗电的计量仪表。

1.13.6 每辆电车应备有工具箱。

1.13.7 每辆电车车厢内壁前乘客车门上方应装有产品铭牌。铭牌应包括下述内容：

a. 产品名称；

b. 产品型号；

c. 牵引电动机功率（kW）；

d. 整车整备质量（kg）

e. 额定乘员（人）；

f. 乘客座位数（席）；

g. 外廓尺寸：长×宽×高（mm）；

h. 出厂编号；

i. 出厂日期；

j. 制造厂名。

2 试验方法

2.1 试验条件

除特别注明外，电车应在下列条件下进行型式试验（出厂试验只按照2.1.1～2.1.5条的规定）：

2.1.1 电车各总成部件及附属装置应装备齐全，固定可靠。

2.1.2 各种总成的调整及继电器保护装置的整定状况应符合电车设计说明书的规定。

2.1.3 各润滑部位及气路系统的密封性，蓄电池电液面的高度及轮胎气压等均应符合说明书的规定。

2.1.4 高压电气系统与车架之间，高、低电压系统之间的绝缘电阻值，应符合技术条件的规定；高、低电压电气系统的线路应无短路、断路及错接；各开关、灯具及喇叭等电气装置应符合规定。

2.1.5 各种电机的电刷及集电滑块应完整有效。

2.1.6 试验应在晴天或阴天进行（防水试验例外），风速不超过3m/s。

2.1.7 试验道路的纵向坡度应不大于1%（坡道起动和停车试验例外）；路面应符合JTJ1—81有关高级或次高级路面的规定。

2.1.8 乘载试验时，每位乘客质量按60kg计算，也可用相同质量的重物代替。代替站立乘客的重物应均匀分布在有效站立面的地板上；代替座位上的重物，其50kg固定在座位上，10kg固定在座位前的地板上。

2.1.9 试验使用的仪器设备，其质量应在确定装载质量时计入。

2.1.10 车辆为整车整备质量状态时，在2.1.7条所规定的路面上以30km/h的速度开始滑行到停止，其滑行距离不应小于200m。

2.1.11 在试验期间，对电车各总成不得任意调整、更换零件或保养与修理。对试验无影响的修理与保养须经主持试验的组织同意后方可进行，并应作详细的记录。

2.1.12 在试验中所使用的测量用具及仪表应符合其相应技术标准的规定，并应在鉴定的有效日期内。

2.2 试验内容

2.2.1 限界测定

限界尺寸参数的测定应在水平广场上进行。

测定总长和轴距时，电车纵向中心线应处于直线状态。

2.2.2 质量测定

2.2.2.1 电车的质量及各桥的轴载质量分配要在电车的整车整备质量和允许最大总质量状态下分别测量。

2.2.2.2 电车的质量用称台测定。称台的精度为±0.1%。按称台面积可以整台测定电车质量，也可以分别测定每个轴（或车轮）的装载质量，取其综合值。电车质量的测定过程要放松制动器，不得用三角木等物支撑车辆，且不得改变车辆的静止状态。电车的质量应符合技术设计说明书的规定。

2.2.3 驾驶员视野范围的测定

2.2.3.1 按图2所示，在驾驶员座椅可调范围内将其调整到上下、前后接近中央位置。将距座椅靠背180mm、座垫向上750mm位于转向盘中心线上的一点确定为观测点，量取该点至前挡风玻璃的垂直距离及上下边缘的斜线距离计算α和β视角

2.2.3.2 坐于上述观测点处，观测和量取前盲区前缘至车头的距离及车前12m，高5m处的模拟标志。。

2.2.4 车体防水密封性能试验

试验方法有两种，可按具体条件选择其中一种进行试验。

2.2.4.1 采用人工降雨法进行试验时，人工降雨面积应大于车体水平投影面积。降水强度应为5～7mm/min（用雨量计测量）。水点喷射方向：车顶部分应与车顶平面垂直，车身四周沿铅垂方向应与车身围板成45°角。

2.2.4.2 试验前测定总绝缘电阻值。关闭电车门、窗后人工降雨15min，检查各部分渗漏情况。试验后测定总绝缘电阻值。

2.2.4.3 采用自然降雨进行试验时，应在大雨或暴雨中进行。关闭门、窗后，电车以30km/h的速度在降雨的同

一路段内往返行驶共计15km。检查各部渗漏情况。试验后测定总绝缘电阻值。

2.2.4.4 在任一种情况下，水的侵入应该很少，且对电缆、电气设备或保证电车正常工作所必须的其他任何设备都不应引起有害的后果。试验结果填入附表1。

2.2.5 车体防尘密封性能试验。

2.2.5.1 用滤膜计重法，测定车厢内外的空气含尘量。

2.2.5.2 电车可用机动车牵引至含尘密度不小于200mg/m³的尘埃路段进行试验(机动车可兼作扬尘车)。

2.2.5.3 采样器的安装位置：单车和铰接车车内采样器分别装于各乘客车门对应的车厢中心线上；车外采样器装于各乘客车门对应的车辆外侧，距车身板150mm处。铰接车比单车增设两只采样器，分别装于铰接盘中心处和与之对应的车辆外侧距伸缩棚150mm处。各采样器距地板高均为1.2m。车内采样器的吸气口向上，车外采样器的吸气口向前。

2.2.5.4 试验前应检查电车门、窗的密封条是否有效，并作记录。

2.2.5.5 到达试验地点后，关闭门、窗，用除尘器清除车内灰尘，并测量车厢内部的静态粉尘密度值。

2.2.5.6 在尘埃路面上，电车以不小于20km/h的速度单程行驶15min，往返各试一次。取下采样器滤膜并称量，记于附表2中。在计算车厢内、外粉尘密度时，先分别取车辆内、外采样器个数的平均值，再取试验次数的平均值。

2.2.5.7 按下式计算粉尘密度及含尘量的比值：

$$W=\frac{g_2-g_1}{q\cdot t}\times10^3 \qquad (1)$$

式中 W——粉尘密度(mg/m³)；

g_2——采样后的滤膜质量(mg)；

g_1——采样前的滤膜质量(mg)；

q——每分钟进入滤膜的含尘空气量(dm³/min)；

t——采样时间(min)。

$$\eta=\frac{W_1}{W_2}\times100 \qquad (2)$$

其中 $W_1=W_D-W_J$

式中 η——车厢内外含尘量比值（%）；

W_1——进入车厢内平均粉尘密度(mg/m³)；

W_D——车内动态平均粉尘密度(mg/m³)；

W_J——车内静态平均粉尘密度(mg/m³)；

W_2——车厢外平均粉尘密度(mg/m³)。

试验结果填入附表2。

2.2.6 转向轮偏转角及转向盘转动圈数测定。

2.2.6.1 转向轮偏转角试验应在特制的平台上进行。左右两个方向转动转向盘，使转向轮分别向两个方向偏转到极限位置，量取轮胎中心线与电车中心线的夹角。

2.2.6.2 转向盘由一个极限位置转到另一个极限位置时，转向盘转动的圈数要符合技术要求。转向轮偏转角和转向盘转动圈数试验可同时进行。

2.2.7 转弯直径、转弯通道宽度和偏移距的测定

2.2.7.1 转弯直径系指外转向轮(转向盘转到极限位置)的中心平面在车辆支承平面上的轨迹圆直径(图3、图4中的D_2)；转弯通道宽度系指转弯通道最大圆直径与最小圆直径之差的一半(图4中的D_1与D_4之差的一半)；铰接车的偏移距系指车辆转弯时中轴和后轴转弯直径之差的一半

（图4中D_3与D_4之差的一半），测量时以中轴和后轴处车身侧壁的最宽处为准。

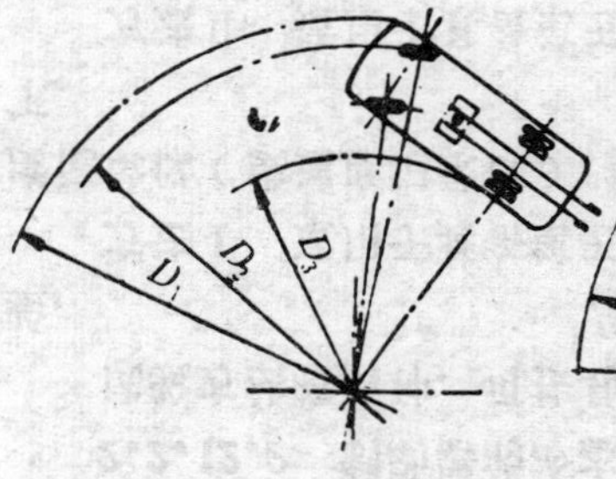

图 3 单车最小转弯直径及转弯通道圆直径

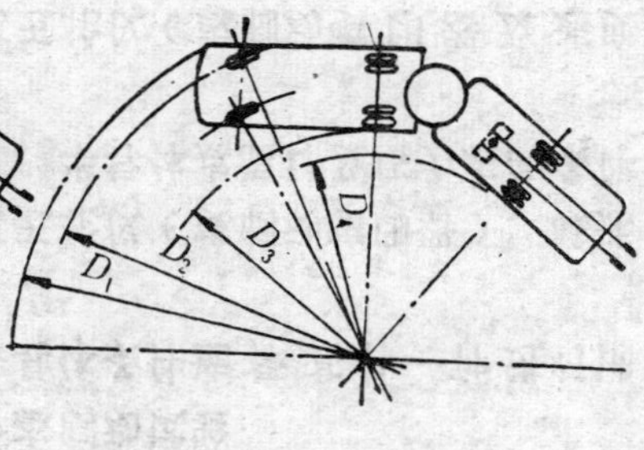

图 4 铰接车最小转弯直径及转弯通道圆直径

2.2.7.2 测定转弯直径等参数，须在硬质、水平路面的场地上进行。当转向盘转到极限位置时，保持转向盘不动，车辆沿圆周运行的速度应不大于5km/h。

2.2.7.3 在互相垂直的两个方向测量各点轨迹直径，取平均值（精确至0.01m）。

2.2.8 铰接机构自由度测定

2.2.8.1 测定纵向垂直面内的转动角度时，按以下步骤进行：

a. 在前车厢两侧车身板上用水平仪标出水平直线，然后用两只千斤顶平行顶起中轴，用水平仪随时测量车身两侧原来所标水平直线，当其与水平面的夹角达到5°时，铰接机构及铰接棚不应出现异常现象。

b. 在后车厢两侧车身板上，与a项相同地标出水平直线，然后用千斤顶平行顶起后轴，当水平直线与水平面的夹角达到5°时，铰接机构及铰接棚不应出现异常现象。

2.2.8.2 测定横向垂直面内的扭转角时，在后身板上用水平仪标出水平直线，然后用千斤顶先后分别顶起后轴的左右侧，当原水平直线与水平面的夹角，左右分别达到2°时，铰接机构不应出现异常现象。

2.2.9 行驶平顺性试验，试验方法参照《城市用公共汽车试验方法》（CJ9—84）。

2.2.10 集电器试验

2.2.10.1 测量无轨电车与架空线网的最大偏移距离时，电车应处于整车整备质量状态。在直线路段内，电车中心线分别向左右偏离线网中心线4.5m，并以不低于5km/h的速度与线网平行行驶100m以上，集电靴不应脱离触线。

2.2.10.2 测定集电靴自由升起的最大高度时，将集电靴脱离触线并排除向下的拉力，使其处于自由静止状态，测量集电靴最上边缘至地面的距离。

2.2.10.3 用专用工具测定集电靴对触线的压力。

2.2.10.4 在作速度性能试验测定最高车速时，观察集电靴的集流状况，在试验过程中集电靴与触线的接触不应产生较严重的火花。

2.2.11 速度性能试验

2.2.11.1 速度性能试验除满足2.1条的规定外，还应在下述条件下进行：

a. 电车具有允许最大装载质量；

b. 车辆机械总成温度达到稳定值；

c. 线网电压应在600±60V的范围内。

2.2.11.2 最高速度的测定是在电车行驶过程中，由第五轮仪或速度记录仪测定最高稳定车速，并记入附表3中。

2.2.11.3 车辆由静止状态加速到30km/h的速度，使用加速度记录仪或速度记录仪测定加速过程并计算电车的平均加速度，记入附表3中。

在电车加速过程中，不应有切断主电路的情况发生。

2.2.11.4 速度性能试验在同一试验路段内往返进行不少于六次，试验结果取平均值，记入附表3中。

2.2.12 制动性能试验

2.2.12.1 试验条件

a. 具有允许最大装载质量，前、中、后桥的轴载质量分配符合技术要求；

b. 风速不大于5m/s，气温不高于35°C；

c. 电车制动回路的额定工作气压为686kPa（7kgf/cm²）；

d. 轮胎花纹的磨损量不超过新轮胎的20%；

e. 除整车行驶中的磨合外，应在试验前进行10次强制动磨合（减速度约为4m/s²，每次间隔2min以上）。检查各仪表的工作状况和制动系统技术状况，发现问题及时调整。

2.2.12.2 制动器的冷态制动试验

试验方法有两种，可按具体条件选择其中一种进行试验：

方法Ⅰ 适用于具备第五轮仪（或制动喷印器）、减速度记录仪（或速度记录仪）、半导体点温计及压力表的条件下。

方法Ⅱ 适用于具备第五轮仪（或制动喷印器及速度表）、压力表的条件下。

2.2.12.2.1 方法Ⅰ

a. 选定平直、干燥、清洁的硬质路面作为试验区段，其长度不小于50m。

b. 每次制动试验前，制动毂的温度不应高于85°C。

c. 电车驶入试验区段内，时速应达到技术要求所规定的速度，然后以最大减速度制动至停车。测定由喷印器喷点的开始位置到停车点位置之间的距离。

d. 试验过程要记录制动初速度、制动减速度、制动距离，并填入附表4（a）中。

e. 试验时制动初速度允许控制在±10%的范围内，其制动距离按下式校正：

$$L = L'\left(\frac{V}{V'}\right)^2 \quad (8)$$

式中 L——校正的制动距离（m）；

L'——测定的制动距离（m）；

V——规定的初速度（km/h）；

V'——测定的初速度（km/h）。

注：使用第五轮仪时，制动距离为制动喷印点至停车点的距离或第五轮仪制动力曲线上制动力开始增长点至停车点的距离（不计驾驶员反映时间）。

f. 在制动过程中，允许驾驶员操纵转向盘对车辆行驶方向进行修正，并记录偏离试车道的失控状态、异常现象与噪声等。

g. 试验结果达不到要求时可以重作，如三次不合格，允许调整，在符合2.1.10条的规定后可继续试验，但调整次数不得超过二次。

按附表4（a）填入试验结果（表中的比减速度见方法Ⅱ）。

2.2.12.2.2 方法Ⅱ

a. 在试验中根据方法Ⅰ中a、c、e、f、g等项所述的

步骤测定初速度V和制动距离L，然后按照规定的初速度V求出校正的制动距离L。

b.根据校正的制动距离L，按下式求得减速度、制动力与比减速度：

$$a_a = \frac{V^2}{25.9L} \quad (4)$$

$$F = a_a(G+G') \quad (5)$$

$$q = \frac{a_a}{9.8} \quad (6)$$

式中 a_a——减速度（m/s²）；

F——制动力（N）；

q——比减速度；

G——试验时允许最大装载质量（kg）；

G'——整车整备质量（kg）。

c.将初速度、制动距离、减速度、制动力及比减速度填入附表4（b）中

d.当按1.4.2.1条考核电车的制动距离并需计算协调时间内的制动距离时，其制动系统协调时间应符合《中华人民共和国机动车制动检验规范》（试行）第二十条的规定。

2.2.12.3 制动器的双管路制动性能试验

a.凡采用气制动的电车，须先检查气路系统技术状况的可靠性。从踏下制动踏板开始，在不超过0.25s时间内，双管路中每个分管路的压力应符合技术要求；当任一分管路失效时，应不影响另一分管路的气压下降或正常充气。

b.断开其中一支管路并使其保持零气压，此时按2.2.12.2条的要求进行冷态制动性能试验，然后与另一支管路轮换，并作同样的试验，将结果填入附表4（c）中。

2.2.12.4 停车制动器的制动性能试验

此项试验与2.2.13条结合进行。

2.2.12.5 电制动试验

2.2.12.5.1 电制动试验应在允许最大装载质量状态下

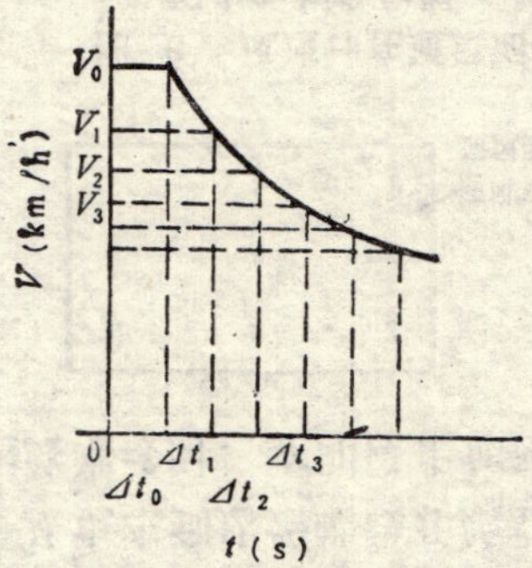

图 5 开环系统电制动的 t-V图

进行。当电车的速度为40km/h时，操纵电制动装置，以最大的制动效果将速度减至15km/h，同时记录减速过程，并求取平均减速度和最大减速度。

2.2.12.5.2 电制动的最大减速度对开环控制的电制动系统，应为最大平均减速度。按以下公式计算最大平均减速度和平均减速度（见图5）：

$$\bar{a}_{max} = \frac{V_0 - V_1}{\Delta t_1} \quad (7)$$

$$\bar{a}_n = \frac{1}{n}\sum_{n=1}^{n=i}\frac{V_{n-1} - V_n}{\Delta t_n} \quad (8)$$

式中 $\bar{a}_{max}$——最大平均减速度（m/s²）；

$\bar{a}_n$——平均减速度（m/s²）；

Δt_0——电制动效应的滞后时间（s）；

计算时取Δt_1、Δt_2……Δt_n均等于Δt_0；

V_0——电制动时车辆的初速度（km/h）；

V_1——经过$2\Delta t_0$时间后的车辆速度（km/h）；

V_n——经过（$n+1$）$\cdot\Delta t_0$时间后的车辆速度（km/h）。

2.2.12.5.3 在减速度试验过程中，其它制动装置不应同时发生作用。在同一路段内往返各试二次，取其平均值，按附表4（d）填入计算结果。

2.2.12.6 出厂试验的制动性能试验应在整车整备质量状态下进行，其要求应符合《中华人民共和国机动车制动检验规范》（试行）的规定；也可用经省级监理部门鉴定合格的试验台进行制动试验。

出厂试验的电制动试验其减速度不作定量考核。

2.2.13 坡道起动和停车试验

2.2.13.1 试验应在具有允许最大装载质量情况下进行。坡道的路面应符合2.1.7条的规定，坡度不小于12%，坡长不少于40m，坡度基本一致。

2.2.13.2 如坡度不符合规定时，可用增加或减少装载质量的方法进行试验，将其结果折算成在允许最大装载质量下的爬坡能力。折算方法如下：

$$\alpha_{max} = \sin^{-1}\frac{G_s}{G_B}\sin\alpha_s \qquad (9)$$

式中 α_{max}——最大爬坡度（°）；

α_s——试验时实际爬坡度（°）；

G_s——试验时电车实际总质量（kg）；

G_B——电车允许最大总质量（kg）

2.2.13.3 电车由坡底前的水平路段爬至坡道中段时（记取爬坡过程牵引回路电流的最大稳定值和线网电压），在车辆静止状态下，以不大于300N的力将停车制动器拉到极限位置，观察1min，电车不应有任何移动，然后进行起动（记取坡道起动过程牵引回路电流的最大稳定值和线网电压）爬至坡顶，检查试验过程有无异常现象。如因驱动轮打滑而爬不上坡时，可装防滑链条或采取其它防滑措施进行试验。

以上停车制动试验须往返各进行一次，试验结果填入附表5。

2.2.14 驾驶室采暖试验

当室外温度低于－20°C，车辆行驶速度不低于15km/h时，在靠近驾驶椅的右侧，距地板0.5m处的温度与车外空气温度之差应符合技术要求。

2.2.15 噪声的测试

电车噪声的测试除下列补充条款外，均按《机动车辆噪声测量方法》（GB1496—79）的规定进行。

2.2.15.1 测定电车加速噪声时，电车以35km/h的速度到达始端线。从电车到达始端线开始立即直线加速行驶，当电车后端到达终端线时，立即停止加速。

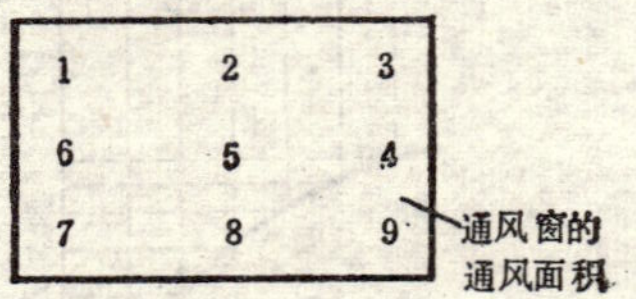

图 6 风速计在通风面积上的测量位置

2.2.15.2 测定电车匀速行驶车外噪声时，电车分别以30、40km/h的速度匀速通过测量区域，空气压缩机电动机应处于工作状态。

2.2.15.3 车内噪声测试点为三处：驾驶室（见GB 1496-79所列）、其余两处为牵引电动机和空气压缩机电动机所对应的地板中心上部1.5m处。试验结果填入附表6。

2.2.16 车厢通风试验

2.2.16.1 车辆在整车整备质量状态下，将车厢（包括驾驶室）全部通风窗口开至最大（车门应关闭），测量其通风面积。

2.2.16.2 电车以15km/h的速度行驶，判定各窗口的风向（进风或出风）并记取风向与进风面的水平夹角α。

2.2.16.3 用热球风速计测量各进风窗口的风速。测量时风速计置于所测通风口面积内侧5～10mm处。风速计的轴线方向垂直于水平面，热球的正面对向风向。每个窗口面积测量9点（如图6所示），取其平均值。

2.2.16.4 按下式计算车厢每小时空气的换新次数：

$$q_n = 3600 V_n \cdot f_n \cdot \sin\alpha \qquad (10)$$

式中 q_n——每个进风窗口的进风流量（m^3/h）；

V_n——每个进风窗的平均风速（m/s）；

f_n——每个进风窗的实测进风面积（m^2）；

α——进风方向与进风面积的水平夹角（°）。

$$Q = \sum q_n \qquad (11)$$

式中 Q——车厢每小时总进风量（m^3/h）。

$$N = \frac{Q}{V} \qquad (12)$$

式中 N——车厢每小时空气换新次数（次/h）；

V——车厢总容积（m^3）。

上述测量在同一路线上往返测试两次（共四次），取其平均值。将测量与计算结果填入附表7。

2.2.17 电气装置动作试验

在规定的电压范围内，检查主电路、控制电路和各辅助电路的开关装置，动作和顺序是否正常。测量主电路在控制器（变阻调速型式）的各个运行档位的电阻值，须符合设计图纸的要求。检查各种保护装置和继电器的整定值。

2.2.18 斩波调速电路试验

2.2.18.1 分别在高压电源与低压电源电压波动极限范围内，检查各环节的工作是否正常。

2.2.18.2 在辅助电气装置（如：空气压缩机电动机、照明灯具等）断开或接通瞬间，检查控制系统工作是否正常。

2.2.18.3 在车辆静止状态，分别按起动和制动操作次序，反复多次接通各接触器和继电器，检查控制系统工作是否正常。

2.2.18.4 对装有电制动的电车，在允许最大装载质量的情况下，车速不小于30km/h时，使用最后一级电制动，待车速急剧下降时断开电制动回路，然后继续加速，斩波调速系统应工作正常。

2.2.18.5 在正常调速状态，踏板停在削弱磁场最深的调速级位置，用断路器或其它方法，使牵引回路的电压突变，电车不应出现异常现象。

2.2.19 耐电压试验

2.2.19.1 耐电压试验是检查性试验。试验应在正常的温度下进行。试验电压频率为50Hz，电压近似为正弦波形。施加试验电压的时间均为1min。在下列试验电压的公式中，U为被试电气设备在使用时所接入电路的额定电压。

2.2.19.2 高压电气设备装车后，导电部位与其金属骨架（机壳）之间，金属骨架与车架之间，应分别单独地进行耐电压试验。其试验电压：

导电部位与其金属骨架之间试验电压的有效值：

$$2U+1000V \qquad (13)$$

金属骨架与车架之间试验电压的有效值：

$$2.5U+2000V \qquad (14)$$

2.2.19.3 印刷电路板与其金属骨架之间应作耐电压试验。试验时电路板的安装及接线应为正常工作位置，并应把所有接线端子予以短路。各种插销与插座在其线路短接后，对金属骨架也须进行耐电压试验。对于工作电压不大于72V的电路，试验电压为500V。

2.2.19.4 高压线路电缆应在电气设备安装完毕后进行耐电压试验，以避免因安装过程损伤电缆而发生事故。试验时须将由蓄电池供电的电气线路与车架可靠连接，并采取预防措施来避免由于电容、电感效应而可能出现的异常电压。线路电缆的试验电压有效值：

$$0.85(2U+1000V) \qquad (15)$$

耐电压试验的结果填入附表 8 中。

2.2.20 绝缘电阻测定

当空气相对湿度为75%～85%时，用表 4 中所规定电压级别的兆欧表测量主电路、辅助电路与车架之间的绝缘电阻；测量各车门第一级踏步及扶手分别对车架的绝缘电阻，其值应符合规定值。

2.2.21 车厢内部和外部照明及信号装置的试验

乘客车厢照明试验应在车辆静止状态并没有其它光线干扰的情况下进行。当开启全部车厢灯后，蓄电池端电压不低于额定值时，按下述部位测定其照度：

表 4

试验部位的额定工作电压V	兆欧表的电压级别V
≤50	250
>50～500	500
>500～1000	1000

a.车厢平均照度的测定位置为沿车辆纵轴线两侧各组横排座椅（包括单、双排）中心上方距地板1m高处，及与其对应的车辆纵轴线。每组横排座椅测三点。测定各组横排座椅（铰接盘处除外）的照度后，取平均值；

b.各车门中间踏步的中间位置，测后取平均值；

c.与驾驶室纵轴线相距500mm的两侧平行线上取其中点，由该中点前后250mm取为测试点，在距地板500mm高处分别测取四点的照度，测后取平均值；

d.各售票台面四个角，测后取平均值；

e.各车门中心的车厢外侧距车厢 1 m远、距地面 1 m高处，测后取平均值。

2.2.22 无线电电磁场干扰测定

电车运行操作过程所产生的电磁场对其环境的干扰按《工业无线电干扰基本测试方法》(GB3079—83)进行测定。

2.2.23 电车起动及运行过程的试验

2.2.23.1 变阻调速的电车在起动过程中起动分段应明显。在各调速级之间的过渡中，电车速度不应出现突增突减现象。

2.2.23.2 斩波调速电车的起动过程加速应均匀。牵引电机由全磁场运行向削弱磁场加速阶段过渡时，电车的速度不应出现突增突减现象。

2.2.24 运行试验

通过部分项目的试验，确认电车具有安全可靠性后，可在所余试验项目之前进行载客运行试验，以考核电车的适用性。运行试验应连续进行一年，其里程不少于40000km。试验过程应记录：

a.试验路线的月平均载客量；

b.行驶里程及停驶时间；

c.总成零件及材料的消耗量；

d.每百公里的耗电量；

e.运行过程的故障；

f.搜集驾驶员、售票员、调度员、保养修理人员及乘客等对该型电车的意见。

2.2.25 电车试车后技术状况的检查

2.2.25.1 电车试验结束后应对各部进行检查，并按检查结果决定对各总成进一步解体检查的范围。

2.2.25.2 各总成在解体检查前，应在试验台上进行整体性能检查。

2.2.25.3 解体检查时，对磨损零件应测量其磨损量；检查零、部件的残余变形及损坏程度，并作必要的摄影。对测量的结果应进行技术分析。

2.3 试验报告

在试验过程中，应拟定以下文件（出厂试验只需拟订下述b、e、f三项）：

a.无轨电车接受试验的证明书；

b.按2.1条进行检查的工作记录；

c.电车的装配、调整、装饰质量的检查记录；

d.各项试验的记录；

e.试验过程中更换损坏总成、部件的明细表及其技术分析说明（对损坏的总成及部件应附照片）；

f.对照无轨电车技术条件及设计文件所作出的相应的评价和结论；

g.对设计及工艺的改进建议一览表。

3 验收规则

3.1 出厂试验

出厂试验是指电车制成后，制造厂必须按表5规定的项目逐辆进行的（具有整车整备质量的）试验。试验里程不少于30km，合格后方可出厂。用户可以抽查出厂的车辆是否达到本标准的技术要求。

3.2 型式试验

型式试验是对无轨电车按技术条件所规定的参数性能所作的全面整车考核试验。被试的车辆应是从首批试制或成批生产中经过出厂试验合格后，任意挑选的车辆。

在下列任意情况下，应作型式试验：

a.新产品定型鉴定；

b.产品改型鉴定，即产品结构、工艺、材料或控制方式的改变足以影响车辆的性能，则应进行部分或全部项目的型式试验（见表5）。

3.3 研究性试验

制造厂根据需要或者使用单位对产品有特殊要求时，经协商同意后，可作为研究性试验项目。研究性试验由制造厂与使用单位组成试验组，进行试验。研究性试验的结果不作为考核和验收电车的依据。

表 5

条款编号	试验项目	试验类别 出厂试验	型式试验	研究性试验	质量定期检查
	一、一般试验和机械试验				
	A.厂内试验				
2.2.1	限界测定		√		
2.2.2	质量测定		√		
2.2.3	驾驶员视野范围的测定		√		
2.2.4	车体防水密封性能试验		√		√
2.2.5	车体防尘密封性能试验		√		
2.2.6	转向轮偏转角及转向盘转动圈数测定		√		√
2.2.7	转弯直径、转弯通道宽度和偏移距的测定		√		√
2.2.8	铰接机构自由度测定		√	√	√
2.2.9	行驶平顺性试验		√		
2.2.10	集电器试验	√	√		√
	B.线路试验				
2.2.11	速度性能试验		√		√
2.2.12	制动性能试验	只作2.2.12.6	√		只作2.2.12.6
2.2.13	坡道起动和停车试验		√		
2.2.14	驾驶室采暖试验		√		√
2.2.15	噪声的测试		√		
2.2.16	车厢通风试验		√		
	二、电气试验				
	A.厂内试验				
2.2.17	电气装置动作试验	√	√		√
2.2.18	斩波调速电路试验		√		√
2.2.19	耐电压试验	只作2.2.19.4	√		√
2.2.20	绝缘电阻测定	√	√		√
2.2.21	车厢内部和外部照明及信号装置的试验		√		√
	B.线路试验				
2.2.22	无线电电磁场干扰的测定			√	
2.2.23	电车起动和运行过程试验	√	√		
2.2.24	运行试验		√		
2.2.25	电车试验后技术状况的检查		√		√

4 运输与保管

无轨电车在保管期间及运输前应做好下述工作：

a.对外露的黑色金属切削加工面涂以防锈油脂；

b.将蓄电池与低压电路的导线脱开；

c.关闭车上所有的门、窗；

d.固定好集电杆。

5 电车新产品定型鉴定与电车质量定期检查

5.1 新产品定型鉴定

5.1.1 在制造厂具备实施条件后，由地方主管部门向国家主管部门提出申请，经审查批准后由国家主管部门和地方主管部门共同负责，组织使用部门、制造厂及有关单位参加，组成定型鉴定组，按本标准拟订试验大纲和鉴定大纲，进行试验和鉴定。

5.1.2 在定型鉴定前，制造厂应备有下列文件：

a.设计任务书；

b.设计计算书；

c.设计图纸和工艺文件；

d.技术经济分析报告；

e.企业产品技术标准；

f.按本标准所作的各项试验报告（包括车身强度试验报告）；

g.制造过程的装配调整记录；

h.主要总成的单项试验报告（外购总成须有技术说明书）；

i.标准化审查报告；

j.使用及保养说明书；

k.车辆试制总结（包括设计总结和生产制造总结）；

l.用户使用报告；

m.鉴定大纲。

5.1.3 定型试验结束后，鉴定组要检查电车的基本性能与可靠性是否达到了设计任务书的要求，然后作出能否定型的结论。向国家主管部门呈报定型鉴定报告，并向制造厂提出改进意见。

5.2 产品改型鉴定

产品改型鉴定可参照本标准的技术要求及型式试验所列内容，结合改型车的具体情况，适当简化试验内容，增加由改进型产品特点所规定的补充试验项目，并在试验大纲中作具体规定。

5.3 电车质量定期检查

电车质量定期检查系指产品的产量达到一定的数量或一定生产周期时，对产品进行的检查，其目的是考核产品质量的稳定性，并促使质量的不断提高。

5.3.1 质量定期检查试验由制造厂主持进行，并邀请主要使用单位代表参加。检验部门根据试验中发现的薄弱环节，着重检查部件的制造、装配调整质量和性能，并根据试验和使用中发现的质量问题，提出改进产品质量的建议，由本厂责成生产部门进行改进。

定期质量检查的试验报告，除表5规定的试验项目外，还包括制造过程的装配调整记录。试验报告由制造厂审查，抄送上级主管部门备案。上级主管部门根据质量检查试验报告，必要时可对生产的电车进行质量鉴定。

5.3.2 质量定期检查试验的周期在年产量满200辆以上时，每年抽试一辆；年产量不足200辆时，每两年抽试一辆。试验车由检验部门从已检验合格的产品中抽取。

5.3.3 质量定期检查试验的项目见表5。

附 录

试 验 记 录 表

车体防水密封性能试验记录表 **附表 1**

电车型号________控制型式________气温____℃

空气相对湿度___% 降水强度____mm/min 人工降水面积___m²

雨量计 { 型 号________；最近鉴定日期___年___月___日 降水时间____min；鉴定单位________ }

试验（前/后）电车总绝缘电阻值____/____MΩ

检查渗漏水部位名称	渗漏水高压电气总成的绝缘电阻值（与电路断路测量）（主级/次级）/MΩ	渗漏水的情况、程度及影响（简要记录）

试验员 试验日期 年 月 日

车身防尘密封性能试验记录表 附表 2

电车型号________ 控制型式________

试验日期____年____月____日 天气________气温______℃

试验路线________风向________风速______m/s

行车速度______km/h 测量仪器 { 型号________；最近鉴定日期____年__月__日；鉴定单位________ }

试验员________驾驶员________

静　态　（车内）

	前	中	后
g_1			

动　态

滤膜质量	次　数	取样时间 (min)	车　外		车　内		
			前	后	前	中	后
g_2							
平均值							
备　注							

速度性能试验记录表 附表 3

电车型号________底盘型号________控制型式________

天气________气温______℃ 路面状况________

轴载分配；前______kg 中______kg 后______kg

厂定最大装载质量________kg 乘车人数______人

厂定最大总质量________kg 试验员________驾驶员________

滑行距离______m 测量仪器 { 型号________；最近鉴定日期______年____月____日；鉴定单位________ }

试验日期______年____月____日

试验序号	最高稳定车速 (km/h)	最高稳定车速时线网电压 V	加速度 (m/s²)	备　注
往				
返				
往				
返				
往				
返				
往				
返				
往				
返				
平均值				

冷态制动性能试验记录表　　附表 4(a)

电车型号________控制型式________底盘型号________

天气______气温______℃　气压________kPa　风向________

风速________m/s　厂定最大总质量________kg

牵引电动机功率________kW　轴载质量分配：前______kg

中________kg　后________kg　轴距(前—中)________m

(中—后)______m　轮胎气压(前)______kPa　(中)______kPa

(后)______kPa　制动系统型式________回路型式________

驾驶员________检验员________滑行距离________m

测量仪器 { 型号________；鉴定日期______年___月___日　试验日期______年___月___日；鉴定单位________ }

行驶方向	实测初速度(km/h)	制动管路初始压力(kPa)	减速度(m/s²)	制动距离 m			制动初始温度(℃)	比减速度	备注
				测定	校正	平均			
往									
返									
往									
返									
往									
返									
往									
返									

冷态制动性能试验记录表　　附表 4(b)

行驶方向	实测初速度(km/h)	制动管路初始压力(kPa)	制动距离m			减速度(m/s²)	制动力 f(N)	比减速度	备注
			测定	校正	平均				
往									
返									
往									
返									
往									
返									
往									
返									

双管路制动性能试验记录表　　附表 4(c)

试验系统部位　　制动衬片初始温度：60～90℃

行驶方向	实测初速度(km/h)	制动管路初始压力(kPa)	减速度(m/s²)	制动距离m			制动初始温度(℃)	制动效率	备注
				测定	校正	平均			

电制动试验记录表

附表 4(d)

行驶方向	制动回路最高电压 (V)	制动回路最大电流 (A)	减速度 (m/s^2)	备注
往				
返				
往				
返				
平均值				

坡道起步和停车试验记录表

附表 5

电车型号＿＿＿＿底盘型号＿＿＿＿控制型式＿＿＿＿

天气＿＿＿＿气温＿＿＿＿℃ 试验地点＿＿＿＿风向＿＿＿＿

风速＿＿＿＿m/s 路面状况＿＿＿＿坡道长度＿＿＿＿m

坡度＿＿＿％ 厂定最大总质量＿＿＿kg 轴载质量分配：前＿＿＿kg

中＿＿＿kg 后＿＿＿kg 厂定最大装载质量＿＿＿＿kg

试验员＿＿＿＿驾驶员＿＿＿＿试验日期＿＿＿年＿＿月＿＿日

行驶方向	爬坡时的电压值及电机回路的电流值		坡道起动时的电流、电压值		坡道停车前的爬坡	坡道起动至坡顶的	备注
	电流 (A)	电压 (V)	电流 (A)	电压 (V)	速度 (km/h)	爬坡速度 (km/h)	
上坡							
上坡							
上坡							
上坡							

附坡道断面简图：

车外噪声测量记录表

附表 6

电车型号＿＿＿＿控制型式＿＿＿＿

测量日期＿＿＿年＿＿月＿＿日 天气＿＿＿＿气温＿＿＿＿℃

测量地点＿＿＿＿风向＿＿＿＿风速＿＿＿＿m/s

路面状况＿＿＿＿厂定最大装载质量＿＿＿＿kg

乘车人数＿＿＿人 厂定最大总质量＿＿＿＿kg 测量仪表＿＿＿＿

本底噪声＿＿＿＿测量员＿＿＿＿驾驶员＿＿＿＿

	测量位置	次数	噪声级dB	平均值 dB
加速行驶	左侧	1		
		2		
	右侧	1		
		2		
匀速行驶	左侧	1		
		2		
	右侧	1		
		2		

车辆行驶最大噪声级＿＿＿＿dB

备注：

注：车内噪声测量记录表见GB1496—79表2。

附表 7

车厢通风试验记录表

电车型号________控制型式________天气________气温________℃ 风向________

风速____m/s 试验路线所处方向______试验日期______年___月___日 测量仪器型号________

仪器最近鉴定日期______年___月___日 试验员________驾驶员________

通风窗位置编号	进风窗实际进风面积 ($f_n = b \times h \times \sin\alpha$) ($m^2$)	进风速度 (m/s) 1	2	3	4	5	6	7	8	9	实际平均风速 (v_n m/s)	实际流量 ($Q_n m^3/h$)
		测量										
		实际										
		测量										
		实际										
		测量										
		实际										
		测量										
		实际										
		测量										
		实际										

注：（1）“测量”值为热球风速计所测数值。

（2）“实际”值为按照风速计校正曲线校正后的实际值。

（3）式中b和h分别为进风窗开启面积的宽和高。

附表 8

耐电压试验记录表

电车型号__________ 控制型式__________ 气压__________ Pa 海拔__________ m

试验员__________

项目 被测设备名称	试验电压（kV）		绝缘电阻（MΩ）		气温	相对湿度	试验	试验过程发生闪络、击穿或其它
	一级绝缘①	二级绝缘②	试前	试后	（℃）	（%）	日期	情况摘要记录

① 一级绝缘为电气设备导电部位与其金属框架（机壳）之间的绝缘；

② 二级绝缘为电气设备金属框架（机壳）与车架之间的绝缘。

附加说明：

本标准由城乡建设环境保护部材料设备局提出，由中国城市客车城建设备联营公司主编，北京市电车公司等单位参加编制工作，由臧玉海、王惠源起草。

本标准为首次发布

中华人民共和国城乡建设环境保护部

部　标　准

城市公共汽车修理技术条件

CJ　17—86

中华人民共和国城乡建设环境保护部
1987-12-01 发布　1988-06-01 实施

通　知

(87)城标字第 638 号

《城市公共汽车修理技术条件》、《城市无轨电车修理技术条件》，业经我部审查批准，编号为 CJ17—86、CJ23—87，自一九八八年六月一日起实施。

城乡建设环境保护部

一九八七年十一月三十日

本标准适用于解放CA10B、CA10C、CA15和黄河JN651底盘改装的城市公共汽车的修理。其他底盘改装的城市公共汽车的修理也可参照执行。

1 一般技术要求

1.1 车辆解体前要求。

1.1.1 车辆送修必须符合《城市公共交通企业技术管理制度》中有关车辆送修技术条件的规定。

1.1.2 车辆解体前，应进行检查和试验，判明各总成的技术状况，并做好记录。

1.1.3 检试后，清除外部及底盘上的尘土和油垢。

1.2 车辆及总成解体的规定

1.2.1 解体时，须按规定使用专用工具、机具。对主要零件的基准面或精加工面不许敲击、碰撞，避免损伤。

1.2.2 总成分解后，必要的偶合件、旋转件和不许互换的零、部件，均应做好标记，以防错乱。

1.2.3 车身解体后，应对骨架、底架再次清洗，清除残存的油污和尘土等。对车身各金属零件应进行除锈和防腐蚀处理。

1.2.4 对曲轴、连杆、凸轮轴、前轴、铰接球销、转向节、转向节臂、半轴、半轴套管及桥壳等重要零、部件，应作探伤检查。

1.2.5 对基础件及主要零件，应检测并记录其主要配合部位(特别是装配基准面)的几何尺寸及损坏情况等。

1.3 零件清洗的要求

1.3.1 对所有零件应彻底清除油污、积炭、结胶和水垢。清除积炭时，不得刮伤装合接触面。

1.3.2 各种橡胶件、牛皮油封、制动蹄与离合器摩擦片、胶木齿轮、塑料零件、铝合金件、锌合金件等，不许用碱液清洗。

1.3.3 清洗后的零件不得有残存的油垢，其表面用压缩空气吹干或擦净。

1.4 车辆及总成装配的规定

1.4.1 各总成装配时，凡有分级修理尺寸的零件，应按表1的规定进行修理。

1.4.2 对曲轴、传动轴等零、部件进行静平衡和动平衡试验。

1.4.3 对有密封性要求的零件或组合件，如气缸盖、气缸体、化油器、汽油泵、散热器、储气筒、门泵以及制动阀、继动阀、空气压缩机、制动气室应进行密封性试验。

1.4.4 各部螺栓、螺母配用的垫圈、开口销、锁紧垫片及金属丝等，均应按规定选用并装配齐全、有效。各部结合面间衬垫的材质和规格应符合原厂规定。各螺栓、螺母无裂纹、损坏和变形。凡有规定扭紧力矩和扭紧顺序的螺栓及螺母，装配时应按规定进行。扭紧力矩见表2。

1.4.5 各零件的几何尺寸、表面光洁度、材质和机械性能，均应达到原厂或汽车配件技术条件的要求，经检验合格后方可装配。各总成、附件装配后应进行试验，性能符合技术要求方可装车。

1.4.6 底架、骨架、蒙皮等车身零部件的材质、料厚和涂层质量应符合技术要求。车厢内各部紧固件需经表面处

主要零件分级修理尺寸（mm） **表1**

名称	加大或缩小尺寸					
	1	2	3	4	5	6
气缸体上气缸套承孔内径	[+0.25]	+0.50	[+0.75]	+1.00	[+1.25]	+1.50
气缸套外径	[+0.25]	+0.50	[+0.75]	+1.00	[+1.25]	+1.50
气缸或气缸套内径	[+0.25]	+0.50	+0.75	+1.00	+1.25	+1.50
活塞直径	[+0.25]	+0.50	+0.75	+1.00	+1.25	+1.50
活塞环外径	+0.25	+0.50	+0.75	+1.00	+1.25	+1.50
活塞销直径	+0.08	+0.12	+0.16	+0.20		
连杆衬套内径	+0.08	+0.12	+0.16	+0.20		
连杆衬套外径	+0.25	+0.50				
连杆衬套承孔内径	+0.25	+0.50				
曲轴及连杆轴承承孔内径	+0.25	+0.50				
曲轴及连杆轴承外径	+0.25	+0.50				
曲轴主轴颈及连杆轴颈直径	−0.25	−0.50	−0.75	−1.00	−1.25	−1.50
曲轴主轴承及连杆轴承内径	−0.25	−0.50	−0.75	−1.00	−1.25	−1.50
凸轮轴轴承承孔内径	+0.25	+0.50				
凸轮轴轴承外径	+0.25	+0.50				
凸轮轴轴颈直径	−0.20	[−0.30]	−0.40	[−0.50]	−0.60	−0.80
凸轮轴轴承内径	−0.20	[−0.30]	−0.40	[−0.50]	−0.60	−0.80

续表

名称	加大或缩小尺寸					
	1	2	3	4	5	6
进、排气门座圈外径	+0.30	+0.50	+0.70			
进、排气门座圈承孔内径	+0.30	+0.50	+0.70			
气门导管外径	+0.20	+0.40	+0.60			
气门导管承孔内径	+0.20	+0.40	+0.60			
气门导管内径	−0.50	−0.25	+0.25			
气门杆直径	−0.50	−0.25	+0.25			
气门挺杆外径	−0.50	−0.25	+0.25			
气门挺杆导管内径	−0.50	−0.25	+0.25			
空气压缩机上气缸套承孔内径	+0.25					
空气压缩机气缸套外径	+0.25					
空气压缩机气缸内径	+0.40	+0.80	(+1.20)			
空气压缩机活塞直径	+0.40	+0.80	(+1.20)			
空气压缩机活塞环外径	+0.20	+0.40	+0.60	+0.80	+1.00	+1.20
前轴转向节主销承孔内径	[+0.12]	[+0.16]	[+0.20]	+0.25	+0.50	+0.75
转向节主销衬套内径	[+0.12]	[+0.16]	[+0.20]	+0.25	+0.50	+0.75
转向节主销直径	[+0.12]	[+0.16]	[+0.20]	+0.25	+0.50	+0.75
后桥半轴套管承孔内径	+0.40	+0.80	+1.20			
后桥半轴套管外径	+0.40	+0.80	+1.20			

注：[ ]内数字供企业自行制造零件及修理时选用。( )内数字系不常用修理尺寸。

主要螺栓、螺母扭紧力矩(N. m)　　表 2

项　目	型号 CA10B CA10C CA15	JN651
气缸盖螺栓、螺母	100～120	190～210
曲轴轴承螺栓	80～100(中及后) 110～130（其余）	300～320
连杆轴承螺栓	80～90	100～120
飞轮与曲轴突缘连接螺栓	120～180	240～260
变速器第二轴与突缘连接螺母	200	320～350
后桥圆锥主动齿轮与突缘连接螺母	200～250	320～350
差速器轴承盖螺母	170	40～50
后桥圆柱从动齿轮与差速器壳连接螺母	90～150	160～180
半轴螺母	100～140	140～150
轮胎螺母	320～380	340～390
万向节突缘连接螺栓	80～90	45～50
前钢板弹簧 U 型螺栓螺母	230～270	230～260
后钢板弹簧 U 型螺栓螺母	270～300	270～300

理(如镀锌、发蓝等)后，方可总装。

2 车身内外蒙皮修理技术条件

2.1　外蒙皮

2.1.1　外蒙皮应表面平整，无破损、锈蚀现象。金属外蒙皮内表面在装配前应进行除锈、防腐蚀处理。

2.1.2　外蒙皮各部曲面应圆滑过渡，左右对称。用手按蒙皮不得有空响现象。

2.1.3　车顶蒙皮不得漏水。

2.1.4　流水槽无凸凹变形、腐蚀及破损，应平直，宽度一致。

2.1.5　铝蒙皮如氧化腐蚀或铆钉孔扩大应更换。当局部更换时，其拼接宽度不小于 70mm。

2.1.6　前部拖钩开启门无凸凹变形破损，且应开启灵活。

2.1.7　驾驶员踏步孔无锈蚀、破损及变形。

2.1.8　各灯具安装孔位置符合有关规定，预置件齐全。

2.1.9　蓄电池箱门、燃油箱门及加油口框、盖无翘曲、腐蚀及破损。铰链及门锁完好，铆钉或螺栓不松动。关闭后平伏、紧密。行驶时不自动脱开，无响声。

2.1.10　车身玻璃钢零件损坏时，须用玻璃钢材料修复或更换。

2.2　内蒙皮

2.2.1　内侧板及内顶板无裂损和翘曲变形，且各自颜色统一。

2.2.2　内顶板与外蒙皮之间应装隔热材料。

2.2.3　压条与内顶板及内侧板密合，不贴合间隙不大于 0.5mm，且排列整齐，螺钉齐全紧固，分布均匀。相邻两压条应平行，平行度公差为 5mm。接口处应对正，间隙不大于 0.5mm。

2.2.4　前后内顶角板无明显锈蚀、破损及凸凹变形。曲面过渡圆滑。

2.3　外蒙皮与骨架的装配

2.3.1　外蒙皮与骨架接触部位接合平面均应涂、贴防震材料。

2.3.2　各处铆钉、螺钉不松动，且间距均匀，排列整齐。

3 底架修理技术条件

3.1　必须对底架及其装置件进行除锈和防腐蚀处理。

3.2 底架无任何裂纹或严重腐蚀，腐蚀超过原件厚度的1/3时，需进行挖补、加固或局部更换，材质与原规格相同。

3.3 底架上的装置件如转向器、变速操纵机构、传动轴中间支撑、蓄电池、燃油箱、储气筒及脚踏板等的支架应完好，且安装正确，连接牢固。

3.4 底架上平面的平面度公差为1000：1.5。

3.5 底架上前钢板弹簧前支架销孔与后钢板弹簧前支架销孔的对角线长度差不大于5mm。

3.6 底架上相对应的左右钢板弹簧前支架销孔的同轴度公差为2mm。前、后桥钢板弹簧支架销孔各自的对角线长度差不得大于3mm。

3.7 安装发动机的支架上的销孔对角线长度差不大于3mm。

3.8 底架上的主要纵梁平面应平直，其侧面高度上的直线度公差为0.5mm。主要纵梁应与基准横梁垂直。

3.9 纵、横梁侧面对底架上平面的垂直度公差为其高度的百分之一。

3.10 牵引梁上铰接装置中心对底架纵向中心线偏离不大于3mm。

4 骨架修理技术条件

4.1 骨架应进行除锈和防腐蚀处理。

4.2 骨架的任何一个构件都不能有裂纹或严重的腐蚀、损伤。

4.3 当骨架的任一构件其腐蚀深度超过原构件料厚的三分之一或同一构件上多处断裂，应更换与原件相同的新构件。如需加固，则加固板的厚度应等于原构件料厚。

4.4 各立柱的下端至底架上平面之上150mm范围内的严重腐蚀部位，不允许贴补修理，应局部更换。

4.5 凡断裂或腐烂一处的车门立柱及断裂或腐烂二处的其他立柱应整根更换新立柱。

4.6 各车门框对角线和各车门轴承孔中心对角线长度差均不大于8mm。车门踏步及其骨架的损坏部位应按原设计更换。

4.7 各侧窗框的对角线长度差应不大于3mm。

4.8 驾驶员门立柱严重损伤，应更换新件。驾驶员门立柱应与样板相符，预置件齐全。

4.9 前后风窗骨架和止口腐蚀时，允许分段挖补更新。止口高度误差及与风窗玻璃样板的不贴合间隙均应符合原设计要求。

4.10 在前后风窗中间立柱中心线上距下止口500mm处取一点，该点至左右下止口距中间立柱中心线各800mm处两点的连线长度差不大于5mm。

4.11 顶风窗框口应方正。

4.12 骨架整形后，各部连接牢固，其纵向直线部分应平直。弧线部分随顺并符合样板，与样板的不贴合间隙均匀并不大于3mm。前脸、后背骨架左右对称。

4.13 骨架总成任何一处横向截面上的框架对角线长度差不大于10mm。

5 车身铆焊修理技术条件

5.1 焊接

5.1.1 在焊接骨架、底架的裂纹、缺陷之前，应先彻底清洁施焊部位，将其校正、复原并定位。

5.1.2 根据被焊接零件的材质及国家标准 GB980—984—76《焊条》的规定选择焊条，并按焊接规范施工。

5.1.3 焊缝的熔深符合技术要求。焊缝本身的强度不低于被焊接零件的强度。

5.1.4 焊缝连续、平整，表面呈均匀鳞状波纹，并且宽度一致，无裂纹、咬边、未焊透、弧坑、气孔、夹渣、焊瘤等缺陷。

5.1.5 铝板焊缝高出 1mm 以上时应修平。

5.1.6 在骨架、底架上影响装配其他部件的焊缝应修平。

5.1.7 点焊的焊点位置应符合规定。焊后无焊瘤、表面熔化、烧穿和凹陷等现象。

5.2 铆接

5.2.1 在铆接骨架、底架前应先将其校正、复原并定位。

5.2.2 底架上铆接钢板弹簧支架的各铆钉孔直径超过基本尺寸 0.5mm 时应予修复。铆钉孔和铆钉直径的配合应符合 GB152～76《紧固件通孔及沉头座尺寸》的规定。

5.2.3 铆钉杆应充满铆钉孔，并不得歪斜和松动。铆钉头应无裂纹、残缺、偏移等现象。

5.2.4 铆接面贴合紧密。贴紧范围的直径不小于铆钉直径的 3 倍。

5.2.5 铆钉中心到被铆接件边缘的距离垂直于载荷方向应不小于铆钉直径的 1.5 倍；平行于载荷方向应不小于铆钉直径的 2 倍。

5.2.6 使用拉铆钉的蒙皮其铆钉之间的蒙皮搭接处的不贴合间隙不超过 0.3mm。

5.2.7 外蒙皮采用铆接时，各铆钉间距不大于 70mm，且分布均匀，排列整齐，其中心线直线度公差为 1mm，铆钉头无尖刺。

6 车身附件及装饰件修理技术条件

6.1 车厢地板及驾驶室地板

6.1.1 木质地板应进行干燥和防腐处理。其用料厚度为 25～30mm，宽度为 100～500mm。两侧应有凸凹止口。同一车辆地板厚度应相同，并排列整齐，结合紧密。

6.1.2 驾驶室地板无腐蚀、破损，要严密、平伏，与各操纵件不碰擦。开孔处应装防尘装置。

6.1.3 地板活络孔盖启闭灵活，严密平伏，活络孔及盖具有足够的强度，安全可靠。

6.1.4 轮罩无腐蚀、破损或凸凹变形，并弧面圆滑，安装牢固。更新时应符合原厂设计要求。后面的挡泥板及挡水胶皮安装牢固。

6.1.5 地板胶皮平整，按缝严密，无破损老化。压条与地板胶皮贴合紧密，压条螺丝间距均匀。地板条间距均匀。整齐、牢固，符合原厂规定。

6.1.6 塑料地板安装平整。接缝不大于 1mm，无孔洞。

6.2 座椅

6.2.1 座椅架无开焊、断裂、腐蚀和变形。

6.2.2 驾驶员座椅应能上、下、前、后调整。调整机构方便灵活，锁止机构可靠。

6.2.3 乘客座椅安装位置符合有关规定，高低一致，排列整齐，固定牢靠。

6.2.4 座垫及靠背颜色一致。

6.3 散热器防护罩、发动机防护罩、边盖板、仪表台、导风板

6.3.1 散热器防护罩恢复原有形状，安装牢固。

6.3.2 发动机防护罩无破损、凸凹变形，其隔热层，密封条及锁止、吊挂机构齐全有效。铰链装置位置正确，盖好后不与其他机件刮碰。

6.3.3 边盖板平伏、开关灵活。

6.3.4 仪表台及开关板平整，无裂纹或松动。各仪表开关、指示灯完好无缺，标志分明，安装牢固。

6.3.5 导风板无腐蚀、破损或翘曲变形，并左右对称，安装牢固，角度适宜。

6.4 侧窗、车顶通风窗、扶手杆、服务台

6.4.1 侧窗玻璃完好。各窗框口型材平整，无破损及严重腐蚀；绒槽、嵌条装置牢固。橡胶衬条及防水胶条无老化开裂，并不得拼接。防水胶条紧贴玻璃，不涂漆色，且全车颜色一致。

6.4.2 摇窗机转动灵活。能下降到底，且相邻两窗玻璃高度差不大于4mm。拉窗推拉灵活，无阻滞现象。全关时，两玻璃重合宽度为30～60mm。行驶中无震响，不自动离位。

6.4.3 车顶通风窗无腐蚀、破损、翘曲变形及漏水现象。铰链及弹簧作用完好，启闭灵活，行车时无颤抖声，不自行下落。关闭后密合。防水胶条完整，无老化、破损现象。

6.4.4 车内扶手杆及座(包括三通)无腐蚀、破损、弯曲变形及松动，且表面光洁、美观。

6.4.5 服务台、废票箱、工作灯、信号按钮及门开关等设置符合有关规定。服务台及脚踏板无破损、腐蚀及凸凹变形，安装牢固，设备齐全有效。

6.5 驾驶员门和车门

6.5.1 驾驶员门无严重腐蚀、翘曲、凸凹变形。最大开启角度略小于90°，并有开启限位装置，密封胶条齐全无老化。门锁、铰链装置齐全可靠。

6.5.2 车门平整，无裂纹、腐蚀。预置件齐全，门轴不松旷。开关时动作灵活，关闭后两扇门高低一致，中间有40mm以上缝隙，其间胶条密合。车门扇折缝处应有安全防护装置。上下滑动装置安装牢固，滑动轻便、灵活。车门轴下部调整螺栓有效。

6.6 保险杠、牵引钩、蓄电池架、燃油箱架

6.6.1 保险杠平整、无歪斜、破损、凸凹变形等现象，且左右对称，安装牢固。

6.6.2 前拖钩或拖环无裂纹，与底架连接牢固。

6.6.3 蓄电池架无破损、扭曲及腐蚀，并安装牢固，推拉灵活。锁止装置可靠。防尘设施有效。

6.6.4 燃油箱架安装牢固，拆装方便。支架、固定架及衬垫齐全。在安装燃油箱后，不允许有与其他部件摩擦或碰撞现象。

6.7 遮阳板及支架、后视镜及支架、前风窗及启闭机构

6.7.1 遮阳板无翘曲、破损，板面清洁，遮阳效果适宜。并上下可调，不自行下落。

6.7.2 后视镜成像清晰，支架无破损腐蚀，安装牢固、松紧适宜，调整方便。

6.7.3 前风窗玻璃完整，不眩目。玻璃嵌装牢固，启闭机构工作轻便、可靠。

6.8 门泵及联动机构、门泵托盘及门泵罩、车门开关装置

6.8.1 门泵及联动机构工作正常，不松旷、不漏气。气压为(3.5～8)×10^5Pa时车门能正常开闭。关闭时，应有缓冲动作。

6.8.2 门泵托盘应安装牢固。门泵罩及端面清洁无破损、凸凹变形及严重腐蚀。铰链灵活，开闭时无刮碰、阻滞现象。锁止机构及撑杆齐全有效。行驶中无震响。

6.8.3 车门开关装置应工作灵敏，性能可靠，排气孔畅通。

6.9 刮水器及联动机构

6.9.1 气动和电动刮水器及联动机构工作灵敏、协调、有效，不允许有阻滞、漏气或漏电现象。其有效刮水面应符合原设计要求，扇面夹角不小于90°。

6.9.2 橡胶刮片及卡槽完整无裂纹。刮片无老化现象，全长与玻璃贴紧。

6.9.3 刮片架、摆杆、延伸臂等各部铆钉不松旷，连接牢固。

6.10 寒冷地区使用的车辆防霜设施齐全有效，安装牢固。

6.11 车辆前、后和右侧路牌的位置符合有关规定，且安装牢固、装卸方便。购票标准线的高度符合规定。

6.12 车内灯玻璃及罩圈完整，罩圈无脱漆、腐蚀现象。

6.13 灭火器吊钩完好，固定牢固。

6.14 车身装饰件

6.14.1 车辆商标及面罩无腐蚀破损，安装端正牢固。面罩装饰条平整、间距均匀。

6.14.2 窗帘杆无弯曲、腐蚀。支架裂损应更换。原装饰镀层或涂层应恢复。

6.14.3 车身内外铝装饰件和嵌条齐全牢固。铝装饰件应电化学处理或抛光，嵌条颜色统一，并与蒙皮贴实，其间隙不大于0.5mm。

7 铰接装置修理技术条件

7.1 转盘

7.1.1 上下转盘无裂损。接触表面光洁、平整，平面度公差为0.8mm。接触平面油槽深度不小于0.5mm。

7.1.2 上下回转轴孔端面无严重沟痕。上下回转轴孔和牵引主销轴孔压入衬套后，衬套内表面光洁，同轴度公差为0.20mm。

7.1.3 牵引主销与上下回转轴表面光洁，螺纹完好，并需进行探伤检查。上下回转轴螺母锁紧后，其轴向间隙不大于0.5mm(允许用垫片调整)。上下转盘支架转动灵活，保险锁片和开口销齐全有效。牵引主销，上下回转轴与衬套的配合符合原厂规定。

7.1.4 上下转盘连接螺栓螺纹完好，不得有弯曲变形。连接螺栓旋紧后，上下转盘能用手转动。开口销齐全有效。

7.1.5 上下转盘支架均不得有裂损，轴孔内表面光洁，径向磨损不大于1mm；上转盘前支架限位突缘平面无磨损沟痕，与上回转轴限位块配合紧密，不松动。

7.1.6 转盘托柱上下压板在螺栓紧固后，应保持间隙0.5～1.0mm，并与上回转轴夹紧。

7.2 球铰

7.2.1 牵引球销须进行探伤检查，不得有任何裂纹。

7.2.2 牵引球销头部与球头碗配合接触面积在75%以上，装合后松紧适宜。

7.2.3 球铰装置各部紧固螺栓齐全有效。润滑油池注满润滑脂且密封良好。

7.2.4　球销端头上的螺纹损伤不超过2牙，组装后与球销座连接牢固，开口销齐全有效。

7.3　中间横梁

7.3.1　中间横梁与伸缩棚环架无脱焊、裂纹及严重变形。

7.3.2　支柱托架无裂损，承孔径向磨损不大于0.3mm，且螺孔完好。

7.3.3　托柱球头表面和球头座内表面光洁、无沟痕，球头磨损不大于0.3mm，球头与座配合间隙不大于0.5mm。

7.3.4　中间横梁柱套或稳定机构的中轴及外套部件无裂损，尼龙衬套符合有关技术要求，轴与套的配合间隙不大于0.6mm。

7.3.5　滚轮支架不得有裂纹，轴孔径向磨损不大于0.3mm。

7.3.6　滚轮滚动灵活，径向磨损不大于2mm，轮孔径向磨损不大于0.3mm。

7.3.7　滚轮轴表面光洁，径向磨损不大于0.3mm，且螺纹完好。

7.3.8　转盘半圆板应有完整的花纹，当花纹磨平时须更换。

7.4　限位装置

7.4.1　转盘的限位突缘不得有突角和裂纹，各限位块工作面磨损不超过1mm。

7.4.2　限位装置各零、部件无裂损、变形或腐蚀，安装牢固。

7.4.3　铰接装置的水平转角达到左右极限位置前5°时，音响警报器应报警。

7.5　**各分机构**

应保证转向和回位角度均分，工作正常，无阻滞现象。

7.6　保险装置

7.6.1　保险钢丝绳无腐蚀、断损，直径不小于14mm，长度适当，安装可靠。

7.6.2　钢丝绳的固定装置形状和位置符合要求，且焊接牢固。

7.6.3　钢丝绳须用两个夹头固定。螺栓无滑牙，紧固后不松动。

7.7　伸缩棚及连接机构

7.7.1　伸缩棚布应更新。安装后应整洁、匀称、牢固，接缝严密，不漏水；铰接部位的防尘装置齐全有效。

7.7.2　棚杆无裂损、腐蚀，形状符合样板。

7.7.3　伸缩棚吊杆径向磨损大于3mm应更新。其直线度误差不大于5mm，与轴承或滑轮配合不松旷，球头径向磨损不超过1.5mm。

7.7.4　吊架控距弹簧有效，自由长度差不大于2mm。

7.7.5　吊杆机构各配合部位滑动或转动灵活，安装牢固，安全有效。防尘套齐全。

8　涂漆技术条件

8.1　涂漆前表面准备

8.1.1　骨架、底架涂防锈漆之前，必须认真清除尘土、油污、和氧化层。

8.1.2　需全部脱漆的零部件应把旧涂层清除干净并进行表面处理。

8.1.3　对新板金件必须进行除锈、除油、除尘、除水分等表面处理或化学处理(如磷化等)。

8.1.4 经处理后的表面，在涂漆前应符合下列要求：干燥、清洁，显出金属本色。

8.2 涂层

8.2.1 涂料应正确配套：底漆、腻子和表面漆之间必须有良好的附着力，没有“咬底”等破坏涂层的不良作用。成膜物质热胀冷缩性要求一致，不致涂料开裂。

8.2.2 自配腻子应按不同季节所规定的配方调配。

8.2.3 每道腻子都应边角清楚，不允许有飞边。

8.2.4 喷面漆前，车身的涂层表面平整、光滑、手感柔和，无裂纹及孔眼等现象，处于清洁、干燥状态。

8.2.5 各涂层必须严格按工艺规范施工，涂层总厚度见表3

涂层控制总厚度(mm) **表 3**

涂　层	控 制 总 厚 度
一般性涂层	0.08～0.10
装饰性涂层	0.10～0.15
保护性涂层	0.15～0.20

注：一般性涂层：包括内围板、顶板等。
装饰性涂层：包括外部覆盖件及装饰件等。
保护性涂层：包括防水性的防锈底漆和耐油性的保护涂层等。

8.2.6 除上述要求外，公共汽车各部油漆涂层的质量指标，参照执行JB/Z111—74《汽车油漆涂层》标准中的有关规定。

8.3 面漆

8.3.1 车身同一漆色深浅一致，色泽光亮。异色边界分明、整齐。面漆无流痕、变色和各种污点。漆膜结合牢固，无皱纹、起泡、脱层、针孔、桔皮状等缺陷。烤漆类的漆膜铅笔硬度在4H以上。

8.3.2 车内设施的涂层均匀，无流痕和明显涂痕，同类设施漆色一致。

8.3.3 按规定不涂漆的零部件(如玻璃、橡胶件、电镀件等)不允许有漆迹和油污。

8.3.4 应按规定喷涂企业名称、牌照号、车辆编号等，并字迹清楚、整齐。

9 驾驶操纵机构修理技术条件

9.1 节气门、阻风门和手油门传动机构

9.1.1 节气门、阻风门、应操纵灵活轻便、有效，拉簧完好，开闭到位。

9.1.2 各连接件的轴、销与孔的配合间隙不大于0.25mm，拉杆调节螺母完好有效。

9.1.3 加速踏板铰链及固定螺栓应完好。CA10B、CA10C、CA15踏板自由行程不大于5mm，踏板与水平面的夹角为40°～60°，踏板横向摆动不大于10mm。JN651踏板自由行程不大于10mm，横向摆动不大于5mm。

9.2 脚制动传动机构

9.2.1 脚制动传动机构操纵灵活、工作可靠、安装牢固。

9.2.2 踏板横向摆动不超过6mm，与水平面夹角为50°～65°，CA10B、CA10C、CA15自由行程为10～15mm，JN651自由行程为15～25mm。

9.2.3 各拉杆无严重变形、损伤。各销与销孔配合间隙不大于 0.25mm。开口销、垫圈必须齐全有效。拉簧与拉杆调节螺纹完好、有效。

9.2.4 踏板轴与支架承孔的配合间隙不大于 0.25mm。轴表面光洁。支架固定螺栓齐全牢固。

9.2.5 踏板无损伤，花纹深度不小于 1.5mm。

9.3 离合器传动机构

9.3.1 离合器传动机构操纵灵活、轻便。

9.3.2 踏板轴与支架承孔和各拉杆销与销孔的配合间隙均不得大于 0.25mm。拉簧无折断及严重变形，作用有效。支架螺栓、调节螺栓和润滑油嘴完好有效。

9.3.3 踏板自由行程为 20～40mm。踏板位置及角度适当、操作方便。踏板安装角度：汽油车为 60°～70°，柴油车为 40°～50°。

9.4 变速操纵机构

9.4.1 换档灵活、轻便，档位准确，各档齿轮啮合正常。

9.4.2 变速操纵杆横向、纵向行程适当。变速杆球头及承孔表面光洁，无严重沟痕，锥形弹簧完好、有效。手柄头无裂纹，螺纹完好。

9.4.3 变速连接杆及连接叉的几何形状和各配合部位的间隙应符合原设计。销、垫片及螺母等齐全有效。

9.4.4 小换档盖无破损，与变速器接合平面的平面度公差为 0.20mm。

9.4.5 JN651 操纵杆与支座孔间隙为 0.10～0.25mm，弹簧与防尘罩完好。操纵杆下端球头与拉杆球头套间隙为 0.10～0.20mm。换档拉杆与套管无严重变形，拉杆、套管与关节间隙不大于 0.25mm，并润滑良好。十字轴体与凹销及拉杆销的配合间隙为 0.02～0.15mm，凹销、拉杆销与万向节叉配合间隙为 0.03～0.28mm。换档轴表面光洁，无严重沟痕，与承孔配合间隙为 0.07～0.25mm。

9.5 手制动传动机构

9.5.1 手制动棘爪及扇形齿板不滑牙。拉簧、拉杆及调节螺纹完好有效。各连杆销与销孔配合间隙不大于 0.25mm。

9.5.2 JN651 手制动中间轴与承孔的配合间隙不大于 0.25mm。钢丝绳完好无损。

9.6 起动机传动机构的操纵杆支架、操纵杆及拉杆无严重变形。拉杆装置角度正确，操纵灵活、不碰擦。固定螺栓紧固有效，拉杆销与销孔间隙不大于 0.25mm。手柄头无裂纹，且螺纹完好。

9.7 百叶窗传动机构应保证百叶窗开闭灵活、无阻滞现象，闭合时严密，开启时叶片转角能达到 90°。

10 发动机修理技术条件

10.1 气缸体及气缸盖

10.1.1 拆检分水管，彻底清除水套内水垢。

10.1.2 气缸体与气缸盖无裂纹，在(3～4)×10^5Pa 的压力下做 5min 水压试验时不得渗漏。修补过的气缸体及气缸盖，应以(4～5)×10^5Pa 的水压进行试验。换装气缸套、气门座圈及气门导管后，应再次做水压试验。

10.1.3 CA10B、CA10C、CA15 气缸体上平面在全长上的平面度公差为 0.20mm；气缸盖下平面在全长上的平面度公差为 0.30mm，且在 50mm 长度内为 0.05mm；铸铁气缸盖下平面的平面度公差为 0.25mm。

6120QK、6130QK 气缸体上平面在全长上的平面度公差为 0.10mm，同一气缸盖上的平面度公差为 0.05mm。

若以气缸体下平面作修理基准，应预先检查其平面度，要求不低于气缸体上平面的平面度。气缸体下平面与曲轴轴承承孔轴线的平行度公差在全长上为 0.10mm，气缸体上平面与曲轴轴承承孔轴线间的距离减少量不大于 0.40mm。

10.1.4 气缸体的后端面对曲轴轴承承孔轴线的垂直度公差为 100：0.10。气缸体各曲轴轴承承孔的圆柱度公差为 0.025mm，同轴度公差为 0.04mm，相邻两承孔的同轴度公差为 0.02mm。凸轮轴各轴承承孔的圆柱度公差为 0.025mm，同轴度公差为 0.06mm。6120QK、6310QK 气缸体主轴承座孔同轴度公差在全长上为 0.03mm，相邻两座孔同轴度公差为 0.02mm。凸轮轴轴承座孔的同轴度公差为 0.06mm。镗削轴承后，曲轴轴承轴线与凸轮轴轴承轴线的平行度公差为 0.20mm，其轴线间距离原厂规定：CA10B、CA10C、CA15 为 133.35+0.05mm；6120QK、6130QK 为 181.91+0.07mm。

气缸体上分电器承孔端面与承孔轴线的垂直度公差为 0.05mm，承孔的圆柱度公差为 0.025mm，承孔与分电器壳及传动轴壳的配合符合表 4 的规定。

CA10B、CA10C、CA15 分电器壳及传动轴壳与气缸体的配合（mm） **表 4**

部位	原厂尺寸		配合间隙（+）或过盈（−）		
	缸体孔径	轴壳外径	原厂规定	大修允许	使用限度
内	$\phi34^{+0.039}$	$\phi34_{-0.050}$	0～+0.089	0～+0.089	+0.10
外	$\phi41.3^{+0.05}$	$\phi41.3^{-0.025}_{-0.055}$	+0.025～+0.105	+0.025～+0.200	+0.30

10.1.5 汽油发动机缸盖上各燃烧室容积差不大于平均值的 4%。

10.1.6 汽油机火花塞螺孔及柴油机喷油嘴螺孔的螺纹损坏不得多于 1 牙，气缸体和气缸盖螺孔的螺纹损坏不得多于 2 牙。修理后的螺纹符合装配要求。镶套时其上端不允许高出气缸体平面。

10.1.7 气门导管外径与气缸体或气缸盖上承孔的配合过盈为 0.02～0.06mm。柴油机气门导管上端面与气缸盖平面的距离为 21mm，柴油机气门导管上端面与缸体上平面的距离：CA10B 为 24±0.5mm（进、排气门导管），CA10C、CA15 为 29±0.5mm（进气门导管），24±0.5mm（排气门导管）。

气门座圈缺裂、烧损或侧置气门式发动机的气门座圈凹陷低于气缸体上平面 1.5mm（以最高处为准）时应换镶，换镶时，气门座圈外表面光洁度应不低于▽6。气门座圈承孔光洁，底平面平整，其中心线与气缸轴线的夹角为 4°30′，圆度公差为 0.0125mm。气门座圈与承孔的配合数据见表 5。

10.1.8 CA10B、CA10C、CA15 飞轮壳上装变速器轴承盖的承孔，对曲轴轴线的径向圆跳动公差为 0.30mm，后端面对曲轴轴线的端面圆跳动公差为 0.20mm。

10.1.9 当气缸磨损至其直径不能按最大一级修理尺寸修理时应换镶气缸套。特殊情况下，允许只更换个别气缸套，但必须将其搪磨到与其他气缸相同的尺寸。

10.1.9.1 镶装干式气缸套的各承孔应采用定位镗削，并镗成同一级修理尺寸，其圆柱度公差为 0.01mm，表面光洁度不低于▽6，气缸套外表面光洁度不低于▽7。镶压气缸套时，应采用隔缸顺序压入，承孔与气缸套的配合过盈为

气门导管、进、排气门座圈装配数据(mm)　　**表 5**

结合零件	项目		型号 CA10B CA10C CA15	型号 6120QK 6130QK
气门导管与气缸体(盖)	原厂尺寸	缸体(盖)孔径	$\phi17^{+0.027}$	$\phi20^{+0.023}$
		导管外径	$\phi17^{+0.075}_{+0.040}$	$\phi20^{+0.042}_{+0.028}$
	配合间隙(+)或过盈(−)	原厂规定 大修允许 使用限度	−0.075～−0.013 −0.075～−0.025 (选配)	−0.042～0.005 −0.042～−0.020 (选配)
进气门座圈与气缸体(盖)	原厂尺寸	缸体(盖)孔径	大修用 $\phi52^{0.046}$	
		座圈外径	大修用 $\phi52^{+0.163}_{+0.117}$	
	配合间隙(+)或过盈(−)	原厂规定 大修允许 使用限度	−0.163～−0.071 −0.163～−0.071	
排气门座圈与气缸体(盖)	原厂尺寸	缸体(盖)孔径	$\phi46^{+0.027}$	$\phi56^{+0.030}$
		座圈外径	$\phi46^{+0.125}_{+0.100}$	$\phi59^{+0.120}_{+0.090}$
	配合间隙(+)或过盈(−)	原厂规定 大修允许 使用限度	−0.125～−0.073 −0.125～−0.073	−0.120～−0.060 −0.120～−0.060

0.05～0.10mm。有条件分组选配时，对有突缘的气缸套配合过盈，可采用0.05～0.07mm，对无突缘的气缸套，可采用0.07～0.10mm。气缸套突缘外径与承孔之间留有0.05～0.10mm的间隙，气缸套上端面不低于气缸体上平面，但不得高出气缸体上平面0.05mm。

10.1.9.2　湿式气缸套支承肩和气缸体相互结合的端面的表面光洁度均应不低于▽6，且不得有斑点、沟痕。气缸体上、下承孔的圆柱度公差为0.015mm，与气缸套的配合间隙：上承孔一般为0.05～0.13mm，下承孔一般为0.018～0.085mm。安装后的6120QK、6130QK气缸套的上端面应高出气缸体上平面0.07～0.15mm，位于同一气缸盖下的气缸套的高度差不超过0.04mm。

10.1.10　在镶干式气缸套的气缸体上换镶气缸套、气门导管及气门座圈时，一般应先镶气缸套，再镶气门导管，后镶气门座圈，以防止因气缸体变形而影响正确装配。

10.1.11　镗磨气缸的技术要求：

10.1.11.1　凡需修补或换镶气门导管及气门座圈的气缸体，镗缸应在上述工作完毕后进行。

10.1.11.2　镗缸采用隔缸镗削。各缸镗成原厂尺寸或同一级修理尺寸。镶干式气缸套的气缸体，镗缸前应再次检查修整气缸体基准面。

10.1.11.3　气缸轴线对曲轴轴承承孔轴线的垂直度公差为100∶0.03mm，全长上不大于0.05mm。为保证各缸轴线平行度及距离符合标准，应采用定位镗缸。

10.1.11.4　镗缸时，每次进刀量不宜过大，最后一次应不超过0.05mm，并预留0.03～0.04mm的磨削量。同时将气缸套上口倒角，镗削后缸壁的光洁度不低于▽6。

10.1.11.5　磨缸时亦应隔缸磨削。磨缸后，缸壁表面光洁度不低于▽8。干式缸套气缸的圆度公差为0.005mm，圆柱度公差为0.0075mm，湿式缸套气缸的圆度和圆柱度公差均为0.0125mm。气缸如有锥形，缸径应上小下大。

10.2　曲轴及飞轮

10.2.1　曲轴磨削前，应进行探伤检查，不得有裂纹。检查中间主轴颈对两端主轴颈的径向圆跳动如大于0.15mm

时，应予校直。

10.2.2 曲轴主轴颈和连杆轴颈分别磨成原厂尺寸或同一级修理尺寸。

10.2.3 曲轴磨削后应符合下列要求：

10.2.3.1 各轴颈的圆柱度公差为0.005mm，表面光洁度不低于▽8。轴颈两端须保持圆弧，其半径：CA10B、CA10C、CA15为1.5～3mm；6120QK、6130QK为4.5～5.5mm。中间主轴颈对两端主轴颈的径向圆跳动公差为0.05mm。

10.2.3.2 各连杆轴颈轴线对主轴颈轴线的平行度公差为0.01mm。

10.2.3.3 连杆轴颈轴线与主轴颈轴线的距离，原厂规定：CA10B、CA10C、CA15为57.15±0.10mm；6120QK、6130QK为70±0.08mm，修理后其极限偏差不大于±0.15mm。以曲轴装正时齿轮的键槽中线为基准，各连杆轴颈的分配角度差不大于±0°30′。

10.2.3.4 曲轴装飞轮的突缘端面对曲轴主轴颈轴线的端面圆跳动公差为0.06mm，外圆的径向圆跳动公差为0.04mm。曲轴装变速器第一轴前轴承的承孔对主轴颈轴线的径向圆跳动公差：CA10B为0.06mm，CA10C、CA15为0.05mm。承孔与轴承的配合符合表6的规定。

10.2.3.5 曲轴装正时齿轮的轴颈对主轴颈轴线的径向圆跳动公差为0.03mm，装皮带轮的轴颈对主轴颈轴线的径向圆跳动公差为0.05mm。正时齿轮、皮带轮与曲轴轴颈的配合符合表7的规定。

10.2.4 曲轴前端起动爪如有缺裂和显著变形，应修理或更换。

曲轴与变速器第一轴前轴承的配合(mm) **表6**

型号	原厂尺寸		配合间隙(+)或过盈(−)	
	曲轴孔径	轴承外径	原厂规定	大修允许
CA10B CA10C CA15	$\phi52^{-0.008}_{-0.040}$	$\phi52_{-0.013}$	−0.040～+0.005	−0.040～+0.023
	飞轮孔径			
6120QK 6130QK	$\phi72^{+0.020}_{-0.010}$	$\phi72_{-0.013}$	−0.010～+0.033	−0.010～+0.033

正时齿轮、皮带轮与曲轴轴颈的配合(mm) **表7**

结合零件	项目		型号 CA10B CA10C CA15	型号 6120QK 6130QK
正时齿轮与曲轴	原厂尺寸	齿轮孔径	$\phi50^{+0.027}$	$\phi55^{+0.030}$
		轴颈直径	$\phi50^{+0.034}_{+0.009}$	$\phi55^{+0.040}_{+0.020}$
	配合间隙(+)或过盈(−)	原厂规定	−0.034～+0.018	−0.040～+0.010
		大修允许	−0.034～+0.070	−0.040～+0.070
		使用限度		
曲轴皮带轮与曲轴	原厂尺寸	轮孔径	$\phi46^{+0.027}$	$\phi55^{+0.039}$
		轴颈直径	$\phi46^{-0.025}_{-0.050}$	$\phi50^{-0.012}_{-0.032}$
	配合间隙(+)或过盈(−)	原厂尺寸	+0.025～+0.077	+0.012～+0.071
		大修允许	+0.025～+0.150	+0.012～+0.150
		使用限度		

10.2.5 曲轴轴承应与轴承座及盖密合，定位凸块应完整，轴承一端固定，另一端应高出轴承座或盖的结合平面，其值为0.03～0.06mm。轴承盖结合面不应锉削，但当轴承盖圆柱面磨损时，允许适当研磨结合面。当轴承盖与座之间有调整垫片时，其每边总厚度不得超过0.20mm，且应相同。

镗削后的轴承，其内圆柱面的圆柱度公差为0.005mm，表面光洁度不低于▽7，同一道轴承上下两轴承片的厚度差不大于0.20mm。主轴承与主轴颈的配合间隙：CA10B、CA10C、CA15为0.026～0.060mm，6120QK、6130QK为0.060～0.131mm(使用铝基轴承时应按原厂规定)。

用手工刮削的轴承，要求接触均匀，接触面积不小于75%。曲轴端隙应符合表8的规定。

曲轴端隙 (mm) **表8**

型号	原厂尺寸		端隙		
	轴颈长	前盖及垫片宽	原厂规定	大修允许	使用限度
CA10B	$43.55^{+0.10}_{+0.05}$	43.55 −0.15	+0.05～+0.25	+0.05～+0.15	+0.25
CA10C CA15	$43.6^{+0.10}_{+0.05}$	43.55 −0.15	+0.05～+0.25		
6120QK 6130QK	$59^{+0.06}_{-0.30}$	$59^{-0.16}_{-0.30}$	+0.16～+0.26 (选配)	+0.16～+0.26 (选配)	+0.60

10.2.6 飞轮不应有裂纹，工作表面平整光洁，其平面度公差：CA10B、CA10C、CA15为0.10mm，6120QK、6130QK为0.16mm，超过时应修平，但飞轮的总厚度不得小于基本尺寸1.2mm。飞轮齿圈牙齿磨损后可焊补或翻面(应倒角)使用。飞轮与齿圈、飞轮与曲轴突缘的配合符合表9的规定。飞轮应进行静平衡试验，允许不平衡量为1×10^{-2}N·m。飞轮与曲轴装合后，飞轮平面对曲轴轴线的端面全跳动公差为0.20mm。

飞轮与齿圈、飞轮与曲轴突缘的配合数据 (mm) **表9**

结合零件	项目		型号 CA10B CA10C CA15	型号 6120QK 6130QK
飞轮齿圈与飞轮	原厂尺寸	齿圈内径	$\phi395^{+0.25}_{+0.30}$	$\phi426^{+0.12}$
		飞轮外径	$\phi395^{+0.67}_{+0.55}$	$\phi426^{+0.67}_{+0.55}$
	配合间隙(+)或过盈(−)	原厂规定	−0.97～−0.30	−0.67～−0.43
		大修允许	−0.97～−0.25	−0.67～−0.30
曲轴突缘与飞轮	原厂尺寸	飞轮孔径	$\phi140^{+0.063}$	$\phi142^{+0.040}$
		突缘外径	$\phi140^{+0.022}_{-0.018}$	$\phi142_{-0.027}$
	配合间隙(+)或过盈(−)	原厂规定	−0.022～+0.081	0～+0.067
		大修允许	−0.022～+0.081	0～+0.067

10.2.7 曲轴应进行动平衡试验；每端允许的不平衡量：CA10B、CA10C、CA15为8×10^{-3}N·m，6120QK、6130QK为1×10^{-2}N·m。

10.3 活塞及连杆

10.3.1 连杆应进行探伤检查，不得有任何性质的裂纹。

10.3.2 连杆上、下承孔轴线应在同一平面内其平行度公差为100：0.03，两轴线偏离此平面的平行度公差为100：0.06。连杆轴承承孔的圆柱度公差为0.025mm。

10.3.3 连杆大端两侧面在轴颈上的端隙应符合表10的规定。

连杆轴承端隙（mm） 表10

型号	原厂尺寸		端隙		
	轴颈长	连杆大端宽	原厂规定	大修允许	使用限度
CA10B CA10C CA15	$38^{+0.10}$	$38^{-0.17}_{-0.25}$	+0.17～+0.35	+0.17～+0.35	+0.40
6120QK 6130QK	$53^{+0.12}$	$53^{-0.29}_{-0.34}$	+0.29～+0.46	+0.29～+0.46	+0.60

10.3.4 连杆螺栓和螺母如有滑牙、变形、裂纹应更换。

10.3.5 连杆轴承应与轴承座及盖密合，定位凸块应完整，轴承一端固定，一端应高出轴承座或盖的结合平面，其值为0.03～0.06mm。轴承盖结合面不应锉削，但当轴承盖圆柱面磨损时，允许适当研磨结合面。当轴承盖与座之间有调整垫片时，其每边总厚度不得超过0.20mm，且两边相同。

搪削轴承时，连杆上、下轴承轴线距离：CA10B、CA10C、CA15为217±0.05mm；6120QK、6130QK为263±0.05mm。

搪削后的轴承，其内圆柱面的圆柱度公差为0.005mm，表面光洁度不低于▽7，连杆轴承与连杆轴颈的配合间隙：CA10B、CA10C、CA15为0.026～0.060mm，6120QK、6130QK为0.100～0.171mm（使用铝基轴承时应按原厂规定）。用手工刮削的轴承，要求接触均匀，且接触面积不少于75%。

10.3.6 同一发动机各活塞质量差：CA10B、CA10C、CA15不大于8g，6120QK、6130QK不大于15g。活塞各部的尺寸应符合表11或原厂规定。

活塞直径、圆度和圆柱度（mm） 表11

型号	活塞直径		头部裙部直径差	圆度	圆柱度
	头部	裙部			
CA10B CA10C CA15	$100.8^{+0.09}_{-0.02}$	$101.5^{+0.04}_{-0.02}$	0.59～0.76	0～0.15	0.03～0.06
6120QK	$119.37^{+0.015}_{-0.025}$	119.827±0.015	0.427～0.497	1.232～1.277	0.080～0.115
6130QK	$129.44^{+0.015}_{-0.045}$ ①	129.81±0.015		1.395～1.575	0.080～0.115

① 距离上顶端12mm处测量。

10.3.7 活塞销与活塞销孔、活塞销与连杆衬套、连杆衬套与承孔的配合间隙或过盈均应符合表12的规定。装配活塞销与连杆衬套在15～25℃时，销与衬套上涂以稀薄机油，以能用姆指压入为宜。装配活塞销与活塞时，将活塞加热到75～85℃，在销及销孔上涂以稀薄机油，以能用腕力轻轻压入为宜。

10.3.8 活塞销锁环（或挡圈）与活塞销两端应各有0.20～0.80mm的间隙，锁环嵌入环槽的深度应相当于锁环钢丝直径的2/3。

10.3.9 连杆与活塞销、活塞装配后，应再次测量活塞裙部的圆度，其变动量：CA10B、CA10C、CA15不得大于0.02mm，6120QK、6130QK不得大于0.03mm。

活塞连杆组配合表(mm)　　表 12

结合零件	项目		CA10B CA10C CA15	6120QK 6130QK
连杆衬套与连杆小端	原厂尺寸	小头孔径	$\phi 29.5^{+0.023}$	$\phi 50^{+0.027}$
		衬套外径	$\phi 29.5^{+0.240}_{+0.170}$	$\phi 50^{+0.106}_{+0.081}$
	配合间隙(+)或过盈(-)	原厂规定	$-0.240\sim-0.147$	$-0.106\sim-0.054$
		大修允许使用限度	$-0.240\sim-0.100$	$-0.106\sim-0.054$
连杆衬套与活塞销	原厂尺寸	衬套内径	$\phi 28^{+0.007}_{-0.003}$	$\phi 45^{+0.040}_{+0.030}$
		销外径	$\phi 28-0.010$	$\phi 45^{-0.005}_{-0.015}$
	配合间隙(+)或过盈(-)	原厂规定	$+0.0045\sim+0.0095$(分组选配)	$+0.04\sim+0.05$(分组选配)
		大修允许使用限度	$+0.0045\sim+0.0095$ $+0.06$	$+0.04\sim+0.05$ $+0.12$
活塞与活塞销	原厂尺寸	活塞孔径	$\phi 28^{-0.005}_{-0.015}$	$\phi 45^{-0.002}_{-0.014}$
		销外径	$\phi 28-0.010$	$\phi 45^{-0.005}_{-0.015}$
	配合间隙(+)或过盈(-)	原厂规定	$-0.0075\sim0.0025$(分组选配)	$-0.003\sim+0.008$(分组选配)
		大修允许使用限度	$-0.0075\sim-0.0025$ $+0.05$	$-0.003\sim+0.008$ $+0.03$

10.3.10　活塞环外圆工作面在开口处左右 30°范围内不允许漏光。每处的漏光弧长所对应的圆心角不得超过 25°，同一环上漏光弧长所对应的圆心角总和不得超过 45°，漏光处的缝隙不大于 0.03mm。

10.3.11　活塞环的弹力应符合产品图纸的规定。

10.3.12　活塞环开口间隙、边隙和背隙均应符合表 13 的规定。

活塞环各部间隙(mm)　　表 13

项目		CA10B CA10C CA15	6120QK	6130QK
开口间隙	压缩环	0.25～0.45 镀铬环 0.25～0.60	(一) 0.55～0.75 (二)(三) 0.50～0.65	(一) 0.63～0.84 (二)(三) 0.49～0.63
	油环	0.25～0.45	0.50～1.00	0.50～1.00
边隙	压缩环	0.035～0.072	(一) 0.097～0.145 (二)(三) 0.060～0.095	(一) 0.110～0.154 (二)(三) 0.060～0.095
	油环	0.035～0.080	0.015～0.205	0.015～0.205 (组合环)
背隙	压缩环	0.230～0.685	1.00～1.30	1.00～1.30
	油环	0.880～1.305	2.0～2.3(推荐值)	2.0～2.3(推荐值)

注：( ) 内指第几道。

10.3.13　同一台发动机各活塞连杆组之间质量差：CA10B、CA10C、CA15 应不大于 40g；6120QK、6130QK 应不大于 45g。

10.4 凸轮轴

10.4.1 凸轮轴应进行探伤检查，不得有裂纹。正时齿轮键槽完整。

10.4.2 当凸轮表面有严重损伤或凸轮升程减少0.4mm以上时，应修磨并恢复升程和形状。凸轮轴轴颈的圆柱度公差为0.015mm，超差时应按分级修理尺寸修磨。修磨轴颈前，以两端轴颈为支承检查中间两轴颈的径向圆跳动，若大于0.10mm应校直。

10.4.3 修磨后的凸轮轴，其轴颈的圆柱度公差为0.005mm，表面光洁度不低于▽8。以两端轴径为支承，中间各轴颈及装正时齿轮轴颈的径向圆跳动公差为0.025mm，凸轮基圆的径向圆跳动公差为0.04mm。凸轮表面不得有波纹、凹陷，光洁度不低于▽7。凸轮升程最高点对正时齿轮键槽中心线的位置偏差不超过±0°45′。凸轮的升程和斜角应符合表14的规定。

凸轮的升程和斜角 表14

型号	凸轮升程(mm)	凸轮斜角
CA10B	$10.42^{+0.15}$	7′30″～10′(小头朝前)
CA10C CA15	$10.15^{+0.15}$	7′30″～10′(小头朝前)
6120QK 6130QK	进气 $8.192^{+0.15}$ 排气 $8.173^{+0.15}$	10′～12′(小头朝后)

10.4.4 驱动汽油泵的偏心轮表面磨损及机油泵驱动齿轮的齿厚磨损，均不得超过0.5mm。

10.4.5 凸轮轴轴承镗削后的表面光洁度不低于▽7。轴承与轴颈的配合、凸轮轴的端隙及轴承与气缸体承孔的配合应符合表15、表16、表17的规定。

凸轮轴与轴承的配合(mm) 表15

型号	原厂尺寸		配合间隙(+)或过盈(−)		
	轴承内径	轴颈直径	原厂规定	大修允许	使用限度
CA10B CA10C CA15	$\phi54^{+0.03}$	$\phi54^{-0.05}_{-0.07}$	+0.05～+0.10	+0.050～+0.075(选配)	+0.15
6120QK 6130QK	(一) $\phi60^{+0.06}_{+0.02}$ (二) $\phi59.5^{+0.06}_{+0.02}$ (三) $\phi59^{+0.06}_{+0.02}$ (四) $\phi58^{+0.06}_{+0.02}$	(一) $\phi60^{-0.09}_{-0.12}$ (二) $\phi59.5^{-0.09}_{-0.12}$ (三) $\phi59^{-0.09}_{-0.12}$ (四) $\phi58^{-0.09}_{-0.12}$	0.11～0.18	0.11～0.18	+0.25

10.5 气门及挺杆

10.5.1 气门杆直线度公差为0.02mm。气门头部磨削后，圆柱部分的高度不小于0.8mm，与气门座的结合印痕应位于气门锥面的中间偏向小端并密封良好。

10.5.2 气门座工作面宽度：进气门为1.0～2.2mm，排气门为1.5～2.5mm。气门和气门座工作面的角度应符合表18的规定。气门工作面的角度可比气门座工作面的角度小

凸轮轴端隙(mm)　　表 16

型号	原厂尺寸 隔圈厚度	原厂尺寸 止推片(凸缘)厚度	配合间隙(+)或过盈(−) 原厂规定	大修允许	使用限度
CA10B CA10C CA15	$5^{+0.16}_{+0.08}$	$5_{-0.048}$	+0.080～+0.208	+0.08～+0.20	+0.50
6120QK 6130QK	$4^{+0.15}_{+0.10}$	$4_{-0.06}$	+0.10～+0.21	+0.10～+0.20	+0.50

凸轮轴轴承与缸体的配合(mm)　　表 17

型号	原厂尺寸 缸体孔径	原厂尺寸 轴承外径	配合间隙(+)或过盈(−) 原厂规定	大修允许	使用限度
CA10B CA10C CA15	$\phi60^{+0.03}$	$\phi60^{+0.135}_{+0.075}$	−0.135～−0.045	−0.135～−0.015	
6120QK 6130QK	(一) $\phi70^{+0.03}$ (二) $\phi69.5^{+0.03}$ (三) $\phi69^{+0.03}$ (四) $\phi68^{+0.03}$	(一) $\phi70^{+0.08}_{+0.06}$ (二) $\phi69.5^{+0.08}_{+0.06}$ (三) $\phi69^{+0.08}_{+0.06}$ (四) $\phi68^{+0.08}_{+0.06}$	−0.08～−0.03	−0.08～−0.03	

30′～1°。

10.5.3　汽油机气门杆与气门导管、气门挺杆与承孔以及柴油机气门摇臂轴与衬套的配合间隙应符合表 19 的规定。

10.5.4　气门杆端面应光滑无损，气门工作锥面对气门杆圆柱面的斜向圆跳动公差为 0.03mm。气门挺杆下端球面应符合原厂规定。

气门和气门座工作面的角度　　表 18

型号		排气门	进气门
CA10B CA10C CA15	气门 气门座	45° 45°	30° 30°
6120QK 6130QK	气门 气门座	45°30′ 45°	45°30′ 45°

气门与导管等配合间隙(mm)　　表 19

结合零件	项目		型号 CA10B CA10C CA15	型号 6120QK 6130QK
进气门杆与导管	原厂尺寸	导管内径	$\phi9.5^{+0.03}$	$\phi12^{+0.023}$
		杆直径	$\phi9.5^{-0.02}_{-0.05}$	$\phi12^{-0.05}_{-0.07}$
	配合间隙(+)或过盈(−)	原厂规定	+0.02～+0.03	+0.050～+0.093
		大修允许	+0.02～+0.12	+0.050～+0.093
		使用限度	+0.20	+0.20
排气门杆与导管	原厂尺寸	导管内径	$\phi9.5^{+0.03}$	$\phi12^{+0.023}$
		杆直径	$\phi9.5^{-0.02}_{-0.05}$	$\phi12^{-0.065}_{-0.085}$
	配合间隙(+)或过盈(−)	原厂规定	+0.02～+0.08	+0.065～+0.108
		大修允许	+0.02～+0.15	+0.065～+0.108
		使用限度	+0.25	+0.20

续表

结合零件	项目		型号：CA10B、CA10C、CA15	型号：6120QK、6130QK
气门挺杆与承孔	原厂尺寸	承孔孔径	中间四孔 $\phi16^{+0.019}$	$\phi35^{+0.039}$
			两边两孔 $\phi16^{+0.040}_{+0.016}$	
		挺杆直径	$\phi16^{-0.016}_{-0.033}$	$\phi35^{-0.025}_{-0.041}$
	配合间隙(+)或过盈(−)	原厂规定	中间四孔 +0.016～+0.052 两边两孔 +0.032～+0.073	+0.025～+0.080
		大修允许	中间四孔 +0.016～+0.070 两边两孔 +0.032～+0.090	+0.025～+0.080
		使用限度	+0.12	+0.20
气门摇臂轴与摇臂衬套	原厂尺寸	衬套内径		$\phi22^{+0.023}$
		摇臂轴径		$\phi22^{-0.02}_{-0.04}$
	配合间隙(+)或过盈(−)	原厂规定		+0.020～+0.063
		大修允许		+0.020～+0.063
		使用限度		+0.20

10.5.5　6120QK、6130QK 气门装合后，其头部平面应凹入气缸盖,凹入深度：进气门为 1.0～1.3mm，排气门为 0.9～1.2mm。

10.5.6　气门弹簧应参照表 20 规定选用。在大修时，气门弹簧弹力允许适当减弱。CA10B 自由长度允许比原厂尺寸缩短 0～4%；在相同的压缩长度下，相应压力允许降低 0～8%。

气门弹簧主要参数　　　表 20

型号		自由长度 (mm)	气门开启时 压缩长度 (mm)	气门开启时 相应压力 (N)	气门关闭时 压缩长度 (mm)	气门关闭时 相应压力 (N)
CA10B CA10C CA15		91.5 ±1.5	60	315～346.5	70	215～237.5
6120QK	内簧	60±1	40	320±30 230±20(新)	53	110±10 80±10(新)
6130QK	外簧	70±1	46	770±30 570±30(新)	59	350±15 260±15(新)

注：(新)是指杭州发动机厂 1978 年起生产的发动机所采用新气门弹簧的参数。

10.6　润滑系

10.6.1　机油泵

10.6.1.1　主动齿轮轴承孔轴线与从动齿轮轴承孔轴线的平行度公差：CA10B、CA10C、CA15 为 100：0.14，6120QK、6130QK 为 100：0.0025。泵壳结合端面与齿轮轴轴线的垂直度公差：CA10B、CA10C、CA15 为 100：0.10；6120QK、6130QK 在全长上为 0.02mm。泵壳结合端面的平面度公差：CA10B、CA10C、CA15 为 0.05mm，6120QK、6130QK 为 0.015mm。

10.6.1.2 主、从动齿轮端面的平面度公差为0.05mm，齿轮端面与泵壳或盖的端隙为0.05～0.20mm，主、从动齿轮与泵壳内壁的径向间隙为0.05～0.15mm。机油泵各零件的配合应符合表21、表22的规定。主、从动齿轮的啮合齿隙为0.05～0.25mm。

CA10B、CA10C、CA15机油泵结合零件装配数据(mm)　　表21

结合零件	项	目	数据
主动齿轮轴与主动齿轮	原厂尺寸	齿轮孔径	$\phi15^{+0.019}_{-0.006}$
		轴径	$\phi15_{-0.012}$
	配合间隙(+)或过盈(−)	原厂规定	−0.006～+0.031
		大修允许	−0.006～+0.062
		使用限度	
主动齿轮轴与传动齿轮	原厂尺寸	齿轮孔径	$\phi15^{+0.002}_{-0.025}$
		轴径	$\phi15_{-0.012}$
	配合间隙(+)或过盈(−)	原厂规定	−0.025～+0.014
		大修允许	−0.025～+0.022
		使用限度	
从动齿轮轴与壳	原厂尺寸	壳孔径	$\phi15^{+0.060}_{+0.030}$
		轴径	$\phi15^{+0.082}_{+0.070}$
	配合间隙(+)或过盈(−)	原厂规定	−0.052～−0.010
		大修允许	−0.052～0
		使用限度	

续表

结合零件	项	目	数据
人动齿轮轴与从动齿轮(衬套)	原厂尺寸	孔径	$\phi15^{+0.120}_{+0.095}$
		轴径	$\phi15^{+0.082}_{+0.070}$
	配合间隙(+)或过盈(−)	原厂规定	+0.013～+0.050
		大修允许	+0.013～+0.100
		使用限度	+0.15
从动齿轮与衬套	原厂尺寸	齿轮孔径	$\phi16.5^{+0.027}$
		衬套外径	$\phi16.5^{+0.240}_{+0.170}$
	配合间隙(+)或过盈(−)	原厂规定	−0.240～−0.143
		大修允许	−0.240～−0.100
		使用限度	
主动齿轮轴与壳、盖(衬套)	原厂尺寸	孔径	$\phi15^{+0.060}_{+0.030}$
		轴径	$\phi15_{-0.012}$
	配合间隙(+)或过盈(−)	原厂规定	+0.030～+0.072
		大修允许	+0.030～+0.120
		使用限度	+0.20

6120QK 6130QK 机油泵体、盖及齿轮的配合(mm)　　表22

结合零件	项	目	数据
主动齿轮轴与衬套	原厂尺寸	轴颈	$\phi22^{-0.02}_{-0.04}$
		孔径	$\phi22^{+0.023}$
	配合间隙(+)或过盈(−)	原厂规定	+0.02～+0.063
		大修允许	+0.02～+0.063
		使用限度	+0.15

续表

结合零件	项	目	数据
主动轴套与前后盖孔	原厂尺寸	轴颈	$\phi28^{+0.065}_{+0.035}$
		孔径	$\phi28^{+0.023}$
	配合间隙(+)或过盈(−)	原厂规定 大修允许 使用限度	−0.065～−0.012 −0.065～−0.012
从动齿轮轴与衬套	原厂尺寸	轴颈	$\phi18_{-0.014}$
		孔径	$\phi18^{+0.06}_{+0.03}$
	配合间隙(+)或过盈(−)	原厂规定 大修允许 使用限度	+0.03～+0.074 +0.03～+0.074 +0.15
从动轴套与从动齿轮	原厂尺寸	轴颈	$\phi24^{+0.065}_{+0.035}$
		孔径	$\phi24^{+0.023}$
	配合间隙(+)或过盈(−)	原厂规定 大修允许 使用限度	−0.065～−0.012 −0.065～−0.012
从动齿轮轴与前盖	原厂尺寸	轴颈	$\phi18_{-0.014}$
		孔径	$\phi18^{+0.025}_{+0.006}$
	配合间隙(+)或过盈(−)	原厂规定 大修允许 使用限度	+0.006～+0.039 +0.006～+0.039
主动齿轮轴与传动齿轮	原厂尺寸	轴颈	$\phi20_{-0.012}$
		孔径	$\phi20^{+0.023}$
	配合间隙(+)或过盈(−)	原厂规定 大修允许 使用限度	0～+0.035 0～+0.035
从动齿轮轴与后盖	原厂尺寸	轴颈	$\phi18_{-0.014}$
		孔径	$\phi18^{-0.015}_{-0.034}$
	配合间隙(+)或过盈(−)	原厂规定 大修允许 使用限度	−0.034～−0.001 −0.034～−0.001

10.6.1.3 机油泵总成性能试验应符合表23的规定。

机油泵总成性能试验 **表23**

Ⅰ

型号	试验用油	试验用出油口 直径(mm)	试验用出油口 长度(mm)	机油泵转速(r/min)	油压(10^5Pa)不低于
CA10B CA10C CA15	7号高速机油(GB 486～65)	φ1.5	5	675	8(新件) 6[①](大修允许)

Ⅱ

型号	试验用油	试验温度(℃)	油泵转速(r/min)	油压(10^5Pa)	泵油量(L/min)应不低于
CA10B	6号车用机油	20	800	2.5	12～13.8
CA10C CA15			1800		19
6120QK 6130QK	机油(HC—11)	35±5	1930	4	33.3

① 压力保持在6×10^5Pa时的压力波动不大于25KPa。

10.6.2 机油滤清器、旁通阀、减压阀及机油集滤器

10.6.2.1 机油粗、细滤清器均应彻底清洗干净、装配完好。滤片式粗滤器的滤片如缺损，应更换补齐，其芯轴能用手转动而无明显阻滞。离心式滤清器的转子装好后，能自由转动，转子与转子盖必须按规定标记(如箭头)对准，以免破坏转子的平衡，其不平衡度不得超过 5mN·m。

10.6.2.2 粗、细滤清器盖的螺栓应扭紧，衬垫及压紧弹簧完好，不漏油。内部油道不得有堵塞或短路现象。

10.6.2.3 润滑系中的减压阀、旁通阀应工作正常，按表 24 规定的油压开启。

减压阀、旁通阀开启压力 表 24

型号	开启压力(10^5Pa)	
	减压阀	旁通阀
CA10B、CA10C、CA15	4	0.4(压力差)
6120QK、6130QK	4① 2.5②	1(压力差)

① 主油道油压控制阀位于细滤器垂直方向。

② 位于细滤器水平方向，转子在大于此压力时才开始工作。

10.6.2.4 机油集滤器清洁干净，管、罩、滤网无裂损、变形，接头螺栓紧固可靠。集滤器浮子无破漏，作用完好。

10.6.3 润滑系各部油道、管路清洁、畅通。

10.7 冷却系

10.7.1 水泵

10.7.1.1 水泵壳体完好、无裂纹。壳体与盖的结合面以及壳体与气缸体的结合面的平面度公差为 0.15mm。壳内壁与水封的结合面对水泵轴承承孔轴线的端面圆跳动公差为 0.05mm。壳体与盖的结合面对该轴线的垂直度公差为 0.05mm。

10.7.1.2 水泵叶轮完好，无裂纹。叶轮与泵盖或泵体端面的间隙应符合原厂规定：CA10B、CA10C、CA15 为 1.70～2.87mm；6120QK、6130QK 为 0.04～0.89mm。

10.7.1.3 水泵轴承与水泵轴的配合为 −0.01～+0.03mm，轴承与壳体承孔的配合为 −0.02～+0.04mm。

10.7.1.4 皮带轮与水泵轴的配合应符合规定。CA10B、CA10C、CA15 锥形套应低于皮带轮锥孔端面 1～2mm。其紧固螺母按规定力矩 54～70N·m 扭紧，锁止可靠。装合后，皮带轮梯形槽侧面的斜向圆跳动公差为 1.00mm。

10.7.1.5 修理后的水泵应做试验：CA10B、CA10C、CA15 水泵转速为 2000r/min 时，其流量为 200L/min 压力为 5×10^4Pa；6120QK、6130QK 水泵转速为 2000r/min，压力为 $(1.1\sim1.2)\times10^5$Pa 时，流量不得小于 190L/min。各部不得有渗漏现象。

10.7.2 散热器及节温器

10.7.2.1 散热器大修时应拆去上、下水室，彻底清除水垢、污物，大修后散热器水管不得有堵塞或截断现象。散热片应理直，排列整齐，与水管焊接良好。装水容量不得低于原厂规定的 98%。

10.7.2.2 散热器装合后进行压力试验：在 $(0.3\sim0.5)\times10^5$Pa 的压力下无漏水现象，或置散热器于水中，以不大于 0.5×10^5Pa 的气压试验，不得有漏气现象。

10.7.2.3 散热器回水管畅通。散热器配备具有阀门的散热器盖，阀门开闭特性符合原厂规定。

10.7.2.4 节温器在 68～72℃时开始开启，到 80～85℃时全开。

10.7.3 百叶窗及调节机构操作灵活，关闭严密，不松

旷，无震响、腐蚀、弯曲变形等现象。窗片开启应达到 90°。

10.7.4　护风圈无腐蚀或凸凹变形，其外形尺寸符合原厂设计。

10.7.5　风扇叶片无变形，叶片角度符合原厂规定。

10.8　汽油发动机供油系

10.8.1　汽油泵

10.8.1.1　汽油泵壳体与盖结合平面的平面度公差为 0.10mm，壳体与缸体结合平面的平面度公差为 0.20mm，超过时应修平。

10.8.1.2　汽油泵摇臂与偏心轮接触平面的磨损不超过 0.20mm，摇臂轴与壳体承孔的配合不应有间隙。摇臂在摇臂轴上的轴向间隙不大于 0.80mm；径向间隙为 0.03～0.13mm，使用限度为 0.20mm。

10.8.1.3　进、出油阀与阀座研磨密合。膜片弹簧、进(出)油阀弹簧及摇臂弹簧完好，性能符合要求。膜片完好，无破损及渗漏。滤网必须完整、清洁。

10.8.1.4　汽油泵的泵油量、泵油压力及当达到规定压力后的密封性符合表 25 的规定。各结合面在 3min 内不得有漏油现象。

汽油泵的泵油压力、泵油量及密封性　　　表 25

型　号	凸轮轴转速 (r/min)	泵油量 (L/min)	出油口关闭压力 (10^5Pa)	吸油高度 (mm)	输油高度 (mm)	停止泵油 1min 后压力下降 (10^5Pa)
262	1200	>1.5	0.20～0.30	500	500	<0.03
266	1200	>3.16	0.20～0.30	500	500	<0.05
268	1200	>3.16	0.26～0.36			<0.05

10.8.2　化油器

10.8.2.1　壳体的上体、中体及下体各结合平面的平面度公差均为 0.10mm。壳体完好、无裂损。

10.8.2.2　针阀总成密封良好，浮子完好、不漏气，焊修过的浮子，其重量不得超过原重量 5%。

10.8.2.3　喉管直径、量孔流量及浮子室油面高度均应符合原厂规定，但可结合地区条件及动力性、经济性的要求适当调整。

10.8.2.4　加速泵工作可靠。真空省油器在原厂规定的真空范围内工作正常，气道不得有堵塞、漏气现象。

10.8.2.5　节气门开闭灵活，节气门轴与轴孔的配合间隙为 0.05～0.10mm，使用限度为 0.20mm。当阻风门及节气门完全关闭时，其边缘与化油器内壁的间隙不得大于 0.10mm。

10.8.2.6　化油器装在发动机上试验时应符合下列要求：发动机起动容易，怠速稳定，加速性能良好。

10.8.3　燃油箱及汽油滤清器清洁，其性能符合原设计。

10.8.4　供油系管路清洁、畅通、无渗漏现象。转弯处管径截面积减少不大于 10%。管路布局符合原厂设计。

10.9　柴油发动机供油系

10.9.1　喷油泵及调速器

10.9.1.1　拆检前应用煤油或汽油彻底清洗喷油泵和调速器外部。

10.9.1.2　检查和调整喷油泵和调速器时，必须使用专用工具。精密偶件要配套，壳体无裂损。

10.9.1.3　柱塞和柱塞套的圆柱形工作面不允许有任何刻痕和腐蚀，其圆柱度公差为 0.001mm。研磨后，工作面不得留有研磨划痕、局部暗光和花斑，允许有肉眼不易见到的细纹，其表面光洁度不低于▽12，间隙不大于0.003mm。柱塞和柱塞套装合后，不允许有任何阻滞现象，并进行密封试验。取下喷油泵的出油阀体，接上喷油器手泵试验台管路，将柱塞调整到最大供油量的中间行程位置，使手泵油压达到 2×10^7Pa 时停止泵油，当油压降至 1×10^7Pa 的时间不短于14s。同一喷油泵的柱塞偶件密封性彼此相差应不大于15%。

柱塞套与泵体承孔的配合间隙一般为0.016～0.100mm。柱塞弹簧无裂纹、锈蚀和变形现象，性能符合要求。

10.9.1.4　油量控制拉杆的直线度公差为0.05mm。与衬套的配合间隙符合表26的规定。泵体两端拉杆衬套内孔的同轴度公差为0.05mm，与泵体承孔的配合不得松动。装配时，调节臂与调节叉槽的配合间隙不大于0.15mm。

10.9.1.5　滚轮体与泵体承孔的配合间隙为0.020～0.063mm。为保证柱塞开始工作位置，滚轮体高度为25.4±0.05mm，六缸间的误差不大于0.03mm。垫片一般不调换，磨损后允许翻面使用。滚轮间隙不大于0.15mm。

10.9.1.6　凸轮轴的直线度公差为0.05mm。凸轮全高的磨损不超过0.30mm，使用限度为0.50mm。凸轮轴与圆锥滚柱轴承为过盈配合，装合后的轴向间隙不大于0.15mm。

10.9.1.7　出油阀偶件的工作面无刮痕及腐蚀，并进行密封性试验。将出油阀偶件装在专用工具上利用喷油器手泵试验台进行检查(也可以装在喷油泵上进行检查)。锥面密封性：旋出顶杆螺钉，使阀体完全落入阀座，当油压由 250×10^5Pa 降至 200×10^5Pa 时所需时间不得短于60s；减压环密封性：旋进顶杆螺钉，使阀体上升0.3～0.5mm，当油压由 250×10^5Pa 降至 100×10^5Pa 时所需时间不得短于2s。

喷油泵主要零件的配合(mm)　　表26

结合零件	项	目	BⅡ6MR 85FZ—1 BⅡ6MR 90FZ—1
柱塞套与泵体	原厂尺寸	泵体孔径	$\phi16^{+0.027}$
		柱塞套外径	$\phi16^{-0.016}_{-0.033}$
	配合间隙(+)或过盈(−)	原厂规定 大修允许 使用限度	+0.016～+0.060 +0.016～+0.100 +0.12
油量控制拉杆与衬套	原厂尺寸	衬套内径	$\phi10^{+0.016}$
		拉杆直径	$\phi10^{-0.013}_{-0.035}$
	配合间隙(+)或过盈(−)	原厂规定 大修允许 使用限度	+0.013～+0.051 +0.013～+0.100 +0.13
调节臂槽宽与球体直径	原厂尺寸	槽宽	$7^{+0.03}$
		球体直径	$\phi7^{-0.013}_{-0.035}$
	配合间隙(+)或过盈(−)	原厂规定 大修允许 使用限度	+0.013～+0.065 +0.013～+0.150 +0.20

10.9.1.8　调速器起动弹簧、中(高)速弹簧、拉杆弹簧及校正弹簧无折断、变形和弹性减弱现象，其性能符合原厂规定。

10.9.1.9　操纵轴与衬套孔的配合间隙、传动斜盘及推力盘与凸轮轴轴套的配合间隙符合表27的规定，推力盘轴承不得松动。飞球座与保持架的配合间隙不大于0.10mm，飞球座部件中的钢球必须转动灵活，拖动下面的飞球座能带动另一钢球灵活转动。飞球座内两个钢球相对座体的轴向间隙为

0.40～0.60mm。六个飞球座部件中只要有一个需要更换，则应同时更换同一组的全部飞球座部件。同一组飞球座部件中的钢球直径差不得大于0.010mm，同一球座内钢球直径允差为0.005mm，同一组的飞球座质量允差为1g。保持架表面光滑无腐蚀。

调速器主要结合件的配合(mm)　　**表 27**

结合零件	项目		BⅡ6MR 85FZ—1 BⅡ6MR 90FZ—1
操纵轴与衬套	原厂尺寸	衬套内径	$\phi 12^{+0.027}$
		轴径	$\phi 12^{-0.016}_{-0.043}$
	配合间隙(＋)或过盈(－)	原厂规定 大修允许 使用限度	＋0.016～＋0.070 ＋0.016～＋0.100 ＋0.15
传动斜盘与轴套	原厂尺寸	斜盘孔径	$\phi 28^{+0.023}$
		轴套外径	$\phi 28_{-0.017}$
	配合间隙(＋)或过盈(－)	原厂规定 大修允许 使用限度	0～＋0.04 0～＋0.04 ＋0.10
推力盘与传动轴套	原厂尺寸	推力盘孔径	$\phi 23^{+0.023}$
		轴套外径	$\phi 23^{-0.02}_{-0.04}$
	配合间隙(＋)或过盈(－)	原厂规定 大修允许 使用限度	＋0.020～＋0.063 ＋0.020～＋0.100 ＋0.15

10.9.1.10　喷油泵及调速器总成各零、部件应用清洁柴油彻底清洗，并用专用工具装合；各部螺栓、螺母应紧固，并按规定加注机油。

喷油泵及调速器的装合按装配工艺进行。装合后进行运转试验：凸轮和各部连接机构应无阻滞、噪音、局部过热和渗漏现象，供油顺序与发动机各缸工作顺序相同。

10.9.1.11　喷油泵及调速器应在试验台上进行调试。

自动喷油角度提前器在喷油泵试验台上测试时提前角符合表28的规定。在提前器起作用时，反应在刻度盘上的紊乱转速在400r/min左右。

各转速对应提前角　　**表 28**

油泵转速(r/min)	400	500	600	700	800	900	1000
提前角度(°)	0	0～1	1～2	2～3	3～4	4～5	5～6

10.9.1.12　喷油泵及调速器调试规范符合表29规定。各地可根据使用条件对喷油泵的调试规范适当调整。

喷油泵及调速器调试规范　　**表 29**

项目			型号 6120QK BⅡ6MR 85FZ—1	型号 6120QK BⅡ6MR 90FZ—1
喷油供油量	标定功率	转速(r/min) 油量(mL/200次) 各缸均匀性	1000 22.4 不大于3%	1000 26 不大于3%
	怠速	转速(r/min) 油量(mL/200次)	180 4～6	180 6～8
	起动	转速(r/min) (油量mL/200次)	200 为额定油量的1.3～1.5倍	200 为额定油量的1.3～1.5倍
调速器工作情况	油量开始减少时转速(r/min)		1020	
	完全停止供油时转速(r/min)		≤1100	

喷油泵各缸间的喷油开始时间的夹角允差为30′。在任何转速时，拉杆、调节臂、调节叉不得有抖动现象。在最高转速时，拉动停车手柄到底，此时各缸必须立即停止供油。

10.9.2 喷油器

10.9.2.1 喷油器体、针阀体、针阀无高温变色现象。顶杆、针阀不得弯曲，工作表面不得有任何刻痕或腐蚀。调压弹簧无折断、变形和弹性减弱现象，性能符合原厂规定。

10.9.2.2 经研磨清洗后的针阀放在针阀体内，应做滑动性能试验。当倾斜45°，将针阀伸出阀体1/3时，转至任一位置，能靠其自身的重量均匀无阻滞地下滑，下滑到底所需时间在1～3s范围内。

10.9.2.3 喷油器装合后应在手泵试验台上进行调试。用手泵将油压增至160×10^5Pa后，以每分钟10次的速度均匀地按动手泵直至开始喷油，在喷油前喷油嘴不得有渗漏。

BⅡ6MR 85FZ—1和BⅡ6MR 90FZ—1型喷油泵所用喷油器针阀开启压力为$(175\pm5)\times10^5$Pa(旧调压弹簧)和$(185\pm5)\times10^5$Pa(新调压弹簧)。

同一台发动机各缸喷油压力应一致，其偏差不大于2.5×10^5Pa。以每分钟50～70次喷油速度进行雾化试验时，油雾匀细，不得有肉眼看得见的油滴飞溅现象。燃油的切断应及时，并伴有清脆音响。喷油器回油试验，油压从$(175\sim185)\times10^5$Pa下降至100×10^5Pa所需要的时间不短于20s。

10.9.3 输油泵

10.9.3.1 输油泵体和手泵体不得有裂损。活塞弹簧、止回阀弹簧的性能符合原厂规定。

10.9.3.2 输油泵活塞与泵体承孔、手泵活塞与泵体承孔、顶杆与顶杆套等部件的配合间隙符合要求。

输油泵装合后各部应密封，运转时无阻滞和漏油现象。性能应达到：当凸轮轴转速在180r/min时，能保证连续供油；当转速在1000r/min时，油压应不低于10^5Pa，其供油量不少于2.1～2.7L/min，排出的油液中不得有气泡；当输油泵出油管路关闭时，最大输油压力不少于$(2.5\sim3)10^5$Pa。

10.9.4 燃油箱及柴油滤清器

10.9.4.1 燃油箱无渗、漏现象，滤网齐全、有效。

10.9.4.2 柴油滤清器各零、部件应彻底清洗，保证油道畅通。滤芯弹簧在自由长度内两端平面的弹簧中心线的垂直度公差为0.80mm。纸滤芯不允许有破裂、穿孔、胶结现象。

10.9.4.3 滤清器外壳及盖无破损，装合密封，各部垫片齐全、可靠，在4×10^5Pa的油压下进行3min试验，无渗漏现象。旁通阀开启压力为1.5×10^5Pa。

10.10 发动机的装合、磨合及调整

10.10.1 装合

10.10.1.1 对已经选配的零件和组合件，应再次清洗、吹干或擦净。润滑油道必须清洁畅通。

10.10.1.2 曲轴轴承和连杆轴承的垫片不得错装或漏装。

10.10.1.3 曲轴轴承盖和连杆轴承的螺栓、螺母。按表2规定扭矩分次扭紧。

10.10.1.4 各种锁紧装置齐全、完整、贴合、可靠。

10.10.1.5 活塞裙部与气缸壁间隙应符合原厂规定，一般选配：CA10B、CA10C、CA15为0.06～0.08mm，液态模锻活塞为0.015～0.035mm；6120QK为0.183～0.213mm，6130QK为0.19～0.22mm。CA10B、CA10C、CA15活塞顶

面一般不得高出或低于气缸体上平面 0.40mm；6128QK、6130QK 活塞顶面与气缸盖平面的存气间隙为 0.95～1.25mm，喷油嘴小端伸出气缸盖底面的垂直距离为 0～1.5mm。

10.10.1.6　正时齿轮啮合正常，其啮合齿隙：CA10B、CA10C、CA15 为 0.04～0.30mm，使用限度为 0.40mm；6120QK、6130QK 为 0.05～0.20mm，使用限度为 0.50mm。相隔 120°三点齿隙差不超过 0.10mm。

10.10.1.7　检查、调整配气相位和气门间隙应符合表 30 规定。各企业可根据地区条件和对动力性、经济性的要求，适当调整。

配气相位及气门间隙　　**表 30**

型号	进气门				排气门			
	配气相位		间隙(mm)		配气相位		间隙(mm)	
	开启	关闭	冷车	热车	开启	关闭	冷车	热车
CA10B	上止点前 20°	下止点后 69°	0.25	0.20	下止点前 67°	上止点后 22°	0.25	0.20
CA10C CA15	上止点前 20°30′	下止点后 50°30′	0.25	0.20	下止点前 51°30′	上止点后 19°30′	0.25	0.20
6120QK 6130QK	上止点前 14°30′	下止点后 41°30′	0.20 0.25		下止点前 43°30′	上止点后 14°30′	0.25 0.30	

10.10.1.8　扭紧气缸盖螺栓、螺母，必须从气缸盖中心起，按顺序彼此交叉，逐渐向外，分次进行。

10.10.2　磨合

10.10.2.1　冷磨、热磨时，应采用稀薄机油（6 号汽油机油）。如用较稠机油时，应掺入 15%的煤油或柴油。

10.10.2.2　磨合由冷磨、无载热磨、加载热磨三个阶段组成。磨合转速应逐渐增加，转速增加间隔以 200～400r/min 为宜。汽油机冷磨转速范围为 250～700r/min，热磨转速范围为 600～1400r/min，允许短时间达到 1800～2000r/min 冷磨、热磨时间均应在 4h 以上。

根据有关单位发动机磨合资料和实验结果，可采用含有 0.8～1.1%。硫添加剂的硫化油进行磨合，其转速可相应提高。新的磨合方法磨合时间可适当降低。有条件的单位可以进行试验。具体磨合规范为：冷磨转速范围为 500～1200r/min 热磨转速范围为 1000～1400r/min。磨合时间均为 1.5h 左右。

柴油机冷磨转速范围为 420～720r/min；热磨转速范围为 420～1500r/min。冷磨 4h 以上；热磨 6h 以上。

根据城市公共汽车的运行特点，都应进行有载热磨，其转速、时间及负载由各单位根据生产条件自定。

10.10.2.3　热磨过程中应进行必要的调整，使发动机转速正常，无敲击声，水温在 80～85℃之间。机油温度严格控制在 70～80℃。且磨合系统中的机油应进行循环过滤。

10.10.2.4　冷磨后应拆检、清洗发动机，更换润滑油及机油细滤芯。热磨后除需对各环节质量进行全面分析及排除故障外，不得拆散已磨合好的发动机。

10.10.3　大修后的发动机要保证其动力性，最大功率和最大扭矩应恢复到原厂标定值的 90%以上。

10.11　发动机的竣工验收

发动机修竣后，在正常工况下必须保证动力性能良好，怠速运转稳定，燃料消耗经济，附件工作正常。

10.11.1　不得有漏水、漏油、漏气、漏电等现象。

10.11.2　在发动机转速为 100～150r/min 时的气缸压力：CA10B不小于 6×10^5Pa，CA10C 不小于 7.5×10^5Pa，CA15 不小于 8×10^5Pa，各缸压力差应不超过其平均值的 5%。柴油机用起动机带动，发动机在 150～180r/min 时，气缸压力不小于 25×10^5Pa，各缸压力差不超过平均值的 8%。

10.11.3　机油压力应符合表 31 的规定。

机 油 压 力　　　　**表 31**

型　号	工　况	(r/min)	压力($\times10^5$Pa)
CA10B	怠　速	350～400	1
CA10C			
CA15	中　速	1000～1200	2～4
6120QK	怠　速	400～450	1
6130QK	中　速	1200～1400	2～5

10.11.4　真空度：在 500～600r/min 时，以海平面为准，应稳定为(0.57～0.70)$\times10^5$Pa。

10.11.5　能用起动机或手柄(汽油机)迅速起动。

10.11.6　发动机起动后在低速、中速或高速时，均应运转均匀，不允许有断火或过热现象。发动机的废气排放符合有关规定。

10.11.7　发动机在正常温度下，不允许有异响。

10.11.8　检查合格后的发动机，应覆紧气缸盖螺栓、螺母。汽油机应安装限速片(如采用加载热磨合可不加限速片)。柴油机应调整限速装置。

11　传动系修理技术条件

11.1　离合器

11.1.1　压盘及中间主动盘工作面的磨损沟痕深度超过 0.50mm，或平面度误差超过 0.12mm 时，应磨削平面，但每片的磨削量不得超过 1.5mm，磨削后应进行静平衡试验，其不平衡量不大于 100×10^2N・m。

11.1.2　CA10B、CA10C、CA15 中间主动盘传动销承孔磨损超限后，应修至与传动销的配合间隙为 0.50～0.67mm。JN651 中间主动盘定位槽与定位块的配合间隙为 0.30～0.44mm，超过 0.50mm 时应修复。

11.1.3　离合器从动盘换铆摩擦片时，铆钉头应低于摩擦片表面 1.5～2.0mm，铆合后对盘毂轴线的端面圆跳动公差为 0.80mm。从动盘摩擦片铆后应平整，接触面积为 70%以上。

11.1.4　离合器弹簧主要参数符合表 32 的规定，装合时应选配，在同一组弹簧中压力差不大于 40N 自由长度差不大于 2mm。

离合器弹簧的主要参数　　　　**表 32**

型　号	自由长度 (mm)	压缩长度 (mm)	压　力 (N) 原厂规定	压　力 (N) 大修允许	压　力 (N) 使用限度
CA10B CA10C CA15	$70.5^{\pm1.5}$	42	490～570	450～570	400
JN651	$103^{\pm0.5}$	68	850～910	800～910	760

11.1.5　离合器分离杆端面磨损超过 1mm 时应修理。调整好的分离杆端面至压盘内平面的距离：CA10B、CA10C、

CA15 为 33～35mm，彼此相差不大于 0.20mm；JN651 为 72±0.8mm。

11.1.6 离合器从动盘花键轴套与变速器第一轴花键的配合应符合表 33 的规定。从动盘所在平面与花键轴套轴线的垂直度公差为 0.05mm。

离合器与变速器第一轴花键的配合(mim)　　表 33

型号	原厂尺寸		配合间隙		
	花键槽宽度	花键宽度	原厂规定	大修允许	使用限度
CA10B CA10C CA15	$5.86^{+0.085}_{+0.030}$	$5.86_{-0.100}$	+0.030～+0.185	+0.030～+0.350	+0.60
JN651	$5^{+0.070}_{+0.020}$	$5^{-0.020}_{-0.070}$	+0.04～+0.14	+0.04～+0.35	+0.75

11.2 变速器

11.2.1 壳体无裂损，壳体上平面的平面度公差为 0.20mm。

壳体上的各承孔磨损超限时应修理，修理后的承孔孔径符合表 34 规定，表面光洁度不低于▽6，圆度公差为 0.0075mm。

变速器壳体与轴承的配合(mm)　　表 34

结合零件	项目		型号	
			CA10B CA10C CA15	JN 651
第一轴后轴承与壳体	原厂尺寸	壳体孔径	$\phi120^{+0.035}$	$\phi140^{+0.04}$
		轴承外径	$\phi120_{-0.015}$	$\phi140_{-0.018}$
	配合间隙(+)或过盈(−)	原厂规定 大修允许 使用限度	0～+0.050 0～+0.085 +0.12	0～+0.058 0～+0.078 +0.10

续表

结合零件	项目		型号	
			CA10B CA10C CA15	JN 651
第二轴后轴承与壳体	原厂尺寸	壳体孔径	$\phi120^{+0.035}$	$\phi120^{+0.035}$
		轴承外径	$\phi120_{-0.015}$	$\phi120_{-0.015}$
	配合间隙(+)或过盈(−)	原厂规定	0～+0.050	0～+0.050
		大修允许	0～+0.085	0～+0.075
		使用限度	+0.12	+0.10
中间轴前轴承与壳体	原厂尺寸	壳体孔径	$\phi80^{+0.030}$	$\phi120^{+0.035}$
		轴承外径	$\phi80_{-0.013}$	$\phi120_{-0.015}$
	配合间隙(+)或过盈(−)	原厂规定 大修允许 使用限度	0～+0.043 0～+0.073 +0.12	0～+0.050 0～+0.075 +0.10
中间轴后轴承与壳体	原厂尺寸	壳体孔径	$\phi100^{+0.035}$	$\phi120^{+0.035}$
		轴承外径	$\phi100_{-0.015}$	$\phi120_{-0.015}$
	配合间隙(+)或过盈(−)	原厂规定 大修允许 使用限度	0～+0.050 0～+0.075 +0.12	0～+0.050 0～+0.075 +0.10
中间轴中轴承与壳体	原厂尺寸	壳体孔径		$\phi120^{+0.023}_{-0.012}$
		轴承外径		$\phi120_{-0.015}$
	配合间隙(+)或过盈(−)	原厂规定 大修允许 使用限度		−0.012～+0.038 −0.012～+0.065 +0.08
第二轴四档齿轮轴承与壳体	原厂尺寸	壳体孔径		$\phi140^{+0.027}_{-0.014}$
		轴承外径		$\phi140_{-0.018}$
	配合间隙(+)或过盈(−)	原厂规定 大修允许 使用限度		−0.014～+0.045 −0.014～+0.068 +0.08

11.2.2 壳体第一、二轴轴承承孔轴线与中间轴及倒档轴轴承承孔轴线的平行度公差为 0.10mm，超过时应修理至：CA10B、CA10C、CA15 平行度公差为 100∶0.025，JN651 的平行度公差为 100∶0.015。壳体前端面对第一、二轴轴承承孔轴线的端面圆跳动公差为 0.10mm，后端面圆跳动公差为 0.15mm。各轴承承孔轴线距离在修理后符合表 35 规定。

变速器壳体各承孔轴线距离(mm)　　表 35

型　号	第一、二轴与中间轴	第一、二轴与倒档轴	中间轴与倒档轴
CA10B CA10C CA15	$133.35^{\pm0.05}$	$150.28^{\pm0.05}$	$91.02^{\pm0.05}$
JN 651	$148.5^{\pm0.05}$	$145.75^{+0.10}$	$106.84^{+0.10}$

11.2.3 滚动(针)轴承与承孔、轴颈等的配合应符合表 36 的规定。

滚动轴承、滚针轴承与轴颈及承孔的配合(mm)　表 36

结合零件	项　目		型号 CA10B CA10C CA15	型号 JN 651
第二轴三档齿轮轴承与齿轮	原厂尺寸	齿轮孔径		$\phi90^{+0.003}_{-0.019}$
		轴承外径		$\phi90^{-0.004}_{-0.012}$
	配合间隙(+)或过盈(−)	原厂规定 大修允许 使用限度		−0.015～+0.015 −0.015～+0.035 +0.05

续表

结合零件	项　目		型号 CA10B CA10C CA15	型号 JN 651
第一轴前轴承与轴颈	原厂尺寸	轴承内径	$\phi25_{-0.01}$	$\phi30_{-0.012}$
		轴　径	$\phi25^{-0.02}_{-0.04}$	$\phi30^{+0.020}_{+0.003}$
	配合间隙(+)或过盈(−)	原厂规定	+0.01～+0.04	−0.032～−0.003
		大修允许	+0.01～+0.04	−0.032～0
		使用限度		+0.02
第一轴后轴承与轴颈	原厂尺寸	轴承内径	$\phi65_{-0.015}$	$\phi55_{-0.015}$
		轴　径	$\phi65^{+0.023}_{+0.003}$	$\phi55^{+0.023}_{+0.003}$
	配合间隙(+)或过盈(−)	原厂规定 大修允许 使用限度	−0.038～−0.003 −0.038～0 +0.02	−0.038～−0.003 −0.038～0 +0.02
第二轴后轴承与轴颈	原厂尺寸	轴承内径	$\phi55_{-0.015}$	$\phi55_{-0.015}$
		轴　颈	$\phi55^{+0.023}_{+0.003}$	$\phi55^{+0.023}_{+0.003}$
	配合间隙(+)或过盈(−)	原厂规定 大修允许 使用限度	−0.038～−0.003 −0.038～0 +0.02	−0.038～−0.003 −0.038～0 +0.02
中间轴前轴承与轴颈后	原厂尺寸	轴承内径	$\phi35_{-0.012}$	$\phi45_{-0.012}$
		轴　径	$\phi35^{+0.020}_{+0.003}$	$\phi45^{+0.020}_{+0.003}$
	配合间隙(+)或过盈(−)	原厂规定 大修允许 使用限度	−0.032～−0.003 −0.032～0 +0.02	−0.032～−0.003 −0.032～0 +0.02

续表

结合零件	项目		型号 CA10B CA10C CA15	型号 JN 651
中与 间 轴 轴 中 轴 承 颈	原厂尺寸	轴承内径		$\phi65^{\ \ }_{-0.015}$
		轴　　径		$\phi65^{+0.023}_{+0.003}$
	配合间隙（+）或过盈（−）	原厂规定 大修允许 使用限度		−0.038～−0.003 −0.038～0 +0.02
第轴 二承 轴与 四齿 档轮 齿轴 轮颈	原厂尺寸	轴承内径		$\phi80^{\ \ }_{-0.015}$
		轴　　径		$\phi80^{+0.023}_{+0.003}$
	配合间隙（+）或过盈（−）	原厂规定 大修允许 使用限度		−0.038～−0.003 −0.038～0 +0.02
第轴 二承 轴与 三二 档轴 齿轴 轮颈	原厂尺寸	轴承内径		$\phi50^{\ \ }_{-0.012}$
		轴　　径		$\phi50^{+0.020}_{+0.003}$
	配合间隙（+）或过盈（−）	原厂规定 大修允许 使用限度		−0.032～−0.003 −0.032～0 +0.02
倒壳 档 轴 前 轴 颈 与体	原厂尺寸	壳体孔径	$\phi30^{+0.020}_{-0.013}$	$\phi38^{+0.027}$
		轴　　径	$\phi30^{-0.020}_{-0.040}$	$\phi38^{-0.025}_{-0.050}$
	配合间隙（+）或过盈（−）	原厂规定 大修允许 使用限度	+0.007～+0.060 +0.007～+0.120	+0.025～+0.077 +0.025～+0.100

续表

结合零件	项目		型号 CA10B CA10C CA15	型号 JN 651
倒壳 档 轴 后 轴 颈 与体	原厂尺寸	壳体孔径	$\phi30^{+0.020}_{+0.013}$	$\phi38^{+0.027}$
		轴　　径	$\phi30^{+0.036}_{+0.015}$	$\phi38^{+0.035}_{+0.018}$
	配合间隙（+）或过盈（−）	原厂规定 大修允许 使用限度	−0.049～+0.005 −0.049～+0.020 +0.05	−0.035～+0.009 −0.035～+0.020 +0.05
第轴 一颈 轴与 、滚 第针 二轴 轴承	原厂尺寸	一轴孔径	$\phi42^{+0.027}$	
		滚针直径	$\phi6^{\ \ }_{-0.020}$	
		二轴轴径	$\phi30^{-0.020}_{-0.040}$	
	配合间隙（+）或过盈（−）	原厂规定 大修允许 使用限度	+0.020～+0.107 +0.020～+0.130 （选配） +0.30	
三轴 档颈 齿与 轮滚 、针 二轴 轴承	原厂尺寸	齿轮孔径	$\phi59.5^{+0.042}_{+0.012}$	
		滚针直径	$\phi4^{\ \ }_{-0.010}$	
		二轴轴径	$\phi51.5^{-0.012}_{-0.032}$	
	配合间隙（+）或过盈（−）	原厂规定 大修允许 使用限度	+0.024～+0.094 +0.024～+0.130 （选配） +0.30	

续表

结合零件	项目		型号 CA10B CA10C CA15	型号 JN 651
倒档轴颈与齿轮滚针、倒轴档承	原厂尺寸	齿轮孔径	$\phi42^{+0.027}$	
		滚针直径	$\phi6_{-0.020}$	
		倒档轴径	$\phi30^{-0.020}_{-0.040}$	
	配合间隙(+)或过盈(-)	原厂规定	+0.020～+0.107	
		大修允许	+0.020～+0.130（选配）	
		使用限度	+0.30	
四档轴颈与齿轮滚柱、二轴轴承	原厂尺寸	齿轮孔径		$\phi65^{+0.018}$
		滚柱直径		$\phi10\pm0.006$
		二轴轴径		$\phi45^{-0.025}_{-0.050}$
	配合间隙(+)或过盈(-)	原厂规定		+0.013～+0.080
		大修允许		+0.013～+0.130（选配）
		使用限度		+0.30

CA10B、CA10C、CA15 五档齿轮衬套与轴颈的配合为－0.020～＋0.024mm，与齿轮孔的配合间隙为 0.03～0.09mm。中间轴与三、五档齿轮的配合为－0.065～0mm，与常啮齿轮的配合为－0.052～＋0.005mm。

JN 651倒档轴齿轮衬套与齿轮孔的配合为－0.087～－0.033mm，与轴颈的间隙为 0.175～0.230mm，大修允许 0.175～0.270mm，使用限度为 0.30mm。中间轴与各固定齿轮的配合为－0.023～＋0.040mm。

11.2.4 当以第一、二轴及中间轴两端轴颈支承时，其中部的径向圆跳动公差为 0.10mm，超过时应校正至 0.05mm 以下。第二轴花键与齿轮的侧隙为 0.04～0.30mm。CA10B、CA10C、CA15 第二轴花键与四、五档齿轮座以及突缘的侧隙均不大于 0.10mm。JN 651第二轴花键与四、五档齿套的侧隙不大于 0.25mm。中间轴花键与齿轮键槽的侧隙为 0.06～0.30mm。

11.2.5 齿轮工作表面不允许有明显的斑点或阶梯形磨损。滑动齿轮的啮合齿隙为 0.15～0.50mm，使用限度为 0.80mm。常啮合齿轮的啮合齿隙为 0.10～0.40mm，使用限度为 0.60mm。常啮合齿轮及相配合的滑动齿轮端部磨损均不得超过齿宽的 15%。

CA10B、CA10C、CA15 第二轴三档、五档齿轮端隙均为 0.10～0.30mm。各轴的轴向间隙一般不大于 0.30mm。第一轴轴承盖突缘与飞轮壳承孔的配合间隙不得大于 0.35mm，第二轴后突缘的端面圆跳动公差为 0.10mm。

11.2.6 变速器盖无裂损。CA10B、CA10C、CA15 变速器盖结合面的平面度公差为 0.20mm，使用限度为 0.30mm。变速叉轴的直线度公差为 0.05mm，与盖或壳上承孔的配合间隙为 0.04～0.20mm。定位或互锁球槽的磨损不得超过 0.70mm。变速杆中部球形承孔的孔径磨损不得比基本尺寸大 0.50mm。

变速叉无裂纹、缺口和著显变形，叉端面磨损不超过 0.40mm，与滑动齿环槽的间隙一般为 0.20～1.00mm。变速叉两端工作侧面对变速叉轴孔轴线的垂直度公差为 0.20mm，其内侧面对定位螺孔轴线的位置度公差为 0.30mm。变速叉导块结合槽与变速杆下端的配合间隙符合表 37 的规定。变速杆球头中心位置，应符合原厂设计。

变速杆与变速叉的配合(mm)　　表 37

型号	原厂尺寸		配合间隙		
	结合槽宽	杆下端	原厂规定	大修允许	使用限度
CA10B CA10C CA15	$16^{+0.24}$	$\phi15.5_{-0.12}$	+0.5～+0.86	+0.5～+1.00	+1.20
JN 651	$22.5^{+0.28}$	$22_{-0.14}$	+0.50～+0.92	+0.50～+1.00	+1.50

11.2.7　变速器装合后，应按规定加注清洁机油，并在变速器第一轴转速为1000～1400r/min时，进行无负荷、有负荷试验。运转中不许有自行跳档、脱档现象和异常响声。各档运转时间的总和不少于1h，在温度为60℃时，所有密封装置不得有漏油现象。试验合格后进行清洗及换装齿轮油。

11.3　传动轴

11.3.1　传动轴管、花键轴及万向节叉、套管叉、突缘叉等均不得有裂纹。当用专用设备检查传动轴的弯曲时，传动轴上的花键轴径向圆跳动公差为0.15mm。轴管全长小于1m的传动轴径向圆跳动公差为0.80mm，大于1m的为1.00mm。

11.3.2　传动轴上万向节叉、套管叉两轴承承孔轴线对传动轴轴线的垂直度公差：CA10B、CA10C、CA15为0.30mm，JN 651为0.20mm。万向节十字轴不得有裂纹、金属剥落、及明显凹痕。十字轴、轴承及叉装合后的轴向间隙：CA10B、CA10C、CA15为0.02～0.25mm，JN 651为0.10～0.50mm。传动轴中间支承轴承与轴颈，万向节轴承与承孔以及万向节轴承与十字轴之间的配合应符合表38的规定。

传动轴各部配合(mm)　　表 38

结合零件	项目		型号 CA10B CA10C CA15	型号 JN 651
中间传动轴与中间支承轴承	原厂尺寸	轴承内径	$\phi50_{-0.012}$	
		轴径	$\phi50\pm0.008$	
	配合间隙(+)或过盈(−)	原厂规定	−0.020～+0.008	
		大修允许	−0.020～+0.020	
		使用限度	+0.04	
万向节叉承孔与轴承	原厂尺寸	承孔孔径	$\phi39^{+0.027}_{-0.010}$	叉及盖 $\phi44^{+0.040}_{+0.010}$
		轴承外径	$\phi39_{-0.025}$	$\phi44^{+0.040}$
	配合间隙(+)或过盈(−)	原厂规定	−0.010～+0.052	按45～50牛顿·米扭紧
		大修允许	−0.010～+0.080	按45～50牛顿·米扭紧
		使用限度	+0.10	
万向节十字轴承与轴	原厂尺寸	滚针切圆内径	$\phi25^{+0.050}$	$\phi30^{+0.050}_{+0.020}$
		轴外径	$\phi25^{-0.020}_{-0.040}$	$\phi24^{-0.020}_{-0.040}$
	配合间隙(+)或过盈(−)	原厂规定	+0.020～+0.090	+0.040～+0.110
		大修允许	+0.020～+0.140	+0.040～+0.140
		使用限度	+0.20	+0.20

11.3.3　传动轴轴管与万向节叉、花键轴为过盈配合。当安装套管叉后，应保证同一传动轴两端万向节叉 轴承承孔轴线位于同一平面内，其位置度公差符合原厂规定。突缘叉与变速器或驱动桥突缘结合面的径向间隙为0～0.18mm。传动轴修理后，其长度不得短于基本尺寸10mm，并不得长于基本尺寸3mm。

11.3.4　传动轴装上万向节后，应进行动平衡试验，在任一端上的不平衡量都不得大于 10mN·m。用来校正不平衡量而在轴管两端所焊的平衡片，每端不多于 3 片。

11.3.5 转动轴上花键与套管叉及突缘键槽的侧隙，不大于 0.30mm，并滑动轻便。

传动轴的防尘罩及卡子完整、紧固；两只卡子的锁扣应装在传动轴径向相对位置上。

11.4 驱动桥及从动桥

11.4.1 桥壳

11.4.1.1 桥壳无裂损，钢板弹簧座定位孔的径向磨损不大于 1.5mm，各部位连接螺纹损伤不得多于 2 牙，油封轴颈的径向磨损不大于 0.15mm。壳体上的通气孔应畅通。

检查桥壳弯曲变形时，CA10B、CA10C、CA15 以半轴套管上内轴颈为支承，测量外轴颈时，其径向圆跳动公差为 0.30mm；JN 651以桥壳的结合圆柱面结合平面及另一端的内锥面为支承，测量各轴颈时，其径向跳动公差为 0.25mm，超过时应修校，并排除轴颈的圆度误差。

11.4.1.2 桥壳的修理应以其主要结合面和圆柱面为基准。修理后的桥壳(附半轴套管)沿桥壳的纵向轴线(或结合面)与沿桥壳的横向轴线(或结合面)相互垂直，并位于同一平面内，且同一轴线上的承孔或轴颈应保持同轴。CA10B、CA10C、CA15 桥壳(附半轴套管)横向轴线对桥壳前端面的平行度公差为 100：0.10，各轴颈对轴线的径向圆跳动公差为 0.08mm；JN 651桥壳与减速器壳结合平面对桥壳轴线的垂直度公差为 100：0.05，各轴颈对桥壳总成轴线的径向圆跳动公差为 0.08mm。桥壳与制动盘结合平面及圆柱面对桥壳总成轴线的端面圆跳动和径向圆跳动公差均为 0.10mm。

11.4.1.3 CA 10B、CA10C、CA15 半轴套管与桥壳承孔的配合应符合表 39 的规定。半轴套管压入桥壳后，外露部分长度为 215±1mm。

半轴套管与桥壳承孔的配合(mm)　　表 39

项目		位置			
		第一道	第二道	第三道	第四道
原厂尺寸	桥壳孔径	$\phi75^{-0.08}_{-0.12}$	$\phi73^{+0.06}$	$\phi72^{+0.06}$	$\phi71^{+0.06}$
	套管外径	$\phi75^{-0.030}_{-0.060}$	$\phi73^{+0.135}_{+0.075}$	$\phi72^{+0.135}_{+0.075}$	$\phi71^{+0.135}_{+0.075}$
配合过盈(一)	原厂规定 大修允许 使用限度	−0.090～−0.020	−0.135～−0.015	−0.135～−0.015	−0.135～−0.015

11.4.2 半轴中部未加工面的径向圆跳动公差：CA 10B、CA10C、CA15 为 1.8mm，JN 651为 1mm。花键外圆柱面的径向圆跳动公差为 0.25mm。CA10B、CA10C、CA15 半轴突缘的端面圆跳动公差为 0.15mm，半轴花键与半轴齿轮键槽的侧隙符合表 40 的规定。

半轴花键与半轴齿轮及突缘键槽侧隙(mm)　　表 40

型号	原厂尺寸		侧隙		
	花键槽宽	花键宽	原厂规定	大修允许	使用限度
CA10B CA10C CA15	弧齿厚 $6.17^{+0.075}_{-0.050}$	弧齿厚 $6.17^{-0.090}_{-0.260}$	+0.040～+0.335	+0.040～+0.500	+0.80
JN 651	$5^{+0.085}_{+0.024}$	$5^{-0.024}_{-0.085}$	+0.048～+0.170	+0.048～+0.300	+0.60

11.4.3 轮毂上半轴螺孔损坏时应进行修理。轮毂与半轴突缘及制动毂的结合端面应平整，该两端面对轮毂轴线的端面圆跳动公差为 0.15mm。轮毂内外轴承与半轴套管(或桥壳)轴颈及轮毂的配合符合表 41 的规定。

半轴套管、轮毂与轴承的配合(mm)　表 41

结合零件	项	目	型号 CA10B CA10C CA15	JN 651
轮毂内轴承与桥壳(套管)	原厂尺寸	轴承内径	$\phi75_{-0.015}$	$\phi120_{-0.020}$
		壳(管)外径	$\phi75^{-0.030}_{-0.060}$	$\phi120_{-0.022}$
	配合间隙(+)或过盈(−)	原厂规定	+0.015～+0.060	−0.020～+0.022
		大修允许	+0.015～+0.080	−0.020～+0.030
		使用限度	+0.12	+0.04
轮毂外轴承与桥壳(套管)	原厂尺寸	轴承内径	$\phi75_{-0.015}$	$\phi105_{-0.020}$
		壳(管)外径	$\phi75^{-0.030}_{-0.060}$	$\phi105_{-0.022}$
	配合间隙(+)或过盈(−)	原厂规定	+0.015～+0.060	−0.020～+0.022
		大修允许	+0.015～+0.080	−0.020～+0.030
		使用限度	+0.12	+0.04
轮毂内轴承与轮毂	原厂尺寸	轮毂孔径	$\phi135^{-0.028}_{-0.068}$	$\phi215^{-0.033}_{-0.079}$
		轴承外径	$\phi135_{-0.018}$	$\phi215_{-0.030}$
	配合间隙(+)或过盈(−)	原厂规定	−0.068～−0.010	−0.079～−0.003
		大修允许	−0.068～−0.010	−0.079～−0.003
		使用限度	+0.02	+0.02
轮毂外轴承与轮毂	原厂尺寸	轮毂孔径	$\phi135^{-0.028}_{-0.068}$	$\phi190^{-0.033}_{-0.079}$
		轴承外径	$\phi135_{-0.018}$	$\phi190_{-0.030}$
	配合间隙(+)或过盈(−)	原厂规定	−0.068～−0.010	−0.079～−0.003
		大修允许	−0.068～−0.010	−0.079～−0.003
		使用限度	+0.02	+0.02

11.4.4 减速器壳无裂损，各螺孔螺纹损坏不得多于 2 牙。修理后的减速器壳，其圆柱主动齿轮轴承(或盖)承孔轴线对减速器壳前端面，以及对差速器轴承承孔轴线平行度公差均为 100：0.06。

减速器壳的纵、横轴线应位于同一平面内，且互相垂直，其垂直度公差为 100：0.05，位置度公差为 0.08mm。差速器左、右轴承承孔的同轴度公差为 0.10mm。

圆锥主动齿轮轴承承孔修理后，前轴承承孔对后轴承承孔轴线径向圆跳动公差为 0.06mm，各端面与后轴承承孔轴线的垂直度公差为 100：0.05。

11.4.5 圆锥主动齿轮轴承的轴向间隙：CA10B、CA10C、CA15 不大于 0.05mm，JN 651不大于 0.10mm。圆柱主、从动齿轮的端隙：CA10B、CA10C、CA15 为 0.05～0.10mm，JN 651不大于 0.10mm。装合时各轴承与轴颈及承孔的配合符合表 42 的规定。

CA10B、CA10C、CA15 圆锥主动齿轮花键与突缘键槽的侧隙不大于 0.30mm，JN 651圆柱主动齿轮与轴上花键的配合间隙为 0.05～0.20mm。

圆柱主、从动齿轮的啮合间隙：CA10B、CA10C、CA15 为 0.10～0.70mm。JN 651为 0.40～0.70mm，使用限度均为 1mm。圆锥从动齿轮的端面圆跳动公差为 0.10mm，与圆锥主动齿轮的啮合齿隙及接触痕迹符合表 43 的规定。铆钉(螺栓)不得松动。

11.4.6 差速器壳无裂损，壳体与行星齿轮、半轴齿轮的接触面光滑无沟痕。十字轴承孔轴线的垂直度公差为 100：

后桥圆锥主动齿轮各轴承的配合（mm）　表 42

结合零件	项	目	型号 CA10B CA10C CA15	JN 651
圆锥主动齿轮前轴与壳	原厂尺寸	轴孔孔径 轴承外径	$\phi110^{-0.024}_{-0.059}$ $\phi110-0.015$	$\phi110^{-0.010}_{-0.045}$ $\phi110-0.015$
	配合间隙（+）或过盈（-）	原厂规定	−0.059～−0.009	−0.045～+0.005
		大修允许	−0.059～+0.015	−0.045～+0.005
		使用限度	+0.04	+0.02
圆锥主动齿轮轴承与后壳	原厂尺寸	承孔孔径 轴承外径	$\phi140^{-0.028}_{-0.068}$ $\phi140-0.018$	$\phi160^{+0.027}_{-0.014}$ $\phi160-0.025$
	配合间隙（+）或过盈（-）	原厂规定	−0.068～−0.010	−0.014～+0.052
		大修允许	−0.068～+0.018	−0.014～+0.052
		使用限度	+0.04	+0.06
圆锥主动齿轮前轴承与轴颈	原厂尺寸	轴承内径 轴　　径	$\phi50-0.012$ $\phi50^{+0.004}_{-0.015}$	$\phi50-0.012$ $\phi50-0.017$
	配合间隙（+）或过盈（-）	原厂规定	−0.016～+0.015	−0.012～+0.017
		大修允许	−0.016～+0.030	−0.012～+0.027
		使用限度	（选配） +0.05	+0.04
圆锥主动齿轮后轴承与轴颈	原厂尺寸	轴承内径 轴　　径	$\phi65-0.015$ $\phi65^{+0.023}_{+0.003}$	$\phi75-0.015$ $\phi75\pm0.010$
	配合间隙（+）或过盈（-）	原厂规定	−0.038～−0.003	−0.025～+0.010
		大修允许	−0.038～+0.020	−0.025～+0.020
		使用限度	+0.04	+0.03

圆锥主、从动齿轮啮合齿隙及接触痕迹　表 43

项	目	型号 CA10B、CA10C、CA15	JN 651
啮合齿隙（mm）	原厂规定	0.20～0.35	0.20～0.35
	大修允许	0.20～0.60	0.20～0.50
	使用限度	0.80	0.60
接触痕迹	装配时应达到齿长的 2/3，离小端面 2～4mm，负荷后应沿全长接触，离齿顶 0.8～1.6mm		

0.05，两轴线应相交，其位置度公差为 0.20mm。每一轴线又应与半轴齿轮承孔轴线位于同一平面内。其位置度公差为 0.30mm。当以从动圆柱齿轮的圆柱面为基准，半轴齿轮承孔及差速器轴承轴颈的径向圆跳动公差为 0.08mm，壳体半轴齿轮承孔与壳体轴承轴颈的同轴度公差为 0.05mm。CA10B、CA10C、CA15 行星齿轮结合球面的端面圆跳动公差为 0.05mm。

半轴齿轮轴颈与差速器壳的配合间隙以及十字轴轴颈与差速器壳、行星齿轮的配合间隙应符合表 44 的规定。行星齿轮的端隙：CA10B、CA10C、CA15 为 0.50～0.80mm；JN 651 为 0.80～1.20mm。

11.4.7　驱动桥总成装合后，按规定油量加注清洁机油。并在圆柱主动齿轮轴转速为 1400～1500r/min 时，进行无负荷、有负荷及正反转试验，各项试验的时间均应不少于 20min。试验过程中，各轴承区的温度不得高于 60℃，不允许有异响，各结合部位不允许有漏油现象。检验合格后，进行清洗并换装新齿轮油。

11.4.8　从动桥的修理与驱动桥的同部位相同。

半轴齿轮、壳体、十字轴、行星齿轮等的配合(mm)　　　　**表 44**

结合零件	项目		型号 CA10B CA10C CA15	型号 JN 651
半轴齿轮与壳体	原厂尺寸	壳体孔径 齿轮轴径	$\phi75^{+0.060}$ $\phi75^{-0.065}_{-0.105}$	$\phi74^{+0.060}$ $\phi74^{-0.095}_{-0.145}$
	配合间隙(+)或过盈(−)	原厂规定	+0.065～+0.165	+0.095～+0.205
		大修允许	+0.065～+0.300 (选配)	+0.095～+0.250
		使用限度	+0.45	+0.40
十字轴与壳体	原厂尺寸	壳体孔径 轴　径	$\phi28^{+0.050}_{+0.020}$ $\phi28^{+0.030}$	$\phi32^{+0.05}$ $\phi32^{+0.035}_{+0.018}$
	配合间隙(+)或过盈(−)	原厂规定	−0.010～+0.050	−0.035～+0.032
		大修允许	−0.010～+0.100	−0.035～+0.050
		使用限度	+0.15	+0.10
十字轴与行星齿轮	原厂尺寸	齿轮孔径 轴　径	$\phi28^{+0.150}_{+0.100}$ $\phi28^{+0.030}$	$\phi32^{+0.150}_{+0.110}$ $\phi32^{+0.035}_{+0.018}$
	配合间隙(+)或过盈(−)	原厂规定	+0.070～+0.150	+0.075～+0.132
		大修允许	+0.070～+0.250	+0.075～+0.200
		使用限度	+0.40	+0.35

12　前轴及转向器修理技术条件

12.1　前轴

12.1.1　前轴不得有任何裂纹。用标准平面靠合检查改装后的两钢板弹簧座时，其最大间隙不大于 0.8mm，超过时应修平，但厚度减少不得超过 2mm。钢板弹簧定位孔的径向磨损不得大于 1mm，超过时应修复。检查前轴的弯曲和扭曲变形，其扭转角(偏离两主销轴线所在平面)不大于 0°30′。主销孔两端面间高度不得小于公称尺寸 2mm。内倾角及主销孔轴线距离符合表 45 的规定。

前轴主销孔内倾角及主销孔轴线距离　　　　**表 45**

型　　号	主销孔内倾角	主销孔轴线距离(mm)
CA 10B、CA10C、CA15	8°±15′	主销孔上平面为 1466 ± 3.5
JN 651	6°50′±15′	主销孔上平面为 1750 ± 3

12.1.2　转向节和转向节臂应进行探伤检查。不得有任何裂纹。转向节轴线与主销孔轴线的夹角符合原厂规定。用标准球头销装入转向节臂锥形孔内，配合应紧密，球头销锥形颈小端应低于锥形孔上端面 1～2mm。轮毂内外轴承的配合符合表 46 的规定。

12.1.3　衬套与转向节主销孔为过盈配合，并保证上、下衬套孔的轴线同轴。转向节端头螺纹损伤不得超过 2 牙。CA 10B、CA10C、CA15 前轴主销承孔磨损超过 0.05mm 时，应按分级修理尺寸修理并换装相应的转向节主销。主销与主销孔衬套及前轴主销承孔的配合符合表 47 的规定。转向节主销孔端面与前轴上端面装配后的间隙：CA 10B、CA10C、CA15 不大于 0.10mm，JN 651为 0.05～0.08mm。

12.1.4　横、直拉杆不应有裂纹或其他损伤。横拉杆的直

前轴轮毂轴承的配合(mm)　表 46

结合零件	项	目	型号 CA10B CA10C CA15	JN 651
轮毂内轴承与转向节	原厂尺寸	轴承内径	ϕ55 $_{-0.015}$	ϕ70 $_{-0.015}$
		转向节内轴径	ϕ55 $^{-0.012}_{-0.035}$	ϕ70 $^{-0.012}_{-0.032}$
	配合间隙(+)或过盈(−)	原厂规定	−0.003～+0.035	−0.003～+0.032
		大修允许	−0.003～+0.055	−0.003～+0.060
		使用限度	+0.10	+0.10
轮毂外轴承与转向节	原厂尺寸	轴承内径	ϕ40 $_{-0.012}$	ϕ55 $_{-0.015}$
		转向节外轴径	ϕ40 $^{-0.010}_{-0.027}$	ϕ55 $^{-0.012}_{-0.032}$
	配合间隙(+)或过盈(−)	原厂规定	−0.002～+0.027	−0.003～+0.032
		大修允许	−0.002～+0.040	−0.003～+0.050
		使用限度	+0.10	+0.10
轮毂内轴承与轮毂	原厂尺寸	轮毂孔径	ϕ120 $^{-0.024}_{-0.059}$	ϕ150 $^{-0.028}_{-0.063}$
		轴承外径	ϕ120 $_{-0.015}$	ϕ150 $_{-0.018}$
	配合间隙(+)或过盈(−)	原厂规定	−0.059～−0.009	−0.068～−0.010
		大修允许	−0.059～−0.009	−0.068～−0.010
		使用限度	+0.02	+0.02
轮毂外轴承与轮毂	原厂尺寸	轮毂孔径	ϕ90 $^{-0.024}_{-0.059}$	ϕ120 $^{-0.024}_{-0.059}$
		轴承外径	ϕ90 $_{-0.015}$	ϕ120 $_{-0.015}$
	配合间隙(+)或过盈(−)	原厂规定	−0.059～−0.009	−0.059～−0.009
		大修允许	−0.059～−0.009	−0.059～−0.009
		使用限度	+0.02	+0.02

转向节主销与衬套及前轴主销孔的配合(mm)　表 47

结合零件	项	目	型号 CA10B CA10C CA15	JN 651
转向节主销与衬套(上端)	原厂尺寸	衬套内径	ϕ38 $^{+0.060}_{+0.025}$	ϕ40 $^{+0.050}_{+0.020}$
		主销直径	ϕ38 $_{-0.017}$	ϕ40 $^{-0.025}_{-0.050}$
	配合间隙(+)或过盈(−)	原厂规定	+0.025～+0.077	+0.045～+0.100
		大修允许	+0.025～+0.077	+0.045～+0.100
		使用限度	+0.20	+0.20
转向节主销与衬套(下端)	原厂尺寸	衬套内径	ϕ38 $^{+0.060}_{+0.025}$	ϕ52 $^{+0.030}$
		主销直径	ϕ38 $_{-0.017}$	ϕ52 $^{-0.030}_{-0.060}$
	配合间隙(+)或过盈(−)	原厂规定	+0.025～+0.077	+0.030～+0.090
		大修允许	+0.025～+0.077	+0.030～+0.090
		使用限度	+0.20	+0.20
前轴主销孔与主销	原厂尺寸	承孔孔径	ϕ38 $^{+0.035}_{+0.010}$	锥度配合
		主销直径	ϕ38 $_{-0.017}$	锥度配合
	配合间隙(+)或过盈(−)	原厂规定	+0.010～+0.052	锥度配合
		大修允许	+0.010～+0.052	
		使用限度	+0.10	

线度公差为 2.0mm，两端螺纹不得损伤。球头销球面磨损不得超过 0.3mm。装合横、直拉杆时，应保证各球头销锥颈小端低于锥孔上端面 1～2mm。两端接头旋入横拉杆的长度应平均，相差不多于 2 牙，横拉杆两端接头应用两个锁紧螺栓

有效地锁紧。装合后各球头销转动灵活、不松旷、不卡死。各部连接牢固，开口销齐全，防尘装置及油嘴完好。

12.2 转向器

12.2.1 转向器壳体及侧盖无裂纹，壳体与侧盖、底盖结合面的平面度公差为0.10mm。壳体蜗杆轴承承孔轴线与侧盖及壳体摇臂轴承承孔轴线的垂直度公差为100：0.05；两轴线的距离符合规定：CA10B、CA10C、CA15为$90^{+0.10}_{-0.05}$mm，JN 651为$132.5^{+0.05}$mm。改装后的转向器壳上应有加油口。

转向轴应进行探伤检查，不得有裂纹。CA10B、CA10C、CA15转向轴与蜗杆铆合不得松动，JN 651焊接必须牢固。蜗杆的齿面和轴承滚道工作面光洁，以蜗杆上、下轴承滚道为基准，转向轴上端轴颈的径向圆跳动公差为0.40mm，蜗杆轴承配合符合表48规定。在未装转向摇臂轴以前，蜗杆的轴向间隙用垫片调整后，转动转向盘检查其所需切向拉力；在转向盘半径240mm处CA10B为3～8N，CA10C、CA15为2～6N；JN 651在转向盘半径275mm处为1～3N。

12.2.2 转向摇臂及摇臂轴必须进行探伤检查，不得有裂纹。CA10B、CA10C、CA15摇臂轴螺纹不得损伤。摇臂装入后，其端面应高出摇臂轴花键端面2～5mm。摇臂轴与衬套或轴承的配合符合表49的规定。更换衬套时，CA10B、CA10C、CA15转向器壳衬套孔与侧盖的衬套孔必须保证在同一轴线上。摇臂轴及滚轮的轴向间隙均用垫片调整，CA10B、CA10C、CA15摇臂轴的轴向间隙为0.05～0.10mm，滚轮的轴向间隙为0.04～0.10mm。转向器装合后，滚轮在有效行程两端位置的啮合间隙一般为0.15～0.30mm，中间位置不卡住。转向盘自由转动量不大于20°。转向盘各部位无裂纹，表面光滑。

转向器蜗杆轴承的配合(mm) **表48**

零件＼结合	项目		型号 CA10B CA10C CA15	型号 JN 651
蜗杆轴承与壳体（上端）	原厂尺寸	壳体孔径	$\phi72^{+0.040}$	$\phi72^{-0.008}_{-0.040}$
		轴承外径	$\phi72_{-0.013}$	$\phi72_{-0.013}$
	配合间隙（+）或过盈（−）	原厂规定	0～+0.059	−0.040～+0.005
		大修允许	0～+0.093	−0.040～+0.023
		使用限度		+0.10
蜗杆轴承与壳体（下端）	原厂尺寸	壳体孔径	$\phi72^{+0.040}$	$\phi72^{-0.008}_{-0.040}$
		轴承外径	$\phi72_{-0.013}$	$\phi72_{-0.013}$
	配合间隙（+）或过盈（−）	原厂规定	0～+0.059	−0.040～+0.005
		大修允许	0～+0.093	−0.040～+0.023
		使用限度		+0.10
蜗杆轴承与蜗杆	原厂尺寸	轴承内径	无内圈	$\phi35_{-0.012}$
		蜗杆轴颈		$\phi35^{+0.015}_{-0.010}$
	配合间隙（+）或过盈（−）	原厂规定		−0.027～+0.010
		大修允许		−0.027～+0.015
		使用限度		+0.02

12.2.3 转向器装合后，应进行无负荷试验，要求转动灵活，无阻滞和漏油现象。试验时，转动转向盘检查其所需切

转向器摇臂轴轴承的配合(mm) 表 49

结合零件	项目		型号 CA10B CA10C CA15	型号 JN 651
摇臂轴轴承与壳体	原厂尺寸	壳体孔径	$\phi41^{+0.050}$	$\phi80^{-0.008}_{-0.040}$
		轴承外径	开口衬套	$\phi80_{-0.013}$
	配合间隙(+)或过盈(−)	原厂规定		−0.040～+0.005
		大修允许	−0.175～−0.055	−0.040～+0.023
		使用限度		+0.05
摇臂轴轴承与侧盖	原厂尺寸	侧盖孔径	$\phi41^{+0.050}$	$\phi72^{-0.008}_{-0.040}$
		轴承外径	开口衬套	$\phi72_{-0.013}$
	配合间隙(+)或过盈(−)	原厂规定		−0.040～+0.005
		大修允许	−0.175～−0.055	−0.040～+0.023
		使用限度		+0.05
摇臂轴与摇臂轴轴承(壳体端)	原厂尺寸	轴承内径	衬套 $\phi38^{+0.027}$	$\phi40_{-0.012}$
		轴径	$\phi38^{-0.025}_{-0.050}$	$\phi40^{+0.027}_{+0.009}$
	配合间隙(+)或过盈(−)	原厂规定	+0.025～+0.077	−0.039～−0.009
		大修允许	+0.025～+0.077	−0.039～0
		使用限度	+0.20	+0.02
摇臂轴与摇臂轴轴承(侧盖端)	原厂尺寸	轴承内径	衬套 $\phi38^{+0.027}$	$\phi35_{-0.012}$
		轴径	$\phi38^{-0.025}_{-0.050}$	$\phi35^{+0.027}_{+0.009}$
	配合间隙(+)或过盈(−)	原厂规定	+0.025～+0.077	−0.039～−0.009
		大修允许	+0.025～+0.077	−0.039～0
		使用限度	+0.20	+0.02

向拉力：在转向盘半径 240mm 处，CA10B 为 15～25N，CA10C、CA15 为 10～20N；JN 651在转向盘半径 275mm 处为2～4N。

12.2.4 转向器的安装位置符合原设计要求。装合后，转向轴、转向盘与套管，应无碰擦现象。竣工后，转向器按规定加注齿轮油，各部位无渗漏现象。

13 制动系修理技术条件

13.1 CA10B、CA10C、CA15 手制动器的手制动盘不得有裂纹、拉伤或沟痕，其工作表面的平面度公差及两工作面间的平行度公差均为 0.10mm，制动盘的总厚度不得小于基本尺寸 3mm。制动蹄平面的平面度公差为 0.25mm。装合后，制动盘的端面全跳动公差为 0.30mm，制动盘与摩擦片的间隙为 0.40～0.60mm。制动蹄支架前、后臂销孔与销的配合间隙为 0.04～0.10mm，制动操纵棘爪、扇形齿板无裂损，作用良好，弹簧性能符合表 50 的规定。

手制动弹簧性能 表 50

名称	自由长度(mm)	压缩长度(mm)	压力(N)
蹄片臂拉杆弹簧	150	115	274.4～352.8
蹄片拉紧弹簧	48±1	58(拉伸)	39.2～68.6(拉力)

13.2 JN 651发动机排气制动机构的滑阀杆动作灵活可靠，阀门及突缘盘密封良好，联动机构作用正常。

13.3 脚制动器

13.3.1 制动鼓不得有裂纹或变形，内表面不得有沟痕或拉伤，搪削后的制动鼓光洁度应达到▽5，其内径符合表51的规定，圆度及圆柱度公差为0.05mm，对轴承承孔轴线的径向圆跳动公差为0.10mm。同一轴上左右制动鼓内径差不得大于1mm。

制动鼓修理标准（mm） 表51

名称	标准	大修允许	使用限度
CA 10B、CA10C、CA15	420	424	426
JN 651	440	444	

13.3.2 制动蹄支承销与车轮旋转轴线的平行度公差为0.20mm，支承销与制动蹄销孔的配合间隙符合表52的规定。

制动蹄销孔与支承销的配合间隙（mm） 表52

型号	原厂尺寸		配合间隙		
	承孔内径	销直径	原厂规定	大修允许	使用限度
CA 10B CA10C CA15	ϕ28 +0.045	偏心 ϕ28 −0.060 −0.130	+0.060～+0.175		+0.40
JN 651	衬套 ϕ30 +0.105 +0.060	ϕ30 −0.140	+0.060～+0.245		+0.40

制动蹄不得有变形或裂纹，弧度应正确。制动蹄与制动凸轮的接触面磨损不得大于0.30mm，超过时修理到基本尺寸。

制动蹄摩擦片铆钉承孔扩孔深度为摩擦片厚度的$\frac{2}{3}$，摩擦片与制动鼓的接触面积应达到60%以上，并保证两端首先接触。摩擦片与制动鼓的间隙符合表53的规定。

摩擦片及制动鼓的间隙（mm） 表53

型号	制动凸轮端	支承销端
CA10B CA10C CA15	0.40～0.60	0.20～0.60
JN 651	制动室活动推杆的自由行程为15～20	

13.3.3 制动凸轮轴的直线度公差为0.15mm，凸轮平面应平整光滑。凸轮轴与承孔的配合间隙符合表54的规定。制动室膜片或活塞皮碗无裂纹、老化现象，且密封良好，当用9×10^5Pa的气压试验时不得漏气。制动时，推杆与制动臂应垂直，推杆行程：CA10B、CA10C、CA15前轮为20～25mm，后轮为30～35mm；JN 651为15～20mm。

13.4 制动阀及继动阀

13.4.1 制动阀壳体不得有裂纹、变形或缺损，作用灵活可靠、密封良好。CA10B、CA10C、CA15型用9×10^5Pa、JN 651型用7×10^5Pa的气压分别对进、排气阀闭合时的密封性能进行试验，气压降在5min内，不允许超过5×10^4Pa。

13.4.2 继动阀的阀体、阀盖不得有破裂，阀体排气孔及上、下气室通气孔畅通。

13.4.3 在制动阀任何出气压力的作用下，继动阀的出气压力均应与制动阀相同，排气孔不漏气，并且动作灵活，反

凸轮轴与承孔的配合（mm）　　表 54

结合零件	项目		型号 CA10B CA10C CA15	型号 JN 651
前制动凸轮与支架（衬套）	原厂尺寸	承孔孔径	$\phi 38^{+0.050}$	衬套$\phi 35^{+0.050}$
		轴颈直径	$\phi 38^{-0.032}_{-0.100}$	$\phi 35^{-0.025}_{-0.064}$
	配合间隙（+）或过盈（−）	原厂规定	+0.032～+0.150	+0.025～+0.114
		大修允许	+0.032～+0.400	+0.025～+0.200
		使用限度		+0.5
后制动凸轮与支架（衬套）	原厂尺寸	承孔孔径	$\phi 38^{+0.050}$	衬套$\phi 40^{+0.050}$
		轴颈直径	$\phi 38^{-0.340}_{-0.500}$	$\phi 40^{-0.025}_{-0.064}$
	配合间隙（+）或过盈（−）	原厂规定	+0.340～+0.550	+0.025～+0.114
		大修允许	+0.340～+0.550	+0.025～+0.200
		使用限度		
后制动凸轮与支承座（或底板衬套）	原厂尺寸	底板座孔径	支承座$\phi 38^{+0.050}$	底板衬套 $\phi 40^{+0.050}$
		凸轮轴径	$\phi 38^{-0.340}_{-0.500}$	$\phi 40^{-0.025}_{-0.064}$
	配合间隙（+）或过盈（−）	原厂规定	+0.340～+0.550	+0.025～+0.114
		大修允许	+0.340～+0.550	+0.025～+0.200
		使用限度		+0.50

应及时。

13.4.4　在制动阀压力消失后，继动阀排气迅速。无尖叫声。

13.4.5　各部不漏气，接头齐全完好。

13.5　空气压缩机

13.5.1　空气压缩机气缸体、气缸盖不得有裂纹。气缸镗磨后的圆柱度公差为 0.01mm，表面光洁度不低于▽8。气缸盖、气缸体结合平面的平面度公差为 0.05mm。

13.5.2　活塞与气缸、活塞销与活塞销孔及连杆衬套的配合符合表 55 的规定。活塞环开口间隙为：CA10B、CA10C、CA15 为 0.15～0.25mm；JN 651为 0.20～0.40mm。CA10B、CA 10C、CA 15边隙为 0.035～0.080mm，背隙为 0.15～0.35mm。

13.5.3　曲轴箱壳体不得有裂纹和缺口。滚动轴承与曲轴轴颈、连杆轴承与连杆轴颈、滚动轴承与壳体承孔的配合间，隙符合表 55 的规定。连杆轴颈圆柱度公差为 0.0075mm。曲轴上的后油堵密封良好，与承孔的配合间隙为 0.02～0.03mm。

13.5.4　曲轴装合后的端隙不大于 0.75mm，轴颈与连杆两端面的端隙不大于 0.25mm。连杆大小承孔轴线应在同一平面内，其平行度公差为 100：0.04，两轴线偏离该平面不得超过 100：0.06。

13.5.5　修理后的空气压缩机必须进行磨合试验，其性能符合表 56 的规定。每小时进入贮气筒的油量不超过 1.5mL。曲轴油封不得有渗、漏油现象。回油管应清洁畅通。

13.6　贮气筒

13.6.1　贮气筒内部应清洁，不得有任何性质的裂纹或破损。当用（13～15）$\times 10^5$Pa 的压力作水压试验时，不得有变形或渗漏现象。

13.6.2　进、出口的各接头螺纹完好。

13.6.3　压力控制阀密封良好，工作可靠，控制压力适

空气压缩机主要配合数据(mm)　　　表 55

结合零件	项目		型号 CA10B CA10C CA15	型号 JN 651
活塞与气缸	原厂尺寸	缸　径	$\phi52^{+0.03}$	$\phi60^{+0.03}$
		活塞外径	$\phi52^{-0.03}_{-0.06}$	$\phi60^{-0.03}_{-0.06}$
	配合间隙(+)或过盈(−)	原厂规定	+0.03～+0.09	+0.03～+0.09
		大修允许	+0.03～+0.09	+0.03～+0.09
		使用限度	+0.20	+0.30
活塞销与活塞	原厂尺寸	活塞孔径	$\phi12.5^{+0.003}_{-0.012}$	$\phi14^{+0.001}_{-0.010}$
		销外径	$\phi12.5_{-0.015}$	$\phi14^{-0.006}_{-0.018}$
	配合间隙(+)或过盈(−)	原厂规定	0～+0.006(分组选配)	+0.002～+0.013(分组选配)
		大修允许	0～+0.006(分组选配)	+0.002～+0.013(分组选配)
		使用限度	+0.10	+0.10
活塞销与连杆衬套	原厂尺寸	衬套内径	$\phi12.5^{+0.007}_{-0.008}$	$\phi14^{+0.007}_{-0.005}$
		销外径	$\phi12.5_{-0.015}$	$\phi14^{+0.006}_{-0.018}$
	配合间隙(+)或过盈(−)	原厂规定	+0.004～+0.010(分组选配)	+0.007～+0.019(分组选配)
		大修允许	+0.004～+0.010(分组选配)	+0.007～+0.019(分组选配)
		使用限度	+0.10	+0.10

续表

结合零件	项目		型号 CA10B CA10C CA15	型号 JN 651
连杆与衬套	原厂尺寸	连杆孔径	$\phi14^{+0.019}$	$\phi17^{+0.019}$
		衬套外径	$\phi14^{+0.155}_{+0.080}$	$\phi17^{+0.075}_{+0.040}$
	配合间隙(+)或过盈(−)	原厂规定	−0.155～−0.061	−0.075～−0.021
		大修允许	−0.155～−0.061	−0.075～−0.021
		使用限度		
连杆轴承与曲轴	原厂尺寸	轴承内径	$\phi28.5^{+0.023}$	$\phi25^{+0.023}$
		轴　径	$\phi28.5^{-0.020}_{-0.040}$	$\phi25^{-0.020}_{-0.040}$
	配合间隙(+)或过盈(−)	原厂规定	+0.020～+0.063	+0.020～+0.063
		大修允许	+0.020～+0.063	+0.020～+0.063
		使用限度	+0.12	+0.12
滚动轴承与曲轴(前)	原厂尺寸	轴承内径	$\phi35_{-0.012}$	$\phi40_{-0.012}$
		轴　径	$\phi35^{+0.020}_{+0.003}$	$\phi40^{+0.020}_{+0.003}$
	配合间隙(+)或过盈(−)	原厂规定	−0.032～−0.003	−0.032～−0.003
		大修允许	−0.032～+0.005	−0.032～+0.005
		使用限度	+0.02	+0.02
滚动轴承与曲轴(后)	原厂尺寸	轴承内径	$\phi35_{-0.012}$	$\phi25_{-0.010}$
		轴　径	$\phi35^{+0.020}_{+0.003}$	$\phi25^{+0.017}_{+0.002}$
	配合间隙(+)或过盈(−)	原厂规定	−0.032～−0.003	−0.027～−0.002
		大修允许	−0.032～+0.005	−0.027～0
		使用限度	+0.02	+0.015

续表

结合零件	项目		型号 CA10B CA10C CA15	JN 651
滚动轴承与壳体（前）	原厂尺寸	壳体孔径	$\phi72^{+0.030}$	$\phi80^{+0.008}_{-0.023}$
		轴 径	$\phi72_{-0.013}$	$\phi80_{-0.013}$
	配合间隙（+）或过盈（－）	原厂规定	0～+0.043	－0.023～+0.021
		大修允许	0～+0.060（选 配）	－0.023～+0.053
		使用限度	+0.10	+0.10
滚动轴承与壳体（后）	原厂尺寸	壳体孔径	$\phi72^{+0.030}$	$\phi62^{+0.003}_{-0.023}$
		轴 径	$\phi72_{-0.013}$	$\phi62_{-0.013}$
	配合间隙（+）或过盈（－）	原厂规定	0～+0.043	－0.023～+0.021
		大修允许	0～+0.060（选 配）	－0.023～+0.053
		使用限度	+0.10	+0.10

空气压缩机试验规范 表 56

型 号	空气压缩机转速 (r/min)	贮气筒容积 (L)	贮气筒指示压力 ($\times10^5$Pa)	需要时间 (min)
CA10B CA10C	900～1000	35	7	4
JN 651	600	120	7	13

当。JN651单向阀不允许有回气现象。

13.6.4 排污阀安装牢固、密封，作用有效。

13.7 气管路布置

13.7.1 气管表面不得有褶皱或严重擦伤，气路所有气管内孔必须清洁畅通。各接头螺纹应完好可靠、不漏气。

13.7.2 各部管路装配齐全，弯曲半径适当，截面积减少不得大于10%。管路应用卡子合理固定，不得因车辆颠簸而跳动。

13.7.3 管子焊接完毕后，应予清理，不允许留有金属熔渣、残余物及其他脏物。

13.7.4 各部软管不应有老化或变质现象，并用 15×10^5Pa 压力进行耐压试验。

14 悬挂及车轮修理技术条件

14.1 悬挂

14.1.1 钢板弹簧应逐片除净泥垢及锈污，检查各片的弹性和拱度。装合时各接触面应涂沫润滑脂。

14.1.2 钢板弹簧卡子按规定数量配齐，卡子内侧与钢板弹簧两侧的间隙为0.70～1.00mm，卡子套管与钢板弹簧顶面的距离为1～3mm，卡子螺栓的螺纹端应指向轮胎。

14.1.3 第一片钢板弹簧两端衬套应换新件。两卷耳中心距允差为±4mm，卷耳中心至钢板弹簧中心的距离允差为±2mm。

14.1.4 钢板弹簧与支架或吊耳、吊耳与支架的间隙两侧各为0.50～1.00mm，钢板弹簧销与衬套、衬套与吊耳和支架承孔的配合间隙均应符合原厂规定。

14.1.5 已装配好的钢板弹簧，各片之间应紧密贴合，相邻两片在总接触长度1/4的范围内间隙应不大于1.2mm。无负荷及有负荷时的拱度符合原厂规定。

14.1.6 左、右钢板弹簧总成片数相等，总厚度差不大于5mm，拱度差不大于10mm。

14.1.7 钢板弹簧U型螺栓的扭紧力矩见表2，扭紧后螺栓螺纹应露出 3～5 牙。

14.1.8 钢板弹簧缓冲胶垫应完好，且安装牢固。

14.2 车轮

14.2.1 轮辋不应有裂损。轮辐端面或轮辋外圆柱面对轮辋轴线的端面圆跳动及径向圆跳动公差为 3mm，装轮胎螺栓的承孔径向磨损量不大于 1.5mm。

14.2.2 轮辐与轮辋连接牢固，锁环翘曲应校正，并清除泥垢、锈斑并涂刷油漆。

14.2.3 前轮不得装用翻新胎或成色偏低的轮胎。

15 电气设备及仪表修理技术条件

15.1 蓄电池

15.1.1 蓄电池壳体应完好。同一蓄电池的极板组不得新旧混装。极板与电桩、电桩与连接板焊接牢固。螺塞及螺孔的螺纹完好，通气孔畅通。各部密封良好。

15.1.2 蓄电池按照初充电技术规范进行充电后，用高率放电仪测试单格电池端电压时，在 5s 内应不低于 1.75V，充电后，电解液的比重应根据地区和温度条件确定。

15.2 直流发电机及调节器

15.2.1 直流发电机电枢对其轴线的径向圆跳动公差为 0.08mm。整流子光洁，圆度公差为 0.025mm。整流子片间的云母片应低于整流子外圆柱面 0.50mm。铜片的径向厚度小于 2mm 时应换新。

炭刷高度不得低于其基本尺寸的 2/3，弹簧弹力符合原厂规定，炭刷与整流子的接触面积不小于 75%。

15.2.2 滚动轴承与电枢轴颈的配合为 −0.01～+0.02mm，与承孔的配合为 −0.01～+0.03mm。发电机装配后，电枢与磁极的间隙为 0.25～0.50mm。

15.2.3 皮带轮孔与轴的配合为 −0.01～+0.03mm。

15.2.4 发电机修竣后作空载电动试验时，应转动平稳，电流值不超过 6A。额定值输出试验时，性能符合表 57 的规定。

直流发电机性能 **表 57**

型号	规格		搭铁极性	空载		负载			配用调节器型号
	额定电压 (V)	额定功率 (W)		额定电压 (V)	转速 (r/min)	额定电压 (V)	额定电流 (A)	转速 (r/min)	
112	12	220		12.5	940	12.5	18	1600	424
112E	12	220	—	12.5	940	12.5	18	1600	424
1101E	12	220	—	12.5	900	12.5	18	1700	FT81-18/12FN/1
F46	24	300	—	25	1300	25	12	1750	FT81-13/24FN/1

15.2.5 调节器各触点平整、光洁、接触良好，触点厚度不小于 0.40mm。调节器检修后与配套发电机联合试验时，性能符合表 58 的规定。

15.3 交流发电机及调节器

15.3.1 交流发电机转子对其轴线的径向圆跳动公差为 0.10mm，滑环的圆度公差为 0.025mm，其工作表面无烧蚀疤痕，光洁度不低于▽6。修理后滑环上的铜环厚度不小于 1.50mm。

15.3.2 滚动轴承与转子轴颈的配合为 −0.01～+0.02mm 与承孔的配合为 −0.01～+0.03mm。装配后转子的端隙不大于 0.20mm，转子外表面与定子的间隙为 0.25～0.50mm，使用限度为 1.00mm。

直流发电机调节器性能　　表 58

项　目		型号 424	型号 FT81—13
规格	额定电压（V）	12	24
规格	额定电流（A）	18	13
节压器	触点闭合时振动臂与铁芯间隙（mm）	1.4～1.5	1.4～1.5
节压器	检查电压时发电机负荷（A）	10	7
节压器	+20℃时调节电压（V）	13.8～14.8	27.6～29.6
节压器	检查电压时发电机转速（r/min）	3000	2200
节流器	电流限制值（A）	17～18	12～14
节流器	触点闭合时振动臂与铁芯间隙（mm）	1.4～1.5	1.2～1.3
断流器	触点开启时振动臂与铁芯间隙（mm）	0.6～0.8	0.7～0.9
断流器	触点闭合时振动臂与铁芯间隙（mm）	≥0.25	0.35～0.45
断流器	闭合电压（V）	12.2～13.2	24.4～26.4
断流器	断开时反向电流（A）	0.5～6	0.5～5

15.3.3　皮带轮孔与轴的配合为－0.01～＋0.03mm。

15.3.4　同一台发电机整流管反（正）向电阻值相差不得大于 10%。修换时应用同型号整流管，整流管与原件板座孔安装不得松动。发电机外壳与电枢间电阻值应大于 30Ω。

15.3.5　交流发电机检修后，其工作性能符合表 59 的规定。

15.3.6　交流发电机电压调节器应与交流发电机配套调整使用，其技术性能符合表 60 的规定。

15.3.7　对交流发电机进行测试时，不允许用高于额定电压的电源，并严禁在电枢接线柱上用搭铁观察火花的方法进行试验。

15.4　起动机

15.4.1　电枢对其轴线的径向圆跳动公差为 0.15mm，整

交流发电机性能　　表 59

型号	规格 额定电压 (V)	规格 额定功率 (W)	空载 额定电压 (V)	空载 转速不大于 (r/min)	负荷 额定电压 (V)	负荷 额定电流 (A)	负荷 转速不大于 (r/min)	配用调节器型号
JF132C	14	350	14	1000	14	25	2500	FT61
JF21、JF152	14	500	14	1000	14	36	2500	FT61
2JF500	14	500	14	1000	14	36	2500	FT70、FT111
JF12A—N	28	350	28	1000	28	12.5	3500	FT61A
3JF500（A）	28	500	28	1000	28	18	3500	FT211 或 FT61A

交流发电机电压调节器性能　　表 60

型号	额定电压 (V)	额定功率 (W)	70%负载时调节电压值 (V)	试验调节电压时 发电机转速 (r/min)	试验调节电压时 发电机负荷（低载）(A)	低载时调节电压与半载时调节电压差值不大于 (V)	配用发电机系列
FT61	14	350 500	13.5～14.5	3000	4	0.5	JF13 JF15
FT61A	28	500	27.6～29.0	3000	2	1	JF12 A—N
FT211	28	500	27～29	3500	2	1	3JF 500（A）
FT70	14	500	13.5～14.5	3500	4	0.5	JF11 JF21
FT111	14	500	14.2～14.8	3500	4	0.5	JF11 JF21

流子的圆度公差为 0.025mm，对轴颈的同轴度公差为 0.10mm，修理后铜片的径向厚度不得小于 2mm。

炭刷高度不低于基本尺寸的 2/3，弹簧弹力符合原厂规定，炭刷与整流子的接触面积不得小于 75%。

15.4.2　电枢两端轴颈与衬套的配合间隙为 0.04～0.09mm，中间衬套与轴颈的配合间隙为 0.085～0.150mm。

装配后的端隙为 0.50～0.70mm，与磁极的间隙为 0.82～1.80mm。

15.4.3　CA10B、CA10C、CA15 起动机起动时不得有打滑现象。其驱动齿轮齿长不短于 16mm，且不得有崩角或碎裂现象。齿轮端面与止推垫圈的间隙，在开始接触时为 1.5～2.5mm，完全推进时为 0.5～1.5mm。

15.4.4　JN651 起动机的摩擦离合器不打滑。静止时起动机齿轮端面与飞轮齿圈端面的距离为 2.5～5.0mm，可用加减垫片的厚度来调整，但垫片应平整，其厚度保证摩擦离合器的不可逆性。

15.4.5　起动机应作空转特性及全制动特性试验，其性能符合表 61 的规定，但扭矩允许降低 10%。

起动机性能　　　　表 61

型　号	规格		空转特性			全制动特性			安装方式
	电压 (V)	功率 (kW)	消耗电流不大于 (A)	转速不低于 (r/min)	电压 (V)	电压不低于 (V)	消耗电流量不大于 (A)	扭矩不小于 (N·m)	
QD15 (315B)	12	1.32	75	5000	12	8	600	26	突缘式
2201	12	1.32	75	5000	12	8	600	26	突缘式
ST614	24	5.15	80	6000	24	7	900	60	三孔突缘

15.5　分电器

15.5.1　分电器壳及盖无裂损。分电器轴的径向圆跳动公差为 0.05mm，轴向端隙不大于 0.25mm。分电器轴与凸轮的配合间隙不大于 0.03mm，与衬套的配合间隙为 0.02～0.04mm。

分电器轴上的横销不松旷，轴下端插头的磨损不大于 0.30mm。

15.5.2　分电器离心调节器的离心块销与销孔的配合间隙为 0.025～0.080mm，离心块弹簧的自由长度和弹力符合原厂规定。真空调节器完整无缺，密封良好。

15.5.3　分电器凸轮工作面光洁，各顶端对轴孔轴线的径向圆跳动公差为 0.03mm。分电器触点平整光洁，接触面积不得小于 85%，触点厚度不小于 0.5mm。触点钢片弹簧在触点处的压力为 5～7N。

15.5.4　分电器装合后，应进行试验，其配电角度误差不大于±1°，点火提前角应符合表 62 的规定。

分电器性能　　　　表 62

型号	离心提前点火调节特性					真空提前点火调节特性			
FD25	(r/min)	200	500	900	1500	($\times 10^5$Pa)	0.13	0.30	0.53
	(°)	0～2	4～6	8～10		(°)	0～2	2.5～4.5	5.5～7.5

15.5.5　分电器的电容器无短路、断路或漏电现象，电容量为 0.17～0.25μF。

15.6　喇叭

15.6.1　各部件完整无损，安装牢固。

15.6.2　各部件装配及调整符合原设计。

15.6.3　喇叭音频正常，音量符合国家环保标准的有关规定。

15.7　仪表

15.7.1　机油压力表、电流表、车速里程表、气压表、水温表、燃油表齐全，反映准确、平稳，不工作时应回至原位。表盘平整、数字清晰、密封良好，接线柱牢固可靠。

15.7.2　仪表允差符合表63的规定。

仪表允许误差　　表63

仪表名称	CA10B、CA10C		JN651	
	刻度值	读数误差	刻度值	读数误差
电流表(A)	10 20 30	±2 ±3 ±4.5	10～20 30	±2～4 ±4.5
机油压力表($\times10^5$Pa) (配用相应感传器)	2 5	±0.2 ±1.0	6 10	±0.2 ±0.4
水温表(℃) (配用相应感传器)	40 80～100	±10 ±5	80～120	±5
车速里程表(km/h)	40～60 80～100	+3 −2 +5 −3	40～60 80	+3 −2 +5 −3
气压表($\times10^5$Pa)	10	±10%	10	±10%
燃油表 (油箱容积)	1/2 1	±7% ±10%	1/2 1	±7% ±10%

15.8　照明

车内各种灯具齐全完好、工作有效，外部灯具的位置和光色符合GB135－79《汽车和挂车的外部照明的位置和光色》的规定。指示灯符合设计规定。车门外侧上部必须安装照明灯。

15.9　电气线路

低压接线板清洁完好，工作有效。低压线绝缘层无老化、破损，并接线正确、包扎紧密。车身穿线孔必须装有护线圈等保护材料。全车线路应分别编号或选用不同颜色，排列整齐，走向合理，不得发生短路或断路。应装有电源总开关。蓄电池线断面符合要求。

15.10　音响讯号

乘务员停、发车信号及转向、倒车、气压、转向限位等音响讯号的装置及效果符合设计要求。

15.11　车用扩音机装合后整机性能

①额定不失真功率：大于2.5W；

②灵敏度：10mV；

③频率：300～4000Hz；

④失真度：不大于5%；

⑤零讯号电流：不大于50mA；

⑥在车箱内无反馈尖叫声，且声音清晰。

15.12　门泵电磁阀

15.12.1　阀体和前后盖无裂损，全部螺纹完好。

15.12.2　电磁线圈无短路及断路现象，绝缘良好。引线焊接牢固可靠，线圈架不破裂。

15.12.3　阀体装合后推杆顶足时与导盘之间保持0.4～2.50mm的间隙。

15.12.4　线圈接通电源后，推杆的移动无阻滞现象，电源切断后推杆能立即回位。在进气接头通入(7.5～8.5)$\times10^5$Pa的压缩空气时，开关各处不得漏气。

16　竣工出厂验收技术条件

16.1　整车的检验

16.1.1　车身内外蒙皮及内外装饰条等应平整，曲面过渡圆滑。螺钉或铆钉紧固、排列整齐、间距均匀。车顶不漏水。地板端面与车身蒙皮内侧间隙要小，并涂嵌防尘材料。

16.1.2 车身端正。左右侧窗下边沿离地高度误差不超过20mm。满载时应保持基本平直。

16.1.3 车身面漆色泽光亮，不得有麻点、裂纹、脱皮、起泡、皱纹或流痕，异色界限分明。

16.1.4 车身外部金属零、部件按规定进行涂漆、镀锌、镀铬或化学处理。

16.1.5 前后牌照安装牢固

16.1.6 前风窗玻璃不得有波纹或花斑。侧窗玻璃在槽内不得松旷，推拉窗各部位不得往车厢内漏水。全车玻璃清洁明亮。

16.1.7 车厢地板安装牢固，接缝严密，不得有进灰、进水现象。防滑地板条排列整齐。

16.1.8 车门及驾驶员门安装牢固，四周严密，接缝平整。车门开关灵活，关闭时有缓冲作用。关闭后，中间密封条上下均匀密合。

16.1.9 发动机防护罩隔热良好，开启灵活，关闭严密，支架及挂钩齐全有效。

16.1.10 座椅及扶手杆按原设计排列整齐、安装牢固，颜色协调一致。

16.1.11 驾驶员座椅能进行水平和垂直方向调节，锁止可靠，安装牢固。驾驶员各操纵手柄、踏板、拉杆等不得相互干扰。

16.1.12 铰接装置各部件牢固可靠，并装有钢丝保险索等安全设施。铰接装置的水平偏转角达到左右极限位置前5°时，音响警报器应发出警报。

16.1.13 主车与拖车在设计允许的相对角度位置范围内移动时，伸缩棚和铰接地板都必须与之相适应，不得阻滞或损坏。

16.1.14 铰接等分机构在主车与拖车水平方向做相对转动时，伸缩棚中间主棚杆的位置要保持在偏转夹角等分线上。

16.1.15 伸缩棚必须整洁，接缝严密，不得漏水、透风。车厢与铰接部位应有安全防护、密封设施，装置可靠。

16.1.16 各总成附件装配齐全，安装牢固。

16.1.17 前轴、驱动桥定位正确，安装牢固，左右两侧轴距差不大于5mm。前轮定位符合规定。

16.1.18 转向机构各部件安装牢固，转向盘自由转动量不大于30°。

16.1.19 横直拉杆螺母紧固有效，球头不松旷，弹簧垫圈和开口销齐全，锁止正确。转动转向盘时，各紧固部件不得有松动。

16.1.20 制动踏板、离合器踏板及手制动操纵杆，在地板开口内移动时，不得与开口边缘摩擦。放松踏板时，能迅速复位，不得阻滞。离合器踏板和制动踏板的自由行程符合规定。

16.1.21 车辆各部油嘴装配齐全、有效。各总成的润滑油

各总成润滑油加注量（L） **表 64**

型号	曲轴箱机油	变速器齿轮油	转向器齿轮油	空滤器机油	驱动桥齿轮油
CA10B CA10C CA15	8.5	6	0.9	0.7	4.5
JN651	24	15.5	4		9

加注量符合表64的规定。

16.1.22 气路各部件密封良好，工作时不漏气。停止工作后气压由 7×10^5Pa 降到 6×10^5Pa 的时间不得少于2h。

16.1.23 各管路符合原设计要求，排列整齐，安装牢固。

16.1.24 全车各部连接螺栓、螺母必须齐全、紧固，凡有锁止螺母、开口销、锁片和金属丝装置的，均应按规定锁止良好。

16.1.25 蓄电池外部清洁，安装牢固，容量符合规定。

16.1.26 各种灯具工作正常：车身前后及内外的转向信号灯显示应一致。喇叭音响符合有关规定。

16.1.27 后视镜齐全有效。

16.1.28 起动机启动灵活，工作可靠。起动机开关回位后，起动机齿轮能退回原位。不得有时断时续及过热、打滑、咬住等现象。

16.1.29 风扇皮带松紧度符合规定。发电机、起动机安装牢固，防尘罩齐全完整。

16.1.30 刮水器作用正常，装置齐全。刮水片全面与挡风玻璃紧贴，双刮水片应同步摆动。

16.1.31 应装有电源总开关。

16.2 路试及仪具试验

16.2.1 在正常气温时，发动机能用起动机及时起动。在怠速、中速和高速时均应运转平稳。化油器及消音器不得有回火及“放炮”现象。

16.2.2 油门踏板及阻风门轻便灵活，安装牢固，不得有阻滞现象。

16.2.3 发动机正常运行时不得有异响，不得漏水、漏油、漏电和漏气。停车后，各部油封与盖不得有润滑油流痕。

16.2.4 离合器踏板操纵轻便、灵活。离合器接合平稳，分离彻底，不打滑、不抖动、无异响。

16.2.5 变速器换档操作轻便，无阻滞，不乱档。任何档位在行驶中，均不得有自行脱档现象。

16.2.6 当车辆进行低、中、高速试车时，变速器、传动轴、差速器等各总成均不得有异响。行驶中各旋转部件具有良好的平衡性。

16.2.7 水温表、机油压力表等各仪表灵敏、准确、可靠。

16.2.8 转向器转向操作应轻便，无阻滞。行驶中车辆应有良好的稳定性，不跑偏，不摆头。最小转弯半径符合原厂规定。

16.2.9 手制动效能：拉紧手制动杆时，在平路上二档不能起步，或在20%的坡路上车辆不滑溜。柴油车排气制动性能应符合原厂规定。

16.2.10 脚制动效能应符合“中华人民共和国机动车检验规范”（试行）的规定。

16.2.11 滑行性能试验：在平坦干燥的硬质路面上，从30km/h开始滑行到停止，其滑行距离：单车不少于250m，铰车不少于300m。或车辆运行一定时间各传动部件达到正常温度后，车辆停在平坦、干燥的硬质路面上，用拉力计拉动车辆（空载），其拉力不超过自重的1.5%。

16.2.12 动力性能试验：车辆（空载）在平坦干燥的硬质路面上以直接档行驶，时速从20km加速到40km所用的时间：单车不超过25s、铰接车不超过30s。

16.2.13 燃料经济性：走合期满后，百公里消耗的燃料应符合有关规定。

16.2.14　车辆在加速行驶时，车外最大噪声符合GB1495—79《机动车辆允许噪声》的规定。

16.2.15　汽车的排放应符合国家标准GB3842—83《汽油车怠速污染排放标准》及GB3843—83《柴油车自由加速烟度排放标准》的规定。

16.2.16　路试时冷却水温度不应超过90℃。

16.2.17　行驶中驾驶员门，车门锁止可靠，蒙皮不得有抖动声，车厢内各设施无异响。

16.3　路试后检查

16.3.1　车辆路试后应仔细复检。

16.3.1.1　各总成及其附件不得漏水、漏油、漏电、漏气或松动。

16.3.1.2　检查所有气阀、管路均不得漏气。踩下制动踏板试验时，要求5min内气压表指针下降不得超过0.5×10^5Pa，放松踏板时，排气畅通无阻。低压警报器工作正常。

16.3.1.3　路试后，制动鼓、轮毂、变速器壳、驱动桥壳、传动轴中间轴承等不应过热，齿轮油温度不高于60℃，机油温度不高于90℃。

16.3.2　车辆试车后应将下列各部螺栓再复紧一次：

转向器及有关连接部件螺栓、传动轴万向节突缘及中间支承各部螺栓、前后钢板弹簧U型螺栓、轮胎螺栓、半轴螺栓及铰接机构各部螺栓。

16.3.3　轮胎气压符合规定。

16.4　出厂后的有关规定

16.4.1　车辆修竣后，承修与送修单位按下列规定认真进行交接。

16.4.1.1　达到本修理技术标准的要求，并由承修单位检验部门鉴发合格证。

16.4.1.2　机件齐全完整。

16.4.1.3　车辆档案完善，应将修理项目及车况等正确完善地填写在技术文件内。

16.4.1.4　各种工具、附件和设备符合有关规定。

16.4.2　车辆交接过程中，送修单位应进行路试，当发现某些附件或总成确有故障影响质量时，承修单位必须及时查明故障原因，迅速予以调整、修理。

16.4.3　检验中发现未达到本修理技术标准规定的项目，送修单位有权拒绝接车。

16.4.4　交车后，车身部分在六个月内为保修期，发动机和底盘部分在三个月内为保修期，在此期限内，车辆因修理质量不良而引起的故障或损坏，由承修单位负责。

16.4.5　车辆修竣出厂后，由于使用不当，造成车辆或总成早期损坏，承修单位不承担责任。

附加说明

本标准由北京市公共交通研究所技术归口并负责解释。

本标准由长春市公用局负责起草。

中华人民共和国城乡建设环境保护部

部 标 准

城市无轨电车修理技术条件

CJ 23—87

中华人民共和国城乡建设环境保护部

1987-12-01 发布　　1988-06-01 实施

本标准适用于解放 CA10B、CA10C、CA15 和浦江底盘改装的城市无轨电车的修理。其他底盘改装的城市无轨电车的修理也可参照执行。

1 一般技术要求

1.1 车辆解体前要求

1.1.1 车辆解体前，应进行检查和测试，并做好记录。

1.1.2 检测后，清除底架及底盘上的尘土和油垢。

1.2 车辆及其总成解体的规定

1.2.1 车辆解体后对骨架、底架再次进行清洁，清除残存的油污和尘土等，并对金属件进行除锈和防腐处理。

1.2.2 解体时须用专用工具、机具，对主要零件的基准面或精加工面不许敲击，不得损伤。

1.2.3 总成分解时，凡偶合件和不能互换的零部件均应做好标记。

1.2.4 对前轴、转向节、转向臂轴、转向臂、转向节臂、铰接球销、转向各部球销等应做探伤检查。

1.2.5 对基础件及主要零件，在分解时检查并记录其主要配合部位的几何尺寸和组合件位置度。

1.3 零件清洁要求

1.3.1 对所有零件应彻底清除油污、积灰、结胶等。

1.3.2 对各种橡胶件、塑料件、皮革件、石棉树脂件、铝锌合金件等不许用对其有害的液体清洗。

1.3.3 清洁后的零件不得有油污和残液。

1.4 车辆及总成装配的规定

1.4.1 应有分级修理尺寸的主要零件见表1。

主要零件分级修理尺寸(mm)　　表1

名称	加大尺寸					
	1	2	3	4	5	6
空气压缩机气缸内径①	+0.25	+0.50	—	—	—	—
空气压缩机气缸套外径	+0.25	+0.50	—	—	—	—
空气压缩机气缸套内径	+0.25	+0.50	+0.75	+1.00	+1.25	+1.50
空气压缩机活塞直径	+0.25	+0.50	+0.75	+1.00	+1.25	+1.50
空气压缩机活塞环外径	+0.25	+0.50	+0.75	+1.00	+1.25	+1.50
后桥壳半轴套管承孔直径	+0.40	+0.80	+1.20	—	—	—
半轴套管外径	+0.40	+0.80	+1.20	—	—	—

① 表中空气压缩机为三缸空气压缩机。

1.4.2 对牵引电动机电枢、传动轴等主要旋转件须进行静平衡和动平衡试验。

1.4.3 对有密封性和电气绝缘性能要求的零部件应按规定测试。

1.4.4 各部螺栓、螺母、垫圈、开口销、锁紧垫、金属锁丝等应按规定选用和装配各部衬垫的材质和规格应符合原厂规定。螺栓拧紧后螺母末端突出的长度，应符合GB3—58的规定。应有拧紧力矩要求的主要螺栓或螺母见表2。

1.4.5 各种紧固件需进行镀锌、发蓝等表面处理。

1.4.6 各种零部件、组合件、总成均应经检验合格后方可安装使用。

1.4.7 各润滑部位的油杯应齐全，并按规定加注润滑油或润滑脂。

主要螺栓、螺母拧紧力矩(N·m)　　表2

项目	D40C(540) D70C(560)
空压机气缸盖螺栓、螺母	15～20
驱动桥圆锥主动齿轮与突缘连接螺母	200～250
差速器轴承盖螺母	170
驱动桥圆柱从动齿轮与差速器壳连接螺母	90～150
半轴螺母	100～140
轮胎钢圈螺母	320～380
万向节突缘连接螺栓	80～90
前钢板弹簧U型螺栓螺母	230～270
中、后钢板弹簧U型螺栓螺母	270～300
牵引电动机轴端与绝缘联轴器螺母	300～340
绝缘联轴器连接螺栓	100～120

1.5 车辆修理竣工后出厂的规定

1.5.1 车辆修理竣工后，按车辆检验技术条件进行检查验收，并由承修单位签发合格证。

1.5.2 车辆检验合格后，承修单位须将填写好的车辆档案(包括修理项目、车况等)随车交给送修单位。

1.5.3 车辆出厂后，在六个月内或行驶里程不超过二万公里为保修期，在此期限内车辆因修理而发生的质量故障，由承修单位负责返修。

1.5.4 车辆出厂后，因使用或维修保养不当造成车辆或总成早期损坏由使用单位负责。

2 集电装置

2.1 集电头与安全链

2.1.1 滑块使用厚度不小于7mm，且与夹板座接触良好。

2.1.2 夹板夹持可靠，夹板上端外口宽度：京型34.7～

36.1mm，沪型 34mm。两夹板高度差不大于 0.5mm。

2.1.3 集电头部仰俯、旋转灵活，仰俯角不小于 20°。护壳无变形。

2.1.4 绝缘棒绝缘层完整、无老化现象。绝缘介电强度应保证在频率 50Hz、电压 3000V 的支流线路中一分钟不被击穿。

2.1.5 安全链应完整有效，绝缘子应完好无损。

2.2 集电杆及联接装置

2.2.1 集电杆不得有孔洞、裂纹及变形，修复焊接不得超过一处，表面涂绝缘漆。

2.2.2 集电杆与联接器装夹牢固，胶垫完整，绝缘管绝缘介电强度应保证在频率 50Hz 电压 3000V 的交流线路中一分钟不被击穿。

2.3 拉力弹簧与调节装置

2.3.1 拉力弹簧无裂纹及锈蚀现象，性能符合设计要求。

2.3.2 调节螺母应与拉簧旋紧，调节杆不应弯曲变形，且应调节有效。

2.3.3 缓冲限位装置的小叉型器不应弯曲变形，止推弹簧应保证有效。

2.4 集电座

2.4.1 旋转器座转动灵活，轴承与旋转器壳、旋转器座轴的配合应符合原厂规定。旋转器水平旋转角左右各为 110°。

2.5 拉绳与卷绳器

2.5.1 拉绳符合设计要求，无断股和接头，与集电杆钢环连接牢固，绝缘子完整。

2.5.2 卷绳器安装牢固，收紧和离心机构工作可靠。

2.6 集电装置总装的技术要求

2.6.1 集电头安装牢固，立轴轴线与集电杆轴线应在同一平面内，且与地面垂直。

2.6.2 集电头对触线的弹力：在高度 5.5m 时为 90～110N；在高度 5.75m 时为 80～100N。同一辆车两集电头的弹力差不大于 10N。

2.6.3 集电头距地面自由升起的最大高度不超过 7m。

2.6.4 集电杆组装后的长度，自旋转器中心至集电头滑块中心为 6±0.05m，同一辆车两杆长度差不大于 0.05m。

2.6.5 集电头在车速不低于 5km/h 的情况下，应保证车辆偏线距离左右各 4.5m 时不脱线。

3 高压电气控制设备与辅助设施（斩波调速装置见附录 A）

3.1 自动断路器

3.1.1 电磁脱扣机构的静态铁芯安装牢固，衔铁吸持和脱扣动作灵活，锁扣可靠。

3.1.2 触头安装牢固接触面光滑无烧痕，触头线接触长度不小于原宽度的 75%，且应有一定的超行程。

3.1.3 消弧装置的消弧罩完整。消弧线圈绝缘良好，引弧角无严重烧痕，软连接线折断面不得大于原截面的 10%。

3.1.4 壳体无变形，盖与外壳扣合严密。锁具有效，且应重涂绝缘漆。

3.1.5 底板与手柄完整，安装牢固，绝缘性能良好。

3.1.6 自动断路器技术数据见表 3。

3.2 行程开关

3.2.1 行程开关通断可靠，触头无烧痕，接触面光滑。

3.2.2 消弧罩完整，无烧痕，安装牢固。

3.3 控制保险盒及熔断器

自动断路器技术数据 表3

项目名称		型号 QDSI-IS	LG-03
额定电压(V)		600	600
最大电压(V)		750	760
额定电流(A)		140	200
整定电流范围(A)		200～600	200～600
动作时间(S)		0.04	0.04
触头数据	初弹力(N)	30～55	30～55
	终弹力(N)	90～140	90～140
	超行程①(mm)	不小于5	不小于5
	开距(mm)	13～16	13～16
	使用厚度(mm)	不小于6	不小于6
线圈数据	导线标称尺寸(mm)	2.83×25	3.20×25
	匝数	11	11
飞弧距离(mm)		不小于140	不小于140

① 该处指的是动、静触头滚动距离。

3.3.1 底板完整，安装牢固，绝缘性能良好。

3.3.2 盒体完整，绝缘衬板粘贴牢固，无烧痕。盒盖启闭灵活，锁具有效。

3.3.3 管式熔断器支架安装牢固，夹紧有效。熔断器的熔丝规格见表4。

3.4 主令控制器

3.4.1 控制排

3.4.1.1 触头无烧痕，接触面平整、光洁，接触面积不小于原面积的80%，使用厚度不小于1.0mm，阻容保护有效。触头臂及滚轮工作可靠。

3.4.1.2 底板完整，安装牢固，绝缘性能良好。

熔丝规格 表4

应用部位	熔丝材质	熔丝直径(mm)	超定电流(A)	熔断电流(A)
控制电路熔断器	软铅锡合金	0.92	5	7
空压机电机熔断器	软铅锡合金	0.92～1.22	5～7	7～10
化霜器熔断器	软铅锡合金	0.92	5	7

3.4.1.3 凸轮完整，安装牢固，各凸轮应相互平行，且与转轴轴线垂直。

3.4.1.4 凸轮转轴无弯曲变形，轴线直线度公差为0.4mm。

3.4.2 倒顺排

3.4.2.1 触头无烧痕，接触面光滑，安装牢固。触头线接触长度不小于静触头宽度的80%。动触头磨损量不大于1.5mm。

3.4.2.2 绝缘基座完整无烧痕，且安装牢固，绝缘性能良好。

3.4.2.3 转轴无弯曲变形，轴线直线度公差为0.5mm。

3.4.2.4 绝缘底板完整，无烧痕，绝缘性能良好。接线端子编号清晰整齐。

3.4.3 制动排

3.4.3.1 触头无烧痕，接触面光滑，使用厚度不小于1.0mm，阻容保护有效。

3.4.3.2 桥形板无变形，工作平稳可靠。方铁芯动作灵活，绝缘端头磨损量不大于1.5mm。

3.4.3.3 绝缘底板完整，安装牢固，绝缘性能良好。

3.4.4 基座

3.4.4.1 基座无变形，左右基座须相互平行，且与轴承座承孔轴线垂直。

3.4.5 转动及限位停挡装置

3.4.5.1 齿轮副啮合正确，凸轮鼓转动灵活。

3.4.5.2 挡位分明准确，锁止可靠。

3.4.6 外罩

3.4.6.1 外罩无变形，衬板和涂层完好，锁具齐全有效。

3.4.7 调试要求

3.4.7.1 控制、制动、倒顺排各挡位闭合顺序正确、可靠。技术数据见表 5。

主令控制器技术数据 **表 5**

项目名称	检测项目		技术数据 型号 KZ-03	技术数据 型号 BK-1
控制排	触头弹力(N)		不小于 0.7	不小于 0.7
	触头开距(mm)		8～12	10～16
	触头超行程(mm)		不小于 1.5	不小于 1.5
	触头错开距离(mm)		—	不大于 2
倒顺排	触头弹力(N)		不小于 30	不小于 30
	触头开距(mm)		不小于 8	不小于 8
制动排	触头弹力(N)		—	不小于 2
	断开距离(mm)	TK1～TK2	—	15～7
		TK3	—	9～11
		TK4	—	7～9
	超行程(mm)	TK1～TK2	—	不小于 3
		TK3	—	不小于 9
		TK4	—	不小于 11

3.5 控制屏

3.5.1 控制屏板

3.5.1.1 电抗器、电容器、电阻符合设计要求，安装牢固，对电路保护有效。

SL-1 型电抗器技术数据见表 6。

3.5.1.2 导线规格符合设计要求，敷设须横平竖直，排列整齐，且与板面贴紧卡牢。

3.5.1.3 屏板应完整，局部损伤修复后，应恢复原机械强度和绝缘性能。

3.5.1.4 板面各电器和接线端子的符号、编号字迹清晰，排列整齐，并与对应的电器相一致。

3.5.2 接触器

3.5.2.1 触头无烧痕，接触面光滑，安装牢固。主触头的线接触长度不得小于其宽度的 80%，磨损量不大于 1.5mm。辅助触头接触面不小于原面积 80%。其技术数据见表 6。

3.5.2.2 消弧罩完整，夹持正确可靠，引弧角无严重烧痕。软连接线折断面不大于原截面 10%。消弧线圈匝间无短路，安装牢固。

3.5.2.3 吸持线圈安装牢固，其规格和绝缘性能见表 6。

3.5.2.4 衔铁无变形，动作灵活可靠，隔磁铜板完整有效。

3.5.2.5 接触器和电抗器修复后，按表 6 测试。

3.5.3 继电器

3.5.3.1 触头无烧痕，接触面光滑，接触面不小于原面积的 80%，其技术数据见表 7。

3.5.3.2 吸持线圈安装牢固，其规格和绝缘性能见表 7。

3.5.3.3 衔铁无变形，动作灵活可靠。

接触器及电抗器技术数据 表6

项目名称		接触器型号						电抗器型号
		CZ5-3	CZ5-22	CZ5-24	CZ5-24-1	ZJ-13	ZJ-03	SL-1
超定电压(V)		600	600	600	600	600	600	600
最高电压(V)		750	750	750	750	750	750	750
最低吸合电压(V)		420	420	420	10	420	420	—
额定电流(A)		150	80	5	5	150	80	—
接触器动作电流(A)		0.032	0.032	0.019	0.019	—	--	—
主触头	开距(mm)	15±1	9±1	9±1	9+1	15±1	9±1	—
	超行程(mm)	3±0.5	3.5±0.5	3.5±0.5	3.5±0.5	3±0.5	4±1	—
	初弹力(N)	不小于15	不小于15	不小于15	不小于15	不小于15	不小于6	—
	终弹力(N)	不小于30	不小于14	不小于14	不小于14	30～40	14～16	—
辅助触头	开距(mm)	不小于10	不小于10	—	—	不小于6	不小于5	—
	超行程(mm)	不小于2.5	不小于2.5	—	—	2.5±0.5	3～5	—
	初弹力(N)	不小于1.3	不小于1.3	—	—	—	—	—
	终弹力(N)	不小于1.7	不小于1.7	—	—	2.5～3.0	3.0～4.0	—

续表

项目名称		接触器型号						电抗器型号
		CZ5-3	CZ5-22	CZ5-24	CZ5-24-1	ZJ-13	ZJ-03	SL-1
线圈①	超定电压(V)	600	600	600	12	600	600	—
	导线型号	QZ	QZ	QZ	QZ	QZ-2	QZ-2	—
	导线直径(mm)	先绕 ϕ0.12 后绕 ϕ0.13	先绕 ϕ0.09 后绕 ϕ0.11	先绕 ϕ0.09 后绕 ϕ0.11	ϕ0.72	ϕ0.12	ϕ0.10	ϕ0.74
	线圈匝数	43780	55500	55500	1120	44500	45000	700
	线圈内电阻 Ω(20℃)	8585	15680	15680	6.24	9200±6%	14500±6%	370
	绝缘电阻 MΩ	不小于 50	不小于 50	不小于 50	不小于 50	不小于 50	不小于 50	不小于 50
消弧线圈	导线型号	TBR	TBR	TBR	TBR	TBR	TBR	—
	导线标称尺寸(mm)	2.83×13.5	2.44×10	ϕ1.56	ϕ1.56	2.63×14.5	1.95×10.8	—
	线圈匝数	9	10	130	130	10	9	—

① 此处指周围空气相对湿度在 75～85%时的测试数值，下同。

继 电 器 技 术 数 据 表7

项目名称			名称及型号					
			过电流继电器		低电压继电器		过电压继电器	刹车灯继电器
			GJ-03	JL3-01A	LJ-03	JT8-1	JT8-1	JT8-3
额定电压(V)			600	600	600	600	600	600
最大电压(V)			750	750	750	750	750	750
额定电流(A)			150	150	—	—	—	—
动作电流(A)			200～500	250±10	—	0.015	0.160	0.90～0.95/0.005①
动作电压(V)			—	—	480±15	—	—	—
释放电流(A)			—	—	—	—	—	0.30～0.35/0.13②
释放电压(V)			—	—	275±10	—	—	—
触头数据	额定电流(A)		5	5	5	5	5	5
	开距(mm)	常闭	不小于5	5.5	不小于3	5～7	6～8	5～7
		常开	—	—	不小于5	6～8	—	6～8

续表

项目名称			名称及型号						
			过电流继电器		低电压继电器		过电压继电器	刹车灯继电器	
			GJ-03	JL3-01A	LJ-03	JT8-1	JT8-1	JT8-3	
触头数据	超行程(mm)		2.5±0.5	2～3	2.5±0.5	不小于 2	不小于 2	不小于 2	
	弹力(N)	初弹力	2.5	2.4	3.0	不小于 0.80	不小于 0.80	不小于 0.80	
		终弹力	30	2.5	3.5	不小于 1	不小于 1	不小于 1	
线圈数据	线圈电压(V)		—	—	500	500	55	—	
	导线型号		TBR	TBR	QZ	Q	Q	Q	QZ
	导线标称尺寸(mm)		2.63×14.5	2.1×14.5	$\phi0.10$	$\phi0.10$	$\phi0.31$	$\phi0.25$	$\phi0.74$
	线圈匝数		$7\frac{1}{2}$	$7\frac{1}{2}$	14500	47500	5650	4400	515
	线圈内电阻 Ω (20℃)		—	—	16000±10%	13600	162	194	2.58
	绝缘电阻 MΩ		不小于 50	不小于 50	不小于 50	不小于 50	不小于 50	不小于 50	

① 两个线圈作用一致时的动作电流，分子为并联线圈，云母为串联线圈。

② 两个线圈作用相反时，释放电流。

3.5.3.4 继电器修复后按表 7 测试。

3.6 电阻器

3.6.1 串联电阻器

3.6.1.1 电阻带完整，断裂焊接不得超过二处，且不准重复焊接。锈蚀和烧蚀不大于原截面的 10%。匝间无短路。电阻值见表 8。

3.6.1.2 瓷瓦无断裂，支架无变形，衬垫齐全，装配牢固。

3.6.1.3 云母管完整，无老化现象，瓷绝缘子无裂损，绝缘垫齐全有效。

3.6.1.4 框架无变形，防腐涂层完好。

3.6.1.5 硬连接线规整，连接牢固。铁硬连接线应镀锌。接线板无烧痕，板面接线编号字迹清晰整齐，安装牢固。

3.6.1.6 电阻元件装配位置正确牢固，框架底角安装尺寸符合设计要求。各段电阻值见表 8。

3.6.2 并联电阻器

3.6.2.1 电阻丝无锈蚀，匝间无短路，与绝缘子缠绕平整牢固。绝缘子无裂损，螺旋槽规整。

串联电阻器电阻值（Ω） **表 8**

电阻段	QZ-07 型①电阻值（20℃）	允差范围
R00～R01	1.355	±10%
R01～R02	0.747	±10%
R02～R03	0.796	±10%
R03～R04	0.838	±10%
R05～R06	0.169	±10%
R06～R07	0.042	±10%
R04～R07	0.042	±10%
R00～R5	3.989	±10%

续表

电阻段	BK 型②电阻值（20℃）	允差范围
R0～R	1.130	±10%
R～R1	0.870	±10%
R1～R2	1.000	±10%
R2～R3	0.280	±10%
R3～R4	0.820	±10%
R4～R5	1.126	±10%
R0～R5	5.226	±10%

① QZ—07 型用于 ZQ—60 型串激直流电动机。

② BK 型用于 ZQ—60 型复激直流电动机。

3.6.2.2 电阻元件支架与安装支架无变形，安装牢固。

3.6.2.3 接线板板面编号字迹清晰整齐，与支架安装牢固。

3.6.2.4 壳体无变形，石棉衬垫完整，锁具齐全有效。

3.6.2.5 各段电阻值见表 9。

并联电阻器电阻值 **表 9**

电阻段	电阻值 Ω(20℃)	线径(mm)	允差范围
A1～r9	786	ϕ0.34	±10%
r9～r8	232	ϕ0.60	±10%
r8～r7	94	ϕ0.80	±10%
r7～F1	48	ϕ1.00	±10%
F1～F2	490	ϕ0.40	±10%
A1～F2	1650	—	±10%

3.7 化霜器

3.7.1 电热丝不得短路或断路，发热应均匀。电阻值允差±10%。

3.7.2 化霜器工作时，接线柱处温度应低于 80℃。绝缘座与金属管粘接牢固，绝缘电阻不小于 30MΩ。

4 直流牵引电动机和空气压缩机电动机（以下简称为牵引电动机和空压机电动机）

4.1 电枢

4.1.1 换向器

4.1.1.1. 换向器无灼伤，工作表面光滑，粗糙度▽1.6 径向圆跳动公差不大于 0.02mm。

4.1.1.2 换向器片装配轴向压紧力：ZQ－60kW 牵引电动机为 60kN，换向器锁紧螺母拧紧力矩为 1400N·m。

4.1.1.3 换向器片间云母板完整，下刻深度 1～1.5mm，片间无短路。换向器片对套筒的绝缘介电强度应保证在试验电压为 2.5U＋2500V 的工频交流电路中一分钟不被击穿（U——额定电压值）。

4.1.1.4 换向片对枢轴轴线的平行度公差，不大于 0.8mm。

4.1.1.5 换向器外径使用限度：ZQ－60kW 牵引电动机不得小于 ϕ230mm；1.9kW 电动机不小于 ϕ88mm；1.5kW 电动机不小于 ϕ110mm。

4.1.2 枢轴

4.1.2.1 枢轴须经探伤检查，应无弯曲变形，其各轴颈的同轴度公差为 0.05mm。枢轴与轴承、风扇、压圈、换向器套筒等配合数据见表 10。

4.1.3 电枢绕组

4.1.3.1 电枢绕组规整，导线规格及外形尺寸符合设计要求。

枢轴与轴承、风扇、压圈、换向器套筒配合数据(mm)　　表 10

结合零件	项目		型号 ZQ—60kW 牵引电动机	1.9kW 空压机电动机	1.5kW 空压机电动机
枢轴与①前端轴承	原厂尺寸	轴承内径	$\phi 50^{0}_{-0.012}$	$\phi 25^{0}_{-0.010}$	$\phi 25^{0}_{-0.010}$
		轴径	$\phi 50^{+0.020}_{+0.003}$	$\phi 25^{+0.017}_{+0.002}$	$\phi 25^{+0.017}_{+0.002}$
	配合间隙(+)或过盈(−)	原厂规定	−0.032～−0.003	−0.027～−0.002	−0.027～−0.002
		修理允许	−0.032～−0.003	−0.027～−0.002	−0.027～−0.002
		使用限度	—	—	—
枢轴与后端轴承	原厂尺寸	轴承内径	$\phi 65^{0}_{-0.015}$	$\phi 25^{0}_{-0.010}$	$\phi 30^{0}_{-0.010}$
		轴径	$\phi 65^{+0.023}_{+0.003}$	$\phi 25^{+0.017}_{+0.002}$	$\phi 30^{+0.017}_{+0.002}$
	配合间隙(+)或过盈(−)	原厂规定	−0.038～−0.003	−0.027～−0.002	−0.027～−0.002
		修理允许	−0.038～−0.003	−0.027～−0.002	−0.027～−0.002
		使用限度	—	—	—
枢轴与风扇	原厂尺寸	风扇内径	$\phi 75^{+0.030}_{0}$	$\phi 30^{+0.021}_{0}$	—
		轴径	$\phi 75^{+0.120}_{+0.090}$	$\phi 30^{+0.017}_{+0.002}$	—

续表

结合零件	项目		型号		
			ZQ－60kW 牵引电动机	1.9kW 空压机电动机	1.5kW 空压机电动机
枢轴与风扇	配合间隙（＋）或过盈（－）	原厂规定	－0.120～0.060	－0.017～＋0.019	—
		修理允许	－0.120～0.060	－0.017～＋0.019	—
		使用限度	—	—	—
枢轴与压圈	原厂尺寸	压圈内径	$\phi78^{+0.030}_{0}$	$\phi32^{-0.060}_{-0.099}$	$\phi36^{-0.085}_{-0.132}$
		轴径	$\phi78^{+0.040}_{+0.020}$	$\phi32^{0}_{-0.017}$	$\phi36^{-0.025}_{-0.050}$
	配合间隙（＋）或过盈（－）	原厂规定	－0.040～＋0.010	－0.099～－0.043	－0.107～－0.035
		修理允许	－0.040～＋0.010	－0.099～－0.043	－0.107～－0.035
		使用限度	—	—	—
枢轴与换向器套筒	原厂尺寸	套筒内径	$\phi60^{+0.030}_{0}$	$\phi28^{+0.023}_{0}$	$\phi34^{+0.027}_{0}$
		轴径	$\phi60^{+0.055}_{+0.035}$	$\phi28^{+0.030}_{+0.015}$	$\phi34^{+0.052}_{+0.035}$
	配合间隙（＋）或过盈（－）	原厂规定	－0.055～－0.005	－0.030～＋0.008	－0.052～－0.008
		修理允许	－0.055～－0.005	－0.030～＋0.008	－0.052～－0.008
		使用限度	—	—	—

① 前端为换向器端，下同。

4.1.3.2　绕组与换向器焊接牢固，片间压降最大值与最小值之差不大于平均值的10%。电枢绕组绑扎带应符合设计要求，平整牢固且不高于铁心外径。

4.1.3.3　绕组匝间绝缘介电强度试验：用1.3倍额定电压值进行5min过电压试验，匝间绝缘应不被击穿。

4.1.4　风扇

4.1.4.1　风扇外形规整，安装牢固。

4.1.5　电枢动平衡试验

4.1.5.1　电枢单位许用不平衡量 e 不大于0.004mm。

电枢单位不平衡量 e(偏心距)的关系式如下：

$$e=\frac{Gr}{W}(\mathrm{mm}) \tag{1}$$

式中　Gr——质径积(在距枢轴轴线 r 处的不平衡量 G)(g·mm)；

W——电枢质量(g)。

4.2　主极和换向极

4.2.1　磁极规整无灼损，除与机座贴合面外均涂绝缘漆。

4.2.2　绕组规整，匝间无短路，导线规格及外形尺寸符合设计要求。

4.2.3　衬垫和绝缘垫齐全有效，主极和换向极与机座安装牢固。

4.3　电刷装置

4.3.1　刷杆绝缘层完整，无老化现象，与支架装配牢固。两刷杆须平行，且与端盖平面垂直。

4.3.2　刷握规整。ZQ－60kW牵引电动机刷盒长方孔与电刷切向配合间隙为0.1～0.2mm，轴向配合间隙0.2～0.3mm。刷盒长方孔底面与换向器表面距离2～3mm。弹簧无永久变形调节有效。

4.3.3　电刷应符合JB2623－79《电机用电刷尺寸与结构型式》规定。ZQ－60kW牵引电动机电刷工作单位压力为200×10²～400×10²Pa。

4.4　轴承与端盖

4.4.1　轴承内外圈滚道和滚动体无斑点，保持架完整，轴承内圈径向圆跳动公差不大于0.03mm。

4.4.2　轴承盖无裂纹，螺孔完好。

4.4.3　端盖无变形，除配合面外均涂底漆和绝缘漆。端盖与轴承和机座配合见表11。

4.5　机座

4.5.1　机座螺孔完好，底脚安装尺寸应符合设计要求，标牌清晰牢固，除配合面外均涂底漆和绝缘漆。

4.5.2　风窗孔盖板和风罩规整无变形，固定电缆的挂钩完整有效。换向器检查孔盖板无变形，粘条铆或粘严密，扣攀齐全有效。

4.6　电动机组装

4.6.1　主极和换向极绕组应按极性接线图装配。磁极螺栓紧固，弹簧垫圈、绝缘垫、护套齐全有效。沉孔填料防水可靠。

4.6.2　轴承与枢轴和端盖的配合应符合规定内外轴承盖紧固，并按规定涂润滑脂。电动机组装后电枢与定子之间的气隙应符合原厂规定。

4.6.3　绕组连接线接头接合严密，包扎规整，编号分明准确。机座出线孔绝缘胶套齐全完整。电动机引线中间不准有接头。

端盖与轴承、机座配合数据(mm)　　表 11

结合零件	项目		ZQ－60kW 牵引电动机	1.9kW 空压机电动机	1.5kW 空压机电动机
前端盖与轴承	原厂尺寸	端盖孔径	$\phi110^{+0.023}_{-0.012}$	$\phi62^{+0.020}_{-0.010}$	$\phi52^{+0.008}_{-0.023}$
		轴承外径	$\phi110^{0}_{-0.015}$	$\phi62^{0}_{-0.013}$	$\phi52^{0}_{-0.013}$
	配合间隙(＋)或过盈(－)	原厂规定	－0.012～＋0.038	－0.010～＋0.033	－0.023～＋0.021
		修理允许	－0.012～＋0.038	－0.010～＋0.033	－0.023～＋0.021
		使用限度	＋0.080	＋0.050	＋0.040
后端盖与轴承	原厂尺寸	端盖孔径	$\phi140^{+0.027}_{-0.014}$	$\phi62^{+0.020}_{-0.010}$	$\phi72^{+0.008}_{-0.023}$
		轴承外径	$\phi140^{0}_{-0.018}$	$\phi62^{0}_{-0.013}$	$\phi72^{0}_{-0.013}$
	配合间隙(＋)或过盈(－)	原厂规定	－0.014～＋0.045	－0.010～＋0.033	－0.023～＋0.021
		修理允许	－0.014～＋0.045	－0.010～＋0.033	－0.023～＋0.021
		使用限度	＋0.080	＋0.050	＋0.040
端盖与机座	原厂尺寸	机座孔径	$\phi460^{+0.060}_{0}$	$\phi265^{+0.050}_{0}$	$\phi220\pm0.016$
		端盖直径	$\phi460^{+0.045}_{+0.005}$	$\phi265^{+0.018}_{0}$	$\phi220^{+0.045}_{0}$
	配合间隙(＋)或过盈(－)	原厂规定	－0.045～＋0.055	－0.018～＋0.050	－0.016～＋0.061
		修理允许	－0.045～＋0.060	－0.018～＋0.050	－0.016～＋0.061
		使用限度	—	＋0.100	＋0.100

4.7 电动机检查试验

4.7.1 外观检查

4.7.1.1 电动机组装后，安装尺寸应符合设计要求，零部件连接须紧固，换向器工作表面应平整光滑并与电刷接触良好。电刷中性线位置正确。

4.7.1.2 用手转动转子时，转子应无阻滞犯卡现象。

4.7.2 绝缘电阻检查

4.7.2.1 用1000伏兆欧表检查绕组对机座及绕组相互间绝缘电阻，空气相对湿度为80%以下时（含80%），不低于3MΩ；空气相对湿度为80%以上时，不低于0.6MΩ。

4.7.3 温升试验

4.7.3.1 在额定负载条件下运行60min，检查电动机绕组和换向器的温升允许范围见表12。

牵引电动机部件的允许温升 **表12**

定 额	部 件	测量方法	不同绝缘级的允许温升（C°）			
			E级	B级	F级	H级
短时工作制	电枢绕组	电阻法	75	80	100	125
	定子绕组	电阻法	75	80	100	125
	换向器	温度计法	75	80	100	125

4.7.4 换向试验

4.7.4.1 修理后的电动机在进行规定的换向性能试验时，应无机械损坏、闪络、环火或永久性损伤。

火花等级：从额定电流点到相应于最大工作转速时的电流之间的所有情况下，火花应不超过$1\frac{1}{2}$级，而在其他情况下应不超过2级。

4.7.5 绕组对机座及绕组相互间绝缘介电强度试验。

4.7.5.1 在工频50Hz交流电路中，试验电压2U＋1000V，一分钟不被击穿。

4.7.6 检查试验方法

4.7.6.1 检查试验的方法参照JB1093－83《牵引电机基本试验方法》。

5 高压电气设备的安装及高压电缆的敷设

5.1 高压电气设备安装的一般要求

5.1.1 高压电气设备及安装架的安装位置符合设计要求，安装牢固。

5.1.2 各安装架(底架、托架、支架等)无变形、无严重锈蚀，涂层完好。

5.1.3 绝缘件完整，无老化现象，其绝缘性能应符合设计要求。

5.1.4 集电器架底脚胶垫完整，无老化现象，密封防水有效。

5.1.5 主令控制器操纵机构工作可靠，连接牢固，拉杆绝缘良好。踏板花纹磨损厚度不大于1.0mm，横向摆动量不大于6mm，踏板轴与承孔配合间隙不大于0.5mm。踏板自由行程不大于15mm。工作行程应符合控制器要求，回位迅速自如。

5.1.6 控制屏箱完整，内壁防护衬板无破损，粘贴牢固，箱盖启闭灵活，锁具有效。

5.1.7 电阻器防护隔热层完整，安装牢固。

5.1.8 接线盒完整，盖与盒体扣合严密，防水可靠。避雷电容有效，安装牢固。铁接线盒无锈蚀，涂层完好，内壁防护衬板无破损，粘贴牢固。塑料接线盒无老化。

5.2 高压电缆的敷设

5.2.1 高压电缆规格、型号、绝缘性能，均须符合设计要求。

5.2.2 电缆敷设走向合理，排列整齐，不得扭曲和拉伸，拐弯处应有圆弧过渡，绝缘卡卡持牢固。穿过金属孔的电缆护套齐全有效。车厢外露部分的电缆防护管应完整，无老化现象。

5.2.3 电缆接线头连接牢固，编号准确，字迹清晰整齐。

5.2.4 电缆敷设一般采用整根连接，必要时允许有接头一处，但须与原截面一致，并连接牢固，绝缘包扎平整可靠。

5.2.5 车厢外部铰接处敷设的电缆应有适当的余量，并不得与任何外物有摩擦。

6 低压电气设备及导线敷设

6.1 蓄电池

6.1.1 蓄电池壳体和极柱完好，气塞齐全有效。极板无弯曲变形。新旧极板不准混装，极柱与极板、连接板与极板、极板组之间焊接应牢固。各部密封良好。

6.1.2 酸蓄电池按照初充电技术规范进行充电后，用高率放电仪测试单格端电压时，在5s内不低于1.75V。单格电压差不大于0.1V。

单体碱蓄电池推荐采用小时制放电性能抽样检查：按标准制充电后，用1h制电流放电至0.5V，其放电时间平均值不应少于45min。

电解液的比重应根据地区和温度条件确定，见表13。

不同地区和气温时蓄电池电液的比重 表13

地区使用环境温度（℃）	酸蓄电池		碱蓄电池	
	夏季（g/cm^3）	冬季（g/cm^3）	配制质量比 碱：水	比重（g/cm^3）
+10～+45	1.24	1.24	1：5	1.18±0.02
−10～+35	1.24	1.26	1：3	1.20±0.02
−25～+10	1.25	1.28	1：2	1.25±0.01
−40～−15	1.25	1.29	1：2	1.28±0.01

6.2 直流发电机与调节器

6.2.1 直流发电机电枢径向圆跳动公差为0.08mm，换向器工作表面光滑，粗糙度▽1.6，圆度公差0.025mm，换向片间云母下刻深度0.5mm，换向器片径向厚度不小于2mm。

电刷高度不得低于基本尺寸的2/3，与换向器接触面积不小于75%。电刷工作单位压力为500×10^2～900×10^2Pa。

6.2.2 滚动轴承与电枢轴颈的配合量为−0.01～+0.02mm，与轴承孔的配合为−0.01～+0.03mm电枢与磁极的气隙为0.25～0.50mm。

6.2.3 发电机空载试验时，应转动平稳，电流值不超过6A。额定值输出试验时，性能应符合表14的规定。

6.2.4 调节器各触头应平整光滑，接触良好。触头厚度不小于0.40mm。调节弹簧齐全有效，壳体完整。调节器与发电机配套试验性能见表15。

6.3 交流发电机及调节器

直流发电机性能 表 14

型号	规格 额定电压(V)	规格 额定功率(W)	搭铁极性	空载 额定电压(V)	空载 转速(r/min)	负载 额定电压(V)	负载 额定电流(A)	负载 转速(r/min)	配用调节器型号
112	12	220	+	12.5	940	12.5	18	1600	424
112E	12	220	+	12.5	940	12.5	18	1600	424
1101B	12	220	+	12.5	900	12.5	18	1700	FT81—18 12ZN/1
F46	24	300	—	25	1300	25	12	1750	FT81—13 24FN/1

直流发电机调节器性能 表 15

项目		型号 424	型号 FT81—13
规格	额定电压(V)	12	24
	额定电流(A)	18	13
节压器	触电闭合时振动臂与铁芯间隙(mm)	1.4～1.5	1.4～1.5
	检查电压时发电机负荷(A)	10	7
	+20℃时调节电压(V)	13.8～14.8	27.6～29.6
	检查电压时发电机转速(r/min)	3000	2200
节流器	电流限制值(A)	17～18	12～14
	触点闭合时振动臂与铁芯间隙(mm)	1.4～1.5	1.2～1.3
断流器	触点开启时振动臂与铁芯间隙(mm)	0.6～0.8	0.7～0.9
	触点闭合时振动臂与铁芯间隙(mm)	大于或等于 0.25	0.35～0.45
	闭合电压(V)	12.2～13.2	24.4～26.4
	断开时反向电流(A)	0.5～6	0.5～5

6.3.1 交流发电机转子的径向圆跳动公差为 0.10mm，滑环的圆度公差为 0.05mm，工作表面光滑，粗糙度▽3.2。滑环上的铜环径向厚度不小于 1.50mm。

6.3.2 滚动轴承与转子轴颈的配合量为－0.01～＋0.02mm，与轴承孔的配合为－0.01～＋0.03mm。转子与定子的气隙为 0.25～0.50mm。

6.3.3 同一台发电机整流管反(反)电阻值相差不大于 10%。整流管修换时应用同型号整流管，整流管与元件板座装配牢固。用万用表检查时应以“－”触棒搭发电机外壳，以“＋”触棒搭电枢接线柱，电阻值应大于 30Ω。

6.3.4 交流发电机测试时所用电源电压不准高于额定电压，严禁用搭铁观察火花的方法进行试验。其工作性能应符合表 16 规定。

交流发电机性能 表 16

型号	规格 额定电压(V)	规格 额定功率(W)	空载 额定电压(V)	空载 转速不大于(r/min)	负载 额定电压(V)	负载 额定电流(A)	负载 转速不大于(r/min)	配用调节器型号
JF 132C	14	350	14	1000	14	25	2500	FT61
JF21 JF152	14	500	14	1000	14	36	2500	FT61
2JF500	14	500	14	1000	14	36	2500	FT70 FT111
JF12AN	28	350	28	1000	28	12.5	3500	FT61A
3JF500 (A)	28	500	28	1000	28	18	3500	FT211 或 FT61A

6.3.5 调节器与交流发电机配套使用，搭铁极性一致。其性能符合表 17 规定。

6.4 音响讯号及灯光

6.4.1 乘务员停、发车信号及转向、制动、倒车、气压

交流发电机电压调节器性能 **表 17**

型号	额定电压(V)	额定功率(W)	70%负载时调节电压值(V)	试验调节电压时 发电机转速(r/min)	试验调节电压时 发电机负荷(低载)(A)	低载时调节电压与半载时调节电压差值不大于(V)	配用发电机系列
FT61A	14	350 500	13.5～14.5	3000	4	0.5	JF13 JF15
FT61	28	500	27.6～29.0	3000	2	1	JF12 A—N
FT211	28	500	27～29	3500	2	1	3JF 500 (A)
FT70	14	500	13.5～14.5	3500	4	0.5	JF11 JF21
FT111	14	500	14.2～14.8	3500	4	0.5	JF11 JF21

不足、集电器脱线或断电等音响、灯光讯号装置及其效果应符合设计要求。

6.4.2 喇叭及其继电器应符合设计要求，安装牢固。喇叭音调悦耳，音量测试应符合距车前 2m 距地面高 1.5m 处为 90 至 105dB 的要求。

6.4.3 车内照明应齐全，工作有效。外部照明位置和光色应符合公安部《城市机动车辆安全检验暂行标准》的规定。

6.4.4 车用扩音机声音清晰，整机性能及安装位置符合设计要求。

6.5 仪表

6.5.1 电流表工作灵敏、准确，表盘数字清晰、安装牢固。电流表误差见表 18。

6.6 低压电气设备安装和导线敷设

电流表误差(A) **表 18**

名称	CA10B CA10C CA15 刻度值	CA10B CA10C CA15 读数误差
电流表	20 30	±3

6.6.1 低压电气设备的安装架(托架、支架、吊架等)完整，涂层完好，安装位置符合设计要求，并安装牢固。

6.6.2 仪表盘无变形，涂层完好，安装位置符合设计要求，且安装牢固。

6.6.3 导线规格符合设计要求，绝缘层无老化、破损，导线编号清晰准确，线束绑扎牢固，排列整齐，走向合理。

6.6.4 导线敷设不准折弯、拉伸和扭曲，穿过金属孔处防护套齐全有效。

7 传动系

7.1 绝缘联轴器

7.1.1 绝缘联轴器完整，绝缘良好，螺栓紧固，与万向节叉突缘和牵引电动机连接盘连接牢固。

7.1.2 绝缘盘符合设计要求，修理时须重浸绝缘漆。

7.2 传动轴

7.2.1 传动轴无变形，花键轴及万向节叉焊接牢固。修复后的传动轴长度不大于原尺寸 3mm，不小于原尺寸 10mm，径向全跳动公差不大于 1.0mm。

7.2.2 传动轴装入万向节滑动叉后，两端万向节叉轴承孔轴线应在同一平面内，与传动轴轴线的垂直度公差为 0.2

mm。

7.2.3 十字轴不准有裂纹和斑点，与轴承及突缘叉装配

传动轴主要配合数据(mm) 表 19

结合零件	项	目	配合数据
万向节轴承与突缘叉的轴承孔	原厂尺寸	承孔孔径	$\phi 39^{+0.027}_{-0.010}$
		轴承外径	$\phi 39^{0}_{-0.025}$
	配合间隙(+)或过盈(−)	原厂规定	−0.010～+0.052
		修理允许	−0.010～+0.080
		使用限度	+0.100
万向节轴承与十字轴轴颈	原厂尺寸	滚针切圆内径	$\phi 25^{+0.050}_{0}$
		十字轴外径	$\phi 25^{-0.020}_{-0.040}$
	配合间隙(+)或过盈(−)	原厂规定	+0.020～+0.090
		修理允许	+0.020～+0.140
		使用限度	+0.200
传动轴管与万向节叉和花键轴	原厂尺寸	轴管孔径	ϕ84±0.200
		突缘叉与花键轴直径	$\phi 84^{+0.770}_{+0.540}$
	配合间隙(+)或过盈(−)	原厂规定	−0.970～−0.340
		修理允许	−0.970～−0.340
		使用限度	—
传动轴花键与滑动叉	原厂尺寸	滑动叉键槽宽	$5^{+0.050}_{0}$
		轴花键宽	$5^{-0.025}_{-0.065}$
	配合间隙(+)或过盈(−)	原厂规定	+0.025～+0.115
		修理允许	+0.025～+0.300
		使用限度	0.600

后的轴向间隙为0.02mm～0.25mm。

7.2.4 突缘叉与联轴器或驱动桥突缘结合面的径向配合间隙为0～0.18mm。

7.2.5 万向节轴承与轴承孔和十字轴轴颈、轴管与万向节叉和花键轴、花键轴与万向节滑动叉的配合数据见表19。

7.2.6 传动轴轴管须涂防腐漆，防尘套及卡子完整紧固，两端卡子的锁扣应对称。

7.2.7 传动轴组装后须进行动平衡试验，其不平衡量为100g·mm。

7.2.8 传动轴装车后，花键的啮合长度应符合原厂规定。

7.3 驱动桥

7.3.1 桥壳应无裂损，每个螺孔损伤不多于2牙，钢板弹簧定位孔径向磨损不大于1.5mm，油封轴径磨损不大于0.15mm。桥体气孔畅通。

7.3.2 桥壳轴向的轴线与横向的轴线垂直度应符合原设计要求，且在同一平面内。轴向的轴线直线度公差为0.08mm，此轴线应与桥壳前端面平行，其平行度公差为0.12mm。

7.3.3 桥壳压入半轴管后，按下述方法检查桥壳不直度：以轴管两端内孔为支承，外轴颈的径向圆跳动公差不大于0.30mm。

7.3.4 半轴管螺纹完好，与桥壳轴承孔的配合数据见表20。半轴管压入后外部长度为215±1mm。

7.3.5 半轴无裂纹，其轴线的直线度公差为1.20mm，轴线与突缘内端面垂直度公差为0.15mm。半轴花键与半轴齿轮键槽的啮合侧隙见表21。

7.3.6 轮毂无裂纹，螺孔损伤不准多于2牙。轮毂突缘

半轴管与桥壳轴承孔的配合数据(mm)　　表 20

型号	项目		第一道	第二道	第三道	第四道
CA10B CA10C CA15	原厂尺寸	桥壳承孔	$\phi75^{-0.080}_{-0.120}$	$\phi73^{+0.060}_{0}$	$\phi72^{+0.060}_{0}$	$\phi71^{+0.060}_{0}$
		轴管外径	$\phi75^{-0.030}_{-0.060}$	$\phi73^{+0.135}_{+0.075}$	$\phi72^{+0.135}_{+0.075}$	$\phi71^{+0.135}_{+0.075}$
	配合间隙(+)或过盈(−)	原厂规定	−0.090～−0.020	−0.135～−0.015	−0.135～−0.015	−0.135～−0.015
		修理允许				
		使用限度	—	—	—	—
浦江 1A 型	原厂尺寸	桥壳承孔	$\phi90^{-0.051}_{-0.105}$	$\phi88^{+0.070}_{0}$	$\phi87^{+0.070}_{0}$	$\phi86^{+0.070}_{0}$
		轴管外径	$\phi90^{-0.015}_{-0.038}$	$\phi88^{+0.120}_{+0.090}$	$\phi87^{+0.120}_{+0.090}$	$\phi86^{+0.120}_{+0.090}$
	配合间隙(+)或过盈(−)	原厂规定	−0.090～−0.013	−0.120～−0.020	−0.120～−0.020	−0.120～−0.020
		修理允许				
		使用限度	—	—	—	—

半轴与半轴齿轮键槽的侧隙(mm)　表 21

型号	原厂尺寸 齿轮键槽宽(弧齿厚)	原厂尺寸 半轴键宽(弧齿厚)	配合间隙 原厂规定	配合间隙 修理允许	配合间隙 使用限度
CA10B CA10C CA15	6.17 $^{+0.075}_{-0.050}$	6.17 $^{-0.090}_{-0.260}$	+0.040～+0.335	+0.040～+0.500	+0.800
浦江-1A 型	6.3 $^{+0.070}_{+0.030}$	6.3 $^{-0.130}_{-0.180}$	+0.160～+0.250	+0.160～+0.500	+0.800

两端面平整且与轴线垂直，其垂直度公差为 0.15mm，两端轴承孔同轴度公差为 0.04mm。轮毂与轴承及轴承与半轴管的配合数据见表 22。

7.3.7　减速器壳无裂损，螺孔损伤不多于 2 牙，外壳的纵、横轴线应在同一平面内且互相垂直，其垂直度公差为 0.05mm。

7.3.8　减速器壳的圆柱主动齿轮轴承孔轴线对壳体前后端面及圆柱从动齿轮轴承孔轴线的平行度公差均为 0.06mm。壳体的圆柱主动齿轮两承孔，从动圆柱齿轮两轴承孔的同轴度公差均为 0.10mm。

7.3.9　圆锥主动齿轮轴承座的两轴承孔同轴度公差为 0.05mm，前、后端面与轴承孔轴线垂直度公差为 0.10mm，轴承孔内端面与轴承孔轴线垂直度公差为 0.06mm。

7.3.10　圆锥主动齿轮轴承装配后，其轴向间隙不大于 0.05mm。并转动自如，圆锥主动齿轮花键与突缘键槽的侧隙不大于 0.30mm。轴承与轴颈及轴承孔的配合数据见表 23。

7.3.11　圆锥从动齿轮与圆柱主动齿轮铆牢后，其圆锥从动齿轮大端端面圆跳动公差为 0.10mm。装入轴承后其轴向间隙为 0.05～0.10mm。圆锥主、从动齿轮啮合侧隙和接触痕迹的规定见表 24。

半轴管、轮毂与轴承的配合数据(mm)　表 22

结合零件	项目		配合数据 CA10B、CA10C、CA15	配合数据 浦江-1A 型 内	配合数据 浦江-1A 型 外
轮毂轴承与半轴管	原厂尺寸	轴承内径	$\phi75^{\ 0}_{-0.015}$	$\phi90^{\ 0}_{-0.020}$	
		套管外径	$\phi75^{-0.030}_{-0.060}$	$\phi90^{-0.015}_{-0.038}$	
	配合间隙(+)或过盈(−)	原厂规定	+0.015～+0.060	−0.005～+0.038	
		修理允许	+0.015～+0.080	−0.005～+0.060	
		使用限度	+0.120	+0.120	
轮毂轴承与轮毂	原厂尺寸	轮毂孔径	$\phi135^{-0.028}_{-0.068}$	$\phi160^{-0.028}_{-0.068}$	$\phi150^{-0.028}_{-0.068}$
		轴承外径	$\phi135^{\ 0}_{-0.018}$	$\phi160^{\ 0}_{-0.025}$	$\phi150^{\ 0}_{-0.025}$
	配合间隙(+)或过盈(−)	原厂规定	−0.068～−0.010	−0.068～−0.003	−0.068～−0.003
		修理允许	−0.068～−0.010	−0.068～−0.003	−0.068～−0.003
		使用限度	+0.020	+0.020	+0.020

7.3.12　圆柱主、从动齿轮啮合侧隙为 0.10～0.700mm。使用限度为 1.0mm。

7.3.13　差速器壳无裂损，与行星齿轮、半轴齿轮接触面光滑。十字轴承孔两轴线应在同一平面内且互相垂直，其垂

轴承与圆锥主动齿轮及轴承孔的配合数据(mm)

表 23

结合零件	项	目	配合数据
前轴承与轴承孔	原厂尺寸	轴承孔直径	$\phi110^{-0.024}_{-0.059}$
		轴承外径	$\phi110^{0}_{-0.015}$
	配合间隙(+)或过盈(-)	原厂规定 修理允许 使用限度	-0.059～-0.009 -0.059～+0.015 +0.040
后轴承与轴承孔	原厂尺寸	轴承孔直径	$\phi140^{-0.028}_{-0.068}$
		轴承外径	$\phi140^{0}_{-0.018}$
	配合间隙(+)或过盈(-)	原厂规定 修理允许 使用限度	-0.068～-0.010 -0.068～+0.018 +0.044
前轴承与轴颈	原厂尺寸	轴承内径	$\phi50^{0}_{-0.012}$
		轴　径	$\phi50^{+0.004}_{-0.015}$
	配合间隙(+)或过盈(-)	原厂规定 修理允许 使用限度	-0.016～+0.015 -0.016～+0.030 +0.050
后轴承与轴颈	原厂尺寸	轴承内径	$\phi65^{0}_{-0.015}$
		轴　径	$\phi65^{+0.023}_{+0.003}$
	配合间隙(+)或过盈(-)	原厂规定 修理允许 使用限度	-0.038～-0.003 -0.038～+0.020 +0.040

圆锥主动齿轮啮合侧隙及痕迹(mm)　表 24

项	目	技术数据
啮合侧隙	原厂规定	0.200～0.350
	修理允许	0.200～0.600
	使用限度	0.800
接触痕迹	装配时应达到齿长的三分之二，离小端面距离 2～4mm，负荷后应沿全长接触，离齿顶距离 0.800～1.600mm	

直度公差为 0.05mm。壳体轴线与十字轴轴承孔轴线应在同平面内且互相垂直，其垂直度公差为 0.12mm。

7.3.14　差速器组装后，圆柱从动齿轮的径向圆跳动公差为 0.08mm。壳体半轴齿轮轴承孔与壳体轴颈的同轴度公差为 0.05mm。壳体与行星齿轮、半轴齿轮的端面接触面的间隙均为 0.50～0.80mm。

7.3.15　差速器壳与半轴齿轮、十字轴与壳体、十字轴与行星齿轮的配合数据见表 25。

7.3.16　驱动桥总装后，按规定的标号和油量加注清洁齿轮油。在圆锥主动齿轮转速为 1400～1500r/min 下进行有、无负荷及正反转试验。每项试验时间均不得少于 20min。在试验的过程中，各轴承区的工作温度不得高于 60℃，不准有异响和渗油现象。检查合格后应进行清洗，并换装新齿轮油。

7.3.17　从动桥修理与驱动桥的同部位修理要求相同。

8　前轴与转向系

8.1　前轴、转向节及轮毂

8.1.1　前轴无裂纹，两钢板弹簧座表面平整，磨损厚度不大于 2mm。钢板弹簧定位孔径向磨损不大于 1mm。

差速器装配主要配合数据(mm)　表 25

结合零件	项目		配合数据
差速器壳与半轴齿轮	原厂尺寸	壳体孔径	$\phi\left(\frac{75}{80}\right)^{+0.060}_{0}$ ①
		齿轮轴径	$\phi\left(\frac{75}{80}\right)^{-0.065}_{-0.105}$
	配合间隙(+)或过盈(−)	原厂规定	+0.065～+0.165
		修理允许	+0.065～+0.300
		使用限度	+0.450
差速器壳与十字轴	原厂尺寸	壳体孔径	$\phi 28^{+0.050}_{+0.020}$
		十字轴径	$\phi 28^{+0.030}_{0}$
	配合间隙(+)或过盈(−)	原厂规定	−0.010～+0.050
		修理允许	−0.010～+0.100
		使用限度	+0.150
十字轴与行星齿轮	原厂尺寸	齿轮孔径	$\phi 28^{+0.150}_{+0.100}$
		十字轴径	$\phi 28^{+0.030}_{0}$
	配合间隙(+)或过盈(−)	原厂规定	+0.070～+0.150
		修理允许	+0.070～+0.250
		使用限度	+0.400

① 分子为解放型尺寸，分母为浦江型尺寸。

8.1.2　前轴两主销孔轴线扭转角不大于±30′。主销孔两端面磨损量不大于 2mm。两主销孔内倾角及轴线距离见表 26。

8.1.3　转向节和转向节臂须进行探伤检查，严禁有裂纹，螺纹部分不应有损伤。

8.1.4　轮毂无裂纹，突缘两端面平整且与轴线垂直，其

前轴主销孔内倾角及主销孔轴线距离　表 26

型号	主销孔内倾角	主销孔轴线上端距离(mm)
CA10B，CA10C，CA15，浦江−1A−1	8°±15′	1465±3
浦江−1A−3	8°±15′	1665±3

垂直度公差为 0.15mm，两端轴承孔同轴度公差为 0.04mm。轮毂与轴承、轴承与转向节的配合量见表 27。

8.1.5　转向节主销无锈蚀，表面光滑，其直线度公差为 0.06mm。主销与衬套、主销与前轴主销孔的配合数据见表 28。

8.2　转向器及转向装置

8.2.1　转向器壳体及侧盖无裂纹，壳体与侧盖、底盖结合面的平面度公差均为 0.12mm。蜗杆轴承孔轴线与转向臂轴孔轴线的垂直度公差为 0.06mm，两轴线中心距为 90±0.05mm。

8.2.2　转向轴须进行探伤检查，不得有裂纹。转向轴必须与蜗杆铆合牢固。以转向轴上端和蜗杆下端为基准，其转向轴中间的径向圆跳动公差为 0.70mm。

8.2.3　蜗杆齿面及轴承滚道工作表面光滑，装入轴承后，蜗杆的轴向间隙用垫片调整：在转向盘半径为 275mm 处，转动所需的切向拉力 CA10B 为 3～7N；CA10C、CA15 为 2～5N。

8.2.4　转向臂轴及转向臂必须进行探伤检查，不得有裂纹。转向臂轴装配后的轴向间隙为 0.05～0.10mm，滚轮的轴向间隙为 0.04～0.10mm，滚轮在有效行程两端位置与蜗

轮毂与轴承、轴承与转向节配合数据(mm)　　表 27

结合零件	项目		配合数据 CA10B、CA10C、CA15	浦江－1A
轮毂内轴承与转向节	原厂尺寸	轴承内径	$\phi55^{0}_{-0.015}$	$\phi60^{0}_{-0.015}$
		转向节内轴径	$\phi55^{-0.012}_{-0.035}$	$\phi60^{-0.010}_{-0.040}$
	配合间隙(＋)或过盈(－)	原厂规定	－0.003～＋0.035	－0.005～＋0.040
		修理允许	－0.003～＋0.055	－0.005～＋0.055
		使用限度	＋0.100	＋0.100
轮毂外轴承与转向节	原厂尺寸	轴承内径	$\phi40^{0}_{-0.012}$	$\phi45^{0}_{-0.012}$
		转向节外轴径	$\phi40^{-0.010}_{-0.027}$	$\phi45^{-0.009}_{-0.025}$
	配合间隙(＋)或过盈(－)	原厂规定	－0.002～＋0.027	－0.003～＋0.025
		修理允许	－0.002～＋0.040	－0.003～＋0.040
		使用限度	＋0.100	＋0.100
轮毂内轴承与轮毂	原厂尺寸	轮毂孔径	$\phi120^{-0.024}_{-0.059}$	$\phi130^{-0.028}_{-0.068}$
		轴承外径	$\phi120^{0}_{-0.015}$	$\phi130^{0}_{-0.018}$
	配合间隙(＋)或过盈(－)	原厂规定	－0.059～－0.009	－0.068～－0.010
		修理允许	－0.059～－0.009	－0.068～－0.010
		使用限度	＋0.020	＋0.020
轮毂外轴承与轮毂	原厂尺寸	轮毂孔径	$\phi90^{-0.024}_{-0.059}$	$\phi100^{-0.024}_{-0.059}$
		轴承外径	$\phi90^{0}_{-0.015}$	$\phi100^{0}_{-0.015}$
	配合间隙(＋)或过盈(－)	原厂规定	－0.059～－0.009	－0.059～－0.009
		修理允许	－0.059～－0.009	－0.059～－0.009
		使用限度	＋0.020	＋0.020

转向节主销与衬套及前轴主销孔与主销的配合数据(mm)　表 28

结合零件	项目		型号 CA10B、CA10C、CA15	浦江－1A
转向节主销与衬套	原厂尺寸	衬套内径	$\phi38^{+0.060}_{+0.025}$	
		主销直径	$\phi38^{0}_{-0.017}$	
	配合间隙(＋)或过盈(－)	原厂规定	＋0.025～＋0.077	
		修理允许	＋0.025～＋0.077	
		使用限度	＋0.200	
前轴主销孔与主销	原厂尺寸	主销孔径	$\phi38^{+0.035}_{+0.010}$	$\phi40^{+0.034}_{+0.009}$
		主销直径	$\phi38^{0}_{-0.017}$	$\phi40^{0}_{-0.016}$
	配合间隙(＋)或过盈(－)	原厂规定	＋0.010～＋0.052	＋0.009～＋0.050
		修理允许	＋0.010～＋0.052	＋0.009～＋0.050
		使用限度	＋0.100	＋0.100

杆啮合侧隙为 0.15～0.30mm，中间位置不犯卡。壳体、侧盖、转向臂轴、衬套、轴承的配合数据见表 29。

8.2.5　转向盘完整无裂纹，表面光滑，附件齐全有效。转向轴柱管无变形，涂层完好。

8.2.6　横直拉杆无变形、裂纹，螺纹完好。球头销球面磨损量不大于 0.30mm。横拉杆两端接头拧人长度应相等，其差不大于两个螺距。横直拉杆组装后，球销转动灵活，不松旷。紧固件、润滑件齐全有效，防尘装置完好，装配牢固。

8.3　转向器安装

8.3.1　转向器安装位置符合设计要求，各部连接牢固，

壳体、侧盖、转向臂轴、衬套、轴承的配合数据(mm)

表 29

结合零件	项目		CA10B、CA10C、CA15 浦江－1A
壳体侧盖与衬套	原厂尺寸	壳体侧盖孔径	$\phi41^{+0.050}_{0}$
		衬套外径	$\phi41^{+0.175}_{0}$
	配合间隙(+)或过盈(−)	原厂规定	—
		修理允许	−0.175～+0.050
		使用限度	—
转向臂轴与衬套	原厂尺寸	衬套内径	$\phi38^{-0.025}_{-0.050}$
		轴径	$\phi38^{+0.027}_{0}$
	配合间隙(+)或过盈(−)	原厂规定	+0.025～+0.077
		修理允许	+0.025～+0.077
		使用限度	+0.200
壳体与轴承	原厂尺寸	壳体孔径	$\phi72^{+0.046}_{0}$
		轴承外径	$\phi72^{0}_{-0.013}$
	配合间隙(+)或过盈(−)	原厂规定	0～+0.059
		修理允许	0～+0.093
		使用限度	—

弹簧垫圈、开口销等紧固件齐全有效，油杯完好。并按规定的标号、容量加注润滑油。

8.3.2 转向器及转向装置总装后，应进行无负荷试验，要求转向灵活不得有阻滞和漏油现象。试验时，在转向盘半径 275mm 处，转动所需的切向拉力：CA10B 为 13～22N，CA10C、CA15 为 9～17N。转向盘自由转动角度不大于 30°。

9 悬架及车轮

9.1 悬架

9.1.1 钢板弹簧片无锈蚀、裂纹，端部磨损厚度不大于 2.5mm，单片自由拱度不得小于原设计的 90%，第一片卷耳与第二片卷耳在中心轴线的水平间隙为 8mm，垂直间隙为 3mm。第一簧片在自由状态时，两卷耳中心距公差为 4mm。簧片必须除锈并重涂防腐漆。

9.1.2 钢板弹簧组装时，片间涂石墨润滑脂，各片间应紧密贴合，相邻两片在总接触长度 1/4 的范围内间隙应不大于 1.2mm。夹子完整有效，套管与簧片上平面间隙为 2～5mm，夹子内侧与簧片间隙各为 0.5mm。组装后的钢板弹簧不论在有、无负荷时，其拱度均不得小于原设计的 90%，同轴的两钢板弹簧，其总厚度差不大于 5mm，拱度差不得大于 10mm。

9.1.3 弹簧座、支架及吊耳无变形、裂纹。弹簧座及支架与底梁铆或焊接必须牢固。销轴与弹簧衬套、弹簧座、支架及吊耳等轴承孔的配合均应符合设计要求。

9.1.4 钢板弹簧上压板及底托无裂纹。轴下垫板完好，定位孔径向磨损不大于 2mm。U 型螺栓无裂纹，螺纹完好。橡胶缓冲块无裂损老化。钢板弹簧与轴安装牢固，U 型螺栓拧紧力矩见表 2。

9.2 车轮

9.2.1 轮胎钢圈无断裂变形，连接牢固。轮辋外圆和轮辐端面的圆跳动公差均不大于 3mm，轮胎螺栓轴承孔径向磨损量不大于 1.5mm。除锈后应重涂防腐漆。

9.2.2 轮胎钢圈的挡圈应无裂纹，挡圈的平面度和圆度公差均不大于 1.5mm。锁圈应按下述规定进行张力试验：开口缝隙由 0～50mm 反复试验 10 次后，其永久变形量不大于 1.5mm。锁圈截面倾斜度不大于 2°。

9.2.3 车轮前轮不得装用翻新轮胎，同轴两侧应装承载和花纹相近的轮胎，且两胎直径差不大于 5mm。并按轮胎标准气压充气。

9.3 减振器

9.3.1 减振器按规定加足油量，密封良好，不漏油，工作有效。

10 制动系

10.1 手制动

10.1.1 操纵杆、按钮、弹簧、棘爪、扇形齿板等零件完好，销轴及开口销齐全，螺母紧固。拉杆无变形、裂纹，螺纹完好。摇臂、横轴及轴座安装牢固，转轴转动灵活。

10.1.2 手制动操纵杆有效行程符合设计要求。手制动的驻车要求如下：在 12% 坡路上停车时，若拉紧手制动拉杆则车辆不移动。

10.2 脚制动

10.2.1 脚制动传动机构工作可靠，连接牢固。制动踏板与水平面夹角为 60°～75°，花纹磨损厚度不大于 1mm，横向摆动量不大于 6mm，踏板销轴与销孔配合间隙不大于 0.5mm。踏板自由行程不大于 15mm。

10.2.2 传动机构拉杆无变形、裂纹，销与销孔配合间隙不大于 0.5mm。回位弹簧、螺栓、开口销、垫圈等齐全有效。

10.2.3 制动调节器壳体无裂纹，蜗轮副啮合良好，销孔磨损量不大于 0.5mm，调节机构有效。

10.2.4 制动凸轮轴无变形，工作表面形状准确其直线度公差为 0.15mm。凸轮轴与支承孔的配合数据见表 30。

凸轮轴与支承孔配合数据(mm) **表 30**

结合零件	项目		配合数据 CA10B、CA10C、CA15	配合数据 浦江－1A
前凸轮轴与支架孔径	原厂尺寸	支承孔径	$\phi 38^{+0.050}_{0}$	$\phi 38^{+0.062}_{0}$
		凸轮轴径	$\phi 38^{-0.032}_{-0.100}$	$\phi 38^{-0.025}_{-0.087}$
	配合间隙(+)或过盈(－)	原厂规定	+0.032～+0.150	+0.025～+0.149
		修理允许	+0.032～+0.150	+0.025～+0.149
		使用限度	—	—
后凸轮轴与支架和支承座孔径	原厂尺寸	支架、支承座孔径	$\phi 38^{+0.050}_{0}$	$\phi 38^{+0.450}_{+0.300}$
		凸轮轴径	$\phi 38^{-0.340}_{-0.500}$	$\phi 38^{-0.025}_{-0.087}$
	配合间隙(+)或过盈(－)	原厂规定	+0.340～+0.550	5+0.32～+0.537
		修理允许	+0.340～+0.550	+0.325～+0.537
		使用限度	—	—

10.2.5 制动底板无变形，平面度公差为 0.50mm。蹄片轴支架铆钉无松动，其两孔轴线与底板平面垂直度公差为 0.15mm。制动底板与轮轴突缘连接牢固，其端面的圆跳动公差不大于 0.4mm。蹄片轴与制动蹄片轴孔的配合数据见表 31。

踣片轴与制动踣片轴孔配合数据(mm)　　表 31

型号	原厂尺寸		配合间隙		
	蹄片孔径	蹄片轴径	原厂规定	修理允许	使用限度
CA10B CA10C CA15	$\phi28^{+0.045}_{0}$	$\phi28^{-0.060}_{-0.130}$	+0.060～+0.175	+0.060～+0.175	+0.400
浦江—1A 型	$\phi28^{+0.045}_{0}$	$\phi28^{-0.065}_{-0.117}$	+0.065～+0.162	+0.065～+0.162	+0.400

10.2.6　制动蹄片无变形、裂纹，与凸轮轴接触面平整光滑，磨损量不大于 1mm，摩擦片铆钉孔的沉孔深度为其厚度的 2/3，摩擦片与蹄片铆接牢固。摩擦片与蹄片间个别地方允许有 0.15mm 间隙，摩擦片无裂纹，表面光洁，与制动鼓接触面不得小于 75%并保证两端先接触。摩擦片与制动鼓配合间隙见表 32。

摩擦片与制动鼓配合间隙(mm)　　表 32

配合零件	配合数据	
	凸轮轴端	蹄片轴端
前后轮摩擦片与制动鼓	0.400～0.600	0.200～0.400

10.2.7　制动蹄片回动拉簧无永久变形，涂层完好，性能符合设计要求。

10.2.8　制动鼓不得有裂纹，工作表面光洁，粗糙度 $\overset{6.3}{\bigtriangledown}$，圆柱度公差为 0.063mm。使用限度直径为 $\phi426$mm。同轴度和端面圆跳动公差均为 0.120mm。同轴两侧制动鼓工作直径差不大于 1mm。

10.3　电制动

10.3.1　再生制动：驱动桥的减速器比为 9.28，车速不低于 26km/h 时，控制踏板返回一档后，牵引电动机应有明显的再生制动。

10.3.2　电阻制动：在车速为 30km/h，电阻制动生效后车辆最大减速度不小于 0.85m/s²。

11　压缩空气系

11.1　空气滤清器

11.1.1　壳体、盖和支架无变形、裂纹。滤芯清洁。离心孔片滤芯旋绕方向应一致，湿式滤清器的加油量应符合原厂规定。

11.2　空气压缩机(以下简称空压机)

11.2.1　缸体、缸盖完整，无裂纹，螺孔损伤不得多于 2 牙。缸体与缸盖结合面应光滑，粗糙度为 $\overset{1.2}{\bigtriangledown}$，其平面度公差均为 0.05mm。气缸孔径表面粗糙度为 $\overset{0.8}{\bigtriangledown}$，圆柱度公差为 0.03mm，三缸空压机缸体与缸套为过盈配合，其过盈量为 0.02～0.055mm，气缸孔径三轴线相互平行度公差为 0.08mm，与下平面垂直度公差为 0.12mm。V 型空压机的气缸孔径两轴线夹角为 120°±30′，各型空压机的气缸盖装配后，应进行密封试验：在水中用 800×10^3Pa 气压试验一分钟不准有气泡。

11.2.2　活塞槽与活塞环上下端面配合间隙为 0.035～0.08mm，活塞环开口缝隙为 0.20～0.40mm。气缸、活塞、活塞销、连杆、连杆衬套等配合数据见表 33。

11.2.3　曲轴箱体无裂纹，两轴承孔同轴度公差为 0.04mm，粗糙度 $\overset{1.6}{\bigtriangledown}$，两轴承孔端面与轴线垂直度公差均为

气缸、活塞、活塞销、连杆、连杆衬套配合数据(mm)

表 33

结合零件	项目		配合数据 三缸	配合数据 VD1.5－1
气缸与活塞	原厂尺寸	缸径	$\phi52^{+0.030}_{0}$	$\phi65^{+0.030}_{0}$
		活塞外径	$\phi52^{-0.030}_{-0.060}$	$\phi65^{-0.130}_{-0.160}$
	配合间隙(＋)或过盈(－)	原厂规定	＋0.030～＋0.090	＋0.130～＋0.190
		修理允许	＋0.030～＋0.090	＋0.130～＋0.190
		使用限度	＋0.200	＋0.350
活塞与活塞销	原厂尺寸	活塞孔径	$\phi12.5^{+0.003}_{-0.012}$	$\phi20^{+0.021}_{0}$
		活塞销外径	$\phi12.5^{0}_{-0.015}$	$\phi20^{-0.007}_{-0.020}$
	配合间隙(＋)或过盈(－)	原厂规定	－0.012～＋0.018	＋0.007～＋0.041
		修理允许	－0.012～＋0.018	＋0.007～＋0.041
		使用限度	0.060	＋0.400
活塞销与衬套或连杆	原厂尺寸	衬套内径	$\phi12.5^{+0.007}_{-0.005}$	$\phi20^{+0.021}_{0}$
		活塞销外径	$\phi12.5^{0}_{-0.015}$	$\phi20^{-0.001}_{-0.020}$
	配合间隙(＋)或过盈(－)	原厂规定	－0.005～＋0.022	＋0.007～0.041
		修理允许	－0.005～＋0.022	＋0.007～＋0.041
		使用限度	＋0.100	＋0.100
连杆与衬套	原厂尺寸	连杆孔径	$\phi\left(\frac{14}{16}\right)^{+0.019}_{0}$①	$\phi30^{+0.021}_{0}$
		衬套外径	$\phi\left(\frac{14}{16}\right)^{+0.155}_{+0.080}$	$\phi30^{-0.020}_{-0.041}$
	配合间隙(＋)或过盈(－)	原厂规定	－0.155～－0.061	＋0.020～＋0.062
		修理允许	－0.155～－0.061	＋0.020～＋0.062
		使用限度	—	＋0.120

① 分子为解放型尺寸，分母为沪型尺寸。

0.12mm。三缸空压机曲轴箱上、下两平面平行度公差为0.12mm。

11.2.4 曲轴各轴颈粗糙度均为 $\overset{1.6}{\bigtriangledown}$，圆柱度公差均为0.033mm。曲轴两端轴承轴颈轴线和连杆轴颈各轴线的平行度公差均为0.08mm。连杆轴颈的分配角度差均为±30′。

11.2.5 曲轴箱、轴承、曲轴、连杆之间的配合数据见表 34。

曲轴箱、轴承、曲轴、连杆之间的配合数据(mm) **表 34**

结合零件	项目		配合数据 三缸
曲轴箱与轴承	原厂尺寸	箱体孔径	$\phi80^{0}_{-0.035}$
		轴承外径	$\phi80^{0}_{-0.013}$
	配合间隙(＋)或过盈(－)	原厂规定	－0.035～＋0.013
		修理允许	－0.035～＋0.020
		使用限度	＋0.100
曲轴与轴承	原厂尺寸	轴承内径	$\phi35^{0}_{-0.012}$
		曲轴直径	$\phi35\pm0.008$
	配合间隙(＋)或过盈(－)	原厂规定	－0.020～＋0.008
		修理允许	－0.020～＋0.010
		使用限度	＋0.020
曲轴与连杆	原厂尺寸	曲轴直径	$\phi\left(\frac{27}{28.5}\right)^{-0.020}_{-0.040}$①
		连杆孔径	$\phi\left(\frac{27}{28.5}\right)^{+0.023}_{0}$
	配合间隙(＋)或过盈(－)	原厂规定	＋0.020～＋0.063
		修理允许	＋0.020～＋0.063
		使用限度	＋0.120

① 分子为沪型尺寸，分母为沈阳型尺寸。

11.2.6 三缸空压机的机油泵齿轮轴与铜套的配合间隙为0.016～0.052mm，齿轮端面与盖平面的间隙为0.04～0.074mm。组装后的机油泵压力为100×10^3～250×10^3Pa。

11.2.7 空压机组装后，运转应无异响，不渗油。并须按下述规定进行窜油检查：在不盖缸盖运转三分钟后，活塞顶面有油面积不大于活塞面积的1/4。空压机性能数据见表35。

空气压缩机性能数据 表 35

项目	空气压缩机转速 (r/min)	储气筒容积 (L)	气压表指示压力 (Pa)	需用时间 (S)	机体温度 (℃)
三缸空压机	1440	35	800×10^3	100	80
VD1.5—1空压机	720	36	800×10^3	70	70

11.3 储气筒

11.3.1 储气筒无锈蚀、变形，筒内清洁，用130×10^4Pa的水压试验三分钟，不得变形和渗漏。各接头螺纹完好有效。

11.4 各种气阀

11.4.1 安全阀密封良好，工作可靠，安装牢固。安全阀控制压力为850×10^3～900×10^3Pa。

11.4.2 排污阀密封良好，排污彻底，安装牢固。

11.4.3 逆止阀阀体无裂损，密封良好，安装牢固。通气阀门开启压力不大于500×10^2Pa，逆止密封良好。

11.4.4 低气压警报器壳体无裂损，膜片无损伤及老化，弹簧压力符合设计要求。警报器密封良好，在气压低于400×10^3Pa时，报警可靠。

11.4.5 制动阀壳体无损伤，拉臂无裂纹，行程和气压调节螺栓、锁母齐全有效。平衡弹簧镀层完好，在气压500×10^3～550×10^3Pa时平衡调节有效，膜片完好。制动阀动作灵活可靠，通排气迅速，在气压900×10^3Pa试验时，排气阀、刹车灯开关和阀体均应不漏气。排气阀间隙为1.5～2.0mm。

11.4.6 继动阀阀体及盖无裂损，膜片无老化，弹簧无永久变形，涂层完好。动作可靠，进排气迅速，在气压400×10^3和900×10^3Pa分别对其试验时，均不得漏气。

11.5 油水分离器

11.5.1 油水分离器壳体完整，螺孔完好，滤芯清洁，密封良好，安装牢固。

11.6 高电压气压控制开关

11.6.1 气压控制开关的触头、触头臂、绝缘板、消弧线圈、减弧磁板等均应无烧痕。触头接触面光洁，消弧线圈匝间无短路或断路，绝缘板绝缘良好。

11.6.2 动触头的联动装置无变形，销轴和销孔间隙符合工作要求，动作灵活可靠。滚轮与拨动杆的接触处磨损量均不得大于0.5mm。

11.6.3 主、辅调节弹簧无永久变形，镀层完好。主弹簧座无变形，辅弹簧的调节螺杆和螺母螺纹完好，挺杆螺栓与底板焊接牢固。

11.6.4 气室底座、膜片底板、挺杆与膜片的接触面应平整光洁。膜片无老化和永久变形，密封良好。

11.6.5 壳体完整无变形，涂层完好。盖与外壳扣合严密。标牌清晰牢固。

11.6.6 气压控制开关组装后，在气压600×10^3～$800\times$

10^3Pa和直流电压600V的工作条件下，通断迅速，气室不漏气。

11.7 低电压气压控制开关

11.7.1 触头接触面光滑，接触良好。触头臂推杆动作灵活可靠，安装牢固，不歪斜。主、辅弹簧无永久变形，镀层完好。静触头绝缘板无烧痕，绝缘良好。

11.7.2 动触头的联动装置动作灵活可靠，托板及托板销无变形，调节螺栓等齐全有效。

11.7.3 壳体、气室、膜片、托板等技术条件和低电压气压控制开关的工作要求均应符合11.6条的规定。

11.8 气压表

11.8.1 气压表灵敏准确，指针回位迅速。表盘平整，数字清晰。弹簧管密封良好，无永久变形。壳体与玻璃罩完整，管头螺纹无损伤。气压表精度应符合JJG52—71规定。

11.9 车门启闭装置

11.9.1 车门气缸内壁无损伤，其粗糙度为$\overset{1.6}{\bigtriangledown}$。活塞密封圈无老化，密封良好。气缸应按下述规定试验：在200×10^3Pa气压试验时活塞应平稳移动，在800×10^3Pa气压时，气缸密封良好。

11.9.2 电磁阀壳体完整，线圈匝间无短路及断路，在吸合电压10V时铁芯吸合后其拉力不小于110N。三通阀壳体不漏气，螺纹完好，活塞与壳体密封良好，电磁阀与三通阀连接位置准确，锁紧牢固，铁芯和活塞动作灵活，工作可靠。

11.9.3 手截门阀体无裂纹、阀芯与阀体结合面光滑、严紧，手柄转动松紧适度，密封良好。

11.10 制动气室

11.10.1 壳体无变形，涂层完好，膜片无裂纹、无老化，弹簧无永久变形，推杆座与膜片接触面平整，推杆回位迅速。在900×10^3Pa气压下应不漏气，推杆行程应分别符合下述规定：膜式气室，前轮不小于50mm，后轮不小于55mm；活塞式气室，前轮不小于80mm，后轮不小于130mm。

11.11 气动刮水器

11.11.1 气动刮水器壳体无裂损，气道畅通，内壁光滑，齿扇与活塞齿条啮合良好。密封圈无老化，密封良好。换向阀动作灵活，工作可靠。

11.11.2 刮杆完整，无变形，镀层完好。刮片无老化和永久变形，工作表面光滑。

11.11.3 刮水器正常刮刷频率为30～60次/min，双向摆动的相对时间差不大于30%。刮刷角度为90°～120°，关闭时刮片应能回位。刮杆对刮片弹力按每厘米刮片长度计：曲刮为120～160mN；平刮为90～130mN。气压在100×10^3Pa时，刮刷频率不小于5～10次/min，刮水器扭矩不小于0.8N·m。

11.11.4 电动刮水器的技术条件参照气动刮水器JB3030～3033—81。

11.12 气动刮水器开关

11.12.1 气动刮水器开关工作正常可靠。密封良好，安装牢固。

11.13 空气管路

11.13.1 管路敷设规整，走向合理，装备齐全，拐弯处应圆滑，最小弯曲半径为（5±0.5）×管径，弯曲部位的管截面不得小于原截面的90%。

11.13.2 管接头焊接后，应清除熔渣。管路须用夹片夹紧牢固，行车时无异响，并不得与其它机件摩擦。

11.13.3 各部软管长度适宜，不得老化和开裂，与管路连接的卡箍应卡牢，并不得有扭曲和拉伸。软管应进行密封性能试验，在130×10^4Pa气压下不发生形变和泄漏。气压控制开关，空压机的软管均须绝缘良好。

11.13.4 压缩空气系组装后，在工作和非工作状态下，应按下述规定进行整车管路密封试验：在800×10^3Pa气压时，气压降每小时不大于500×10^2Pa。

12 车 厢

12.1 底架梁

12.1.1 底架梁无变形、裂纹和严重锈蚀。有裂纹或严重锈蚀时须按原材质、规格加固或局部更换。

12.1.2 底架梁上的各种设备安装构件的位置应符合设计要求，连接牢固。

12.1.3 底架梁上平面的平面度公差为1000:1.5，纵、横梁侧平面对底架上平面的垂直度公差为其高度的5‰。

12.1.4 底架梁前钢板弹簧前支架销孔与后钢板弹簧前支架销孔的对角线长度差不大于5mm。同轴的钢板弹簧支架销孔对角线长度差不大于2.5mm，各钢板弹簧左右对应的前支架销孔同轴度公差不大于1.5mm。牵引电动机托架销孔对角线长度差不大于1.5mm。

12.1.5 前底架梁后端牵引梁上的铰接球销孔中心与底架梁纵向中心线偏离公差不大于3mm，销孔轴线与底架梁上平面垂直度公差不大于1.2mm。

12.1.6 底架梁修复后，应彻底除锈和清除焊渣，并重涂防腐漆二次。

12.2 骨架

12.2.1 骨架无变形、裂纹和严重锈蚀，各构件且应焊接牢固。构件有裂纹或严重锈蚀时，须按原材质和规格加固或局部更换。

12.2.2 车门踏步构件及其骨架严重锈蚀或断裂时须按原设计更换新件。

12.2.3 司机门柱严重锈蚀和损伤时须更换新构件。门框形状应符合样板规定。

12.2.4 前风窗和后窗窗口构件应规整，无严重锈蚀。构件伤损或锈蚀时允许局部更新。前窗中心立柱应与风窗下止口水平线相垂直，其垂直度公差不大于2.0mm，风窗左右应对称，窗口止口形状应与样板符合。其间隙不大于1.5mm。

12.2.5 骨架整形后，左右两侧应对称。纵向直线部分应平直，弧线部分形状应与样板符合，其间隙应均匀，且不大于3mm。骨架任何一处横截面上左右两侧壁上边梁至骨架与底架上平面交点的对角线长度差不大于10mm。侧窗口对角线长度差不大于3mm。门框、门轴中心的对角线长度差均不大于8mm。

12.3 焊接

12.3.1 焊接前应彻底清洁施焊部位，根据被焊件的材质按国家标准GB980～984—76《焊条》的规定选择焊条，并按国家GB985～986—80《焊接接头的基本型式与尺寸》的焊接规范施工。

12.3.2 焊接时，焊缝应连续、平整，表面呈现均匀鳞状波纹，且宽度一致。焊缝无裂纹、咬边、弧坑、气孔、夹渣、焊瘤及未焊透等缺陷。焊接高度若影响装配件或装饰件时，须修平。焊缝强度不低于被焊接件的强度。

12.3.3 点焊的技术施工参照国家标准GB324—64《接触焊的各种焊接接头的标注方法与焊缝代号、焊缝尺寸、焊接相对位置的标注次序》的规定。

12.4 铆接

12.4.1 铆接底架、骨架、钢板弹簧支架的铆钉孔直径超过基本尺寸0.5mm时应修复。铆钉孔和铆钉直径的配合应符合国家GB152—76《紧固件 通孔及沉头座尺寸》的规定。

12.4.2 铆接时铆接面贴合紧密，贴紧范围不小于铆钉直径的3倍。铆钉杆应充满铆钉孔，不得歪斜和松动。铆钉头应无裂纹、失圆或残缺、偏移等缺陷。

12.4.3 铆接蒙皮时，铆钉间距应符合原厂规定，且分布均匀、排列整齐，其中心线直线度公差不大于1.0mm。铆钉头应光滑，铆钉中心至蒙皮边缘距离为铆钉直径的1.5倍。拉铆钉铆合的蒙皮搭接处不贴合间隙不大于0.3mm。

12.5 内外蒙皮

12.5.1 外蒙皮应无损伤和严重锈蚀，铆接牢固。蒙皮内侧面须涂防腐漆和防震材料。蒙皮与骨架贴合严密，两侧蒙皮应平整，手按无明显响动，厢顶蒙皮不漏雨。

12.5.2 流水槽完整，无严重锈蚀，连接牢固。蒙皮上各种活页门应完整，启闭灵活，锁具有效。

12.5.3 车厢装饰件无变形，镀层完好，表面光洁。装配时，前装饰件端正，侧装饰带平直，且安装牢固。

12.5.4 内蒙皮无裂损，内侧面应涂底漆。厢顶内蒙皮弧面处过渡圆滑，与外蒙皮之间应装隔热材料。两侧内蒙皮应平整，弧面处内蒙皮应过渡圆滑。

12.5.5 内蒙皮压条规整，排列整齐，接头处应对正，其间隙不大于0.5mm，压条与蒙皮应贴合严密，其间隙不大于0.5mm。相邻两压条应平行，平行度公差为5.0mm。自攻螺钉分布均匀、齐全紧固。

12.6 地板

12.6.1 地板应无腐烂和破损。更换新地板时应进行干燥和防腐处理，其规格应符合设计要求。

12.6.2 地板铺面平整，接缝严密。地板压条规整，排列整齐，螺钉分布均匀并紧固。

12.6.3 司机室地板无锈蚀和破损，连接牢固，开口处防尘罩齐全。地板盖、地板口规整，铁框与木板连接牢固，盖与地板口扣合平整，扣手齐全。护轮罩无变形、锈蚀，涂层完好，安装牢固。

塑料地板平整，无老化，色泽应相近一致，接缝不大于1mm，且安装牢固。

12.7 司机门及车门

12.7.1 门扇无变形、破损和严重锈蚀，涂层完好。门铰链无变形、裂纹，转动灵活，连接牢固。门密封条无老化。门玻璃完整，镶装牢固，司机门玻璃推拉或升降灵活可靠。

12.7.2 司机门锁及定、限位装置齐全有效。车门门轴无弯曲变形、裂纹。花键齿形规整，焊缝牢固。门轴轴承与轴承座完好，门轴调节螺栓和锁母调节锁止有效。

12.7.3 车门联动机构的摇臂，换向臂无裂纹，花键孔齿形规整。拉杆接头无变形。螺纹完好。链条无严重磨损和断裂，连接牢固。

12.7.4 车门总装后，最低开关气压应不大于400×10^{3}Pa，开启宽度符合原厂规定，关闭时门扇严密不松动。

12.8 前风窗、后窗、侧窗、及车顶通风窗。

12.8.1 前风窗和后窗玻璃完整，密封条无老化，镶装牢固。前风窗玻璃不眩目，启闭机构工作轻便可靠。

12.8.2 侧窗窗框型材无变形，镀层完好，窗玻璃完整，推拉或升降轻便，胶槽或绒槽规整，无老化，且均应安装牢固。摇窗机转动灵活，自锁有效。

12.8.3 车顶通风窗无变形和锈蚀，密封条完整，无老化，启闭机构工作可靠。通风窗扣合严密，不漏雨。

12.8.4 安全监视窗完好，镶装牢固。

12.9 座椅

12.9.1 座椅架无变形、断裂和锈蚀，涂层完好。座垫和靠背完整，包面颜色一致，包面局部损坏允许用与原色材质相同的材料修补。

12.9.2 座椅安装位置应符合原厂规定，且安装牢固。乘客座椅应排列整齐，间距均匀，高低一致。司机座椅调节机构有效，锁止可靠。

12.10 扶手

12.10.1 扶手杆、座及三通无变形、不断裂，涂或镀层完好，表面光洁，连接牢固。车门扶手绝缘良好。

12.11 车厢附件

12.11.1 保险杠、牵引钩

12.11.1.1 保险杠无变形，无锈蚀，表面平整，涂层完好，安装端正且牢固。

12.11.1.2 牵引钩无裂纹，与底架连接牢固。

12.11.2 后、下视镜、遮阳板

12.11.2.1 后、下视镜及遮阳板调节有效，安装牢固。视镜成象清晰，遮阳板规整。

12.11.3 仪表台、仪表盘、路牌

12.11.3.1 仪表台、仪表盘和路牌无变形，无锈蚀、涂层完好，安装牢固。仪表盘上的仪表、仪表灯、讯号灯、开关及其标志等齐全有效，安装牢固。

12.11.4 灭火器、工具箱、牌照座

12.11.4.1 灭火器效果符合原厂规定，卡持牢固。工具箱完整，安装位置符合设计要求且牢固。牌照座位置符合公安部《城市机动车辆安全检验暂行标准》的规定。

12.11.5 车门气缸罩、厂牌

12.11.5.1 车门气缸托盘和罩无变形，无裂纹，涂层完好，连接牢固。活门启闭灵活，支承杆、锁具齐全有效。门滑块槽平直，连接牢固，厂牌清晰，固定牢固。

12.11.6 乘务员工作台、废票箱

12.11.6.1 乘务员工作台及踏板无变形，无锈蚀，台面平整光洁，涂层完好。工作台活门启闭灵活，锁具有效。开关、工作灯，废票箱挂钩固定牢固，废票箱完整。

12.11.7 司机门处脚蹬窝、车门口地板铝围框、车门踏步绝缘板、接地链

12.11.7.1 司机门处脚蹬窝和门口地板铝围框无严重破损，连接牢固。车门踏步绝缘板完整，绝缘良好。接地链连接牢固，其长度符合设计要求。

12.11.8 翼子板、挡泥板

12.11.8.1 翼子板和挡泥板无变形，无锈蚀，连接牢固，挡泥胶板完整。

12.11.9 尾梯

12.11.9.1 尾梯完整，无变形，无锈蚀，涂层完好，安装牢固。

13 铰接装置

13.1 转盘机构

13.1.1 上、下转盘无裂损，接触面平整、光洁，磨损量不大于1.5mm，平面度公差为0.80mm，接触平面油槽深度不小于0.5mm。

13.1.2 上、下转盘转轴及轴孔端面无严重沟痕，上转盘两转轴孔压入衬套后，同轴度公差为0.2mm。上、下转盘牵引主销孔压入衬套后，两孔的同轴度公差为0.20mm。衬套内表面粗糙度▽1.6。

13.1.3 牵引主销和上下转轴无变形、无裂纹，螺纹完好，工作表面粗糙度为▽1.6，并应进行探伤检查，上转轴直线度公差为0.15mm，牵引主销和上下转轴与衬套的配合符合原厂规定，锁紧螺母后，轴向间隙均不大于0.5mm，转盘且转动灵活，锁片、开口销、油杯齐全有效。

13.1.4 上、下转盘支架无裂损，轴孔表面光洁，端面磨损不大于1mm。上、下转盘、支架连接螺栓、螺母螺纹完好，垫圈、开口销齐全有效。

13.1.5 转盘托柱和转盘座无裂损，托柱与上转轴夹持牢固。牵引主销挡铁固定牢固。

13.2 球铰机构

13.2.1 牵引球销须进行探伤检查，不得有裂纹，与球头碗配合间隙为0.25mm，最大间隙为1.5mm，且其接触面积不小于75%。

13.2.2 球铰机构组装后球销与座连接牢固，并注入润滑脂，紧固件齐全有效。

13.3 等分机构

13.3.1 等分连杆、摇臂、连杆支架、摇臂座、销轴等应无锈蚀、无裂纹。摇臂橡胶衬套无裂损或老化。长连杆无变形，直线度公差不大于1.0mm，销孔磨损量不大于0.5mm。摇臂与摇臂轴配合良好。

13.3.2 中间横梁和环型梁无变形、锈蚀和裂纹，焊接牢固，并重涂防腐漆。支承轴座无裂纹，与中间横梁连接牢固。支承轴与衬套配合间隙不大于0.5mm，配合表面粗糙度为▽3.2。

13.3.3 转盘半圆地板无变形、锈蚀，表面花纹完整。铰链完好，与中间横梁和半圆地板连接牢固。半圆盖板无变形，涂层完好，固定牢固。半圆地板滑条磨损量不大于1.0mm，且与支架固定牢固。

13.4 限位装置

13.4.1 限位支架、挡铁无变形或锈蚀。限位橡胶块无裂损、老化或并连接牢固。

13.4.2 铰接装置的水平左右转角达到极限前5°时应能自动报警。

13.5 保险机构

13.5.1 保险钢丝绳应完整无锈蚀，直径不小于14mm，长度适当，机械性能应符合GB1102—74《圆股钢丝绳》的规定。钢丝绳夹完好，锁紧有效，锁紧力矩符合原厂规定。钢丝绳须重涂石墨润滑脂。

13.5.2 钢丝绳固定环无锈蚀、无断裂，且焊接牢固。

13.6 密封机构

13.6.1 折篷不得破损或变质，接缝严密不漏水，防尘罩完整、齐全、有效。篷杆无变形或锈蚀，形状与样板符合。折篷安装后应端正且牢固。

13.6.2 折篷吊杆无变形或裂纹，其直线度公差不大于1.5mm，径向磨损量不大于1.0mm，球头磨损量不大于1.0mm。吊杆支座无裂损且安装牢固。衬套孔径磨损量不大于2.0mm。吊杆间距弹簧完整齐全，自由长度差不大于2mm。防尘罩完整齐全，且安装牢固。

14 油漆涂层

14.1 涂漆前表面处理

14.1.1 凡有涂漆要求的结构件、零部件等在涂防锈漆之前，必须彻底清除尘土、油污和锈蚀。需全部脱漆的零部件应将旧漆层清除干净，并进行表面处理。

14.1.2 经表面处理后的零部件应符合下列要求：干燥、清洁。

14.2 涂层

14.2.1 涂料应正确配套：底漆、腻子和面漆之间必须有良好的附着力，不得有“咬底”等破坏涂层的不良作用。成膜物质热胀冷缩要求一致，涂料不得开裂。

14.2.2 自配腻子应按不同季节规定的配方调配。每道腻子都应边角清楚，不许有飞边。

14.2.3 喷漆之前，车厢涂层表面平整、光滑，手感柔和，无裂纹和气孔等缺陷，并清洁干燥。

14.2.4 各涂层必须严格按工艺规范施工。不包括腻子涂层的厚度见表36。

14.3 面漆

14.3.1 车厢内外蒙皮及装饰件同一漆色的色度应一致，不得有肉眼可辨别的色差，色泽应光亮。异色边界分明整齐。漆面漆模应结合牢固，不得有流痕、变色、皱纹、起泡、脱层、气孔等缺陷，允许有轻微“桔皮”状。

油漆涂层厚度（mm）　　表36

涂层	厚度			用途
	底漆	面漆	总厚度	
一般性涂层	不小于0.04	不小于0.04	不小于0.08	车厢内蒙皮及覆盖件等
装饰性涂层	不小于0.04	不小于0.10	不小于0.14	车厢外蒙皮、车门及覆盖件等
保护性涂层	不小于0.12	不小于0.04	不小于0.16	底架、骨架底盘总成等

14.3.2 按规定不涂漆的零部件，不允许有漆迹和油垢。

14.3.3 企业名称、车辆编号等应按规定喷涂，字迹清晰整齐。

15 车辆竣工出厂检验技术条件

15.1 整车检验

15.1.1 车厢检验

15.1.1.1 车辆停在平坦路面上，进行外观检验：整车厢体应端正，左右两侧窗下边离地面高度差不大于20mm，满载时前后应保持基本平直；车厢内外蒙皮直线部分平整，弧线部分圆滑并符合样板，两侧外蒙皮手按无明显松动，车顶外蒙皮不漏雨；蒙皮铆接及压条装配应符合12.4.3和12.5.5的规定；车厢装饰件应符合12.5.3的规定。

15.1.1.2 车厢地板装配严密牢固，铺面平整，压条整齐。

15.1.1.3 司机门启闭轻便，开启角度不小于80°，关闭严密，锁扣可靠，行车无异响。车门在400×10^3Pa气压试验时，启闭灵活无异响，开启的宽度应符合原厂规定，关闭严密，手推不松动。

15.1.1.4 前、后窗装配严密，窗玻璃清晰光洁，前风窗不眩目。侧窗升降或推拉轻便，行车无异响，窗框、绒槽和密封条规整。车顶通风窗完整，封闭严密，不漏雨。启闭机构轻便可靠，行车时无异响。

15.1.1.5 司机座椅的安装应符合12.9.2的规定。乘客座椅排列整齐、高低一致，间距均匀，手晃动不松动。

15.1.1.6 车厢扶手应符合12.10的规定，并用手晃动扶手杆不得有任何部位松动。

15.1.1.7 车厢附件齐全，安装及其性能要求应符合12.11的规定。

15.1.1.8 车厢面漆的外观和色泽用标准样板检查应符合14.3的规定，漆膜厚度用磁性测厚仪检查应符合表36的规定。

15.1.1.9 铰接装置的折篷安装应端正、不漏雨，防尘罩齐全。铰接盘半圆地板平整并对称。安全保险机构齐全牢固。

15.1.2 高压电气设备及辅助设置的检验

15.1.2.1 各高压电气设备齐全，接线准确，安装位置正确，固定牢固。

15.1.2.2 各高压电气设备对车厢的绝缘电阻及车厢总绝缘电阻和漏电电流应符合表38的规定。

15.1.2.3 集电头的安装和集电杆长度的检验应符合2.6.2、2.6.3和2.6.4的规定。

15.1.2.4 电气控制操纵的检验：控制踏板及拉杆应符合5.1.5的规定，控制器和控制屏的接触器触头工作闭合顺序正确。

15.1.3 低压电气设备的检验

15.1.3.1 各低压电气设备齐全，接线准确，安装位置正确并牢固。

15.1.3.2 车辆各种灯光照明、音响讯号等的安装位置、光色、发光强度及其效果应符合公安部《城市机动车辆安全检验暂行标准》的规定。停发车、脱线、欠气压及铰接装置回转限位等报警信号，应准确有效。

15.1.4 压缩空气系的检验

15.1.4.1 各种压缩空气装置齐全，安装位置准确并牢固。

15.1.4.2 空气压缩机性能应符合表35的规定。

15.1.4.3 整车压缩空气系密封性能按下述规定检验：在工作和非工作状态下气压为800×10^3Pa时，每小时气压降不大于500×10^2Pa。

15.1.4.4 制动阀、继动阀、制动气室应符合11.4.5、11.4.6和11.10的规定。

15.1.4.5 刮水器安装位置准确且牢固，其性能应符合11.11.3的规定。气压表应符合11.8的规定。

15.1.5 底盘各总成的检验

15.1.5.1 各总成齐全，安装位置正确且牢固。润滑油加注量符合表37规定。润滑脂加注应足量。

15.1.5.2 转向器和转向装置无负荷检验：架起前轮在转向盘半径275mm处，CA10B切向拉力为13～22N；CA10C、CA15切向拉力为9～17N，且转向盘的自由转动角度不大于30°。转向臂、横直拉杆螺母紧固，弹簧垫圈和开口销齐全，锁止有效。

15.1.5.3 前轮定位应正确，允许误差不大于原值的15%，

各总成润滑油加注量（L）　　表 37

<table>
<tr><td rowspan="3">润滑油标号</td><td colspan="3">型号及总成</td></tr>
<tr><td>CA10B、CA10C、CA15</td><td>CA10B、CA10C、CA15、浦江—1A</td><td>三缸</td></tr>
<tr><td>驱动桥</td><td>转向器</td><td>空气压缩机</td></tr>
<tr><td>冬季
HL—20齿轮油</td><td rowspan="2">4.5</td><td rowspan="2">0.9</td><td rowspan="2">—</td></tr>
<tr><td>夏季
HL—30齿轮油</td></tr>
<tr><td>夏季车用机油6号</td><td rowspan="2">—</td><td rowspan="2">—</td><td rowspan="2">0.9</td></tr>
<tr><td>冬季车用机油
10号或15号</td></tr>
</table>

前内轮最大转角向左34°，向右42°。前轮前束：CA10B、CA10C以轮胎内侧最小距离计8～12mm；CA15、浦江以轮胎中心线距离计2～4mm。

15.1.5.4 各轴左右两侧轴距差不大于5mm。轮胎气压符合规定。

15.2 车辆路试

15.2.1 车辆路试前的规定

15.2.1.1 车辆经整车检验确认仪表、音响、灯光信号及转向、制动等各总成性能良好并合格后方可进行路试。

15.2.2 车辆行驶检验

15.2.2.1 车辆路试行程不低于15km，在低、中、高速行驶时启动和加速应平稳，牵引电动机运转正常，换向器火花等级应符合4.7.4.1的规定。车厢和各总成无异响，传动轴不抖动。

15.2.2.2 转向器转向轻便灵活，行驶中不得有轻飘、摆振、抖动、阻滞及跑偏现象，在平直的道路上能保持车辆直线行驶，转向后能自动回位。用测滑仪检验前轮侧滑量，应小于千分之五。

15.2.2.3 车辆行驶时，车厢内外允许最大噪声级应符合GB1495—79《机动车辆允许噪声》的规定。

15.2.2.4 车辆在直线行驶速度不低于5km/h时，检验车辆对架空触线最大偏线距离应符合2.6.5的规定。

15.2.2.5 车辆行驶中仪表、灯光、信号和发电机工作应正常。

15.2.3 车辆制动试验

15.2.3.1 制动器的间隙按规定调整后，制动器室的推杆工作行程应符合下述规定：膜式前轮20～25mm，后轮为28～33mm；活塞式为20～25mm。车辆气制动性能应符合公安部《城市机动车辆安全检验暂行标准》的规定。

15.2.3.2 车辆手制动性能应符合10.1.2的规定。

15.2.4 车辆滑行检验

15.2.4.1 车辆经行驶一定时间各传动部件达到正常温度后，停在平坦、干燥的硬质路上，用拉力计拉动空载车辆，其拉力不超过空车重力的1.8%。

15.3 车辆路试后检查

15.3.1 路试后，牵引电动机、制动鼓、轮毂、减速器壳等不应过热，齿轮油温度不高于85℃。

15.3.2 路试后应进行车厢漏电和各总成密封紧固检查，车厢不得漏电、漏水，各总成不得漏油、漏气，各部螺栓不得松动。

15.3.3 路试后，除对松动的螺栓重新紧固外还应对转向装置、铰接装置、传动轴的各部螺栓及钢板弹簧U型螺栓、半轴螺栓再检查紧固一次。

高压电气设备绝缘电阻和漏电电流的规定　　表 38

测定项目	绝缘电阻 MΩ	
	相对湿度80%以下(含80%)	相对湿度80%以上
集电头——集电杆	>20	>3
集电座——车厢	>20	>3
自动断路器外壳——车厢	>20	>3
接触器触头——屏架	>20	>3
主令控制器外壳——车厢	>20	>3
串联电阻器托架——车厢	>20	>3
牵引电动机外壳——车厢	>20	>3
空压机电动机外壳——托架	>20	>3
空压机电动机托架——吊架	>20	>3
空压机电动机吊架——车厢	>20	>3
气压控制开关外壳——车厢	>20	>3
熔断器夹——车厢	>20	>3
高压电缆线芯——车厢	>20	>3
化霜器外壳——车厢	>20	>3
一级踏步和门口扶手——车厢	>20	>0.6
整车总绝缘电阻——MΩ	>20	>0.6
整车漏电电流——mA		<3
整车漏电电压——V		<36

附录 *A*
斩波调速装置

A.1　一般技术条件

A.1.1　基本条件

A.1.1.1　环境条件：海拔高度在1200m以下，环境温度-20℃～40℃，相对湿度小于90%。

A.1.1.2　电源条件：输入电压为400～720V，经不可控整流器整流成六个脉动量的全波直流电压。

控制电路的电源电压10.5～16V。

输入电流不大于300A

A.1.1.3　负载条件：牵引电动机为串激式直流电动机，功率为60kW，额定电流为115A。输出电流的极值脉流率应小于70%。

A.1.2　功能条件

A.1.2.1　具有对牵引电动机牵引控制（励磁绕组的分流控制，电枢电流的恒、截流控制）或电制动控制。

A.1.3　试验项目应符合表*A*1的内容。

试验项目　　表 A1

序号	类别	项目
1	机械	振动
2	电气	换流
3		输出电压
4		输出电流脉动
5		中断
6		控制特性

A.2 总成及主要元器件

A.2.1 硅盘

A.2.1.1 晶闸管、整流管应清洁，引出线规整，安装牢固且绝缘良好，其技术数据应符合表A2、A3的要求。

晶闸管性能技术数据　　表 A2

序号	项目	斩波器晶闸管			弱磁晶闸管
		KPK	KK	KN	KP或KPK
1	通态平均电流(A)	200	200	400/150	200
2	断态重复峰值电压(V)	≥1600	≥1200	≥2000	≥1000
3	反向重复峰值电压(V)	≥1600	≥1200	—	≥1000
4	断态或反向重复平均漏电流(mA)	≤1.5	≤1.5	≤2	≤4
5	反向电流下降率(A/μs)	—	—	≥20	—
6	换向关断时间(μs)	40～60	20～30	20～30	—
7	门极触发电流(mA)	≤150	≤200	≤250	≤150
8	门极触发电压(V)	≤3.5	≤3.5	≤4	≤3.5

整流管性能技术数据　　表 A3

序号	项目	反线二极管 Dr1	换流二极管 D1	反振二极管 D2	续流二极管 D3	隔离二极管 D4—D5
1	反向重复峰值电压(V)	≥1600	≥1600	≥1600	≥1600	≥1600
2	反向重复平均漏电流(mA)	<1.5	<1	<1	<1	<1
3	额定正向平均电流(A)	300	200	200	200	200
4	少子寿命(μs)	—	≤10	≤10	≤10	—

A.2.1.2 阻容保护元件应无过热、变形、变色、脱焊等现象，工作有效。

A.2.1.3 电流变换器封装规整严密，表面光洁，绝缘良好，引出线排列整齐，连接牢固。霍尔元件的内阻为110Ω±20%。当电流变换器励磁电流为300A时，霍尔电势的输出为200mV。

A.2.1.4 互感器的一次电流分流比为1:17～1:20，互感器输出的信号电压与穿芯导线的电流成正比。

A.2.1.5 硅盘的硬铜连接线无裂痕和烧伤，排列整齐且牢固。

A.2.1.6 接插件插头壳体完整，簧片清洁弹性良好，线束排列整齐，装夹牢固，绝缘套管完好，线端编号清晰，接线正确焊点无虚焊，出线口处防尘可靠。

A.2.1.7 60kW牵引电动机弱磁电阻为0.068Ω±5%。

A.2.1.8 硅盘中各部绝缘板的涂层应完好，表面光洁。

A.2.1.9 硅盘底架应无机械损伤和变形，且应无锈蚀并重涂绝缘漆。

A.2.1.10 硅盘的绝缘电阻应符合表A4的规定。

硅盘绝缘电阻（MΩ）　　表 A4

相对湿度	主电路至底架	高低压路线之间
80%以下(含80%)	>20	>20
80%以上	>2	>2

A.2.2 控制电路板

A.2.2.1 电路板的框体和面板应规整，无机械损伤。接插件座壳体完好，扣攀齐全有效，固定牢固。电路板装配后应平整，无翘曲。

A.2.2.2 印刷电路板铜箔层无脱落，阻焊层完好。印刷电路板上安装的元件应排列整齐，高低一致，要求防震的元件要有防震保护层，焊点光亮牢固，与插座的连线规整正确。

A.2.2.3 电位器、检测开关和电流表的工作均应可靠，不准有机械损伤，且固定牢固。电位器锁母齐全。检测开关档位分明准确。电流表表盘清晰，指针零位正确，摆动无阻滞。

A.2.2.4 控制电路板的静态检测点应符合设计要求。

A.2.2.5 控制电路板脉冲信号的调试应符合以下要求：

a.脉冲周期误差小于±100μs。

b.脉冲信号宽度为50～150μs。

主副脉冲信号接10Ω等效电阻的电流幅度值大于500mA。

主副脉冲信号前沿小于3μs。

c.副脉冲信号移相的最小时间间隔小于60μs。最大移相时间为脉冲周期的90～93%。

d.副脉冲信号的移相线性与积分控制电压成比例。

e.给定环节、比较环节、鉴别电路的灵敏度和静态工作点应符合设计要求。

A.2.2.6 控制电路板的指令信号延时环节应符合以下要求：

a.电源接触器接通指令与脉冲信号时差为100～300ms。

b.起动缓冲过渡时间为400～1000ms。

c.副脉冲移相到最大值至产生弱磁信号之间的延时时间为2～3s。

d.电路板各信号消除时，应依次封锁弱磁信号，主、副脉冲信号，接触器控制信号。

A.2.2.7 控制电路板继电器的动作、释放电压应符合技术要求。

J_1、J_2、直流电压8～10V。

J_2、J_5、继电器串联18kΩ降压电阻在直流电压400V时能正常吸合。

A.2.2.8 控制电路板的高压部位的绝缘电阻的要求与表A4相同。

A.2.3 主令控制器

A.2.3.1 主令控制器（滑环控制器、差动变压器）应完整，安装牢固，工作可靠。主令控制器的摇臂和回转机构应动作灵活可靠。滑环控制器工作闭合顺序应正确。差动变压器的调节性能应符合设计要求。

A.2.4 平波、换流、反压电感。

A.2.4.1 电感线圈缠绕紧密规整，接线端头镀锡层完好。

A.2.4.2 电感值允许误差为其标准值的±5%。

A.2.4.3 电感的绝缘电阻应符合表A5的规定。

电感的绝缘电阻（MΩ） 表A5

相对湿度	线圈至铁芯	线圈至夹紧螺栓
80%以下(含80%)	>20	>20
80%以上	>2	>2

A.2.5 平波、换流电容器

A.2.5.1 电容器壳体无渗油和明显变形，密封可靠。涂层完好，标牌字迹清晰，电容器接线柱无松动，螺纹完好，瓷绝缘子无裂纹。

A.2.5.2 电容器的主要技术数据应符合表A6的规定。

电 容 器 表 A6

项 目	平波电容器	换流电容器
容 差	CH43型800μF/1200V 实测负差不大于20%	LWOB40μF/1600V 50μF/1600V 实测容差+15%－5%
介质损耗	损耗角正切值 $tg\theta \leq 0.008$	损耗角正切值 $tg\theta \leq 0.005$
最高允许温升	外壳测最高值 小于60℃	外壳测最高值 小于60℃
绝缘电阻MΩ	极间：大于200 极壳：大于250	极间：大于200 极壳：大于250

A.3 斩波调速装置的调试

A.3.1 用滤波电容器检查斩波器的换流状况和牵引电动机的旋转方向。

A.3.2 合、断高压控制电源开关时，斩波器脉冲信号的释放和封锁应有效。

A.3.3 滑环控制器对积分电容器的电压前位，其限幅电压值应以0.7V递增。

A.3.4 有制动性能的斩波装置，牵引控制与制动控制的互锁作用应可靠。在牵引和制动控制同时作用时，制动作用应优先。

A.3.5 路试调整牵引电动机的恒流值为250～300A。

A.3.6 斩波装置在牵引电动机达到全电压下运行时，延时自动过渡到弱磁状态应符合设计要求。

A.3.7 主电路断电时，应保证接触器无电弧断电。

附加说明

本标准由国家城乡建设环境保护部城市建设管理局提出。由北京公共交通研究所归口。

本标准由沈阳市电车公司负责主编，北京市电车公司、上海市公共交通公司、哈尔滨市电车公司参加编制。

本标准主要起草人：任佩德、张厚臣。

中华人民共和国行业标准

城市公共交通经济技术指标计算方法
公共汽车、电车

Urban public transport—the calculation method of economic and technical indexes Bus and trolleybus

CJ 39.1—91

---

1 主题内容与适用范围

本标准规定了城市公共汽车、电车企业主要经济技术指标的名称、定义、计算单位与计算方法。

本标准适用于城市公共汽车、电车企业。

2 运营指标

2.1 客运量

运送乘客的总人次。

2.1.1 计算单位:人次

2.1.2 计算公式

客运量(人次)=普票乘客人次+月票乘客人次+[illegible]车乘客人次

2.1.3 计算方法

a. 普票乘客人次依据售出普通票张数计算,单程客票每张计算一个人次,往返客票每张计算二个人次。

b. 月票乘客人次=(每张月票)日乘车次数×售出月票张数×相应月日历日数。月票日乘车次数由近期客流调查资料确定。无客流调查资料的城市,月票日乘车次数参考附件B(参考件)中B1条。

c. 包车乘客人次依据实际载客人数计算(无实际载客人数记录的按车辆定员计算),单程运送每人计算一个人次,往返运送每人计算二个人次。

2.2 平均运距

乘客每次乘车的平均距离。

2.2.1 计算单位:公里/次

2.2.2 计算方法

平均运距由近期客流调查资料确定。

在无可能进行经常性客流调查而月票比重又不大的城市,计算方法参看附录B(参考件)B2条。

2.3 客运周转量。

乘客乘坐里程的总和。

2.3.1 计算单位:人公里

2.3.2 计算公式

[illegible]客运周转量(人公里)=客运量×平均运距 (2)

[illegible]营车数

[illegible]运营业务的全部车辆数。

[illegible]计算单位:辆

[illegible]计算方法

[illegible]以企业固定资产台帐的已投入运营的车辆数为准。

b. 新购、新制和调入的运营车辆，自投入运营之日起

计算运营车数。

c. 调出、报废和调作他用的运营车辆，自上级主管机

准之日起，不再计算运营车数。

2.5 标准运营车数

不同类型的运营车辆依据统一的标准当量折合成

车数。

2.5.1 计算单位：辆

2.5.2 计算公式

标准运营车数(辆)＝Σ(每类型车辆数×

算系数)

(1)

换算系数参考附录 B(参考件)中 B3 条。

2.6 运营车日

所有运营车辆的车日总数。

2.6.1 计算单位：车日

2.6.2 计算方法

凡符合 2.4.2 条规定的运营车辆均应计算运营车日。

2.7 完好车日

技术状况完好的运营车辆的车日总数。

2.7.1 计算单位：车日

2.7.2 计算公式

完好车日(车日)＝运营车日－(全日保养车日＋修理车日＋待修车日＋待报废车日) (4)

2.7.3 计算方法

a. 凡当天出车参加过运营的车辆，均应计算完好车日。

b. 当天未出车运营的车辆，只要技术状况完好或曾进行保养、修理，但在当天 16 时前竣工，验收合格时，均计算完好

车日

运营而出车工作的运营车辆的车日总数。

算单位：车日

算方法

辆只要当日出车参加过运营，均计算工作车日。

数(定员)

辆的额定载客量。

2.4 运营单位：人、客位

用于算公式

2.4.1 客位数(人、客位)＝乘客座位数＋车厢有效站立

2.4.2 平方米允许站立人数 (5)

a. 以有效站立面积不包括车门踏步部位的面积。

平方米允许站立人数参照附录 B(参考件)中 B4 条。

线路条数

车辆设置的固定运营线路的总数。

2.10.1 计算单位：条

2.11 运营线路总长度

全部运营线路的长度之和。

2.11.1 计算单位：公里

2.11.2 计算公式

运营线路总长度(公里)＝Σ 各条运营线路的长度＝Σ1/2[上行起点至终点里程＋下行起点至终点的里程＋上下行终点调头里程] (6)

注：单向行驶的环行线路长度等于起点至终点里程与终点下客站至起点里程之和的一半。

2.11.3 计算方法

测定起点至终点里程时，按进出各中途站的曲线长度计算。

2.12 运营线路网长度

运营线路网所经过的道路长度。

2.12.1 计算单位：公里

2.12.2 计算公式

运营线路网长度(公里)＝运营线路总长度－Σ重复的线路长度 (7)

2.13 触线网长度

向电车集电装置供电的触线长度之和。

2.13.1 计算单位：公里

2.13.2 计算方法

a. 无轨电车、有轨电车的触线网应分别计算。

b. 触线网长度包括运营、待避、回车和保养车库内的触线网长度。

c. 无轨电车触线网长度按单程双线(即一对正负线)的长度计算，双程的加倍计算。

d. 有轨电车触线网长度按单程、单线的长度计算，双程的加倍计算。

2.14 载客里程

运营车辆规定载运乘客行驶的里程。

2.14.1 计算单位：车公里

2.14.2 计算公式

载客里程(车公里)＝线路载客里程＋包车载客里程 (8)

线路载客里程包括运营车辆在固定线路、临时线路、旅游线路载客行驶的里程。

2.15 空驶里程

运营车辆为运营而规定不载运乘客的空车行驶里程。

2.15.1 计算单位：车公里

2.15.2 计算方法

空驶里程包括：从车场至线路出、回场规定不载客行驶的里程；中途故障和其它原因空驶到起终点或车场的里程；包车回程的空驶里程等。

2.16 运营里程

运营车辆为运营而出车行驶的全部里程。

2.16.1 计算单位：车公里

2.16.2 计算公式

运营里程(车公里)＝载客里程＋空驶里程 (9)

2.17 总行驶里程

运营车辆所行驶的全部里程。

2.17.1 计算单位：车公里

2.17.2 计算公式

总行驶里程(车公里)＝运营里程＋公务里程＋培训司机行驶的里程 (10)

2.18 客位里程

各类车辆客位数与相应载客里程乘积，用以表示企业为乘客提供的总运载能力。

2.18.1 计算单位：客位公里、人公里

2.18.2 计算公式

客位里程(客位公里、人公里)＝Σ(各类车辆客位数×相应的载客里程) (11)

2.19 完好车利用率

工作车日与完好车日之比，用以表示完好车辆的利用程

度。

2.19.1 计算公式

$$\text{完好车利用率}=\frac{\text{工作车日}}{\text{完好车日}}\times 100\% \qquad (12)$$

2.20 工作车率

工作车日与运营车日之比，用以表示运营车辆的利用程度。

2.20.1 计算公式

$$\text{工作车率}=\frac{\text{工作车日}}{\text{运营车日}}\times 100\% \qquad (13)$$

2.21 里程利用率

总行驶里程中载客里程所占的比重。

2.21.1 计算公式

$$\text{里程利用率}=\frac{\text{载客里程}}{\text{总行驶里程}}\times 100\% \qquad (14)$$

2.22 车日行程

运营车辆每个工作车日平均行驶的运营里程。

2.22.1 计算单位：公里/日

2.22.2 计算公式

$$\text{车日行程(公里/日)}=\frac{\text{运营里程}}{\text{工作车日}} \qquad (15)$$

2.23 运营速度

运营车辆在运营线路上运行时的速度。

2.23.1 计算单位：公里/小时

2.23.2 计算公式

$$\begin{matrix}\text{运营速度}\\\text{(公里/小时)}\end{matrix}=\frac{2\times\text{运营线路长度}}{\begin{matrix}\text{往返行驶时间＋上下行终}\\\text{点调头和停站时间}\end{matrix}}\times 60 \qquad (16)$$

注：往返行驶时间、单程行驶时间，调头和停站时间均以分为计算单位(下同)。

2.24 运送速度

运营车辆在运营线路上实际运送乘客的速度。

2.24.1 计算单位：公里/小时

2.24.2 计算公式

$$\begin{matrix}\text{运送速度}\\\text{(公里/小时)}\end{matrix}=\frac{\begin{matrix}\text{运营线路起}\\\text{点至终点里程}\end{matrix}}{\text{单程行驶时间}}\times 60 \qquad (17)$$

运营线路起点至终点里程计算方法参照 2.11.3 条的规定。

2.25 技术速度

运营车辆在运营线路上不计停站时间的运行速度。

2.25.1 计算单位：公里/小时

2.25.2 计算公式

$$\begin{matrix}\text{技术速度}\\\text{(公里/小时)}\end{matrix}=\frac{\begin{matrix}\text{运营线路起}\\\text{点至终点里程}\end{matrix}}{\begin{matrix}\text{单程行驶时间}\\-\text{中途停站时间}\end{matrix}}\times 60 \qquad (18)$$

2.26 线路重复系数

运营线路总长度与运营线路网长度之比，用以表示运营线路的重复程度。

2.26.1 计算公式

$$\text{线路重复系数}=\frac{\text{运营线路总长度}}{\text{运营线路网长度}} \qquad (19)$$

2.27 满载率

客运周转量与客位里程之比，用以表示车辆客位的利用程度。

2.27.1 计算公式

$$\text{满载率}=\frac{\text{客运周转量}}{\text{客位里程}}\times 100\% \qquad (20)$$

2.28 乘客密度

运营车辆载客行驶中，每车平均载有的乘客人数。

2.28.1 计算单位：人/车

2.28.2 计算公式

$$\text{乘客密度(人/车)}=\frac{\text{客运周转量}}{\text{载客里程}} \tag{21}$$

2.29 正点率

运营车辆在运营线路上正点行车次数与总行车次数之比，用以表示运营车辆按规定时间正点运行的程度。

2.29.1 计算公式

$$\text{正点率}=\frac{\text{正点行车次数}}{\text{总行车次数}}\times 100\% \tag{22}$$

2.29.2 计算方法

正点标准以实际发车和到达中途站、终点站的时间不超过规定的时间为界限，正点的时间界限由各企业依据当地实际情况自定。

3 安全服务指标

3.1 行车责任事故次数

运营车辆在运营行驶中发生的责任事故次数。

3.1.1 计算单位：次

3.1.2 计算方法

行车事故分类方法和事故责任的区分按公安交通管理部门批准的规定执行。

3.2 行车责任事故频率

运营车辆每行驶百万公里运营里程平均发生行车责任事故的次数。

3.2.1 计算单位：次/百万车公里

3.2.2 计算公式

$$\begin{array}{c}\text{行车责任事故频率}\\\text{(次/百万车公里)}\end{array}=\frac{\text{行车责任事故次数}}{\text{运营里程}}\times 10^6 \tag{23}$$

3.2.3 计算方法

行车责任事故次数指按公安交通管理部门规定须向上级报告的责任事故次数。

3.3 行车责任事故伤亡人数

行车责任事故造成的死亡和受伤人数。

3.3.1 计算单位：人

3.3.2 计算方法

a. 受伤人数包括重伤和轻伤的总人数。

b. 死亡人数包括当场死亡和由于受伤后伤情发展而死亡的人数。但伤、亡两项人数不得重复计算。

受伤后因伤情发展而死亡人数的计算方法按公安交通管理部门规定执行。

3.4 行车责任死亡事故频率

运营车辆每行驶百万公里运营里程平均发生行车责任死亡事故的次数。

3.4.1 计算单位：次/百万车公里

3.4.2 计算公式

$$\begin{array}{c}\text{行车责任死亡事故}\\\text{频率(次/百万车公里)}\end{array}=\frac{\text{行车责任死亡事故次数}}{\text{运营里程}}\times 10^6 \tag{24}$$

3.5 平均行车事故费用

运营车辆每行驶千公里运营里程平均支出的行车事故费用。

3.5.1 计算单位：元/千车公里

3.5.2 计算公式

$$\text{平均行车事故费用(元/千车公里)}=\frac{\text{行车事故费用总额}}{\text{运营里程}}\times 10^{3} \quad (25)$$

3.5.3 计算方法

行车事故费用以财务报表为准，事故赔入款应冲减事故支出款。

3.6 车厢服务合格率

车厢服务合格车辆与被检查车辆总数之比，用以表示运营车辆达到服务合格标准的程度。

3.6.1 计算公式

$$\text{车厢服务合格率}=\frac{\text{车厢服务合格车辆数}}{\text{被检查车辆总数}}\times 100\% \quad (26)$$

3.6.2 计算方法

车厢服务标准按国家主管部门有关规定执行。

3.7 车辆整洁合格率

车辆整洁合格车数与被检车辆总数之比，用以表示运营车辆达到整洁标准的合格程度。

3.7.1 计算公式

$$\text{车辆整洁合格率}=\frac{\text{车辆整洁合格车数}}{\text{被检查车辆总数}}\times 100\% \quad (27)$$

3.7.2 计算方法

车辆整洁标准按国家主管部门有关规定执行。

4 技术与消耗指标

4.1 完好车率

完好车日与运营车日之比，用以表示运营车辆技术状况完好的程度。

4.1.1 计算公式

$$\text{完好车率}=\frac{\text{完好车日}}{\text{运营车日}}\times 100\% \quad (28)$$

4.2 车辆平均报废里程

运营车辆从新车投入使用到批准报废平均行驶的里程。

4.2.1 计算单位：公里

4.2.2 计算方法

$$\text{车辆平均报废里程(公里)}=\frac{\Sigma\text{报废车辆总行驶里程}}{\text{报废车数}} \quad (29)$$

4.3 大修车数

大修竣工出厂的运营车辆数。

4.3.1 计算单位：辆

4.3.2 计算方法

采用总成互换保修作业方式的企业用车身大修的车辆计算大修车数，非总成互换的企业，以整车大修的车辆计算大修车数。

4.4 车辆大修平均间隔里程

车辆相邻两次大修间（首次大修从车辆投入使用起计算）平均行驶的里程。

4.4.1 计算单位：公里

4.4.2 计算公式

$$\text{车辆大修平均间隔里程(公里)}=\frac{\Sigma\text{车辆相邻两次大修间总行驶里程}}{\text{大修车辆数}} \quad (30)$$

4.5 车辆大修平均停厂车日

大修车辆停厂修理的平均天数。

4.5.1 计算单位：天

4.5.2 计算公式

$$\text{车辆大修平均停厂车日(天)} = \frac{\Sigma\text{大修车停厂车日}}{\text{大修车数}} \tag{31}$$

4.5.3 计算方法

大修车停厂车日的计算应自修理厂接车的第二天起，到修理竣工，由使用单位接车的当天为止，按日历日计算。

4.6 发动机大修平均间隔里程

发动机相邻两次大修间(首次大修从发动机投入使用起计算)平均行驶的里程。

4.6.1 计算单位：公里

4.6.2 计算公式

$$\text{发动机大修平均间隔里程(公里)} = \frac{\Sigma\text{发动机相邻两次大修间总行驶里程}}{\text{大修发动机台数}} \tag{32}$$

4.7 牵引电动机大修平均间隔里程

电动机相邻两次大修间(首次大修从电机投入使用起计算)平均行驶的里程。

4.7.1 计算单位：公里

4.7.2 计算公式

$$\text{牵引电动机大修平均间隔里程(公里)} = \frac{\Sigma\text{牵引电动机相邻两次大修间总行驶里程}}{\text{大修牵引电动机总数}} \tag{33}$$

4.8 车辆小修次数

运营车辆小修的总次数。

4.8.1 计算单位：次

4.8.2 计算方法

不包括司机自行排除和结合各级保养、修理进行小修的次数。

4.9 车辆小修频率

运营车辆每行驶千公里平均发生的小修次数。

4.9.1 计算单位：次/千车公里

4.9.2 计算公式

$$\text{车辆小修频率(次/千车公里)} = \frac{\text{车辆小修次数}}{\text{总行驶里程}} \times 10^3 \tag{34}$$

4.10 轮胎平均报废里程

轮胎自新胎开始使用至报废止平均行驶的里程。

4.10.1 计算单位：公里

4.10.2 计算公式

$$\text{轮胎平均报废里程(公里)} = \frac{\Sigma\text{报废轮胎总行驶里程}}{\text{报废轮胎条数}} \tag{35}$$

4.11 轮胎翻新率

全部报废轮胎中经过翻新使用的轮胎所占的比重。

4.11.1 计算公式

$$\text{轮胎翻新率} = \frac{\text{经过翻新的报废轮胎条数}}{\text{报废轮胎条数}} \times 100\% \tag{36}$$

4.12 车辆平均故障时间

运营车辆每行驶百公里运营里程平均发生的故障时间。

4.12.1 计算单位：秒/百车公里

4.12.2 计算公式

$$\text{车辆平均故障时间(秒/百车公里)} = \frac{\text{车辆故障时间总和}}{\text{运营里程}} \times 10^2 \tag{37}$$

车辆故障时间指运营车辆发生故障，影响本车正常运营占用的时间。

4.12.3 计算方法

a. 运营车辆因故障不能按原计划时间出场(站)，其故障时间从计划出场(站)时间起到修复时为止，修复时间超过计划停驶时间，则计算到计划停驶时止，全天未修复也未参加运营，按非完好车日计算，不再计算故障时间。

b. 车辆运营途中发生故障，故障时间按实际到达起、终点站的迟到时间计算。车辆在起、终点站发生故障，修复后运营的故障时间为计划发车时间与实际发车时间之差值；上述故障修复时间超过计划停驶时间，则故障时间从发生故障时间起至计划停驶时间止。

c. 车辆在运营途中因遇雷击、大水、冰冻、肇事等意外事故产生故障，经有关部门确定，可不计算故障时间。

d. 车辆因进行技术试验或新产品试用发生故障，可不计算故障时间，但需报技术部门备案。

4.13 触线网故障频率

电车每行驶万公里运营里程触线网平均发生的故障次数。

4.13.1 计算单位：次/万车公里

4.13.2 计算公式

$$\text{触线网故障频率(次/万车公里)}=\frac{\text{接触线网故障总次数}}{\text{运营里程}}\times 10^{4} \tag{38}$$

触线网故障次数指由于材料、保修质量，或驾驶员操作不当及道路条件等因素，使电车集电器脱线，直接或间接造成触线网损坏，并使电车不能正常行驶的现象出现的次数。

4.14 责任停电故障频率

电车每行驶百万公里运营里程线网发生的责任停电故障的次数。

4.14.1 计算单位：次/百万车公里

4.14.2 计算公式

$$\text{责任停电故障频率(次/百万车公里)}=\frac{\text{责任停电故障总次数}}{\text{运营里程}}\times 10^{6} \tag{39}$$

责任停电故障次数指由于电车供电设备维修或操作不当造成在电车营业时间内中断供电的次数。

4.15 行车燃料消耗

运营车辆每行驶百公里平均消耗的燃料数量。

4.15.1 计算单位：升/百车公里

4.15.2 计算公式

$$\text{行车燃料消耗(升/百车公里)}=\frac{\text{车辆燃料消耗总量}}{\text{总行驶里程}}\times 100 \tag{40}$$

行车燃料消耗应按车型分别计算。

4.16 行车电能消耗

电车每行驶百公里运营里程平均消耗的电能。

4.16.1 计算单位：千瓦小时/百车公里

4.16.2 计算公式

$$\text{行车电能消耗(千瓦小时/百车公里)}=\frac{\text{电车运营电能消耗总量}}{\text{运营换算里程}}\times 100 \tag{41}$$

运营换算里程(车公里)＝Σ各类车辆运营里程×相应换算系数

换算系数参照附录B(参照件)中B3条。

4.17 平均保修材料费

运营车辆每行驶千公里平均耗用的保养和小修材料费用。

4.17.1 计算单位：元/千车公里

4.17.2 计算公式

$$\frac{\text{车辆保修平均保修材料费}}{\text{(元/千车公里)}}=\frac{\text{材料总费用}}{\text{总行驶里程}}\times 10^{3} \tag{42}$$

5 劳动工资指标

5.1 职工总数

企业全部在册的职工人数。

5.1.1 计算单位：人

5.1.2 计算方法

按国家或地方政府主管部门有关规定执行。

5.2 平均职工人数

企业在一定时期内平均拥有的职工人数。

5.2.1 计算单位：人

5.2.2 计算公式

$$\text{平均职工人数(人)}=\frac{\Sigma\text{日职工人数}}{\text{相应日历日数}} \tag{43}$$

在职工人数变化不大的企业，月平均职工人数可用下面公式求得：

$$\text{月平均职工人数(人)}=\frac{\text{月初职工人数}+\text{月末职工人数}}{2} \tag{44}$$

季、半年、年及若干个月平均职工人数可用期内月平均职工人数求得，计算公式如下：

$$\text{平均职工人数(人)}=\frac{\Sigma\text{月平均职工人数}}{\text{期内月数}} \tag{45}$$

5.3 工资总额

企业在一定时期内实际支付给全部职工的劳动报酬总额。

5.3.1 计算单位：元

5.3.2 计算方法

工资总额的构成按国家和地方政府主管部门的有关规定执行。

5.4 平均工资

企业每个职工的平均工资收入。

5.4.1 计算单位：元/人

5.4.2 计算公式

$$\text{平均工资(元/人)}=\frac{\text{工资总额}}{\text{平均职工人数}} \tag{46}$$

5.5 全员出勤率

全员出勤工日与全员制度工日之比，用以表示企业全部职工在制度工日中的出勤程度。

5.5.1 计算公式

$$\text{全员出勤率}=\frac{\text{全员出勤工日}}{\text{全员制度工日}}\times 100\% \tag{47}$$

5.5.2 计算方法

制度工日和出勤工日的计算按国家或企业有关规定执行。

5.6 全员劳动生产率

企业每一职工在一定时期内平均生产的产品数量。企业产品可分别用客运周转量、运营收入、客位里程和运营换算里程表示。

5.6.1 全员劳动生产率Ⅰ——人均客运周转量

5.6.1.1 计算单位：千人公里/人

5.6.1.2 计算公式

$$\text{人均客运周转量(千人公里/人)}=\frac{\text{客运周转量}}{\text{平均职工人数}}\times 10^{-3} \tag{48}$$

5.6.2 全员劳动生产率Ⅱ——人均客位里程

5.6.2.1 计算单位：客位公里/人

5.6.2.2 计算公式

$$\text{人均客位里程（客位公里/人）}=\frac{\text{客位里程}}{\text{平均职工人数}} \tag{49}$$

5.6.3 全员劳动生产率Ⅲ——人均运营里程

5.6.3.1 计算单位：千车公里/人

5.6.3.2 计算公式

$$\text{人均运营里程（千车公里/人）}=\frac{\text{运营换算里程}}{\text{平均职工人数}}\times 10^{-3} \tag{50}$$

运营换算里程计算方法参照4.16.2的规定。

5.6.4 全员劳动生产率Ⅳ——人均运营收入

5.6.4.1 计算单位：元/人

5.6.4.2 计算公式

$$\text{人均运营收入（元/人）}=\frac{\text{运营收入}}{\text{平均职工人数}} \tag{51}$$

5.6.4.3 计算方法

运营收入指按建设部统一规定的标准平均运价率计算的收入。平均运价率定义参看6.4条的规定。

5.7 职工工伤事故伤亡率

因工伤事故造成伤亡的职工人数占全部职工人数的比重。

5.7.1 计算公式

$$\text{职工工伤事故伤亡率}=\frac{\text{工伤事故伤亡人数}}{\text{平均职工人数}}\times 1000‰ \tag{52}$$

5.7.2 计算方法

工伤事故划分按上级有关规定执行。

6 财务指标

6.1 运营总收入

企业运营所得的货币金额之和。

6.1.1 计算单位：元

6.1.2 计算方法

运营总收入包括普通票收入，月票，季票收入，包车收入。不包括附加在上述各项收入之内的其他代收费。

6.2 运营总成本

企业为完成运营服务所发生的成本总费用。

6.2.1 计算单位：元

6.2.2 计算方法

成本开支范围按国家或地方政府主管部门有关规定执行。

6.3 定额流动资金

企业在全部流动资金中，根据计划任务与正常需要核定占用金额，并实行定额管理的流动资金。

6.3.1 计算单位：元

6.3.2 计算方法

定额流动资金的范围按国家或地方政府主管部门的有关规定执行。

6.4 平均运价率

乘客每乘行一公里的平均票款收入。

6.4.1 计算单位：分/人公里

6.4.2 计算公式

$$\text{平均运价率（分/人公里）}=\frac{\text{运营收入}}{\text{客运周转量}} \tag{53}$$

平均运价率可按市区、郊区普票、月票分别计算。

6.5 运营利润

企业运营生产所实现的利润。

6.5.1 计算单位：元

6.5.2 计算公式

运营利润(元)＝运营总收入－营业税及城市维护建设税－运营总成本 (54)

6.6 利润总额

企业的运营利润、其它销售利润及营业外收支差额之和。

6.6.1 计算单位：元

6.6.2 计算公式

利润总额(元)＝运营利润＋其它销售利润＋营业外收入－营业外支出 (55)

6.6.3 计算方法

a. 其它销售利润是企业运营业务以外实现的利润。

b. 营业外收入是企业运营业务以外的收入。

c. 营业外支出是企业运营业务以外的支出。

6.7 单位成本

企业单位劳动产品所消耗的运输成本。劳动产品规定为运营换算里程。根据需要劳动产品也可用客位里程或客运周转量表示。

6.7.1 单位成本Ⅰ——千车公里单位成本

6.7.1.1 计算单位：元/千车公里

6.7.1.2 计算公式

$$\underset{(\text{元/千车公里})}{\text{千车公里单位成本}} = \frac{\text{运营总成本}}{\text{运营换算里程}} \times 10^3 \qquad (56)$$

运营换算里程计算方法参照 4.16.2 的规定。

6.7.2 单位成本Ⅱ——千客位里程单位成本

6.7.2.1 计算单位：元/千客位公里

6.7.2.2 计算公式

$$\underset{(\text{元/千客位公里})}{\text{千客位里程单位成本}} = \frac{\text{运营总成本}}{\text{客位里程}} \times 10^3 \qquad (57)$$

6.7.3 单位成本Ⅲ——千人公里单位成本

6.7.3.1 计算单位：元/千人公里

6.7.3.2 计算公式

$$\underset{(\text{元/千人公里})}{\text{千人公里单位成本}} = \frac{\text{运营总成本}}{\text{客运周转量}} \times 10^3 \qquad (58)$$

6.8 每车占用定额流动资金

企业每标准运营车辆占用的定额流动资金数额。

6.8.1 计算单位：元/车

6.8.2 计算公式

$$\frac{\text{每车占用定额}}{\text{流动资金(元/车)}} = \frac{\text{定额流动资金平均余额}}{\text{标准运营车数}} \qquad (59)$$

定额流动资金平均余额是指一定时期内为完成运营业务而平均占用的流动资金数额。

6.9 定额流动资金周转天数

企业定额流动资金每周转一次所需的天数。

6.9.1 计算单位：天

6.9.2 计算公式

$$\frac{\text{定额流动资}}{\text{金周转天数(天)}} = \frac{\text{相应日历日数} \times \text{定额流动资金平均余额}}{\text{运营总收入}} \qquad (60)$$

6.9.3 计算方法

年、季、月天数按财政部统一规定。

附录 A
主要经济技术指标体系表
（补　充　件）

- **2 运营指标**
  - 2.1 客运量
  - 2.2 平均运距
  - 2.3 客运周转量
  - 2.4 运营车数
  - 2.5 标准运营车数
  - 2.6 运营车日
  - 2.7 完好车日
  - 2.8 工作车日
  - 2.9 客位数（定员）
  - 2.10 运营线路条数
  - 2.11 运营线路总长度
  - 2.12 运营线路网长度
  - 2.13 触线网长度
  - 2.14 载客里程
  - 2.15 空驶里程
  - 2.16 运营里程
  - 2.17 总行驶里程
  - 2.18 客位里程
  - 2.19 完好车利用率
  - 2.20 工作车率
  - 2.21 里程利用率
  - 2.22 车日行程
  - 2.23 运营速度
  - 2.24 运送速度
  - 2.25 技术速度
  - 2.26 线路网重复系数
  - 2.27 满载率
  - 2.28 乘客密度
  - 2.29 正点率
- **3 安全服务指标**
  - 3.1 行车责任事故次数
  - 3.2 行车责任上报事故频率
  - 3.3 行车责任事故伤亡人数
  - 3.4 行车责任死亡事故频率
  - 3.5 平均行车事故费用
  - 3.6 车厢服务合格率
  - 3.7 车辆整洁合格率
- **4 技术与消耗指标**
  - 4.1 完好车率
  - 4.2 车辆平均报废里程
  - 4.3 大修车数
  - 4.4 车辆大修平均间隔里程
  - 4.5 车辆大修平均停厂车日
  - 4.6 发动机大修平均间隔里程
  - 4.7 牵引电动机大修平均间隔里程
  - 4.8 车辆小修次数
  - 4.9 车辆小修频率
  - 4.10 轮胎平均报废里程
  - 4.11 轮胎翻新率
  - 4.12 车辆平均故障时间
  - 4.13 触线网故障频率
  - 4.14 责任停电故障频率
  - 4.15 行车燃料消耗
  - 4.16 行车电能消耗
  - 4.17 平均保修材料费

- **5 劳动工资指标**
  - 5.1 职工总数
  - 5.2 平均职工人数
  - 5.3 工资总额
  - 5.4 平均工资
  - 5.5 全员出勤率
  - 5.6 全员劳动生产率
  - 5.7 职工工伤事故伤亡率
- **6 财务指标**
  - 6.1 运营总收入
  - 6.2 运营总成本
  - 6.3 定额流动资金
  - 6.4 平均运价率
  - 6.5 运营利润
  - 6.6 利润总额
  - 6.7 单位成本
  - 6.8 每车占用定额流动资金
  - 6.9 定额流动资金周转天数

注：表内数字均为对应章节编号。

附录B 部分指标计算参数

（参　考　件）

B1　无客流调查的城市，每张月票按日乘车 5 次、月乘车 150 次计算。

B2　在无可能进行经常性客流调查而月票比重又不大的城市平均运距可用下列公式求得：

$$\text{平均运距（公里/次）}=\frac{\Sigma(\text{各级普通票售出张数}\times\text{相应普通票运距})}{\text{普通票售出张数}}$$

B3　各型客车换算系数如下：

级别	车长范围	换算系数
1	<3.5	0.3
2	>3.5～5	0.5
3	>5～6	0.7
4	>6～7	
5	>7～10	1.0
6	>10～12	1.3
7	>13～16	1.7
8	>16～18	2.0
9	>20～23	2.5
10	双层>10～12	1.9

注：无轨电车按相应车长级别换算。

B4　每平方米允许站立人数按 8 人计算。

附加说明：

本标准由建设部标准定额研究所提出。

本标准由建设部城镇建设标准技术归口单位建设部城市建设研究院归口。

本标准由北京市公共交通研究所负责起草。

本标准主要起草人：郑承汉　屠志伟　崔庆瑞　梁才　李琦　张培禧　沈伟

本标准委托北京市公共交通研究所负责解释。

中华人民共和国行业标准

城市公共交通经济技术指标计算方法 出租汽车

Urban public transport—the calculation method of economic and technical indexes　Taxi

CJ 39.2—91

1　主题内容与适用范围

本标准规定了城市出租汽车企业主要经济技术指标的名称、定义、计算单位与计算方法。

本标准适用于城市出租汽车企业。

2　运营指标

2.1　运营车数

用于运营业务的全部车辆数。

2.1.1　计算单位：辆

2.1.2　计算方法

a. 以企业固定资产台帐的已投入运营的车辆数为准。

b. 新购、调入的运营车辆自投入运营之日起计算运营车数。

c. 调出、报废和调作他用的运营车辆，自上级主管机关批准之日起，不再计算运营车数。

2.2　运营车日

所有运营车辆的车日总数

2.2.1　计算单位：车日

2.2.2　计算方法

凡符合 2.1.2 条规定的运营车辆均应计算运营车日。

2.3　完好车日

技术状况完好的运营车辆的车日总数。

2.3.1　计算单位：车日

2.3.2　计算公式

完好车日(车日)＝运营车日－全日保养、修理、待修和待报废的车日　　(1)

2.3.3　计算方法

a. 凡当天已出车参加过运营的车辆，均应计算完好车日。

b. 当天未出车运营的车辆，只要技术状况完好或曾进行保养、修理，但在当天 16 时前竣工，验收合格，均计算完好车日。

2.4　工作车日

为运营而出车工作的运营车辆的车日总数。

2.4.1　计算单位：车日

2.4.2　计算方法

运营车辆只要当日出车参加过运营并取得运营收入，均计算工作车日。

2.5　载客车次

运营车辆载客运行的次数。

2.5.1　计算单位：车次

2.5.2　计算方法

凡应租车辆(含往返、单程、等候)与乘客结算一次为一个载客车次。包车一天按一个载客车次计算。

2.6 总行驶里程

运营车辆所行驶的全部里程。

2.6.1 计算单位:车公里

2.6.2 计算方法

运营车辆期末里程表数与期初里程表数的差值。

2.7 运营里程

运营车辆为运营而出车行驶的全部里程。

2.7.1 计算单位:车公里

2.7.2 计算公式

运营里程(车公里)=当班里程表读数之差值-修理试车里程-公务里程 (2)

2.8 载客里程

运营车辆运载乘客行驶的里程。

2.8.1 计算单位:车公里

2.8.2 计算公式

载客里程(车公里)=里程表下客时数码-里程表上客时数码 (3)

2.9 空驶里程

运营车辆为运营业务而不载运乘客空车行驶的里程。

2.9.1 计算单位:车公里

2.9.2 计算公式

空驶里程(车公里)=运营里程-载客里程 (4)

2.10 客运量

运送乘客的总人次。

2.10.1 计算单位:人次

2.10.2 计算方法

乘客人次依据每车次实际载客人数计算,单程运送每人计算一个人次,往返运送计算二个人次。计日包车业务按测定的出租车日载客平均人次计算。

2.11 平均运距

每载客车次平均的载客里程。

2.11.1 计算单位:公里/次

2.11.2 计算公式

$$平均运距(公里/次)=\frac{载客里程}{载客车次} \quad (5)$$

2.12 平均运营车数

企业一定时期内平均拥有的运营车辆数。

2.12.1 计算单位:辆

2.12.2 计算公式

$$平均运营车数(辆)=\frac{运营车日}{相应日历日数} \quad (6)$$

2.13 车日行程

运营车辆每个工作车日平均行驶的里程。

2.13.1 计算单位:公里/天

2.13.2 计算公式

$$车日行程(公里/天)=\frac{总行驶里程}{工作车日} \quad (7)$$

2.14 运营里程利用率

运用里程中载客里程所占的比重。

2.14.1 计算公式

$$运营里程利用率=\frac{载客里程}{运营里程}\times 100\% \quad (8)$$

2.15 完好车利用率

工作车日与完好车日之比,用以表示完好车辆的利用程度。

2.15.1 计算公式

$$完好车利用率=\frac{工作车日}{完好车日}\times 100\% \quad (9)$$

2.16 工作车率

工作车日与运营车日之比，用以表示运营车辆的利用程度。

2.16.1 计算公式

$$工作车率=\frac{工作车日}{运营车日}\times 100\% \quad (10)$$

3 安全服务指标

3.1 行车责任事故次数

运营车辆在运营行驶中发生的责任事故次数。

3.1.1 计算单位：次

3.1.2 计算方法

行车事故分类方法和事故责任的区分按公安交通管理部门规定执行。

3.2 行车责任事故频率

运营车辆每行驶百万公里运营里程平均发生行车责任事故的次数。

3.2.1 计算单位：次/百万车公里

3.2.2 计算公式

$$\begin{array}{c}行车责任事故频率\\(次/百万车公里)\end{array}=\frac{行车责任事故次数}{运营里程}\times 10^6 \quad (11)$$

行车责任事故次数指按公安交通管理部门有关规定须向上级报告的责任事故次数。

3.3 行车责任事故伤亡人数

行车责任事故造成受伤和死亡的人数。

3.3.1 计算单位：人

3.3.2 计算方法

a. 受伤人数包括重伤和轻伤的总人数。

b. 死亡人数包括当场死亡和由于受伤后因伤情发展而死亡的人数。但伤、亡两项人数不得重复计算。受伤后因伤情发展而死亡人数的计算方法按公安交通管理部门规定执行。

3.4 行车责任死亡事故频率

运营车辆每行驶百万公里运营里程平均发生责任死亡事故的次数。

3.4.1 计算单位：次/百万车公里

3.4.2 计算公式

$$\begin{array}{c}行车责任死亡事故\\频率(次/百万车公里)\end{array}=\frac{行车责任死亡事故次数}{运营里程}\times 10^6 \quad (12)$$

3.5 平均行车事故费用

运营车辆每行驶千公里运营里程平均支付的行车事故费用。

3.5.1 计算单位：元/千车公里

3.5.2 计算公式

$$\begin{array}{c}平均行车事故费用\\(元/千车公里)\end{array}=\frac{千车事故总支付费用}{运营里程}\times 10^3 \quad (13)$$

3.5.3 计算方法

事故支付费用以财务报表为准，事故赔入费应冲减事故费。

3.6 服务遵纪合格率

服务遵纪合格车数与被检车辆总数之比，用以表示运营车辆达到服务遵纪标准的合格程度。

3.6.1 计算公式

$$服务遵纪合格率=\frac{服务遵纪合格车数}{被检车辆总数}\times 100\% \quad (14)$$

3.6.2 计算方法

a.乘客信访或电台报纸表扬和批评的车辆应列为被检车辆。

b.服务遵纪标准按国家主管部门有关规定执行。

3.7 车辆服务设施合格率

车辆服务设施合格车数与被检车辆总数之比，用以表示运营车辆服务设施达到标准的合格程度。

3.7.1 计算公式

$$\text{车辆服务设施合格率}=\frac{\text{车辆服务设施合格车数}}{\text{被检车辆总数}}\times 100\% \quad (15)$$

3.7.2 计算方法

车辆服务设施标准按国家主管部门有关规定执行。

3.8 未应率

出租汽车未供应次数与乘客要车总次数之比，用以表示出租汽车未能满足乘客需求的程度。

3.8.1 计算公式

$$\text{未应率}=\frac{\text{未供应次数}}{\text{载客车次}+\text{未供应次数}}\times 100\% \quad (16)$$

4 技术与消耗指标

4.1 完好车率

完好车日与运营车日之比，用以表示运营车辆技术状况完好的程度。

4.1.1 计算公式

$$\text{完好车率}=\frac{\text{完好车日}}{\text{运营车日}}\times 100\% \quad (17)$$

4.2 车辆平均技术等级

运营车辆技术等级的平均值，用以表示企业运营车辆的技术状况。

4.2.1 计算公式

$$\text{车辆平均技术等级(级)}=\frac{\Sigma[\text{级别}\times\text{相应级别车数}]}{\text{运营车数}} \quad (18)$$

4.2.2 计算方法

技术等级的划分按上级主管部门有关规定执行。

4.3 车辆平均报废里程

运营车辆从新车投入运营到批准报废间平均行驶的里程。

4.3.1 计算单位：公里

4.3.2 计算公式

$$\text{车辆平均报废里程(公里)}=\frac{\Sigma\,\text{报废车辆总行驶里程}}{\text{报废车数}} \quad (19)$$

4.4 车辆大修平均间隔里程

车辆相邻两次大修间（首次大修从车辆投入使用起计算）平均行驶的里程。

4.4.1 计算单位：公里

4.4.2 计算公式

$$\text{车辆大修平均间隔里程(公里)}=\frac{\Sigma\,\text{大修车相邻两次大修间总行驶里程}}{\text{大修车数}} \quad (20)$$

4.5 发动机大修平均间隔里程

发动机相邻两次大修间（首次大修从发动机投入使用起计算）平均行驶的里程。

4.5.1 计算单位：公里

4.5.2 计算公式

$$\text{发动机大修平均间隔里程(公里)}=\frac{\Sigma\,\text{发动机相邻两次大修间总行驶里程}}{\text{发动机大修台数}} \quad (21)$$

4.6 车辆小修频率

运营车辆每行驶千公里平均发生的小修次数。

4.6.1 计算单位:次/千车公里

4.6.2 计算方法

$$\text{车辆小修频率(次/千车公里)}=\frac{\text{车辆小修次数}}{\text{总行驶里程}}\times 10^3 \quad (22)$$

车辆小修次数不包括司机自行排除和结合各级保养、修理进行小修的次数

4.7 轮胎平均报废里程

轮胎自新胎开始使用起至报废止平均行驶的里程。

4.7.1 计算单位:公里

4.7.2 计算公式

$$\text{轮胎平均报废里程(公里)}=\frac{\Sigma\text{报废轮胎总行驶里程}}{\text{轮胎报废条数}} \quad (23)$$

4.8 行车燃料消耗

运营车辆每行驶百公里运营里程平均消耗的燃料数量。

4.8.1 计算单位:升/百车公里

4.8.2 计算公式

$$\text{行车燃料消耗(升/百车公里)}=\frac{\text{行车燃料消耗总量}}{\text{运营里程}}\times 100 \quad (24)$$

行车燃料消耗按车种车型分别计算

4.9 平均保修材料费

运营车辆每行驶千公里平均耗用的保养、小修材料费用。

4.9.1 计算单位:元/千车公里

4.9.2 计算公式

$$\text{平均保修材料费(元/千车公里)}=\frac{\text{总消耗保修材料费}}{\text{总行驶里程}}\times 10^3 \quad (25)$$

5 劳动工资指标

5.1 职工总数

企业全部在册的职工人数

5.1.1 计算单位:人

5.1.2 计算方法

职工人数计算方法按国家和上级主管部门有关规定执行。

5.2 平均职工人数

企业一定时期内平均拥有的职工人数。

5.2.1 计算单位:人

5.2.2 计算公式

$$\text{平均职工人数(人)}=\frac{\Sigma\text{日职工总数}}{\text{相应日历日数}} \quad (26)$$

在职工人数变化不大的企业,月平均职工人数可用下面公式求得:

$$\text{月平均职工人数(人)}=\frac{\text{月初职工人数}+\text{月末职工人数}}{2} \quad (27)$$

季、半年、年或若干月平均职工人数可用月平均职工人数求得,计算公式如下:

$$\text{平均职工人数(人)}=\frac{\Sigma\text{各月平均职工人数}}{\text{期内月数}} \quad (28)$$

5.3 工资总额

企业在一定时期内实际支付给全部职工的报酬总额。

5.3.1 计算单位:元

5.3.2 计算方法

工资的构成按国家和上级主管部门的有关规定执行。

5.4 平均工资

企业每个职工的平均工资收入。

5.4.1 计算单位:元/人

5.4.2 计算公式

$$\text{平均工资(元/人)}=\frac{\text{工资总额}}{\text{平均职工人数}} \quad (29)$$

5.5 全员出勤率

全员出勤工日与全员制度工日之比，用以表示企业全部职工在制度工日中的出勤程度。

5.5.1 计算公式

$$\text{全员出勤率}=\frac{\text{全员出勤工日}}{\text{全员制度工日}}\times 100\% \qquad (30)$$

5.5.2 计算方法

制度工日与出勤工日的计算按国家或企业的有关规定执行。

5.6 职工工伤事故伤亡率

企业因工伤事故伤亡的职工人数占全部职工人数的比重。

5.6.1 计算公式

$$\text{职工工伤事故伤亡率}=\frac{\text{因工伤亡总人数}}{\text{平均职工人数}}\times 1000‰ \qquad (31)$$

5.7 全员劳动生产率

企业每个职工所创造的产值。

5.7.1 计算单位：元/人

5.7.2 计算公式

$$\text{全员劳动生产率（元/人）}=\frac{\text{标准租价}\times\text{载客里程}}{\text{职工平均人数}-\text{与经营出租汽车无关人员平均人数}} \qquad (32)$$

5.7.3 计算方法

a. 标准租价按国家统一规定计算。

注：现执行标准租价参考附录B（参考件）中B1条。

b. 与经营出租汽车无关人员包括劳动工资人员分类中的其它人员，服务人员中的社会性服务机构人员及其它人员。

6 财务指标

6.1 运营总收入

企业载客运营所得的货币金额之和。

6.1.1 计算单位：元

6.1.2 计算方法

运营总收入包括临时租车、长期包车所得的收入，小公共汽车和专线车的客票收入；不包括附加在上述各项收入之内的其它代收费。

6.2 车公里收入

运营车辆在运营中每行驶一公里平均所得的收入金额。

6.2.1 计算单位：元/车公里

6.2.2 计算公式

$$\text{车公里收入（元/车公里）}=\frac{\text{运营总收入}}{\text{运营里程}} \qquad (33)$$

6.3 单车运营收入

企业每辆运营车平均完成的客运收入。

6.3.1 计算单位：元/车

6.3.2 计算公式

$$\text{单车运营收入（元/车）}=\frac{\text{运营总收入}}{\text{平均运营车辆数}} \qquad (34)$$

6.4 运营总成本

企业为完成运营服务所发生的按国家规定应列入成本开支范围的总费用。

6.4.1 计算单位：元

6.4.2 计算方法

成本开支范围按国家或上级主管部门规定执行。

6.5 定额流动资金

企业全部流动资金中，根据计划任务与正常需要核定占用金额，并实行定额管理的流动资金。

6.5.1 计算单位：元

6.5.2 计算方法

定额流动资金的范围按国家或上级主管部门规定执行。

6.6 运营利润

企业运营生产所实现的利润。

6.6.1 计算单位：元

6.6.2 计算公式

运营利润(元)＝运营总收入－营业税及附加税费－运营总成本 (35)

6.7 利润总额

企业的运营利润、其它销售利润及营业外收支差额之和。

6.7.1 计算单位：元

6.7.2 计算公式

利润总额(元)＝运营利润＋其它销售利润＋营业外收入－营业外支出 (36)

a. 其它销售利润是企业运营业务以外实现的利润。

b. 营业外收入是企业运营业务以外的收入。

c. 营业外支出是企业运营业务以外的支出。

6.8 人均利税额

企业每个职工平均创造的利税额。

6.8.1 计算单位：元/人

6.8.2 计算公式

$$\text{人均利税额(元/人)}=\frac{\text{利润与税收总额}}{\text{平均职工人数}} \tag{37}$$

6.8.3 计算方法

a. 利润指还贷前利润。

b. 税金包括：营业税、产品税、增值税、城建税、车船税、房产税等。

6.9 单车成本(千公里成本)

运营车辆每行驶千公里运营里程平均消耗的成本费用。

6.9.1 计算单位：元/千车公里

6.9.2 计算公式

$$\text{单车成本(元/千车公里)}=\frac{\text{运营总成本}}{\text{运行里程}}\times 10^3 \tag{38}$$

6.10 定额流动资金周转天数

企业定额流动资金每周转一次所需的天数。

6.10.1 计算单位：天

6.10.2 计算公式

$$\text{定额流动资金周转天数(天)}=\frac{\text{相应日历日数}\times\text{定额流动资金平均余额}}{\text{运营总收入}} \tag{39}$$

6.10.3 计算方法

日历日数按财政部统一规定，年度按 360 天计算，季度按 90 天计算，月份按 30 天计算。

附录 A

主要经济技术指标体系表

（补　充　件）

- **2 运营指标**
  - 2.1 运营车数
  - 2.2 运营车日
  - 2.3 完好车日
  - 2.4 工作车日
  - 2.5 载客车次
  - 2.6 总行驶里程
  - 2.7 运营里程
  - 2.8 载客里程
  - 2.9 空驶里程
  - 2.10 客运量
  - 2.11 平均运距
  - 2.12 平均运营车数
  - 2.13 车日行程
  - 2.14 运营里程利用率
  - 2.15 完好车利用率
  - 2.16 工作车率
- **3 安全服务指标**
  - 3.1 行车责任事故次数
  - 3.2 行车责任上报事故频率
  - 3.3 行车责任事故伤亡人数
  - 3.4 行车责任死亡事故频率
  - 3.5 平均行车事故费用
  - 3.6 服务遵纪合格率
  - 3.7 车辆服务设施合格率
  - 3.8 未应率
- **技术与消耗指标**
  - 4.1 完好车率
  - 4.2 车辆平均技术等级
  - 4.3 车辆平均报废里程
  - 4.4 车辆大修平均间隔里程
  - 4.5 发动机大修平均间隔里程
  - 4.6 车辆小修频率
  - 4.7 轮胎平均报废里程
  - 4.8 行车燃料消耗
  - 4.9 平均保修材料费
- **5 劳动工资指标**
  - 5.1 职工总数
  - 5.2 平均职工人数
  - 5.3 工资总额
  - 5.4 平均工资
  - 5.5 全员出勤率
  - 5.6 职工工伤事故伤亡率
  - 5.7 全员劳动生产率
- **6 财务指标**
  - 6.1 运营总收入
  - 6.2 车公里收入
  - 6.3 单车运营收入
  - 6.4 运营总成本
  - 6.5 定额流动资金
  - 6.6 运营利润
  - 6.7 利润总额
  - 6.8 人均利税额
  - 6.9 单车成本(千公里成本)
  - 6.10 定额流动资金周转天数

注：表内数字均为对应章节符号。

附录 B
部分指标计算参数
（参　考　件）

B1. 现执行的标准租价为每公里 0.65 元。

附加说明：

本标准由建设部标准定额研究所提出。

本标准由建设部城镇建设标准技术归口单位城市建设研究院归口。

本标准由北京市公共交通研究所负责起草。

本标准主要起草人：郑承汉　陶大强　唐丽华　曹馥元　李文莲　李敬贤　许宝山

本标准委托北京市公共交通研究所负责解释。

中华人民共和国行业标准

城市公共交通经济技术指标计算方法 客渡

Urban public transport-the calculation method of economic and technical indexes　Ferryboat

CJ 39.3—91

1　主题内容与适用范围

本标准规定了城市客渡企业主要经济技术指标的名称、定义、计算单位与计算方法。

本标准适用于城市客渡企业。

2　运营指标

2.1　客运量

运送乘客的总人次。

2.1.1　计算单位：人次

2.1.2　计算公式

客运量(人次)＝普票乘客人次＋月票乘客人次＋包运乘客人次　　(1)

2.1.3　计算方法

a. 普票乘客人次依据售出普通票张数计算，每张单程客票计算一个人次，往返客票计算二个人次。

b. 月票乘客人次＝每张月票日乘船次数×售出月票张数×相应月日历天数。月票日乘船次数由近期客流调查资料确定。无客流调查资料的城市，月票日乘船次数计算方法参考附录B(参考件)中B1条的规定。

c. 包运乘客人次依据实际载客人数计算(无实际载客人数按船舶定员计算)，单程运送每人按一人次计算，往返运送每人按二人次计算。

2.2 客运周转量

乘客乘坐里程的总和。

2.2.1 计算单位：人公里

2.2.2 计算公式

$$客运周转量(人公里)=\Sigma[各级普通票人次\times相应运距]+\Sigma[各级月票人次\times相应运距]+\Sigma[包运人次\times相应运距] \quad (2)$$

2.3 平均运距

乘客每次乘船的平均距离。

2.3.1 计算单位：公里/次

2.3.2 计算公式

$$\begin{matrix}平均运距\\(公里/次)\end{matrix}=\frac{客运周转量}{客运量} \quad (3)$$

2.4 运营船舶数

用于运营业务的全部船舶数。

2.4.1 计算单位：船

2.4.2 计算方法

a. 以企业固定资产台帐已投入运营的船舶数为准。

b. 新购、新制和调入的运营船舶，自交付运营之日起计算运营船舶数。

c. 调出、报废和调作他用的运营船舶，自上级主管机关批准之日起，不再计算运营船舶数。

2.5 运营船日

所有运营船舶的船日总数。

2.5.1 计算单位：船日

2.5.2 计算方法

凡符合2.4.2条规定的运营船舶均应计算运营船日。

2.6 完好船日

技术状况完好的运营船舶的船日总数。

2.6.1 计算单位：船日

2.6.2 计算方法

a. 一天中，运营船舶技术状况完好，不论是否出航运营，均作一个完好船日。

b. 凡当天出航参加过运营的船舶，均应计算完好船日。

c. 当天曾进行保养、修理的运营船舶，只要在16时前竣工，验收合格，均计算完好船日。

2.7 工作船日

为运营而出航的运营船舶的船日总数。

2.7.1 计算单位：船日

2.7.2 计算方法：

a. 一艘运营船舶，只要当日出航参加过运营，不论时间长短、班次多少，均计算一个工作船日。

b. 为修理而出厂试航的，不计算工作船日。

2.8 客位数(定员)

运营船舶的额定载客量。

2.8.1 计算单位：客位、人

2.8.2 计算方法

船舶客位数以船检机关核定、记载在船舶证书上的额定载客量为依据。

2.9 运营航线条数

为运营船舶设置的固定航线的总条数。

2.9.1 计算单位：条

2.10 运营航线总长度

全部运营航线长度之和。

2.10.1 计算单位：公里

2.10.2 计算方法

a. 测定运营航线的长度，应按实际航程的曲线长度计算。

b. 水位变化大的对江客渡航线长度，可通过实测计算出一个平均长度，作为常数值使用。

2.11 载客里程

运营船舶运载乘客航行的里程。

2.11.1 计算单位：船公里

2.11.2 计算公式

$$\begin{matrix}\text{载客里程}\\ \text{（船公里）}\end{matrix}=\text{航线载客里程}+\text{包运载客里程} \quad (4)$$

航线载客里程包括运营船舶在固定航线、临时航线、旅游航线航行的里程。

2.12 总航行里程

运营船舶所航行的全部里程。

2.12.1 计算单位：船公里

2.12.2 计算公式

$$\begin{matrix}\text{总航行里程}\\ \text{（船公里）}\end{matrix}=\begin{matrix}\text{载客里程}+\text{空航里程}\\ +\text{公务里程}\end{matrix} \quad (5)$$

2.12.3 计算方法

a. 空航里程是指运营船舶为运营不载乘客空船航行的里程。

b. 总航行里程不包括为修理而进、出厂的里程及试航里程。

2.13 客位里程

各类船舶客位数（定员）与相应载客里程的乘积，用以表示企业为乘客提供的总运载能力。

2.13.1 计算单位：客位公里、人公里

2.13.2 计算公式

$$\begin{matrix}\text{客位里程}\\ \text{（客位公里）}\end{matrix}=\begin{matrix}\Sigma[\text{各类船舶客位数}\\ \times\text{相应载客里程}]\end{matrix} \quad (6)$$

2.14 完好船利用率

工作船日与完好船日之比，用以表示完好船舶的实际利用程度。

2.14.1 计算公式

$$\text{完好船利用率}=\frac{\text{工作船日}}{\text{完好船日}}\times100\% \quad (7)$$

2.15 工作船率

工作船日与运营船日之比，用以表示运营船舶的利用程度。

2.15.1 计算公式

$$\text{工作船率}=\frac{\text{工作船日}}{\text{运营船日}}\times100\% \quad (8)$$

2.16 客位利用率（满载率）

客运周转量与客位里程之比，用以表示额定客位的利用程度。

2.16.1 计算公式

$$\begin{matrix}\text{客位利用率}\\ \text{（满载率）}\end{matrix}=\frac{\text{客运周转量}}{\text{客位里程}}\times100\% \quad (9)$$

2.17 正点率

正点航行次数与总航行次数之比，用以表示运营船舶按规定时间正点运行的程度。

2.17.1 计算公式

$$\text{正点率}=\frac{\text{正点航行次数}}{\text{总航行次数}}\times 100\% \qquad (10)$$

2.17.2 计算方法

a. 市郊短途航线，正点航次以出航时间误差不超过规定时间为界。

b. 对江航线，正点航次以开航时间误差不超过规定时间为界。

c. 凡受客观影响（如大雾、洪水、风浪、避让和待靠码头待等原因）的不计算误点。

3 安全服务指标

3.1 行船责任事故次数

运营船舶在航行中发生的由船员应负全部或部分责任的事故次数。

3.1.1 计算单位：次

3.1.2 计算方法

行船事故分类方法和事故责任的区分按航政监督部门规定执行。重大责任事故次数单独列出。

3.2 行船责任事故频率

运营船舶每航行百万公里平均发生行船责任事故的次数。

3.2.1 计算单位：次/百万船公里

3.2.2 计算公式

$$\text{行船责任事故频率（次/百万船公里）}=\frac{\text{行船责任事故次数}}{\text{总航行里程}}\times 10^6 \qquad (11)$$

3.3 行船责任事故伤亡人数

行船责任事故造成受伤和死亡的人数。

3.3.1 计算单位：人

3.3.2 计算方法

a. 受伤人数包括重伤和轻伤的全部受伤人数。

b. 死亡人数包括当场死亡和受伤后因伤情发展而死亡的人数。但伤、亡两项人数不得重复计算。受伤后因伤情发展死亡人数计算方法按航政监督部门规定执行。

3.4 服务合格率

服务合格船舶（码头）数与被检船舶（码头）总数之比，用以表示船舶（码头）达到服务标准的合格程度。

3.4.1 计算公式

$$\text{服务合格率}=\frac{\Sigma\text{服务合格船舶（码头）数}}{\Sigma\text{被检船舶（码头）总数}}\times 100\% \qquad (12)$$

3.4.2 计算方法

服务标准按国家主管部门规定执行。

4 技术与消耗指标

4.1 完好船率

完好船日与运营船日之比，用以表示运营船舶技术状况完好的程度。

4.1.1 计算公式

$$\text{完好船率}=\frac{\text{完好船日}}{\text{运营船日}}\times 100\% \qquad (13)$$

4.2 船舶大修平均停厂船日

大修竣工出厂船舶平均在厂修理的天数。

4.2.1　计算单位：天

4.2.2　计算公式

$$\text{船舶大修平均停厂船日(天)}=\frac{\Sigma\text{大修船舶停厂船日}}{\text{大修船舶数}} \tag{14}$$

4.3　主机大修平均间隔时间

主机相邻两次大修间(首次大修从主机投入使用起计算)平均运转的时间。

4.3.1　计算单位：小时

4.3.2　计算公式

$$\text{主机平均大修间隔时间(小时)}=\frac{\Sigma\text{主机相邻两次大修间的运转时数}}{\text{大修主机台数}} \tag{15}$$

4.4　行船燃料消耗(千瓦小时燃料消耗)

运营船舶在航行中，每千瓦小时所消耗的燃料数量。

4.4.1　计算单位：克/千瓦·小时

4.4.2　计算公式

$$\text{行船燃料消耗(克/千瓦·小时)}=\frac{\text{行船燃料消耗总量}}{\text{消耗电能}} \tag{16}$$

5　劳动工资指标

5.1　职工总数

企业全部在册的职工人数。

5.1.1　计算单位：人

5.1.2　计算方法

职工人数的计算按国家或上级主管部门有关规定执行。

5.2　平均职工人数

企业在一定时期内平均拥有的职工人数。

5.2.1　计算单位：人

5.2.2　计算公式

$$\text{月平均职工人数(人)}=\frac{\Sigma\text{日职工总数}}{\text{相应日历日数}} \tag{17}$$

在职工人数变化不大的企业，月平均职工人数可用下面公式求得：

$$\text{月平均职工人数(人)}=\frac{\text{月初职工人数}+\text{月末职工人数}}{2} \tag{18}$$

季、半年、年或若干月平均职工人数可用月平均职工人数求得，计算公式如下：

$$\text{平均职工人数(人)}=\frac{\Sigma\text{月平均职工人数}}{\text{期内月数}} \tag{19}$$

5.3　工资总额

企业在一定时期内实际支付给全部职工的报酬总额。

5.3.1　计算单位：元

5.3.2　计算方法

工资构成按国家或上级主管部门的有关规定执行。

5.4　平均工资

企业每个职工的平均工资收入。

5.4.1　计算单位：元/人

5.4.2　计算公式

$$\text{平均工资(元/人)}=\frac{\text{工资总额}}{\text{平均职工人数}} \tag{20}$$

5.5　全员出勤率

全员出勤工日与全员制度工日之比，用以表示企业全部职工在制度工日中的出勤程度。

5.5.1　计算公式

$$\text{全员出勤率}=\frac{\text{全员出勤工日}}{\text{全员制度工日}}\times100\% \tag{21}$$

制度工日与出勤工日的计算按国家或企业有关规定执行。

5.6 全员劳动生产率

企业每一职工在一定时期内平均完成的工作量(用客运周转量表示)。

5.6.1 计算单位:人公里/人

5.6.2 计算公式

$$全员劳动生产率(人公里/人)=\frac{客运周转量}{平均职工人数} \qquad (22)$$

有附属船厂的企业,平均职工人数不包括船厂职工和直接为船厂服务的其他职工人数。

5.7 职工工伤事故伤亡率

企业因工伤事故伤亡的职工人数占全部职工人数的比重。

5.7.1 计算公式

$$职工工伤事故伤亡率=\frac{工伤事故伤亡人数}{平均职工人数}\times 1000‰ \qquad (23)$$

6 财务指标

6.1 运营总收入

企业运营所得的货币金额之和。

6.1.1 计算单位:元

6.1.2 计算方法

运营总收入包括普通票收入,月票、季票收入,包运收入。不包括附加在上述各项收入之内的其他代收费。

6.2 运营总成本

企业为完成运营服务所发生的成本总费用。

6.2.1 计算单位:元

6.2.2 计算方法

成本开支范围按国家或上级主管部门有关规定执行。

6.3 定额流动资金

企业在全部流动资金中,根据计划任务与正常需要核定占用金额,并实行定额管理的流动资金。

6.3.1 计算单位:元

6.3.2 计算方法

定额流动资金的范围按国家或上级主管部门有关规定执行。

6.4 运营利润

企业运营生产所实现的利润。

6.4.1 计算单位:元

6.4.2 计算公式

运营利润(元)=运营总收入-营业税及附加税费-运营总成本 (24)

6.5 利润总额

企业的运营利润,其它销售利润及营业外收支差额之和。

6.5.1 计算单位:元

6.5.2 计算公式

利润总额(元)=运营利润+其它销售利润+营业外收入-营业外支出 (25)

a. 其它销售利润是企业运营业务以外实现的利润。

b. 营业外收入是企业运营业务以外的收入。

c. 营业外支出是企业运营业务以外的支出。

6.6 单位成本

企业单位劳动工作量(用客运周转量表示)所消耗的运输成本费用。

6.6.1 计算单位:元/千人公里

6.6.2 计算公式

$$\underset{(元/千人公里)}{单位成本}=\frac{运营总成本}{客运周转量}\times 10^3 \qquad (26)$$

附录 A
主要经济技术指标体系表
（补　充　件）

- **2 运营指标**
  - 2.1 客运量
  - 2.2 客运周转量
  - 2.3 平均运距
  - 2.4 运营船舶数
  - 2.5 运营船日
  - 2.6 完好船日
  - 2.7 工作船日
  - 2.8 客位数（定员）
  - 2.9 运营航线条数
  - 2.10 运营航线总长度
  - 2.11 载客里程
  - 2.12 总航行里程
  - 2.13 客位里程
  - 2.14 完好船利用率
  - 2.15 工作船率
  - 2.16 客位利用率（满载率）
  - 2.17 正点率
- **3 安全服务指标**
  - 3.1 行船责任事故次数
  - 3.2 行船责任事故频率
  - 3.3 行船责任事故伤亡人数
  - 3.4 服务合格率
- **4 技术与消耗指标**
  - 4.1 完好船率
  - 4.2 船舶大修平均停厂船日
  - 4.3 主机大修平均间隔时间
  - 4.4 行船燃料消耗（千瓦小时燃料消耗）
- **5 劳动工资指标**
  - 5.1 职工总数
  - 5.2 平均职工人数
  - 5.3 工资总额
  - 5.4 平均工资
  - 5.5 全员出勤率
  - 5.6 全员劳动生产率
  - 5.7 职工工伤事故伤亡率
- **6 财务指标**
  - 6.1 运营总收入
  - 6.2 运营总成本
  - 6.3 定额流动资金
  - 6.4 运营利润
  - 6.5 利润总额
  - 6.6 单位成本

注：表内数字均为对应章节符号。

附录 B
部分指标计算参数
（参考件）

B1 无客流调查资料的城市，月票日乘船次数按两次计算，带自行车加倍。

附加说明：

本标准由建设部标准定额研究所提出。

本标准由建设部城镇建设标准技术归口单位建设部城市建设研究院归口。

本标准由北京市公共交通研究所负责起草。

本标准主要起草人：郑承汉　刘东建　孙少华　梁巧祥　杨铁英　杨坤志　王月敏

本标准委托北京市公共交通研究所负责解释。

中华人民共和国行业标准

城市公共交通经济技术指标计算方法 地铁

Urban public transport-the calculation method of economic and technical indexes　Subway

CJ 39.4—91

1　主题内容与适用范围

本标准规定了城市地铁企业主要经济技术指标的名称、定义、计算单位与计算方法。

本标准适用于城市地铁企业。

2　运营指标

2.1　客运量

运送乘客的总人次。

2.1.1　计算单位：人次

2.1.2　计算公式

客运量（人次）＝普票乘客人次＋月票乘客人次　　(1)

2.1.3　计算方法

a. 普票乘客人次在实行分线乘车票制时，每张客票计算一个人次。在实行单一票制可乘坐多条线路时，每张客票的人次由近期客流调查确定。

b. 月票乘客人次(人次)＝(每张月票)日乘车次数×售出月票张数×相应日历日数。月票日乘车次数由近期客流调查资料确定。

2.2 平均运距

乘客每次乘车的平均距离。

2.2.1 计算单位：公里/次

2.2.2 计算方法

平均运距由近期客流调查资料确定。

2.3 客运周转量

乘客乘坐里程的总和。

2.3.1 计算单位：人公里

2.3.2 计算公式

客运周转量(人公里)＝客运量×平均运距　　(2)

2.4 客流量(断面客流量)

一定时间内，沿同一方向通过地铁线路某断面的乘客数量。

2.4.1 计算单位：人

2.4.2 计算方法

用客流调查方式取得。

2.5 运营车辆数

用于运营业务的全部车辆数。

2.5.1 计算单位：辆

2.5.2 计算方法

a. 以企业固定资产台帐已投入运营的车辆数为准。

b. 新购入的运营车辆，自交付运营之日起计算运营车数。

c. 报废的运营车辆，自批准之日起，不再计算运营车数。

2.6 运营车日

所有运营车辆的车日总数。

2.6.1 计算单位：车日

2.6.2 计算方法

凡符合2.5.2条规定的运营车辆均应计算运营车日。

2.7 完好车日

技术状况完好的运营车辆的车日总数。

2.7.1 计算单位：车日

2.7.2 计算公式

完好车日(车日)＝运营车日－(全日检修车日＋待修车日＋待报废的车日)　　(3)

2.7.3 计算方法

a. 凡当天出车参加过运营，或虽未参加运营但处于完好状况的车辆均应计算完好车日。

b. 当天修理的运营车辆，只要在16时前竣工，验收合格，可以参加运营的均作完好车日计算。

2.8 工作车日

为运营而上线工作的运营车辆的车日总数。

2.8.1 计算单位：车日

2.8.2 计算方法

a. 运营车辆只要当日出车参加过运营，均计算工作车日。

b. 为调试、救援或其他专项任务而上线的车辆，不计算工作车日。

2.9 客位数

运营车辆的额定载客量。

2.9.1 计算单位：人、客位

2.9.2 计算公式

客位数(客位)＝乘客座位数＋车厢有效站立面积×每平方米允许站立人数 (4)

注：每平方米允许站立人数参考附录 B(参考件)中 B1 条。

2.10 运营线路条数

为运营列车设置的固定运营线路总条数。(地铁列车是指具备规定标志，以站外运行为目的的车组)。

2.10.1 计算单位：条

2.11 运营线路总长度

全部运营线路的长度之和。

2.11.1 计算单位：公里

2.11.2 计算公式

运营线路总长度(公里)＝Σ各条运营线路的长度＝Σ1/2[上行起点至终点里程＋下行起点至终点里程] (5)

2.11.3 计算方法

a. 测定上下行起点至终点的里程时，按始发站站中心至终点站站中心，沿正线线中心测得的长度计算。

b. 运营线路不包括折返线、侧线、支线、渡线、避车线、联络线及库线的长度。

2.12 运营线路网长度

地铁运营线路网所通过的线路净长度。

2.12.1 计算单位：公里

2.12.2 计算公式

运营线路网长度(公里)＝运营线路总长度－Σ重复的线路长度 (6)

2.13 线路延展长度

地铁全部建筑线路长度之和。

2.13.1 计算单位：公里

2.13.2 计算方法

从线路起点的道岔尖端或车档内侧的坡脚量起至终点的道岔尖端或车档止的所有线路，按单线长度计算，复线加倍。

2.14 开行列数

地铁列车为运送乘客而行驶的次数。

2.14.1 计算单位：列次

2.14.2 计算方法

地铁列车在运营线路上行驶一个单程，不论线路长短，是全程或是区间，均作一列次计算。

2.15 运营里程

运营车辆为运营在线路上行驶的全部里程。

2.15.1 计算单位：车公里

2.15.2 计算方法

运营里程指为运营业务在线路上载客行驶和空车行驶的全部里程。

以列车计算的运营里程称为列车运营里程。计算单位：列公里。

2.16 总行驶里程

运营车辆所行驶的全部里程。

2.16.1 计算单位：车公里

2.16.2 计算公式

总行驶里程(车公里)＝运营里程＋调试车里程＋救援车里程＋科学实验里程 (7)

2.17 客位里程

各类车辆客位数与相应运营里程的乘积。用以表示企业为乘客提供的运载能力。

2.17.1 计算单位：客位公里

2.17.2 计算公式

客位里程(客位公里)＝Σ(各类车辆客位数×相应的运营里程)　(8)

2.18 完好车利用率

工作车日与完好车日之比，用以表示完好车辆的实际利用程度。

2.18.1 计算公式

$$完好车利用率=\frac{工作车日}{完好车日}\times100\% \quad (9)$$

2.19 工作车率

工作车日与运营车日之比，用以表示运营车辆的利用程度。

2.19.1 计算公式

$$工作车率=\frac{工作车日}{运营车日}\times100\% \quad (10)$$

2.20 里程利用率

总行驶里程中运营里程所占的比重。

2.20.1 计算公式

$$里程利用率=\frac{运营里程}{总行驶里程}\times100\% \quad (11)$$

2.21 车日行程

运营车辆每个工作车日平均行驶的运营里程。

2.21.1 计算单位：公里/天

2.21.2 计算公式

$$车日行驶(公里/天)=\frac{运营里程}{工作车日} \quad (12)$$

2.22 运营速度

地铁列车在运营线路上运行时的速度。

2.22.1 计算单位：公里/小时

2.22.2 计算公式：

运营速度(公里/小时)

$$=\frac{2\times运营线路长度}{往返行驶时间+上下行终点调头和停站时间}\times60 \quad (13)$$

注：往返行驶时间、单程时间、调头和停站时间均以“分”计算(下同)。

2.23 运送速度(旅行速度)

地铁列车在运营线路上运载乘客时的速度。

2.23.1 计算单位：公里/小时

2.23.2 计算公式

$$运送速度(公里/小时)=\frac{运营线路长度}{单程行驶时间}\times60 \quad (14)$$

2.24 技术速度

地铁列车在运营线路上自起点至终点不计停站时间的运行速度。

2.24.1 计算单位：公里/小时

2.24.2 计算公式

技术速度(公里/小时)

$$=\frac{运营线路长度}{单程行驶时间-中途停站时间}\times60 \quad (15)$$

2.25 满载率

客运周转量与客位里程之比，用以表示车辆客位的利用程度。

2.25.1 计算公式

$$满载率=\frac{客运周转量}{客位里程}\times100\% \quad (16)$$

2.26 线路负荷

地铁运营线路网平均负担的乘客人数。

2.26.1 计算单位：人

2.26.2 计算公式

$$线路负荷(人)=\frac{客运周转量}{运营线路网长度} \tag{17}$$

2.27 乘客密度

地铁列车在运营中，每车平均载有的乘客人数。

2.27.1 计算单位：人/车

2.27.2 计算公式

$$乘客密度(人/车)=\frac{客运周转量}{运营里程} \tag{18}$$

2.28 运行图兑现率

实际开行列车数与运行图定开行列车之比，用以表示运行图兑现的程度。

2.28.1 计算公式

$$运行图兑现率=\frac{实际开行列车数}{图定开行列车数}\times 100\% \tag{19}$$

2.28.2 计算方法

实际开行列车中不包括临时加开的列车数。

2.29 正点率

正点列车次数与全部开行列车次数之比，用以表示运营列车按规定时间正点运行的程度。

2.29.1 计算公式

$$正点率=\frac{正点列车次数}{全部开行列车次数}\times 100\% \tag{20}$$

2.29.2 计算方法

凡按运行图图定的时间运行，早晚不超过规定时间界限的为正点列车，正点的时间界限不得超过列车最小间隔时间的三分之一，以分为单位计算。

3 安全指标

注：服务指标已另立标准，此处省略。

3.1 行车事故次数

地铁列车在运营行驶中所发生的事故次数。

3.1.1 计算单位：次

3.1.2 计算方法

行车事故按性质、损失及对行车的影响程度分重大事故、大事故、险性事故和一般事故，事故分类方法按政府有关部门法规执行。

3.2 行车责任事故次数

行车事故中，由地铁企业负全部或部分责任的事故次数。

3.2.1 计算单位：次

3.2.2 计算方法

事故责任的区分按上级政府部门法规确定。行车责任事故中的重大事故和大事故要分别统计。

3.3 行车责任事故频率

运营列车每行驶百万公里运营里程平均发生行车责任事故的次数。

3.3.1 计算单位：次/百万列公里

3.3.2 计算公式

$$行车责任事故频率(次/百万列公里)=\frac{行车责任事故次数}{列车运营里程}\times 10^6 \tag{21}$$

3.4 行车责任事故伤亡人数

行车责任事故造成受伤和死亡的人数。

3.4.1 计算单位：人

3.4.2 计算方法

a. 受伤人数包括重伤和轻伤的总人数。

b. 死亡人数包括当场死亡和由于受伤后伤情发展而死亡的人数。但伤、亡两项人数不得重复计算。

受伤后因伤情发展死亡人数计算方法按上级主管部门有关法规执行。

3.5 安全驾驶员比重

企业中安全行车达到规定安全行车里程的驾驶员占全部驾驶员人数的比重。

3.5.1 计算公式

$$安全驾驶员比重=\frac{安全驾驶员人数}{全部驾驶员人数}\times 100\% \qquad (22)$$

注：安全行车里程的规定参看附录 B(参考件)中 B2 条。

4 技术与消耗指标

4.1 完好车率

完好车日与运营车日之比，用以表示运营车辆技术状况完好的程度。

4.1.1 计算公式

$$完好车率=\frac{完好车日}{运营车日}\times 100\% \qquad (23)$$

4.2 大修车数

大修竣工并交付运营的车辆数。

4.2.1 计算单位：车

4.2.2 计算方法

大修车数依据修理竣工并在线路调试后正式交付运营的车辆数计算。

4.3 车辆大修平均停修车日

大修车辆从停运送修时起到竣工交付运营止所占用的天数。

4.3.1 计算单位：天

4.3.2 计算公式

$$车辆大修平均停修车日(天)=\frac{\Sigma 大修车停修车日}{大修车总数} \qquad (24)$$

4.4 车辆临修频率

运营车辆每行驶千公里平均发生的临修次数。

4.4.1 计算单位：次/千车公里

4.4.2 计算公式

$$车辆临修频率(次/千车公里)=\frac{车辆临修次数}{总行驶里程}\times 10^3 \qquad (25)$$

临修次数指运营车辆临时发生故障，经技术工人修理的次数。驾驶员自行排除的故障不计算临修次数。

4.5 列车故障下线频率

运营列车每行驶万公里运营里程因故障离开运营线路回库的平均次数。

4.5.1 计算单位：次/万列公里

$$列车故障下线频率(次/万列公里)=\frac{车辆故障下线次数}{列车运营里程}\times 10^4 \qquad (26)$$

4.6 车辆平均技术等级

运营车辆技术等级的平均值。

4.6.1 计算公式

$$车辆平均技术等级(级)=\frac{\Sigma [级别\times 相应级别车数]}{运营车数} \qquad (27)$$

技术等级的划分按企业或上级主管部门有关规定执行。

4.7 计算机故障频率

行车控制计算机每运行千小时平均发生故障的次数。

4.7.1 计算单位：次/千小时

4.7.2 计算公式

$$\text{计算机故障频率(次/千小时)}=\frac{\text{故障次数}}{\text{计算机运行总时间(小时)}}\times 10^3 \tag{28}$$

4.8 行车电能消耗(牵引电耗)

运营车辆每行驶百公里运营里程平均消耗的电能。

4.8.1 计算单位：千瓦小时/百车公里

4.8.2 计算公式

$$\text{行车电能消耗(千瓦小时/百车公里)}=\frac{\text{运营耗用牵引交流电总量}}{\text{运营里程}}\times 100\% \tag{29}$$

4.8.3 计算方法

运营车辆装有电度表时，可按直流耗电量计算。

5 劳动工资指标

5.1 职工总数

企业全部在册的职工人数。

5.1.1 计算单位：人

5.1.2 计算方法

按国家和上级主管部门的有关规定执行。

5.2 平均职工人数

企业在一定时期内平均拥有的职工人数。

5.2.1 计算单位：人

5.2.2 计算公式

$$\text{平均职工人数(人)}=\frac{\Sigma\,\text{日职工总数}}{\text{相应日历日数}} \tag{30}$$

在职工人数变化不大的企业，月平均职工人数可用下面公式求得：

$$\text{月平均职工人数(人)}=\frac{\text{月初职工人数}+\text{月末职工人数}}{2} \tag{31}$$

季、半年、年或若干月平均职工人数可用月平均职工人数求得，计算公式如下：

$$\text{平均职工人数(人)}=\frac{\Sigma\,\text{月平均职工人数}}{\text{期内月数}} \tag{32}$$

5.3 工资总额

企业在一定时期内实际支付给全部职工的报酬总额。

5.3.1 计算单位：元

5.3.2 计算方法

工资总额的计算按国家或上级主管部门的有关规定执行。

5.4 平均工资

企业每个职工的平均工资收入。

5.4.1 计算单位：元/人

5.4.2 计算公式

$$\text{平均工资(元/人)}=\frac{\text{工资总额}}{\text{平均职工人数}} \tag{33}$$

5.5 全员出勤率

全员出勤工日与全员制度工日之比，用以表示企业全部职工在制度工日中的出勤程度。

5.5.1 计算公式

$$\text{全员出勤率}=\frac{\text{全员出勤工日}}{\text{全员制度工日}}\times 100\% \tag{34}$$

制度工日与出勤工日的计算按国家或企业有关规定执行。

5.6 全员劳动生产率

企业在一定时期内人均生产产品的数量，用客运周转量表示。

5.6.1 计算单位：人公里/人

5.6.2 计算公式

$$全员劳动生产率(人公里/人)=\frac{客运周转量}{平均职工人数} \quad (35)$$

企业产品也可以用客运量或运营收入表示。计算公式如下：

$$人均客运量(千人次/人)=\frac{客运量}{平均职工人数}\times 10^{-3} \quad (36)$$

$$人均运营收入(元/人)=\frac{运营收入}{平均职工人数} \quad (37)$$

运营收入指按不变价格计算的收入。

5.7 平均车班公里

运营列车每一乘务班次在一个工作日中所行驶的里程。

5.7.1 计算单位：公里/班

5.7.2 计算公式

$$平均车班公里(公里/班)=\frac{日平均列车运营里程}{平均日班次} \quad (38)$$

5.7.3 计算方法

地铁实行大三班制，工作12小时休息24小时，若按8小时工作日核算，需乘以0.795求得。

5.8 职工工伤事故伤亡率

企业因工伤事故伤亡的职工人数占全部职工人数的比重。

5.8.1 计算公式

$$职工工伤事故伤亡率=\frac{工伤事故伤亡人数}{平均职工人数}\times 1000‰ \quad (39)$$

6 财务指标

6.1 运营总收入

企业运营所得的货币金额之和。

6.1.1 计算单位：元

6.1.2 计算方法

运营总收入包括普通票收入，月票、季票收入。

6.2 运营总成本

企业为完成运营服务所发生的按国家规定应列入成本开支范围的总费用。

6.2.1 计算单位：元

6.2.2 计算方法

成本开支范围按上级主管部门有关规定执行。

6.3 定额流动资金

企业在全部流动资金中，根据计划任务与正常需要核定占用金额，并实行定额管理的流动资金。

6.3.1 计算单位：元

6.3.2 计算方法

定额流动资金的范围按上级主管部门有关规定执行。

6.4 运营利润

企业运营生产所实现的利润。

6.4.1 计算单位：元

6.4.2 计算公式

运营利润(元)=运营总收入－营业税及城市维护建设费

－运营总成本 (40)

6.5 利润总额

企业的运营利润，其它销售利润及营业外收支差额之和。

6.5.1 计算单位：元

6.5.2 计算公式

利润总额(元)＝运营利润＋其它销售利润＋营业外收入－营业外支出 (41)

a. 其它销售利润是企业运营业务以外实现的利润。

b. 营业外收入是企业运营业务以外的收入。

c. 营业外支出是企业运营业务以外的支出。

6.6 单位成本

企业单位服务产品(用运营里程表示)所消耗的运输成本。

6.6.1 计算单位：元/千车公里

6.6.2 计算公式

$$千车公里成本(元/千车公里)=\frac{运营总成本}{运营里程}\times 10^3 \quad (42)$$

根据需要服务产品也可用客运周转量或客位里程表示，计算公式如下：

$$千人公里成本(元/千人公里)=\frac{运营总成本}{客运周转量}\times 10^3 \quad (43)$$

$$千客位公里成本(元/千客位公里)=\frac{运营总成本}{客位里程}\times 10^3 \quad (44)$$

6.7 每车占用定额流动资金

企业每车平均占用的定额流动资金数额。

6.7.1 计算单位：元/车

6.7.2 计算公式

每车占用定额流动资金(元/率)

$$=\frac{定额流动资金平均余额}{期末运营车辆数} \quad (45)$$

定额流动资金平均余额是指一定时期内为完成运营业务而平均占用的流动资金数额。

附录A
主要经济技术指标体系表
（补　充　件）

- **2 运营指标**
  - 2.1 客运量
  - 2.2 平均运距
  - 2.3 客运周转量
  - 2.4 客流量（断面客流量）
  - 2.5 运营车辆数
  - 2.6 运营车日
  - 2.7 完好车日
  - 2.8 工作车日
  - 2.9 客位数
  - 2.10 运营线路条数
  - 2.11 运营线路总长度
  - 2.12 运营线路网长度
  - 2.13 线路延展长度
  - 2.14 开行列数
  - 2.15 运营里程
  - 2.16 总行驶里程
  - 2.17 客位里程
  - 2.18 完好车利用率
  - 2.19 工作车率
  - 2.20 里程利用率
  - 2.21 车日行程
  - 2.22 运营速度
  - 2.23 运送速度（旅行速度）
  - 2.24 技术速度
  - 2.25 满载率
  - 2.26 线路负荷
  - 2.27 乘客密度
  - 2.28 运行图兑现率
  - 2.29 正点率
- **3 安全指标**
  - 3.1 行车事故次数
  - 3.2 行车责任事故次数
  - 3.3 行车责任事故频率
  - 3.4 行车责任事故伤亡人数
  - 3.5 安全驾驶员比重
- **4 技术与消耗指标**
  - 4.1 完好车率
  - 4.2 大修车数
  - 4.3 车辆大修平均停修车日
  - 4.4 车辆临修频率
  - 4.5 列车故障下线频率
  - 4.6 车辆平均技术等级
  - 4.7 计算机故障频率
  - 4.8 行车电能消耗（牵引电能）
- **5 劳动工资指标**
  - 5.1 职工总数
  - 5.2 平均职工人数
  - 5.3 工资总额
  - 5.4 平均工资
  - 5.5 全员出勤率
  - 5.6 全员劳动生产率
  - 5.7 平均车班公里
  - 5.8 职工工伤事故伤亡率
- **6 财务指标**
  - 6.1 运营总收入
  - 6.2 运营总成本
  - 6.3 定额流动资金
  - 6.4 运营利润
  - 6.5 利润总额
  - 6.6 单位成本
  - 6.7 每车占用定额流动资金

注：表内数字均为对应章节符号。

附录B
部分指标计算参数
（参 考 件）

B1 客车有效站立面积允许站立人数暂按每平方米6人计算。

B2 安全驾驶员应达到的安全行车里程暂定为5万列公里。

附录C
地铁经济技术特征指标
（参 考 件）

C1 地铁首条线路通车时间

城市第一条地铁线路建成开始运送乘客的时间。

C2 车站数

运营线路上供乘客上、下车的处所总数。

C3 与其它线路互通车站数

为乘客在出行过程中，从一条地铁线路转乘其它一条线路的车站数。分为：

a. 与地铁线路互通站数；

b. 与公共汽车线路互通站数；

c. 与铁路互通站数。

C4 设有自动扶梯车站数

在车站建筑物上下层之间安装有能倾斜而不间断地运送乘客的自动扶梯的车站总数。

C5 设有垂直电梯车站数

在车站建筑物上下层之间，安装有能垂直上、下运送乘客的电梯的车站总数。

C6 车站站台长度

车站内供乘客上、下车的平台的长度。

C7 车站站台形式

供乘客上、下车的平台的形式。分岛式站台、侧式站台。

C8 平均站距

地铁运营线路全部车站的平均站台间距离。分市区平均站距和郊区平均站距。其计算公式如下：

$$平均站距=\frac{营业线路长度}{总车站数-营业线路条数(每条为一个站)}$$

C9　车辆外型尺寸

运营车辆在平直线路上停放的名义尺寸。包括车辆长度、车辆高度和车辆宽度，其中：车辆长度按车辆前后两车钩端面的最大距离。车辆宽度按车辆横断面的最大尺寸。车辆高度按顶部接受电弓收缩后的最后点至线路轨顶面的最大高度。

C10　车辆自重

空车时车辆自身的重量。

C11　车辆地板高度

空车时车厢地板表面高出轨面的最大距离。

C12　车门数及开度

车辆一侧设置的供乘客上、下车用的车门数及车门开启后的最大宽度。

车门数包括供乘务员和乘客共用的车门，不包括供乘务员专用的车门。

C13　牵引电机功率

驱动车辆运行的电动机的小时功率之和。

C14　车辆最高运行速度

地铁运营车辆在平直线路上，由牵引接触网供给电能时允许运行的最高速度。

C15　车辆传动方式

车辆由牵引接触网取得电能起动加速运行的方式。

包括：电阻、斩波调压、斩波调阻、变频调速和变频调压等。

C16　车辆制动方式

车辆由运行状态减速、停止时所采用的方式。

包括：空气制动、电阻制动、圆盘制动、磁轨制动、闸瓦制动和电力再生制动等。

C17　列车启动平均加速度

列车在平直线路和标称牵引电压下，列车载客为额定定员时，自取得电源开始，到起动过程结束的平均加速度。

C18　列车制动平均减速度

列车在平直线路上，列车载客为额定定员时，自制动指令发出至列车停止的平均减速度。

C19　列车编组辆数

地铁列车在编组运行中，每列车所连挂的车辆数。

C20　列车编组方式

组成列车的车辆按不同性能区分的连挂方式。

分车辆自身有无动力、控制方式、司机室设置、车辆之间有无通道等。

C21　最小行车间距

列车运行中，前后列车的最小时间间隔。

C22　高峰小时运力

单向、断面、高峰小时通过的运输能力。

其计算公式如下：

高峰小时运力＝断面小时通过车辆数×车辆定员数

C23　轨距

在钢轨头部顶面下 16mm 范围内，两股钢轨作用边之间的最小距离。

C24　最大坡度

运营线路中坡度的最大值。

C25 最小曲线半径

运营线路平面曲线部分的限制半径。保证地铁列车能否以规定的速度行驶。

C26 供电方式

地铁牵引变电所经接触网向地铁车辆供电的形式，分接触轨和架空接触网。

C27 供电电压

地铁牵引供电系统中采用的电流制及标称电压等级。

C28 牵引变电所座数和容量

为地铁运营线路提供电能的牵引变电所的总数和牵引变压器的总容量。

C29 平均供电距离

运营线路上设置牵引变电所的平均距离。其计算公式如下：

$$平均供电距离=\frac{运营线路长度}{同一线路上设置的牵引变电所数}$$

C30 行车指挥控制方式

在行车指挥上采用的何种控制方式。

分：车站部局控制、调度中心控制、调度中心自动控制(计算机辅助调度)等。

C31 列车运行控制方式

列车运行全过程或一部分作业实行自动控制的方式。

分：列车自动停车、列车速度监督、列车自动驾驶、无人驾驶等。

C32 闭塞方式

用信号或凭证保证前行和追踪列车之间保持一定距离运行的技术方式。

分：站间闭塞、半自动闭塞、自动闭塞、移动闭塞等。

C33 信号显示形式

在行车、调车作业中，对乘务人员与行车有关人员指示运行条件而规定的符号表示形式。

分：地面信号、机车信号、移动闭塞信号等。

C34 轨道电路

利用钢轨作导体组成的用以检查有无列车，传送列车占用信息以及实现轨道与列车间信息的电路。

分：有绝缘轨道电路、无绝缘轨道电路。

C35 列车通信方式

列车运行全过程或部分过程中调度与列车之间交换信息方式。

分：有线通话、半双工无线通话、双工无线通话。

C36 广播系统

为乘客服务的广播方式。

分：车站广播、列车广播等。

C37 票制票种

乘客乘坐地铁的计价方式。

分：a. 普通车票——单一票制和计程票制。

b. 定期车票——月票及其它定期车票与其他交通工具联合定期车票。

C38 票价

乘客乘车所支付的货币金额。

C39 票价减免

对某些乘客乘车时实行优惠减免票价。

分：学生、儿童、退休人员、残疾人等票价减免。

C40 占全市客运量比重

地铁客运量占全市公共交通客运总量的比率。

附加说明：

本标准由建设部标准定额研究所提出。

本标准由建设部城镇建设标准技术归口单位建设部城市建设研究院归口。

本标准由北京市公共交通研究所负责起草。

本标准主要起草人：郑承汉　尚立汉　李明远　郑兰任显卿　吴景中　徐卫红。

本标准委托北京市公共交通研究所负责解释。

中华人民共和国城镇建设行业标准

城市客渡轮通信设备配备标准

The standard for outfit of communication facilities of city's passenger boat

CJ 3001—92

1 主题内容与适用范围

为保障城市轮渡客运生产和安全通信业务的需要，规定城市客渡轮通信设备的配备标准。

本标准适用于航行在国内的江、河、湖泊、水库和沿海水域的城市客渡船舶。

2 引用标准

GB5655－85 城市公共交通常用名词术语

3 术语

3.1 城市客渡

在城市区域及邻近郊县内，以载运乘客为主的水上交通方式。

3.2 客渡轮

在城市客渡中使用的船舶。

3.3 双体客渡轮

主甲板以下由并列的两个片体组合而成的客渡轮。

3.4 额定载客量

船舶检验部门核定的客渡轮的容许载客人数。

3.5 市区航线

在市区范围内的航线。

3.6 郊县航线

市区与郊县、县城之间的航线。

3.7 沿海航线

航行于Ⅲ类海区的城市客渡轮的航线。

3.8 Ⅲ类海区

台湾海峡东西两岸、海南岛东海岸及南海岸不超过10海里；除上述海区外不超过20海里的海区；除东沙、西沙、中沙及南沙岛以外的其它沿海岛屿距岸不超过20海里的海区。

4 技术要求

4.1 城市客渡轮按其航行区域分为三类，详见表1。

城市客渡轮分类表 表1

类别	船舶航行区域
第一类	沿海航线
第二类	郊县航线
第三类	市区航线

4.2 城市客渡轮按其额定载客量分为三组，详见表2。

城市客渡轮分组表 表2

级别	般舶额定载客量（人）
第1组	≥1000
第2组	300～999
第3组	100～299

4.3 通信设备配备规定，详见表3。

城市客渡轮通信设备配备规定　　　　表 3

序号	设备名称	配备数量（套）									备注
		一类			二类			三类			
		1组	2组	3组	1组	2组	3组	1组	2组	3组	
1	甚高频无线电话台	1	1	1	1	1	1	1			156～174MHz，AC、DC两用
	便携式甚高频对讲机								1	1	
2	驾驶室传令广播设备	1	1	1	1	1	1	1	1	1	≥25W收扩两用机
3	客运广播设备	1	1		1						包括收音、扩音、录音、电唱设备
4	录音机	1									贺驶室记录无线电话专用
5	手提式喊话机	2	1	1	1	1		1	1		
6	直通指挥电话	1	1	1	1	1		1			
7	火灾报警系统	2	1	1	1	1		1			机仓口安装，2套则在左右舷布置
8	船内警铃系统	1			1						对船员仓室用

4.4 本标准规定配备的设备，其技术要求应符合中华人民共和国船舶检验局有关规范的规定。其中甚高频无线电话还应满足当地无线电管理委员会的有关要求。

4.5 额定载客量100人以下的小型城市客渡轮、以及主机功率不大于88kW为城市客渡轮服务的辅助船舶，允许只配备便携式对讲机。

4.6 航行于非Ⅲ类海区的少数沿海城市客渡轮的通信设备配备，应按船检局现行有关规范要求配备。

某航次航行于上述航区的城市客渡轮，当其通信设备不满足要求时，应经船舶检验部门同意，方可航行。

4.7 不设客运广播室的城市客渡轮，其驾驶室传令广播设备应具备客运广播的功能，但对外喊话和对乘客及船员广播要用开关分开。

4.8 设有应急操舵装置的城市客渡轮、双体客渡轮，其直通指挥电话的配备量应按表3规定增加1套。

4.9 山区城市客渡轮或郊县航线中航距超过其甚高频电话台通信距离，可根据具体情况，建立无线电中继台(站)以满足通信覆盖面的要求。

4.10 城市客渡轮中特殊客运船舶(如气垫船、高速旅游船等)其通信设备配备标准应参照二类1组的标准配备。

4.11 甚高频无线电话的工作类型应为调频电话体系(F3E)，应具有足够数量的频道，其中必须包括6频道(船舶间通信频道156.300MHz)、13频道(船岸间通信频道156.650MHz)、16频道(国际呼叫频道156.800MHz)。

特定航区(如湖泊、水库)自成无线电通信体系的城市客渡轮船舶甚高频无线电话使用频道，可由该船舶使用部门与当地无线电主管机构商定。

4.12 船舶通信设备应从船舶主电源取得供电，并能从临时应急蓄电池组取得电源。当船舶仅设蓄电池组作主电源时，可由蓄电池组专线供电。供电线路电压降应不大于电源额定电压或蓄电池组标称电压的5%。无线电通信设备的电缆，应采用屏蔽电缆，且屏蔽金属外壳应可靠接地。

4.13 通信设备不应由主、辅机启动用蓄电池组供电(仅设一组蓄电池组的小型船除外)。

从本标准实施之日起，凡新建、更新、大修的城市客渡轮，其通信设备必须按本标准规定配备。其余船舶应在二年内，结合船舶修理实施本标准之要求。

附加说明：

本标准由建设部标准定额研究所提出，本标准由建设部城镇建设标准技术归口单位建设部城市建设研究院归口。

本标准由武汉市轮渡公司负责起草。

本标准主要起草人：于金铭、李永昌、赵幸一、郑敦鸿、蔡志敏

10—3

中华人民共和国城镇建设行业标准

出租汽车运行技术条件

The technical specifications for taxi service vehicle

CJ/T 3003—93

1 主题内容和适用范围

本标准规定了出租汽车运行应具备的技术条件。

本标准适用于所有出租汽车。

2 引用标准

GB 7258 机动车运行安全技术条件。

GB 5845 城市公共交通标志。

GB 11380 客车车身涂层技术条件。

3 术语

3.1 出租汽车

按乘客意愿而被雇用的营业汽车。

3.2 出租汽车运营

按照乘客的用途、驶达地点等要求提供出租汽车服务并以里程、时间或包租形式计费的业务活动。

3.3 出租汽车运行

出租汽车的准备运营和运营过程。

3.4 车辆出租运营

向乘客提供出租车辆并以里程、时间或包租形式计费的业务活动。

4 车型、级别

4.1 出租汽车的车型

4.1.1 微型客车应是车长大于3.5m的一、二厢形式的机动客车。

4.1.2 轻型小客车(小轿车)应是车长大于3.5m不大于7m的二、三厢形式的机动客车。

4.1.3 轻型中客车应是车长大于3.5m不大于7m的一厢形式的机动客车。

4.1.4 中型客车应是车长大于7m不大于10m的一厢形式的机动客车。

4.1.5 大型客车应是车长大于10m的一厢形式的机动客车。

4.2 出租汽车的级别应符合下列规定:

4.2.1 微型客车的级别

普及级:发动机排量小于1L。

中　级:发动机排量小于1L,有空调、汽车用收放音机。

4.2.2 轻型小客车的级别

普及级:发动机排量大于1L不大于1.6L。

中　级:发动机排量大于1.6L小于2.5L,有冷热空调和汽车用收放音机。

中高级:发动机排量大于等于2.5L小于4L,有冷热空调、中高级汽车用收、放音机。

高　级：发动机排量不小于4L，有冷热自动温控空调、音响设施及特殊的舒适性和安全性设施。

4.2.3 轻型中客车、中型客车及大型客车的级别

普及级：无空调，有汽车用收音机或放音机。

中　级：有冷热空调，汽车用收放音机。

高　级：有冷热可调式管道空调、换气器、中高级音响设施。

5 运行车辆技术要求

5.1 出租汽车车辆的发动机、转向系、制动系、传动系、行驶系、车身及照明等技术要求均应符合GB7258的规定。

5.2 车内外蒙皮平整完好，装饰条、件光亮。全车车身涂层应符合GB11380的要求。

5.3 车辆密封应良好。车窗玻璃完好，不眩目。车门开关灵活可靠。微型客车、轻型小客车不宜用窗帘、滤光薄膜纸等物遮挡、阻视。

5.4 汽车的座椅、头靠、扶手、拉杆和原有保险带等完整、牢固、有效。

5.5 微型客车、轻型小客车必须装置出租汽车顶灯、计价器。计价器必须满足有关标准规定。

5.6 有冷热空调、自动温控设施的车辆，应保持冷热空调、自动温控设施完好、有效。

5.7 车辆装有的收音机或收放音机，应功能完好，效果良好。

5.8 无乘座条件、无安全保障、客货两用的车辆严禁用作出租汽车。

5.9 二开门小轿车、无行李厢的微型汽车等，若行驶年限(行驶公里)接近报废年限(公里)，则不宜用作出租汽车和车辆出租。

5.10 无厂牌车、拼装车和行驶年限(行驶公里)超过报废年限(公里)的车辆严禁用于出租汽车运行和车辆出租运营。

6 其他要求

6.1 微型客车、轻型小客车应根据各地情况不同装置防劫车设施或报警装置。

6.2 出租汽车应配备灭火器材，并保持完好。

6.3 出租汽车的车厢应定期消毒，座套、枕套应定期换洗，确保车厢内清洁、卫生。

6.4 出租汽车必须明码标价，车内应设置服务标志及乘车规则。

7 标志与补充标志

7.1 微型客车、轻型小客车的顶灯应装置在驾驶室顶部，顶灯正面标设“TAXI”或“出租”；反面标设企业简称“××”字样，顶灯正视面积应不小于200cm^2，夜间行驶时车辆顶灯应与示宽灯及尾灯齐亮。

7.2 轻型中客车、中型客车、大型客车的车身两侧应设置出租汽车标志与补充标志。补充标志包括“TAXI”和企业名称。出租汽车标志与补充标志宜按GB5845的有关规定制作。并保持清晰、完整。

附加说明：

本标准由建设部标准定额研究所提出。

本标准由建设部城镇建设标准技术归口单位建设部城市建设研究院归口。

本标准由上海市公用事业管理局、重庆市公用局、广州市公用事业局、天津市公用局、武汉市公用事业管理局、西安市公用事业局、大连市公用事业管理局负责起草。

本标准主要起草人：王秀宝。

本标准委托上海市公用事业管理局负责解释。

中华人民共和国城镇建设行业标准

轿车、微型客车及小型客车修理技术条件

Technical specifications for cars, micro-vans and mini-vans being overhauled

CJ/T 3004—93

1 主题内容和适用范围

本标准规定了轿车、微型客车和小型客车的修理技术标准。

本标准适用于国产的轿车、微型客车及小型客车。同类型进口汽车也可参照执行。

2 引用标准

JB/Z111 汽车油漆涂层
GB 11380 客车车身涂层技术条件
GB 4599 汽车前照灯配光性能
GB 7454 机动车前照灯使用和光束调整技术规定
GB 4785 汽车及挂车外部照明和信号装置的数量，位置和光色
GB 7258 机动车运行安全技术条件
GB/T12478 客车防尘密封性试验方法
GB/T12480 客车防雨密封性试验方法
GB 1495 机动车辆允许噪声
GB 3842 汽油车怠速污染物排放标准
GB 3843 柴油车自由加速烟度排放标准
GB 3844 汽车柴油机全负荷烟度排放标准
JB 3748 客车道路试验方法
GB/12427 客车产品系列型谱
CJ/T30 城市客运车辆修理通用技术条件

3 一般技术要求

3.1 车辆送修要求

3.1.1 车辆送修时应处于能行驶状态，主要总成、基础件及附件齐全。若因肇事或特殊原因车辆不能行驶或缺件，应由托修单位和承修单位协商解决。

3.1.2 车辆进厂时，由承修单位进行进厂检验，判明各总成技术状况并做好记录，为车辆修理提供依据。同时双方办理车辆送修进厂交接手续。

3.2 总成解体要求

3.2.1 车辆拆卸总成前及各总成在解体前应先清除表面的油污、尘土，并放尽总成内冷却液、润滑油等。

3.2.2 总成拆卸或解体时，应使用规定的机、工具。对零件的重要基准面和精加工面不得敲击，并避免碰撞损伤。

3.2.3 对不能互换，有相对装配位置要求或装有平衡块的零部件，解体时应做好标记，保证装配时能按原位装复。

3.3 零件清洗要求

3.3.1 总成解体后，必须进行彻底清洗，清洗后零件表面不

得有油污、水垢、胶质、积炭及其它异物。清洗方法不得危害人体、污染环境和改变零、部件的几何尺寸及性能。清洗后的零部件应保持干燥并呈中性。

3.3.2 清洁电机、电器、仪表时必须保证其绝缘性能良好及外观质量。

3.4 总成装配要求

3.4.1 基础件及主要零件应逐件检验、分类，并判明可用、可修复或更换。

3.4.2 凡有分级修理尺寸的零件应按规定的分级尺寸进行修理。

3.4.3 各种电气线路的绝缘性能及接插件接触均应良好;油路、气路、水管等清洁畅通，连接可靠不泄漏。各种管道、线路安装牢靠，排列整齐，走向合理，与其它零件或相互间不发生碰撞及干涉。紧固件齐全有效。线、管规格及其它技术要求应符合原设计要求。穿过洞孔及转弯处的保护装置必须齐全有效。

3.4.4 各种螺栓、螺母配用的垫圈、开口销、锁紧垫片及金属锁线均应按生产厂规格选用并装配齐全有效。各部结合面间衬垫的材质和规格应符合生产厂规定。连接主要零部件的螺栓、螺母应无裂纹、损坏或变形。凡有规定拧紧力矩和拧紧顺序的螺栓、螺母装配时应按生产厂规定拧紧。

3.4.5 凡配制或代用的零部件，其几何尺寸、形状、表面粗糙度、材质、机械性能均应达到原厂规定的修理技术要求方可装配。各总成附件经试验性能符合技术要求后方可装车。

3.4.6 零件装配时，需润滑的部件所加注的润滑油(脂)品种、数量应符合生产厂规定。

4 发动机

4.1 气缸体及气缸盖

4.1.1 气缸体及气缸盖的油污、积炭、结胶和水套内的水垢应彻底清除，并拆检分水管。

4.1.2 气缸体和气缸盖应无裂缝，水冷式气缸体与气缸盖应进行水压试验，在 343～539kPa 的压力下保持 5min 不得渗漏。

4.1.3 汽油发动机气缸体上平面到曲轴轴承承孔轴线的距离应符合生产厂规定，若无规定，应不小于原设计基本尺寸的 0.20mm，且与缸盖厚度的总减少量不大于 0.30mm。

4.1.4 所有结合平面不应有明显的凸出、凹陷、划痕。气缸体上平面及气缸盖下平面的平面度公差应符合表 1 的规定。

4.1.5 气缸盖、气缸体、曲轴、凸轮轴轴承承孔的同轴度公差应符合原设计规定。凡能用减磨合金补偿同轴度误差的，以气缸体两端曲轴轴承承孔公共轴线为基准，所有曲轴轴承承孔的同轴度公差为 $\phi 0.15$mm 以气缸体两端凸轮轴轴承承孔公共轴线为基准，所有凸轮轴轴承承孔的同轴度公差为 $\phi 0.15$mm。

4.1.6 气缸体后端面对曲轴两端轴承承孔公共轴线的端面全跳动不大于 0.20mm。

4.1.7 气缸体、气缸盖各结合平面经加工后的表面粗糙度不大于 $\overset{1.6}{\bigtriangledown}$。

4.1.8 气缸盖上装火花塞或喷油嘴和预热塞的螺孔螺纹损伤不多于 1，气缸体与气缸盖上其它螺孔螺纹损伤不多于 2 牙。修复后的螺孔螺纹应符合装配要求。各定位销、环孔及装配基准面的尺寸和形位公差应符合原设计规定。

气缸体上平面与气缸盖下平面平面度公差 mm 表 1

测量范围	铸铁			铝合金		
	气缸体上平面	气缸盖下平面		气缸体上平面	气缸盖下平面	
		侧置气门式	顶置气门式		侧置气门式	顶置气门式
任意 50×50	0.05	0.05	0.025	0.05	0.05	0.05
整个平面	0.15	0.25	0.10	0.15	0.35	0.15

4.1.9 选用的气缸套、气门导管、气门座圈及密封件应符合相应的技术条件，并应满足本标准的有关装配要求。

4.1.10 气门导管承孔内径应符合原设计尺寸或分级修理尺寸，气门导管与承孔的配合过盈应为 0.02～0.05mm。

4.1.11 进排气门座圈承孔的表面粗糙度不大于 $\overset{3.2}{\bigtriangledown}$，圆度公差为 0.0125mm，与座圈的配合过盈应为 0.05～0.09mm。

4.1.12 镶装干式气缸套的各气缸套承孔内径应为原设计尺寸或同一级修理尺寸，承孔表面粗糙度不大于 $\overset{1.6}{\bigtriangledown}$，圆柱度公差为 0.01mm。气缸套与承孔的配合过盈应符合原设计规定。无规定者，一般应为 0.05～0.10mm。有突缘的气缸套配合过盈可采用 0.05～0.07mm，无突缘的气缸套可采用 0.07～0.10mm。气缸套上端面应高出气缸平面 0～0.10mm。

4.1.13 湿式气缸套承孔的内径应为原设计尺寸或同一级修理尺寸。套与承孔的配合间隙为 0.05～0.15mm，安装后气缸套上端面应高出气缸体上平面，并应符合原设计规定，无规定者，应为 0.07～0.10mm。

4.1.14 同一气缸体各气缸或气缸套的内径应为原设计尺寸或同一级修理尺寸，缸体表面粗糙度不大于 $\overset{0.4}{\bigtriangledown}$，干式气缸套的气缸圆度公差为 0.005mm，圆柱度公差为 0.0075mm，湿式气缸套的气缸圆柱度公差为 0.0125mm。

4.1.15 加工后，气缸的轴线对气缸体两端曲轴轴承承孔公共轴线的垂直度公差为 0.05mm。

4.1.16 对某些特殊结构或有特殊技术要求的气缸体及气缸盖，除应符合本标准规定外，还应参照原设计的技术文件进行修理。

4.2 曲轴及飞轮

4.2.1 曲轴光磨前应进行探伤检查，不得有裂纹。中间主轴颈对两端主轴颈的径向圆跳动大于 0.10mm 时，应予以校正。

4.2.2 曲轴主轴颈和连杆轴颈应分别磨成原设计尺寸或同一级修理尺寸，与轴承的配合间隙应符合原设计规定。

4.2.3 补偿修复轴颈时，可采用金属喷涂、刷镀、电振动堆焊等方法。其它部位磨损超过极限时，根据情况，除采用上述方法外，也可采用手工弧焊等方法进行恢复性修理。补偿修复层应均匀适当，机械性能应满足使用要求，表面硬度 HRc 应大于 35，小于 55，与基体结合强度 σ 应大于 25MPa。

4.2.4 曲轴主轴颈及连杆轴颈端面磨损超过极限后，应予修复至原设计规定的轴颈宽度。曲轴装复后，其轴向窜动量应符合生产厂规定。

4.2.5 曲轴修复后，应符合下列要求：

4.2.5.1 各轴颈的圆柱度公差为 0.005mm，表面粗糙度应符合原设计要求，轴颈两端圆弧半径为 2.5～3mm 或参照原厂规定，中间主轴颈及油封轴颈对曲轴两端主轴颈的径向圆跳动公差为 0.05mm。

4.2.5.2 各连杆轴颈轴线对主轴颈轴线的平行度公差为 0.01mm。

4.2.5.3 连杆轴颈的回转半径应符合原设计规定，其极限偏差为±0.15mm，但同一曲轴各连杆轴颈回转半径差不得超过 0.20mm。

4.2.5.4 以曲轴上正时齿轮键槽的中心平面为基准，连杆轴颈的分配角度极限偏差为±30′。

4.2.6 曲轴正时齿轮(链轮、皮带轮)孔与轴颈的配合间隙应符合原设计要求。如无要求，一般应为 0～0.05mm。

4.2.7 曲轴轴承应与轴承座及盖贴合，定位凸点应完整，轴瓦两端应高出轴承座及盖的结合平面 0.03～0.05mm，轴承盖结合面不得锉削。

4.2.8 曲轴应进行动平衡试验，其不平衡量应符合原设计要求，如无规定，一般应不大于 15g·cm。

4.2.9 飞轮不应有裂纹，工作表面应平整光洁，平面度公差为 0.10mm。

飞轮应进行静平衡试验，其不平衡量一般应小于 35g·cm。飞轮与曲轴装合后，飞轮平面对曲轴轴线的端面全跳动应不大于 0.15mm。

4.2.10 曲轴飞轮组合件应进行动平衡试验，其不平衡量应符合原设计规定。如无规定，则一般应不大于 15g·cm。

4.3 活塞连杆

4.3.1 连杆及连杆螺栓应进行探伤检查，不得有任何性质的裂纹。

4.3.2 连杆上、下承孔轴线应在同一平面内，其平行度公差为 0.025mm。连杆轴承承孔的圆柱度公差为 0.02mm。

4.3.3 连杆大头的轴向窜动量应符合原厂规定，如无规定，则应不大于 0.32mm。

4.3.4 连杆螺栓和螺母如螺纹不完整或变形，应予更换。

4.3.5 连杆轴承应与轴承座贴合，定位凸点完整，轴瓦两端应高出轴承座及盖的结合面 0.03mm～0.05mm。轴承盖结合面严禁锉削。

4.3.6 搪削轴承时，连杆上下轴承轴线距离应符合生产厂规定。搪削后的轴承，其内圆柱面的圆柱度公差为 0.005mm，表面粗糙度不大于 $\overset{0.8}{\bigtriangledown}$。

4.3.7 同一发动机内各活塞重量差，应符合原厂规定。若无规定，柴油发动机不得超过 10g，汽油发动机一般不得超过 4g。

4.3.8 活塞销和活塞销孔，活塞销与连杆衬套，连杆衬套与承孔的配合间隙或过盈，均应符合生产厂规定。

4.3.9 活塞环开口间隙、侧隙，应符合生产厂规定。

4.3.10 同一台发动机内各活塞连杆组合件之间的总重量差，应符合生产厂规定。若无规定，柴油发动机不得超过 15g，汽油发动机不得超过 8g。

4.4 凸轮轴

4.4.1 凸轮轴应探伤检查，不得有裂纹，正时齿(链)轮槽、键槽不得变形、损伤。

4.4.2 凸轮表面累积磨损量(包括修理加工量)不超过 0.8mm 时，允许用直接修磨的方法修复凸轮；累积磨损量超过 0.8mm 需要修理时，可在凸轮的局部或全部表面敷以补偿修复层，但修复层的机械性能应符合表 2 的规定。

4.4.3 修磨的凸轮升程和斜角应符合原设计规定。

4.4.4 凸轮轴轴颈的圆柱度公差超过 0.015mm 时，应按生产厂规定的分级修理尺寸修磨。修磨轴颈前，以两端支承轴颈的公共轴线为基准检查中间各支承轴颈的径向圆跳动，大于 0.10mm 时，应予以校正。

4.4.5 修磨后的凸轮轴，其轴颈的圆柱度公差为 0.005mm，表面粗糙度应不大于 $\overset{0.4}{\bigtriangledown}$，以两端支承轴颈的公共轴线为基准，中间各支承轴颈及装正时齿（链）轮轴颈的径向圆跳动公差为 0.025mm，凸轮基圆的径向圆跳动公差为 0.04mm，凸轮表面应光洁，不得有波动、凹陷，表面粗糙度应不大于 $\sqrt[0.8]{}$，凸轮升程最高点对正时齿（链）轮键槽中心线的位置偏差应不超过±45′。

4.4.6 驱动汽油泵的偏心轮的表面及驱动机油泵，分电器的齿轮的齿厚，磨损不得超过 0.50mm。

4.4.7 凸轮轴轴承搪削后的表面粗糙度应不大于 $\sqrt[0.8]{}$，轴承与轴颈的配合，轴承与气缸体（盖）承孔的配合及凸轮轴的端隙均应符合原设计规定。

4.5 气门及挺杆

4.5.1 气门杆的直线度公差为 0.02mm，气门头部光磨后，圆柱部分的高度应不小于 0.8mm。气门锥面与气门座的配合印痕应位于气门锥面的中间偏向小端，并密封良好。气门工作面宽度和斜角应符合原设计规定。

4.5.2 气门杆与气门导管，气门挺杆与承孔的配合间隙按生产厂规定，无规定者，应为：

进气门杆与导管间隙：0.02～0.06mm

排气门杆与导管间隙：0.04～0.076mm

挺杆与承孔间隙：0.013～0.060mm

凸轮轴补偿修复层机械性能 **表 2**

部位	修复方法	表面硬度	与基体结合强度（N/mm²） σ_b	与基体结合强度（N/mm²） τ_b
凸轮	堆焊或其它方法	按设计要求	—	—
凸轮	金属喷涂	55≤HRc≤63	≥25.5	
支承轴颈	镀铁	HRc≥42	≥166.6	≥90
支承轴颈	堆焊或其它方法	HRc≥35	—	—

4.5.3 气门挺杆下端球面或平面应光洁无损，几可形状符合生产厂规定。气门杆端面光洁无损，气门工作锥面对气门杆圆柱面的斜向圆跳动公差为 0.03mm。

4.5.4 气门摇臂工作面应光洁，不得有波纹、凹陷，修复后应达到原设计规定。

4.5.5 气门弹簧压缩至规定高度时的压力及垂直度应符合生产厂规定。

4.6 离合器

4.6.1 离合器压盘摩擦面应无烧伤和裂缝，其磨损沟槽深度超过 0.5mm 或平面度公差超过 0.12mm 时，应磨削平面，磨削后表面粗糙度应不大于 $\sqrt[1.6]{}$，磨削量不得超过 1mm。磨削后应作静平衡试验，其不平衡量应不大于 40g·cm。

4.6.2 采用分离杆的离合器，分离杆与分离轴承接触的端面磨损极限应为 1mm，调整好的分离杆端面应在同一平面内，并与压盘的内平面平行，各分离杆端面至压盘内平面的距离彼此相差应不大于 0.20mm。

4.6.3 采用膜片弹簧的离合器，膜片弹簧与分离轴承接触的端面磨损量应不超过生产厂规定。膜片弹簧应无裂纹、无过热现象。将膜片弹簧装上专用台架或装车检查，膜片弹簧分离爪端面高度相差不得超过 0.05mm。压力和行程应符合生产厂规定。

4.6.4 离合器被动盘摩擦片表面无烧焦、龟裂和油渍。铆钉头低于摩擦片表面的距离小于 0.30mm 时，应更换摩擦片。换铆摩擦片后，铆钉头应低于摩擦表面，其值应不小于 1mm。铆合后摩擦片对盘毂轴线的端面圆跳动公差为 0.60mm。

4.6.5 离合器被动盘的波形弹簧形状应符合原设计规定，应无烧蚀退火现象。扭转减振器工作应正常，弹簧不得变形、断裂。

4.6.6 离合器被动盘毂上的键槽与变速器第一轴花键应能自由滑动，但配合间隙不得大于 0.25mm。

4.6.7 离合器弹簧的主要参数应符合生产厂规定，装合时应选配，其参数在同一级弹簧中的压力差应不大于 39.2N，自由长度差应不大于 2mm。

4.7 润滑系

4.7.1 发动机润滑系油道管路应清洁畅通。

4.7.2 机油泵

4.7.2.1 外啮合齿轮油泵

a. 主动齿轮轴承孔轴线与被动齿轮轴承孔轴线的平行度公差为 0.08mm，泵壳结合端面与轴线的垂直度公差为 0.09mm，泵壳结合端面的平面度公差为 0.05mm。

b. 齿轮端面与泵壳或盖的端隙应为 0.05～0.20mm，主、被动齿轮与泵壳内壁的径向间隙应为 0.05～0.20mm，被动齿轮轴与轴孔的配合不应有间隙，与被动齿轮(或衬套)承孔的配合间隙应不大于 0.08mm。主动齿轮轴与壳或盖(或衬套)承孔的配合间隙应不大于 0.10mm，主动齿轮轴与主动齿轮的配合间隙应符合原设计规定，主、被动齿轮啮合侧隙应为 0.05～0.40mm。

4.7.2.2 内啮合式齿轮油泵

内啮合式齿轮油泵的维修，应按生产厂规定执行。若原生产厂无规定，可按下列要求进行维修。

a. 泵体与外齿轮配合间隙为 0.06～0.15mm

月牙铁与内齿顶隙为：0.12～0.23mm

月牙铁与外齿顶隙为：0.15～0.23mm

端盖与内齿端隙为：0.03～0.09mm

端盖与外齿端隙为：0.03～0.09mm

b. 其它要求参照 4.7.2.1a 执行。

4.7.2.3 转子油泵

转子油泵的维修，按生产厂规定执行。若原生产厂无规定，可按下列要求进行维修。

a. 主动轴与壳体配合间隙为：0.045～0.085mm

内外转子顶隙为：0.15mm

内外转子与壳体端隙为：0.03～0.09mm

外转子与壳体间隙为：0.10～0.16mm

b. 其它要求参照 4.7.2.1a 执行。

4.7.2.4 机油泵总成性能试验应符合生产厂规定。

4.7.3 机油滤清器接口处应密封良好，减压阀、旁通阀工作应正常，开启压力应符合生产厂规定。

4.7.4 机油集滤器应清洁干净，管、罩、滤网应无裂损变形。

4.8 冷却系

4.8.1 水泵

4.8.1.1 水泵壳体应完好，无裂纹，壳体与盖的结合面以及盖与气缸体的结合面的平面度公差为 0.15mm，壳内壁与水封的结合面对水泵轴承承孔轴线的端面圆跳动公差为 0.05mm。

4.8.1.2 水泵叶轮应完好，无裂纹。水泵叶轮与水泵轴的配合过盈量应为 0.05～0.1mm，叶轮与泵体端面的间隙应为 0.5～1.5mm。

4.8.1.3 水泵轴承应无卡滞，轴承与水泵轴的配合应为 －0.01～＋0.03mm，轴承与壳体的配合应为－0.02～＋0.03mm。

4.8.1.4 风扇皮带轮与水泵轴属过盈配合的其过盈量应为 0.03～0.06mm；属过渡配合的其配合间隙应为－0.025～

+0.05mm；装合后，风扇皮带轮梯形槽侧面的斜向圆跳动公差为1mm。

4.8.1.5 水泵修复后应做密封试验，在转速为3500r/min，水压为294kPa，水温为40℃时，10min内不得渗漏。

4.8.2 风扇离合器

4.8.2.1 电磁风扇离合器的继电器工作应正常有效，开启温度应为90～95℃，关闭温度应为83～85℃。

4.8.2.2 硅油风扇离合器、双金属感温器工作应正常，风扇开始工作温度应为60～70℃。

4.8.2.3 柔性风扇叶片不得缺损，硬质风扇叶片不得变形、裂纹，集风罩必须装置牢固。

4.8.3 散热器及节温器

4.8.3.1 散热器应彻底清除水垢，散热器芯应良好；水管不得有堵塞、截断，散热片应理直，排列整齐，与水管焊合良好；装水容量应符合生产厂规定。

4.8.3.2 散热器装合后应进行水压试验，在30～50kPa的压力下应无渗水现象。或置散热器于水中，以50kPa气压试验，不得有漏气现象。

4.8.3.3 散热器回水管应畅通，散热器应配备具有阀门的散热器盖，阀门工作应正常。

4.8.3.4 节温器工作应正常，开启温度应符合生产厂规定。

4.9 汽油发动机供油系

4.9.1 汽油泵

4.9.1.1 膜片式汽油泵壳体与盖结合平面的平面度公差为0.10mm，壳体与气缸体结合平面的平面度公差为0.20mm。

4.9.1.2 汽油泵摇臂与偏心轮接触的平面，其磨损不得超过0.20mm，挺杆磨损不得超过0.50mm，摇臂轴与壳体承孔的配合不得有间隙。摇臂与摇臂轴的配合间隙应为0.03～0.10mm。

4.9.1.3 进、出油阀与阀座应密合。膜片弹簧和进、出油阀弹簧及摇臂弹簧应完好，性能应符合要求。膜片应完好无损，不渗漏。滤网必须完整、清洁。

4.9.1.4 电动汽油泵进出油阀应密封良好。

4.9.1.5 汽油泵装合后，应进行泵油量及泵油压力试验，其性能应符合生产厂规定。各结合面不得有漏油现象。

4.9.2 化油器

4.9.2.1 化油器壳体的各结合平面的平面度公差为0.10mm，壳体应完好，无裂损。

4.9.2.2 各针阀、球阀总成应密封良好，浮子应完好，不漏气，焊修过的浮子，其质量增加不得超过原质量的5%。

4.9.2.3 喉管直径、量孔流量及浮子室油面高度均应符合生产厂规定。

4.9.2.4 加速泵、机械式省油器、真空省油器及排放控制装置应工作可靠。各气道不得有堵塞，漏气现象。

4.9.2.5 节气门应开闭灵活。节气门轴与承孔的配合间隙应为0.05～0.10mm。当节气门完全关闭时，其边缘与化油器内壁的间隙不得大于0.1mm。

4.9.2.6 起动装置工作应正常。快急速机构工作时，发动机工况应符合生产厂规定。

4.9.2.7 化油器在发动机上试验，应起动容易，怠速稳定，加速性能良好，各种工况过渡平稳。

4.9.3 燃油管路接头应无渗漏，燃油箱压力与真空阀工作应正常。

4.10 柴油发动机供油系

4.10.1 喷油泵及调速器

4.10.1.1 拆检喷油泵及调速器时，必须使用专用工具，各结合面不得碰伤，配合偶件副不得错乱，壳体应无裂损。

4.10.1.2 柱塞和柱塞套的圆柱形工作面不允许有任何刻痕和腐蚀现象，其圆柱度公差为0.001mm，其表面粗糙度不得大于 $\overset{0.025}{\bigtriangledown}$ ，配合间隙应不大于0.003mm。柱塞套斜置45℃，将柱塞插入其中，放手后，柱塞应能依靠自重缓缓落入柱塞套中，将柱塞拔出再换一方向插入，其结果亦应如此。如果在任何部位有卡阻现象，则应成对更换配合偶件。

4.10.1.3 柱塞弹簧直线度公差为1.0mm(全长方向)，若超过极限，则更换所有弹簧。

4.10.1.4 出油阀偶件的工作面应无刻痕及锈蚀现象，并进行密封性试验；将阀门拔出，用手指堵住阀底的小孔，放开阀门时，它将很快下沉，而当减压环盖住阀座孔时，它应立即停止下沉；用手指将阀门压下，当手指离开阀门，它应回升到原来位置。将手指从底座孔移开，阀门应依靠其自重关闭。如有任何不符，即应成对更换配合偶件。

4.10.1.5 油量控制拉杆直线度公差为0.05mm，与衬套配合间隙为0.015～0.11mm，泵体两端拉杆衬套内孔的同轴度公差为ϕ0.05mm，与泵体承孔的配合不得松动。调节臂与调节叉槽的配合间隙应不大于0.15mm。

4.10.1.6 滚轮体与泵体承孔的配合间隙应为0.02～0.063mm。滚轮间隙应不大于0.15mm，滚轮高度应符合生产厂规定。

4.10.1.7 凸轮轴的直线度公差为0.05mm，凸轮全高的磨损应不超过0.30mm，凸轮轴与轴承的配合不得松旷，装合后轴向间隙应不大于0.15mm。

4.10.1.8 调速器起动弹簧，中、高速弹簧及拉杆弹簧应无折断、变形，其性能应符合生产厂规定。

4.10.1.9 操纵轴与操纵臂承孔及衬套的配合间隙应为0.016～0.070mm。斜盘及推力盘与凸轮轴轴套的配合间隙应符合生产厂规定。无规定者，斜盘与凸轮轴轴套的配合间隙应为0.008～0.045mm，推力盘与凸轮轴轴套配合间隙应为0.020～0.066mm。离心块与保持架的配合间隙应不大于0.10mm，推力盘轴承不得松旷。

4.10.1.10 喷油泵与调速器总成各零、部件应用柴油彻底清洗，并用专用工具装合。各部螺栓螺母应按生产厂规定力矩紧固，并按规定加注机油。运转时凸轮轴和各部连接机构应无卡滞、噪声以及局部过热和漏油现象。

4.10.1.11 喷油泵及调速器应在试验台上进行调试，其调试规范应符合生产厂规定。

4.10.1.12 各缸间喷油开始时间的夹角偏差为±30′。在任何转速时，拉杆、调节臂、调节叉均不得有抖动现象。

4.10.1.13 分配式燃油泵应按生产厂规定送专业单位修理。

4.10.2 喷油器

4.10.2.1 喷油器体、针阀体、针阀均无退火现象。顶杆、针阀不允许弯曲，工作表面不允许有任何刻痕和腐蚀现象。调压弹簧性能符合生产厂规定。

4.10.2.2 将针阀放在阀体内，当倾斜45°，针阀伸出1/3时，应能靠其自重匀速下滑，下滑到底所需时间应为1～3s。

4.10.2.3 喷油器装合后应在试验台上进行调试，其开启压力应符合生产厂规定，并在每分钟喷油60～70次的速度下进行雾化试验，油雾应匀细，燃料切断应及时，并有清脆响声。喷油器针阀偶件座面密封性良好，在压力低于2MPa时，保持

3s，喷孔周围不应有渗漏和湿润现象。

4.11 发动机的装合、磨合及调整

4.11.1 装合及调整

4.11.1.1 对已经选配校合的零件和组合件，应再次清洗、吹干、擦净、确保清洁。润滑油道必须清洁畅通。

4.11.1.2 曲轴轴承盖和连杆轴承盖的螺栓、螺母应按生产厂规定的力矩和顺序拧紧。

4.11.1.3 各种锁止装置应齐全、完整、贴合、可靠。

4.11.1.4 正时齿轮与齿带，正时链轮与正时链应安装正确，标记对正，啮合正常，齿带张紧力应符合生产厂规定。

4.11.1.5 检查调整配气相位和气门间隙，应符合生产厂规定。

4.11.1.6 检查缸体螺孔内不得有残留的机油及异物。拧紧气缸盖螺栓，必须从气缸盖中央起，按顺序彼此交叉，逐渐向外，分次进行，最后一次应按生产厂规定的力矩拧紧。

4.11.2 磨合及调整

4.11.2.1 磨合时，应用稀薄机油或生产厂规定的机油。

4.11.2.2 冷磨合转速应为600～1500r/min，热磨合可从怠速至2500r/min，转速逐渐增加。冷磨合时间应为2h以上，热磨合时间应为1.5h以上。

4.11.2.3 热磨合过程中应进行必要的调整，使发动机运转正常，无异响。热磨合后应更换机油及机油滤清器滤芯。

4.11.2.4 发动机在磨合过程中，拆检应不少于一次，并彻底清洗。热磨合后检查活塞和气缸壁磨合情况，不得偏缸或拉缸，各配合部位磨合应良好。

4.12 发动机大修的竣工验收

4.12.1 发动机在正常工作温度下，应在5s内能起动。柴油机在环境温度不低于5℃，汽油机在环境温度不低于－5℃时，应起动顺利。

4.12.2 发动机怠速应运转稳定，其转速符合原设计规定。

4.12.3 当冷却水温为75～85℃时：

a. 气缸压缩压力应符合原设计规定，各缸压缩压力差，汽油机应不超过各缸平均压力的8%，柴油机应不超过10%。

b. 在规定转速下，机油压力应符合原设计规定。

c. 怠速时，以海平面为准，进气歧管真空度应在54～71kPa范围内。其波动范围，应不超过5kPa。

d. 发动机在各种转速下运转稳定，不得有断火或过热现象。改变转速时，应过渡圆滑。突然加速或减速时，不得有突爆声，化油器不得回火，消声器不得有放炮声。

4.12.4 发动机最大功率和最大扭矩均不得低于原标定值的90%。

4.12.5 发动机最低燃料消耗率不得高于原设计规定。

4.12.6 发动机起动运转稳定后，除正时齿轮、机油泵齿轮和气门脚可有轻微响声外，不得有其他异常响声。

4.12.7 发动机不应有漏油、漏水、漏气、漏电现象。润滑油、冷却液密封接合面处不得有滴状的浸渍。

5 变速器

5.1 变速器壳体

5.1.1 变速器壳体应无裂损，壳体上所有连接螺孔的螺纹损伤不得多于2牙。

5.1.2 壳体上平面的平面度公差为0.15mm。

5.1.3 壳体前端面对第一、二轴轴承承孔的公共轴线的端面圆跳动公差为0.10mm。

5.1.4 壳体后端面对第一、二轴轴承承孔的公共轴线的端面圆跳动公差为 0.15mm

5.1.5 壳体前、后端面的平面度公差值，分别不大于 5.1.3、5.1.4 项规定的端面圆跳支公差值。

5.1.6 壳体上平面与第一、二轴轴承承孔的公共轴线的平行度公差；轿车为 0.08mm，其它车型为 0.20mm。

5.1.7 壳体(隔板)上各轴承（或轴）承孔轴线间尺寸偏差的绝对值，允许比原设计规定增加 0.02mm。

5.1.8 壳体（隔板）上各承孔轴线的平行度公差允许比原设计规定增加 0.02mm。

5.1.9 壳体(隔板)上各承孔的圆度公差为 0.008mm。表面粗糙度应不大于 $\overset{1.6}{\bigtriangledown}$ 。

5.1.10 滚动轴承与承孔的配合公差：当基本尺寸大于 50 至 80mm 时，其值允许比原设计规定增加 0.02mm；基本尺寸大于 80 至 120mm，其值允许比原设计规定增加 0.04mm。

5.1.11 轴颈与壳体承孔的配合公差允许比原设计规定增加 0.015mm。

5.2 变速器盖

5.2.1 变速器盖应无裂损

5.2.2 上置式盖与壳体的结合平面的平面度公差为 0.15mm；非上置式盖，平面度公差为 0.10mm。

5.2.3 盖上变速杆中部球形承孔直径允许比原设计规定增加 0.50mm。

5.2.4 变速器叉轴与盖(或壳体)承孔的配合间隙为 0.04～0.20mm。

5.3 轴

5.3.1 第一、二轴及中间轴，当以两端轴颈的公共轴线为基准时，中部的径向圆跳动公差为 0.03mm。

5.3.2 第一轴的轴向间隙应不大于 0.15mm，其它各轴的轴向间隙应不大于 0.30mm。

5.4 齿轮与花键

5.4.1 齿轮的啮合面上不得有明显的缺陷或不规则磨损。各齿轮的啮合印痕应在齿轮啮合面中部，且不小于啮合面的 60%。

5.4.2 接合齿轮或相配合的滑动齿轮齿端部位磨损量不得超过齿宽的 15%。

5.4.3 常啮合齿轮的啮合侧隙应为 0.15～0.45mm，接合齿轮的啮合侧隙应为 0.10～0.40mm。

5.4.4 各轴花键与滑动齿轮键槽的侧隙可比原设计规定增加 0.15mm。

5.4.5 各轴花键与齿座、突缘及其它非滑动部件的花键槽侧隙，应符合原设计规定。

5.5 滚动轴承或齿轮与轴颈的配合：属过盈配合的，应无间隙，且最大过盈量不超过原设计规定；属过渡配合的，其间隙可允许比原设计规定增加 0.003mm；属间隙配合的可比原设计规定增加 0.02mm。

5.6 滚针轴承与轴颈及承孔的配合间隙应为 0.02～0.125mm。

5.7 衬套与轴颈的配合：属间隙或过渡配合的，其间隙可比原设计规定增加 0.02mm；属过盈配合的，应符合原设计规定。

5.8 同步器

5.8.1 各档齿轮与同步器齿环锥面的接触面应不小于 75%。

5.8.2 各档齿轮与同步器齿环锥面的轴向间隙应不小于0.50mm。

5.9 变速叉

5.9.1 变速叉端面磨损量应不大于0.40mm。

5.9.2 变速叉两端面对变速叉轴孔轴线的垂直度公差为0.20mm。

5.9.3 变速叉两端工作侧面与环槽的配合间隙应为0.20～1.00mm。

5.10 第二轴突缘的端面圆跳动公差应符合5.1.3项的规定。

5.11 磨合与试验

5.11.1 变速器装合后，按规定容量加注清洁的汽油机润滑油在试验台上磨合并进行无负荷、有负荷试验。负荷为传递最大扭矩的30%左右。各档磨合试验时间的总和一般不少于1h。

5.11.2 运转中，第一轴转速应为1000～2000r/min，油温在15～65℃时，不得有自动脱档、跳档现象，操纵机构和同步器换档应轻便、灵活、迅速、可靠。运转和换档时均不得有异常响声。变速杆不得有明显的抖动现象。所有密封装置不得漏油。

5.11.3 磨合与试验结束后，应进行清洗，并按原设计规定加注润滑油。

5.12 自动变速器必须按生产厂规定进行修理。

6 传动轴

6.1 传动轴轴管、花键齿、万向节叉和万向节十字轴均不得有裂纹，十字轴各轴颈表面不得有金属剥落，传动轴轴管表面不得有明显凹痕。

6.2 传动轴轴管与轴管叉突肩及花键轴突肩的配合应符合原设计规定。

6.3 传动轴修理后花键轴轴端到轴管叉轴承承孔轴线的距离，不得大于原设计尺寸，比原设计基本尺寸的缩短量不得大于10mm。

6.4 轴管全长(L)的径向全跳动公差应符合以下规定：当L小于600mm时，为0.40mm；L大于600～1000mm时，为0.60mm。传动轴与中间支承轴承结合的圆柱面以及花键轴外表面的径向圆跳动公差为0.15mm。

6.5 万向节叉两端轴承承孔公共轴线对传动轴轴线的垂直度公差应符合表3的规定。

万向节叉两端轴承承孔公共轴线对传动轴轴线垂直度公差 mm **表3**

万向节叉两承孔外端面距离	≤75	>75～90	>90
垂直度公差	0.10	0.20	0.25

6.6 安装滑动叉后，应保证同一传动轴两端万向节叉轴承承孔轴线位于同一平面内，其位置度公差应符合原设计规定。

6.7 传动轴花键与滑动叉和突缘键槽的侧隙规定如下：轿车、微型客车应不大于0.15mm，小型客车应不大于0.30mm，装配后应能滑动自如。

6.8 万向节轴承与十字轴轴颈的最小配合间隙应符合原设计规定，最大间隙应符合表4规定。

6.9 万向节轴承与万向节叉承孔为过渡配合，最大配合间隙应符合表5规定。

6.10 十字轴、万向节轴承及万向节叉装合后的轴向间隙规定如下：轿车、微型客车为0～0.05mm，小型客车为0.02～0.25mm。

6.11 传动轴装上万向节后，应进行动平衡试验，任一端的不平衡量规定如下：轿车应不大于10g·cm；其它车型应不大于30g·cm。

万向节轴承与十字轴轴颈的最大间隙 mm **表4**

十字轴轴颈直径	≤18	>18
允许最大间隙	符合原设计规定	0.10

万向节轴承与万向节叉承孔的最大间隙 mm **表5**

原设计规定的最大间隙	≤0.008	>0.008～0.041	>0.041
允许最大间隙	0.010	0.050	0.080

6.12 传动轴中间支承轴承与轴颈的配合为±0.020mm。

6.13 传动轴突缘叉突肩与变速器端或驱动桥端突缘承孔的配合间隙应为：0～0.18mm。

6.14 传动轴应装备齐全可靠，防尘罩必须完好并用卡子紧固，两只卡子的锁扣应装在传动轴径向相对位置上。

7 驱动桥

7.1 桥壳

7.1.1 桥壳应无裂损，桥壳上各部位螺纹损伤不多于2牙，桥壳上的通气孔应畅通。

7.1.2 钢板弹簧定位孔磨损应不大于1.50mm，钢板弹簧座厚度减少量应不大于2mm。

7.1.3 油封轴颈的径向磨损应不大于0.15mm，油封轴颈端面磨损后，轴颈位的长度应大于油封的厚度。

7.1.4 半轴套管应进行探伤检查，不得有裂纹。

7.1.5 桥壳承孔与半轴套管的配合，应符合原设计规定。

7.1.6 滚动轴承与桥壳的配合属间隙配合的，其间隙允许比原设计规定增加0.06mm，属过渡配合的，允许比原设计规定增加0.02mm。

7.1.7 桥壳以两端内轴颈公共轴线为基准：桥壳前端面直径大于300mm时，其端面平行度公差为0.40mm；直径小于或等于300mm时可为0.30mm；外轴颈径向圆跳动误差超过0.30mm时应予以修校，修复后的径向圆跳动公差应为0.08mm。

7.1.8 桥壳与制动底板结合平面及圆柱面对桥壳轴线的端面圆跳动及径向圆跳动公差均为0.10mm。

7.2 半轴

7.2.1 半轴应进行探伤检查，不得有裂纹，花键应无明显扭曲。

7.2.2 以半轴轴线为基准：半轴中部未加工面径向圆跳公差为1.30mm；花键外圆柱面的径向圆跳动公差为0.25mm；半轴突缘内侧端面圆跳公差为0.15mm。

7.2.3 半轴花键与半轴齿轮及突缘键槽的侧隙不得大于原设计规定值的0.15mm。

7.3 独立悬挂式驱动桥半轴，参照传动轴的技术条件执行。

7.4 轮毂

7.4.1 轮毂应无裂损，各部位螺纹损伤应不多于2牙。

7.4.2 轮毂与半轴突缘及制动鼓结合端面对轮毂内外轴承承孔公共轴线的端面圆跳动公差均应为0.15mm

7.4.3 轮毂轴承承孔与轴承的配合应符合原设计规定。如无规定，其过盈应为0.01～0.05mm。

7.5 主减速器

7.5.1 主减速器壳

7.5.1.1 主减速器壳体应无裂损。壳体上各部位螺纹损伤不多于2牙。

7.5.1.2 差速器左、右轴承承孔同轴度公差为 φ0.10mm。

7.5.1.3 主减速器纵轴线对横轴线的垂直度公差：当纵轴线长度在300mm以上时，其值为0.16mm；小于或等于300mm时，其值为0.12mm。

7.5.2 圆锥主、被动齿轮

7.5.2.1 齿轮不得有裂纹，齿轮工作表面不得有明显斑点、剥落、缺损。

7.5.2.2 以圆锥主动齿轮壳后轴承承孔轴线为基准，前轴承承孔的径向圆跳动及各端面的端面圆跳动公差为0.06mm。

7.5.2.3 圆锥主动齿轮轴承预紧力应符合原设计规定或其轴向间隙应不大于0.05mm。

7.5.2.4 圆锥主动齿轮花键与突缘键槽的侧隙应不大于0.20mm。

7.5.2.5 圆锥主动齿轮前后轴承与轴颈的配合间隙可比原设计规定增加0.02mm；与承孔的配合间隙可比原设计规定增加0.02mm。

7.5.2.6 圆锥被动齿轮连接螺栓的拧紧力矩应符合原设计规定。

7.5.2.7 圆锥被动齿轮端面对其轴线的圆跳动公差为0.10mm。

7.5.2.8 圆锥主被动齿轮啮合齿隙应符合生产厂规定，若无规定，一般应为0.15～0.50mm。

7.5.2.9 圆锥主、被动齿轮接触痕迹：应达到沿齿长方向接触，位置应在齿的中部偏小端，离小端端面2～7mm，离齿顶0.80～1.60mm，接触痕迹的长度和高度为全齿的60%～70%。

7.6 差速器

7.6.1 差速器壳应无裂损。壳体与行星齿轮，半轴齿轮垫片的接触面应光滑、无沟槽。

7.6.2 十字轴承孔两轴线垂直度公差为0.06mm；两轴线应相交，其位置度公差为0.15mm；每一轴线又应与半轴齿轮承孔轴线位于同一平面内，其位置度公差为0.20mm。

7.6.3 整体式十字轴与差速器及行星齿轮的配合间隙应分别不大于0.10mm及0.25mm；分开式十字轴与差速壳体及行星齿轮的配合间隙应分别不大于0.05mm及0.18mm。

7.6.4 差速器壳连接螺栓拧紧力矩应符合原设计规定。

7.6.5 差速器壳轴承与壳体及轴颈的配合：属间隙配合的，其间隙允许比原设计规定大0.02mm；属过渡配合，其间隙允许比原设计规定大0.015mm。

7.6.6 差速器壳承孔与半轴齿轮轴颈配合间隙应为0.05～0.25mm。

7.6.7 调整后的半轴齿轮与行星齿轮的间隙应符合生产厂规定。

7.7 滚动轴承的钢球（柱）、滚道上不得有伤痕、剥落、破裂、严重黑斑或烧损变色等缺陷。轴承架不得有缺口、裂纹，铆钉松动或钢球（柱）脱出等现象。

7.8 驱动桥总成装合后，应加注规定牌号及容量的润滑油。并应在试验台上进行运转试验，试验转速一般为1400～1500r/min，在此转速下进行正、反转试验。各项试验的时间应不少于10min，试验过程中，各轴承区的温升应不大于

25℃，齿轮啮合不得有敲击声或高低变化的响声，各结合部位不得有漏油现象。试验合格后，应进行清洗并换装规定牌号及容量的润滑油。

8 转向驱动桥

8.1 转向驱动桥的传动轴修理技术要求参照 6 的有关规定执行。

8.2 球笼式等速万向节的球笼，球毂与钢球应无凹陷、磨损及点蚀、金属剥落现象。球笼不得有裂纹。

8.3 各万向节的钢球、球毂、壳体为组合偶件，不得互相混用和互换。万向节组装后，转动球毂时钢球应转动。

8.4 装配球笼万向节时，应注入规定牌号及容量的润滑脂，并更换新的防尘罩。

8.5 安装防尘罩时应使防尘罩内充气，行驶中不产生摺皱。

8.6 对转向驱动桥未规定的其他技术要求，可参照原设计的技术文件或非转向驱动桥的有关技术要求执行。

9 非驱动式前轴及转向系

9.1 前轴

9.1.1 前轴经探伤检查不得有任何裂纹。

9.1.2 两钢板弹簧座的平面度公差：当弹簧座横向长度小于或等于 160mm 时，公差值为 0.40mm，大于 160mm 时，公差值为 0.50mm。修理后钢板弹簧座厚度减少量不得大于 2mm。

9.1.3 钢板弹簧座平面横向长度不大于 160mm 时，两钢板弹簧座平面在其公共平面方向的位置度公差为 0.8mm；大于 160mm 时，位置度公差为 1.0mm。

9.1.4 钢板弹簧座上 U 型螺栓承孔及定位孔的磨损量不得大于 1mm。

9.1.5 以垂直于两钢板弹簧座公共平面，并过两钢板弹簧座定位孔轴线的平面为基准，前轴主销孔轴线扭转角不得大于 30′，该轴线在基准平面法线方向的位置度公差为 4mm。前轴两主销孔轴线间距离及内倾度，应符合原设计规定。

9.1.6 前轴主销承孔与主销的配合应符合原设计规定。

9.1.7 前轴主销孔上、下端面对其轴线的垂直度公差应符合原设计规定。前轴主销孔端面修理后厚度减少量不得大于 2mm。

9.2 转向节

9.2.1 转向节经探伤检查不得有任何裂纹。

9.2.2 转向节轴颈公共轴线与主销孔公共轴线间夹角应符合原设计规定。

9.2.3 转向节内、外轴承与轴颈的配合属间隙配合的，其配合应符合原设计规定；属过渡配合的，最大间隙不大于 0.04mm。

9.2.4 转向节衬套与主销及衬套与转向节主销孔配合应符合原设计规定。

9.2.5 转向节上、下主销承孔轴线同轴度公差应符合原设计规定。

9.2.6 无主销式转向节，其与上、下悬臂联结的转向球销不得松旷，不卡死。防尘罩完好。锥形轴颈应无磨损，与轴孔配合紧密，小端螺纹完好。

9.2.7 转向节各部位螺纹的损伤不多于 2 牙。

9.2.8 转向节主销孔端面与前轴上端面装配后的间隙，应符合原设计规定。

9.2.9 前轴与转向节装配后，转动转向节的力应不大于10N。

9.3 轮毂

9.3.1 轮毂应无裂损，轮毂各部位螺纹损伤不得多于2牙。

9.3.2 轮毂与内外轴承的配合应符合原设计规定。

9.3.3 轮毂与制动鼓（盘）的结合平面对轮毂内、外轴承承孔公共轴线的端面全跳动应不大于0.15mm。

9.3.4 轮毂与油封外圈的配合应符合原设计规定。

9.3.5 装合后的轮毂轴向间隙应小于0.10mm，并能均匀转动。

9.4 转向器

9.4.1 非动力转向器

9.4.1.1 转向器壳体及盖应无裂损，壳体与结合面的平面度公差为0.10mm。

9.4.1.2 壳体上蜗杆轴两轴承承孔轴线的同轴度公差为ϕ0.02mm，摇臂轴两端轴承承孔轴线的同轴度公差为ϕ0.01mm，蜗杆两轴承承孔公共轴线与摇臂轴轴承承孔公共轴线的垂直度公差应符合表6的规定。

轴向器蜗杆轴承承孔公共轴线与摇臂轴轴承承孔公共轴线垂直度公差 mm **表6**

壳体上两蜗杆轴承承孔外端面距离	≤100	>100～160	>160
垂直度公差	0.04	0.05	0.06

9.4.1.3 蜗杆应无裂损。蜗杆齿面及轴承滚道应无金属剥落及明显的阶梯磨痕。

9.4.1.4 蜗杆轴承与壳体配合的最大间隙不得大于原设计规定值的0.02mm，蜗杆轴承与蜗杆轴配合的最大间隙不得大于原设计规定值的0.006mm。

9.4.1.5 摇臂轴经探伤检查不得有裂纹，端部花键应无明显扭曲，螺纹损伤不多于2牙。

9.4.1.6 滚轮经探伤不得有裂纹，齿部应无金属剥落和明显的阶梯磨损。

9.4.1.7 循环球式转向器的转向螺母及螺杆滚道应无点蚀和金属剥落。滚球规格及数量应符合原设计规定。滚球直径差应不大于0.01mm。蜗杆与分开螺母的轴向间隙应不大于0.08mm，径向间隙应不大于0.05mm。

9.4.1.8 摇臂轴轴承与摇臂轴配合的最大间隙不得大于原设计规定值的0.005mm。摇臂轴轴承与壳体及与侧盖配合的最大间隙不得大于原设计规定值的0.018mm。

9.4.1.9 更换摇臂轴轴承时，该轴承与壳体及与摇臂轴的配合应符合原设计规定。

9.4.1.10 转向器在装合转向摇臂轴前，转动转向轴所需扭矩一般应不大于0.8Nm。转向器装合后，应按原设计要求进行检验，其摇臂轴轴向间隙及转动转向轴所需扭矩应符合原设计规定。在全程内应转动灵活，不漏油。

9.4.2 动力转向器

9.4.2.1 油泵、油管应无渗漏，齿轮油泵、安全阀参照4.7.2的技术条件执行，其压力、流量应符合原设计规定。

9.4.2.2 叶片泵

a. 泵壳体无裂损，结合面与轴线的垂直度公差为0.015mm，泵体结合端面的平面度公差为0.05mm。

b. 转子轴与油封唇部接触部位无磨损，转子轴与壳体的配合间隙应符合生产厂规定，若无规定，一般为0.010～0.015mm。

c. 转子圆周表面无烧蚀和刮痕，转子与定子的端面间隙为 0.03mm。

d. 侧板与转子接触的表面无烧蚀，平面度公差为 0.15mm。

e. 滑块与转子槽的配合间隙为 0.004～0.024mm，滑块的平面度公差为 0.01mm。

f. 压缩弹簧自由长度不得小于原设计规定值的 1mm。

g. 流量控制阀壳体与阀体表面均应无损坏，弹簧自由长度应符合原设计规定。

9.4.2.3 未规定的其它技术要求，应参照原设计的技术文件或非动力转向器有关的技术要求执行。

9.5 转向操纵机构

9.5.1 转向轴、转向传动轴、万向节叉、十字轴经探伤检查不得有裂纹。

9.5.2 转向轴的轴长小于、等于 630mm 时，直线度公差为 0.25mm，轴长大于 630mm 时，为 0.30mm。

9.5.3 转向管柱与支座的最小过盈量不得小于原设计规定值的 0.015mm。转向管柱与衬套的配合应符合原设计规定。

9.5.4 转向轴与衬套配合的间隙不得大于原设计规定值的 0.08mm。

9.5.5 转向万向节滑动叉与转向十字轴轴承及十字轴轴颈与轴承配合的最大间隙不得大于原设计规定值的 0.028mm。

9.5.6 滑动叉花键套与转向传动轴花键配合的最大间隙不得大于原设计规定值的 0.10mm。

9.5.7 转向操纵机构应转动灵活，无卡滞现象，装配齐全，紧固可靠。

9.5.8 转向盘的外包塑料不得裂损，或与骨骼分离。转向盘安装应符合原设计规定，当车辆直线行驶时，应处于中间位置，不得影响驾驶员观察仪表的视线。

9.6 转向传动机构

9.6.1 转向摇臂、横拉杆、直拉杆、转向节臂及球头销经探伤检查不得有裂纹。

9.6.2 转向摇臂的花键应无明显扭曲。转向摇臂装入摇臂轴后，其端面应高出摇臂轴花键端面 2～5mm。

9.6.3 直拉杆应无明显变形。横拉杆的直线度公差为 2mm。

9.6.4 球头销与及其相配合的各部位应无明显磨损。装合横拉杆、直拉杆时，应保证各球头销轴颈小端低于锥孔上端面 1～2mm。装合后各球头销应转动灵活、不松旷、不卡死，防尘罩应完好。

10 制动系

10.1 鼓式制动器

10.1.1 制动鼓不得有裂纹，内表面不得有沟痕或拉伤。镗削后的制动鼓内径尺寸应符合原厂规定。表面粗糙度应不大于 $\overset{1.6}{\bigtriangledown}$，圆柱度公差为 0.03mm，与轴承承孔同轴度公差为 ϕ0.06mm，同一轴制动鼓内径差，轿车不得大于 0.3mm，其余车型不得大于 0.50mm。

10.1.2 制动蹄不得有裂纹和变形。表面平整，弧度正确。摩擦片的材质、宽度和长度应符合原厂规定。摩擦片铆钉孔锪孔后剩余厚度应为摩擦片厚度三分之一；粘接在制动蹄上的摩擦片不松动。粘接层在 150℃时剪切强度应达到 11.76MPa。摩擦片与制动蹄应密切贴合，无间隙。摩擦片磨削后，与制动鼓的接触面积应大于 60%。

10.1.3 制动蹄支承销与车轮旋转轴线的平行度公差为

0.20mm。支承销与制动蹄销孔配合应符合生产厂规定。

10.1.4 制动蹄回位弹簧自由状态时各圈应并紧，拉簧无扭曲，两端拉钩完整，无断裂。同一轴左右对应位置的拉簧长度应相等。

10.1.5 摩擦片与制动鼓间隙应符合生产厂规定。间隙调整后，摩擦片与制动鼓之间不得有任何拖滞现象。

10.2 盘式制动器

10.2.1 制动盘不得有裂纹。制动盘工作面平面度公差为0.035mm，及两工作面的平行度公差为0.06mm，制动盘磨削后的极限厚度应符合生产厂规定。制动盘装合后对旋转轴线的端面全跳动应不大于0.07mm。

10.2.2 分泵支架不得有裂纹。浮动式分泵支架应灵活无阻滞，护套应完好。

10.2.3 摩擦片与制动盘接触面应大于80%。摩擦片与底板之间的粘接层在150℃时剪切强度应达到11.76MPa。

10.3 制动总泵、分泵及管道

10.3.1 制动总泵、分泵壳体应无裂纹。缸筒圆柱度公差为0.01mm，表面粗糙度应不大于 $\overset{0.8}{\checkmark}$ 。缸筒与活塞配合应符合生产厂规定。

10.3.2 液压管道内应清洁，外表无擦伤、裂纹。制动软管及制动总、分泵在8.82MPa压力下试验，3min内应无渗漏，软管表面无起泡、龟裂现象。

10.3.3 总泵总成在加满制动液到贮油室规定的最高位置时，在制动过程中，不得发生渗油、溅油或溢油现象。

10.4 制动伺服机构

10.4.1 真空助力器

10.4.1.1 真空助力器壳体、活塞无裂损，膜片无损伤。

10.4.1.2 控制阀、控制阀推杆无弯曲、擦伤，各弹簧、弹簧座工作正常。

10.4.1.3 密封性能要求

当发动机真空度为66.7kPa时，将发动机熄火，15s内真空度下降应不大于3.3kPa。起动发动机，用196N力将踏板踏下，真空度达到66.7kPa时，将发动机熄灭，15s内真空度下降值应不大于3.3kPa。

10.4.1.4 其它的性能要求应符合生产厂规定。

10.4.2 真空增压器

10.4.2.1 真空增压器的动力缸体、辅助缸体、进气阀壳体应无裂损，油道、气道应畅通。

10.4.2.2 输出液压回零要求同步，当输入液压回零时，输出液压应随之回零，不得有明显滞后现象。

10.4.2.3 密封性能要求：

非工作状态：动力缸前室真空度为101kPa时，切断真空源，在1min内真空度下降应不大于1.33kPa。工作状态：当制动总泵输入油压达到4.9MPa时，1min内初始稳定值下降应不大于3.32kPa。

10.4.3 真空泵运转时应无不正常响声，无漏油、漏气现象。在进气口和排气口检查，吸气及排气性能应良好。

10.5 制动力调节装置的各控制阀应无泄漏，作用良好。前、后轮制动力的比值符合生产厂规定。

10.6 驻车制动器

10.6.1 中央鼓式制动器的制动鼓不得有裂纹。镗削后的制动鼓表面粗糙度应不大于 $\overset{1.6}{\checkmark}$ 。内表面圆柱度公差为0.06mm。以变速器输出轴的公共轴线为基准，制动鼓内圆面的径向圆跳动公差为0.10mm。

10.6.2 制动鼓与蹄片间隙应符合生产厂规定。制动鼓与摩擦片之间不得有任何拖滞现象。

10.6.3 驻车制动器钢丝绳不得有局部断裂现象，护套管不得有裂损、变形，钢丝绳润滑良好，不得有锈死状况。

10.6.4 轮式驻车制动器，其自动调整间隙装置应装配正确，作用良好。

11 悬挂装置及车轮

11.1 悬挂装置

11.1.1 钢板弹簧应逐片清洁除锈，视需要进行整形和热处理恢复弹性。装配时，钢板之间应涂石墨润滑脂。

11.1.2 装配好并压紧的钢板弹簧总成，在其中部，片与片之间应紧密结合，相邻两片在总接触长度1/4的长度内的间隙一般应不大于1.2mm。钢板弹簧卡子齐全，卡子两侧与钢板弹簧两侧面的间隙应为0.7～1.0mm，卡子套管与钢板弹簧顶面距离应为1.0～3.0mm，卡子的螺母应朝向车轮一侧。

11.1.3 钢板弹簧总成片数、弧高、厚高应符合原设计规定。左右钢板弹簧总厚差不大于5mm，弧高差应不大于6mm。

11.1.4 钢板弹簧与支架，吊耳与支架的两侧间隙应为0.5～1.0mm。

11.1.5 钢板弹簧销与衬套的配合间隙允许比原设计规定大0.035～0.06mm。衬套与吊耳或支架承孔的配合不得有间隙。非金属衬套必须更换。

11.1.6 减振器应密封良好，无渗漏，压缩阻力和复原阻力应符合生产厂规定。

11.1.7 螺旋弹簧应无裂损。自由状态时，长度应不小于原设计规定值的10mm。弹簧轴线直线度公差为自由长度的1.5%。端面并紧磨平的圆柱形弹簧，轴线与两端面的垂直度公差为自由长度的4%。

11.1.8 更换螺旋弹簧时，应按生产厂规定，且必须成组、成对更换。

11.1.9 独立悬挂的悬挂臂应无裂损、变形。螺孔或轴孔的同轴度公差为ϕ0.05mm。螺孔与螺套应不松旷，悬挂臂轴孔与轴套的配合应灵活，无松旷。

11.1.10 稳定杆完好应无裂损，不变形。衬套安装应符合生产厂规定。

11.2 车轮

11.2.1 轮辋不应有裂缝。以轮辋轴线为基准，轮辋外圆柱面的径向圆跳动公差及轮辐端面圆跳动公差规定如下：轿车、微型客车为0.50mm，小型客车为2mm。对于无内胎的车轮，其轮辋与轮胎的接触斜面对轮辋轴线的斜向圆跳动公差为0.50mm。轮胎螺栓承孔磨损规定如下：轿车、微型客车不大于0.50mm；小型客车不大于1.5mm。

11.2.2 车轮应经动平衡试验，其不平衡量应符合原设计规定。

12 车身与底架

12.1 骨架与蒙皮

12.1.1 车身骨架、立柱、横梁等构件局部损伤，断裂或锈蚀时允许用贴补方法加固修复，但当锈蚀面积超过单件总面积三分之一或断裂二处以上时，应更换新件。更换新件应符合原设计要求，焊缝必须平整牢固，位于外表的焊缝应予修平。

12.1.2 前后风窗框整形后用样板检验，其止口弧度的轮廓度公差规定如下：轿车为3mm，其它车型为4mm。

12.1.3 客车乘客门框对角线长度差应不大于6mm，驾驶员门框用样板检验，其线轮廓度公差为4mm。

12.1.4 客车侧窗框对角线长度差，应不大于3mm。

12.1.5 车门安装后，应关启严密，开闭灵活，不应有明显的阻轧或松动，开度应不小于60°，限位器作用应良好，关闭时与门框的缝隙应均匀，其值为6±1mm，四门轿车前后车门与前后叶子板缝隙为5±1mm，门铰链应不松动，行驶时无异响，锁止机构不得自动松脱。车门下部最低处，应有直径为10mm的流水孔1～2个。

12.1.6 发动机室盖的锁钩及操纵装置工作应正常，保险钩作用应有效，开启后保持开度不小于45°，左右高度一致，后部不得碰其它部件，铰链不变形断裂，关闭时与前围上板缝隙为7±1mm，与叶子板缝隙为5±1mm。

12.1.7 行李箱盖锁钩及操纵装置工作应有效。行李箱盖开启后不得自行下落及碰其它部件，铰链不得变形断裂，关闭时与后围板缝隙为6±1mm，与后叶子板隙隙为5±1mm。

12.1.8 外蒙皮局部腐蚀不超过单件面积的1/4时可挖补修复，否则应予更换。挡泥板、地板、踏脚板、电瓶架等易腐蚀部件应予更换，焊接时焊缝必须平服牢固。位于外表的焊缝必须修平。

12.1.9 车门、行李箱、发动机室盖、加油口盖关闭后，与车身各部曲面应圆滑过渡，转折线条贯通，外表平整。各部件相邻处高低差不大于2mm。外表不应有明显波浪，局部凹凸缺陷面积不大于300m³，深度不大于1mm，保持原车外形轮廓，左右对称，对称点高低差不大于10mm。

12.1.10 消声器与排气管应无腐蚀，破损，作用应正常，不漏气，安装牢固，行驶时不得与车身及其它部件碰擦。消声器离地面高度符合原设计规定。

12.1.11 车厢地板接缝处，叶子板内侧，挡泥板和外蒙皮内侧与骨架接缝处应涂刷沥青或防震石棉漆。

12.2 底架

12.2.1 底架纵梁，横梁，加强板及前、后保险杠均不得有断裂和严重弯曲与锈蚀。各总成支架安装孔及汽车悬挂系统部件的安装孔位置和公差应符合原设计规定。

12.2.2 底架挖补或加固时，其钢板的材质和厚度应与原车相同，并以斜口对接。

底架铆接面贴合紧密。铆钉杆应充满铆钉孔，不得偏斜；铆钉头不得有残缺、裂纹。凡原设计用铆钉的连接部位，不准用螺栓或焊接代替。

底架焊接应采用气体保护焊，且应符合焊接规范。焊缝表面不得有弧坑、烧穿、夹渣、裂纹、气孔、焊瘤或严重咬边等缺陷。

12.3 附件

12.3.1 玻璃

12.3.1.1 车辆门窗和挡风玻璃必须使用安全玻璃，并不得有破损、刮毛、霉斑等缺陷。

12.3.1.2 前后挡风玻璃不得眩目，边缘与橡胶密封条必须严密贴合，安装平服牢靠。在玻璃和密封条之间可涂防水密封胶，但不得填塞其它异物。

12.3.1.3 车门及边窗玻璃关闭时，应与四周密封件重迭3～5mm，开启轻便、灵活、关闭严密，锁止有效。

12.3.1.4 三角窗周框无腐蚀。其最大开启角度应符合原设计规定，并能在任何开启位置定位。关闭时应锁止有效。

12.3.2 车窗升降机构升降灵活，作用于手柄的力应不大于30N，定位应自锁可靠，行程应符合要求。

12.3.3 整车密封条不得老化、缺损、断裂。安装或粘接应牢固平服，与有关部件的边缘接触良好，密封可靠。

12.3.4 车内烟灰盒、杂物箱(袋)应齐全，操作灵活，关闭严密。

12.3.5 后视镜映像应清晰，调节灵活，定位自锁可靠，支架无断损，装置牢固。

12.3.6 遮阳板应无翘曲、破损，板面清洁，调节灵活，定位自锁可靠，支架装置牢固。

12.3.7 座椅架应无裂损、变形及严重锈蚀。调节机构灵活有效、锁止牢靠。座垫、靠背缝制牢固，填充物及面料应无凹陷、破损，外观色调应一致。

12.3.8 拉手或扶手应齐全，装置牢固，表面清洁无破损。安全带应完好，作用有效。

12.4 装饰件

12.4.1 车身电镀装饰件表面应光亮，无锈斑、焊疤、脱层及明显碰伤划痕。铝质装饰件应进行表面抛光、氧化或电化学处理。

12.4.2 硬质装饰件外观应平顺贴合，表面不得有划痕，锤击印或凹陷。紧固件应排列整齐，装置牢固。左右对称点高低差应不大于10mm。

12.4.3 内顶、仪表板、车门内旁板，应完好无破损变形，表面清洁。人造革包面不得老化。同一类构件的材质、颜色应全车一致。

12.4.4 内顶篷架安装牢固。软质内顶篷不得摺皱、松弛，其拼缝应与车顶纵向中心线垂直。硬质内顶板应平整，曲面过渡均匀，无凹凸变形、裂损。压条与顶板之间应密合。

12.4.5 车厢内地板铺设物应无破损腐烂，使用原车旧件时，应进行清洁、干燥处理。

12.5 油漆

12.5.1 车身骨架，底架及蒙皮内表面应进行除锈及防锈防腐处理。

12.5.2 所有油漆覆盖件涂漆前应彻底清除污垢、油渍、锈斑及旧漆层并露出金属本色。

12.5.3 腻子打磨后，表面应平整、光滑、无磨痕及划痕。

12.5.4 漆层应结合牢固，表面色泽光亮应无龟裂、皱纹、起泡、流痕污点、变色等。异色边界应分明整齐。

12.5.5 对油漆涂层的质量要求规定如下：轿车应符合JB/Z111TQ2组甲级的规定，其它车型应符合GB11380的规定。

12.5.6 不需涂漆的零部件部位，不应有漆痕。

13 电气设备

13.1 蓄电池

13.1.1 蓄电池壳体和极板应完好，螺塞及螺孔的螺纹应完好，通气孔畅通，面盖密封良好。

13.1.2 蓄电池更换极板后，应按照初次充电技术规范配制电液进行充电，充电应连续进行，充电后用高率放电仪测试，单格端电压在5s内应不低于1.75V，各单格电池的电压差不得超过0.10V，电解液比重根据地区气温条件按规定执行。

13.2 发电机及调节器

13.2.1 发电机转子的径向圆跳动公差为0.10mm，滑环的圆度公差为0.025mm，工作表面粗糙度应不大于 $\overset{1.6}{\bigtriangledown}$ ，滑环上的铜环径向厚度应不小于1.50mm，转子与定子的间隙应为 0.25～0.50mm，运转时，应无火花，无异响。

13.2.2 同一台发电机整流管同向电阻值相差应不大于 10%。整流管与元件板座应装配牢固。

13.2.3 发电机应作空转试验及额定值输出试验，其电流值和转速均应符合生产厂规定。

13.2.4 调节器应与配套的发电机联合试验，其性能应符合生产厂规定。

13.3 起动机及其驱动机构

13.3.1 电枢对其轴线的径向圆跳动应不大于 0.15mm。整流子表面光洁，其圆度公差为 0.0125～0.025mm，其对轴颈的同轴度公差为 φ0.10mm。整流子火花等级应不超过 1 级，运转应正常，无机械碰擦声。修整后铜片的径向厚度应不小于 2mm。

13.3.2 炭刷高度应不小于基本尺寸的 2/3。弹簧弹力应符合生产厂规定。炭刷与整流子的接触面积应不小于 75%。

13.3.3 驱动齿轮应不打滑，其端面与止推垫圈的间隙规定如下：刚接触转动时应为 1.5～2.5mm，完全推进时应为 0.5～1.5mm。

13.3.4 起动机应作空转特性及全制动特性试验，其性能应符合生产厂规定。其扭矩可降低 10%。

13.4 点火系

13.4.1 分电器

13.4.1.1 分电器壳及盖应无裂损。分电器轴的径向圆跳动公差为 0.05mm，轴向间隙应不大于 0.25mm。分电器轴与凸轮或转子的配合间隙应不大于 0.03mm，与衬套的配合间隙一般应为 0.02～0.04mm。分电器轴上的横销不得松动。轴下端插头或被动齿轮的磨损应不大于 0.30mm。

13.4.1.2 分电器离心调节器的离心块销与销孔的配合间隙应为 0.025～0.080mm，离心块弹簧的自由长度和弹力应符合生产厂规定，真空调节器调节性能应良好，密封有效工作正常。

13.4.1.3 分电器凸轮工作面应光洁，各项端对轴孔轴线的径向圆跳动应不大于 0.03mm。

13.4.1.4 触点式点火装置，断电器触点光洁，接触面积不小于 85%，触点厚度不小于 0.5mm，触点钢片弹簧在触点上的压力为 4.9～6.86N，触点间隙应为 0.40±0.50mm。无触点式点火装置，信号发生器与转子之间的间隙应为 0.30～0.50mm。

13.4.1.5 分电器电容器应无短路、断路和漏电现象，电容量应为 0.17～0.25μF。

13.4.1.6 分电器装合后，应在试验台上进行试验，其配电角度误差应不大于±2°，点火提前角应符合生产厂规定。

13.4.2 火花塞及点火线圈

13.4.2.1 火花塞的型号必须与发动机的性能相匹配，绝缘体不得松动、碎裂，接线螺母和承压垫圈应齐全。

13.4.2.2 火花塞间隙除生产厂有规定外，一般应为 0.7～0.8mm。

13.4.2.3 点火线圈外表应清洁，安装牢固，接线可靠，外壳完好无裂纹，工作正常，性能良好。

13.4.3 高压导线应无断裂、破损，绝缘良好，触头无烧损，阻值小于 30kΩ。

13.5 点火开关

锁芯与钥匙应配合良好，开动灵活，档位明显。

13.6 喇叭

喇叭扩音筒及盖应无凹陷和变形，音调悦耳，喇叭声级在距车前 2m，离地高 1.2m 处应为 90～105dB(A)。

13.7 仪表的表盘平整，数字清晰，表壳密封良好。仪表安装应牢固，接线无松动。表针走动应平稳，不工作时应回到原位。仪表允许误差为：

a. 电流表：　±3A

b. 水温表配用相应感传器：　±5℃

c. 车速表：　−10%～15%

　里程表：　±2%

d. 汽油表：　±10%

13.8 各类指示灯和报警灯应装备齐全工作有效。

13.9 电动刮水器及挡风玻璃清洗装置

13.9.1 电机运转应平稳，无异响。调速及定位性能应符合生产厂规定。

13.9.2 传动机构传动应灵活，无卡滞现象。刮刷工作时平稳无冲击。刮刷未刮清的水渍面积应不超过扫刮面积的 10%，且只允许在扫刮区域的边缘。

13.9.3 挡风玻璃清洗装置应齐全，工作性能良好。

13.10 照明、信号装置

13.10.1 前照灯配光性能应符合 GB4599 的规定。前照灯的使用和光束调整应符合 GB7454 的规定。

13.10.2 车辆各种灯具，均应装配齐全，并应符合 GB4785 的规定。

13.10.3 灯具应安装牢靠密封良好，灯光开关安装牢固，操作自如。

13.11 收放机及天线安装应牢固，效果良好。

13.12 电气设备安装及导线敷设

13.12.1 电气设备的安装架(托架、支架、吊架等)应完整，涂层完好，安装牢固。安装位置符合原设计规定。

13.12.2 导线规格应符合原设计规定，绝缘层无老化、破损。导线编号应清晰准确，捆扎成束，排列整齐，卡固良好，走向合理。

13.12.3 导线敷设不得折弯、拉伸和扭曲，穿过金属孔处保护套应齐全有效。

14 空调装置

14.1 压缩机及附件

14.1.1 压缩机传动皮带应无破损，主、被动皮带盘应在同一平面内，皮带张紧度应符合生产厂规定。

14.1.2 压缩机支架应牢固，支撑可靠无裂损，与发动机的连接分部必须按规定的力矩拧紧。

14.1.3 空调软管和硬管固定连接应可靠，不得碰擦其它部件，软管穿过车身部分必须有固定良好的橡胶保护套。

14.1.4 软管不得有起泡、裂纹、油渍，各接头处不得有渗漏痕迹。

14.1.5 管接头应按规定力矩拧紧。

14.1.6 冷凝器、蒸发器外表应清洁，安装牢固。冷凝器导风罩应安装良好。冷凝器和蛇形管周围不得有妨碍空气流通的障碍物。更换冷凝器后，必须在压缩机内加注适量的压缩机油。

14.1.7 压缩机离合器摩擦片表面不得有沟纹，接合应有效。离合器毂与皮带轮的间隙应为 0.16～0.31mm。

14.1.8 空调系统更换零部件或检修后，必须按规定清洗、充液、查漏，压缩机机油容量必须严格符合生产厂规定。

14.1.9 各部件之间的间隙应正常，运动部件和其它部件之间不得有干涉现象。

14.2 制冷液的加注

14.2.1 加注制冷液必须先作泄渗检查，在确定整个系统无泄漏后进行。

14.2.2 制冷液必须按生产厂规定的型号和容量加注。

14.3 系统性能要求

14.3.1 高、低温保护装置，高、低压保护装置，均应有效。其工作范围均应符合生产厂规定。

14.3.2 空调压缩机离合器，应在分离时不碰擦，接合时不打滑。压缩机运转应无异响。

14.3.3 空调系统工作时，发动机水温允许比空调系统不工作时上升 5℃，但最高水温不得超过生产厂规定。

14.3.4 蒸发箱温度调节开关和风量调节开关应有效。风扇应运转平稳，无噪声异响。

14.3.5 空调系统在生产厂规定的试验条件下，出风口温度应符合生产厂规定。若无规定，当外界温度为 35℃时，应能使车厢内外温差不小于 7℃。冷风分布均匀，风向可自由调节。

14.3.6 完成上述测定后立即停机，用高精度检漏仪检查制冷液回路，各管接头连接处年泄漏量不超过 5g，压缩机处年泄漏量不得超过 28g。

14.4 暖风装置

水暖式暖风装置的暖风水箱及水管不得渗漏。调节采暖量的水阀门和调速风机操纵有效。

15 车辆大修竣工出厂的验收

15.1 一般技术要求

15.1.1 车辆喷漆表面应色泽均匀，无裂纹、剥落、起泡、流痕等现象。刷漆部分允许有不显著的流痕和刷纹，不需要涂漆的部位不得有漆痕。

15.1.2 车身外形应平整，曲面圆顺，左右对称部位离地面高度相差应不大于 10mm。车厢内外应整洁美观。

15.1.3 车身外部金属零件应按规定进行涂漆、镀锌、镀铬或化学处理。

15.1.4 各总成和附件装车时应符合本标准有关的技术要求。车辆附属装备应按规定配齐。由于修理而增加的自重，不得超过原设计自重的 3%。

15.1.5 车辆座椅的形状、尺寸、座间距及调节装置应符合原设计要求。

15.1.6 各种管路和接头安装正确，不松动、不碰擦。电气线路应完整，包扎卡固良好。各种仪表灯光、信号、标志应齐全，工作正常。

15.1.7 所有玻璃、门窗启闭应灵活，关闭、锁止可靠，合缝匀称，挡风玻璃不眩目。

15.1.8 各部润滑应符合原设计规定。

15.1.9 转动盘自由转动量应不大于 15°。

15.1.10 离合器踏板和制动踏板的自由行程及驻车制动的有效行程应符合原设计规定。

15.1.11 前轮定位应符合原设计规定。

15.1.12 轮胎型号及轮胎充气气压应符合原设计规定。

15.1.13 各部运行温度应正常，各处无漏水、漏油、漏电、漏气现象。但润滑油、冷却液密封结合面处允许有不形成滴状的浸渍。

15.2 主要性能要求

15.2.1 发动机起动性能应符合本标准第4.12.1要求。

15.2.2 传动机构工作应正常，无异响。离合器结合应平稳，分离彻底，操作轻便，变速器换档轻便，准确可靠。

15.2.3 转向机构工作应正常，无异响，车辆行驶时应无跑偏、摆头现象。最大转向角及最小转弯半径应符合原设计规定。前轮侧滑量应不大于5m/km。

15.2.4 制动性能应符合GB7258的有关规定。

15.2.5 汽车空载行驶初速度为30km/h时，滑行距离应不小于220mm。

15.2.6 汽车以直接档空载行驶，从初速20km/h加速到40km/h的时间，轿车应小于10s。其它车型应小于15s。走合期满后，在经济车速下每百公里燃油消耗量应不高于生产厂规定。

15.2.7 车门、车窗及车身其它部位应密封良好，按GB/T12478和GB/T12480规定试验，防雨密封性轿车应不小于80%，其它车型应不少于80%，防尘密封性轿车应不小于90%，其它车型应不小于87%。

15.2.8 汽车噪声应符合GB1495的规定。

15.2.9 汽车排放限值应符合GB3842，GB3843，GB3844的规定。

15.2.10 汽车性能道路测试条件。

15.2.10.1 性能测试应在平坦、干燥、清洁的高级或次高级路面，长度和宽度适应测试要求，纵向坡度不大于1%的直线道路上，往返进行。测试数据取平均值。

15.2.10.2 除本标准规定外，其它条件参照JB3748的有关规定。

15.3 竣工验收规则

15.3.1 大修竣工的汽车，经检验合格，应签发合格证。

15.3.2 大修竣工的汽车，应在明显部件安装铭牌，其内容包括发动机和车架（车身）号码，承修单位名称，修竣出厂年、月、日等。

15.3.3 修理竣工的车辆，经送修与承修单位双方确认合格后，应办理出厂交接手续，出厂合格证和有关技术资料应随车交付送修单位。

15.4 保用条件

承修单位对大修竣工的汽车应给予质量保证，质量保证期自出厂之日起车身部分应不少于六个月，发动机底盘部分不少于三个月或车辆行驶里程不少于10000km，在此期间车辆因修理质量不良而引起的故障或损坏，应由承修单位负责保修。

附加说明：

本标准由建设部标准定额研究所提出。

本标准由建设部城镇建设标准技术归口单位建设部城市建设研究院归口。

本标准由上海市公用事业管理局、重庆市公用事业局、天津市公用局、广州市公用事业局、武汉市公用事业管理局、西安市公用事业局、大连市公用事业管理局负责起草。

本标准主要起草人：胡蔚青、刘福来、谈金楼、吉冬宝、刘国发、付　燮、冯　汉、张士分、刘　戈、严智明。

本标准委托上海市公用事业管理局负责解释。

中华人民共和国城填建设行业标准

城市公共交通车辆自动监控系统

Automatic vehicle monitoring
system for urban public transport

CJ/T 3010—93

1 主题内容与适用范围

本标准规定了城市公共交通车辆自动监控系统的功能、制式、构成、技术要求和质量指标。

本标准适用于具有固定线路的地面公共交通车辆的自动监测和调度。

2 引用标准

GB 7283 城市公共交通通信系统

GB 6280 25～1000MHz 陆地移动通信网的容量系列及频率配置

GB 4796 电工电子产品环境参数分类及严酷程度分级

GB 4797 电工电子产品自然环境条件

GB 4798 电工电子产品应用环境条件

GB 6993 系统和设备研制生产中的可靠性程序

3 术语

3.1 城市公共交通车辆自动监控系统

Automatic vehicle monitoring system for urban public transport

对公共交通车辆的运营数据进行自动监测和实时处理的调度系统。该系统由自动检测设备、通信设备和计算机组成。国际上,车辆自动监控系统常按英文缩写为 AVM 系统。

3.2 车辆定位

vehicle locating

自动采集、传输和处理　被监测车辆的位置信号,判定车辆的动态位置。

3.3 动态位置

dynamic location

运行车辆在线路上任意时刻所在的位置。

3.4 运行时刻偏离量

deviation level of operating time

在计时点(位置)上,车辆实际运行时刻与时刻表规定时刻之差。

3.5 定位信标

locating beacon

在运营线路上,为判定车辆位置而设置的标志信号装置。

3.6 车辆运营数据

operating data of vehicle

运营车辆的线路号、车号、司机号、动态位置、行驶方向、车速、里程、载客量、报警等信息。

3.7 运营图象

operating diagram

以图示法在彩色监示器上实时显示的运营线路或区段内各车辆的运营数据。

3.8 运营报表

operating report table

车辆运营数据的统计报表。

3.9 实时调度

real time dispatching

对管辖系统内所发生的事件及时发现、及时反应，以达到监视和控制这些事件的目的。

3.10 调度指令

dispatching order

以符号或标记表达调度意图的指挥命令，例如：注意时刻表、隔站停车、直达、快车、区段运行、返回、改线行驶等等。

3.11 线路调度室

line dispatching office

对一条线路的运营车辆进行综合调度的控制中心。

3.12 调度中心

dispatching centre

对系统内各线路进行综合调度的控制中心，AVM 系统的主控设备所在地。

3.13 车站服务牌

stop service board

置于运营线路车站的一种多功能的向导服务装置。

3.14 覆盖

covering

在以基地电台为中心的区域内，按一定技术条件能进行基地台与所辖分台间的通信联络。

3.15 循环查询

polling

控制中心与多个受控对象，以自动呼叫，自动应答的方式，周期性顺序进行信息交换的中央控制方法。

3.16 数据查询周期

data polling cycle

对同一受控对象，在相邻两次数据查询中，完全对应的时刻重复出现的间隔时间。

3.17 信道容量

channel capacity

在单位时间内，信道所能容纳的最大比特数，在 AVM 系统中，为一个查询周期内所能查询的最大车辆数。

3.18 可靠度

reliability

产品或系统在规定的条件下和规定的时间内，完全规定功能的概率。

3.19 线网优化

network optimization

采用优选方法，规划设计公共交通线网，以获得最佳社会效益和经济效益。

3.20 城市道路交通控制系统

traffic control system of urban roads

自动采集、传输和处理各交叉路口的车流信息，用信号灯管理和控制车流的系统。

4 系统的功能

4.1 监测车辆的动态位置；

4.2 监测车辆的载客量；

4.3 监测车辆的运行时刻偏离量；

4.4 根据车辆运营数据和运行计划，辅助选择最佳调度方案；

4.5 编制运营报表和统计曲线；

4.6 显示各线路的运营图象、运营报表和统计曲线；

4.7 调度室向运营车辆下达调度指令；

4.8 车辆报警；

4.9 车辆进入或退出系统的处理；

4.10 建立数据库，为预测客流、编制和修改运行计划、线网优化等提供依据；

4.11 与城市道路交通控制系统交换信息；

4.12 调度室与运营车辆通话等。

5 系统制式

5.1 车辆定位方式

5.1.1 里程表法

以线路始发站为原点。用电子里程表记录车辆的动态位置。为减少累计误差，在线路的适当位置设置信标，以校准里程表。

5.1.2 信标法

在线路的若干适当位置，顺序设置定位信标，以信标间距为单位记录车辆位置。

5.2 载客量检测方式

载客量检测宜采用随车采集某种模拟参数，再折算成载客量的方式。

5.3 通信组网方式

采用大区制组网。调度中心电台大面积覆盖所辖各基地台和车载台。非移动台之间也可用有线传输。

本系统由数据信道和话音信道两部分组成。

5.4 信息传递方式

调度中心计算机以循环查询方式与各车、各线路调度室和各车站服务牌交换信息。

必要时，调度中心或线路调度室与所辖各车之间经呼叫接续后通话。

5.5 调制方式

数据信道应用移频键控制(FSK)。

话音信道应用调频制(FM)。

5.6 通信网的工作方式

通信网的工作方式应为全双工或半双工制。基地台应为双工，移动台应为双工或异频单工。

5.7 频率配置

频率配置应符合 GB6280 的规定。

6 系统的构成及各主要设备的功能

本系统应由调度中心、线路调度室、车载设备、定位信标及车站服务牌等组成。区域调度体制不应设线路调度室。

6.1 调度中心设备

调度中心设备应由主控计算机、存储器、控制台、通信处理机、数传电台、话音电台、天线塔、与城市道路交通控制中心的接口设备及不间断电源等组成。

6.1.1 主控计算机的功能应符合下列要求：

a. 控制系统的运行；

b. 存储和处理运营数据；

c. 提供实时调度方案；

d. 编制运营报表和曲线；

e. 与城市道路交通控制中心交换信息等。

6.1.2 控制台应由操作键盘、彩色监视器、打印机及绘图仪等组成。其功能应符合下列要求：

a. 实时显示各线路或区段上全部车辆的运营图象；

b. 显示和打印运营报表和曲线；

c. 用调度指令进行实时调度；

d. 必要时，与各线路调度室及各车载电台之间的通话呼叫等。

6.1.3 查询方式的通信处理机和数传电台，其功能应符合下列要求；

a. 收集各车的运营数据，并送至主控计算机；

b. 将主控计算机处理后的数据或调度指令发至各车、各线路调度室和各车站服务牌。

6.1.4 计算机控制的话音电台，其功能应符合下列要求：

a. 调度中心对各线路调度室的呼叫；

b. 各线路调度室对本线路各车的呼叫；

c. 各车对本线路调度室的通话请求；

d. 各线路调度室对调度中心的通话请求和接续后限时通话。

6.1.5 与城市道路交通控制中心的接口设备应实现系统间的信息交换。

6.2 线路调度室设备

线路调度室是调度中心设备的一个用户终端。应由微处理机、控制台、数/话两用电台及不间断电源等组成。

6.2.1 微处理机的功能应符合下列要求：

a. 控制电台的收、发及数、话自动转换；

b. 从调度中心接收本线路各车的运营数据；

c. 处理和存储数据；

d. 提取实时调度方案；

e. 向各车发出调度指令；

f. 提取运营报表和曲线；

g. 对通话呼叫的处理等。

6.2.2 控制台应由键盘、彩色监视器及打印机等组成。其功能应符合下列要求；

a. 实时显示本线路各车的运营图象；

b. 显示和打印运营报表和曲线；

c. 用调度指令进行实时调度；

d. 必要时，与本线路各车及调度中心之间的通话呼叫或应答等。

6.3 车载设备

车载设备应由微处理器、控制面板、电子里程表、标志信号接收器、载客量检测装置、数/话两用电台、报警装置及稳压电源等组成。

6.3.1 微处理器的功能应符合下列要求：

a. 从各传感器中采集本车的运营数据并作预处理；

b. 接受调度中心的查询，控制车载电台的收、发转换；

c. 将本车的运营数据发至调度中心；

d. 将调度中心发来的反馈信息或调度指令送至控制面板；

e. 对通话呼叫的处理等。

6.3.2 控制面板应由操作键、指示灯和字符显示器组成。其功能应符合下列要求：

a. 进入或退出系统的运行；

b. 置入本车的线路号、车号、司机号；

c. 显示本车的位置和载客量；

d. 显示运营时刻偏离量；

e. 显示调度指令；

f. 请求通话；

g. 报警等。

6.3.3 电子里程表在车辆运行时产生电脉冲，其脉冲数应与车轮转数成正比。

6.3.4 标志信号接收器应在车辆经过定位信标时，接收标志信号，以校准电子里程表。

6.3.5 数/话电台应在微处理器的控制下传输数据，必要时转为通话。

6.4 定位信标

定位信标应由信号发生器、编码器和浮充电池等组成。其功能是发射标志信号。

6.5 车站服务牌

车站服务牌应由数据接收器、译码器、显示器和电源等组成。主要功能是显示即将到达本站的车辆的位置和预计候车时间等。

7 系统设备的主要技术要求

7.1 计算机的存储处理能力

7.1.1 主控计算机的存储器应存储本系统的全部运行时刻表、全天的运营数据、全月的统计数据以及各种控制程序、调度方案、调度指令等。在一个查询周期内应将各车的最新数据处理完毕。

7.1.2 线路调度室微机应存储本线路的全部运行时刻表全天的运营数据和全月的统计数据等。

7.1.3 车载微机应存储本车全天的运营数据和一个查询周期内各传感器的全部原始数据。

7.2 本系统主要通信设备的技术需求，应符合 GB7283 的有关规定。

7.3 天线

7.3.1 调度中心和车载电台应为全向天线；线路调度室、定位信标和车站服务牌宜用定向天线。

7.3.2 非移动台的天线应避开高层建筑和强电磁干扰源。

7.4 供电电源

7.4.1 调度中心和线路调度室设备应用市电 50±1Hz、220±10%V 的电源。宜采用双路供电，并有断电保护措施。

7.4.2 车载设备应由车用电源系统供电，标称电压为 12V 或 24V。当电源电压在 10.8～15.6V 或 21.6～31.2V 范围内变化时，各种设备应正常工作。当电压为 18V 或 36V 时，设备不应损坏。当电压低于 10.8V 或 21.6V 时，不应丢失数据。应有电源干扰抑制措施。

7.4.3 定位信标的浮充电池应由市电整流充电或太阳能电池充电。

7.4.4 车站服务牌应由市电或蓄电池供电。

7.5 环境条件

系统设备的环境条件应按照 GB4796、GB4797 和 GB4798 的有关规定确定。

7.5.1 中心调度室应有较好的环境防护措施，环境参数为温度、湿度，其严酷级为 3K1 级。

7.5.2 线路调度室应有环境防护措施环境参数和严酷等级应为：温度、湿度 3K2 级，砂尘 3S2 线。

7.5.3 定位信标、车站服务牌、调度室天线等室外设备的环境参数和严酷等级应为：温度、湿度、降水、太阳辐射 3K3 级，砂尘 3S3 级。

7.5.4 车载设备的环境参数和严酷等级应为：温度、湿度、太阳辐射、溅水 2K3 级，砂尘 2S3 级，振动 2M3 级。

7.5.5 化学污染环境中使用的设备，应有防化学环境的要求。

7.6 系统设备均应避免较强的电气和电磁干扰环境。

7.7 设备的可靠性

本系统的各独立功能设备，均应有可靠度、平均无故障工作时间及可靠寿命等要求。

8 系统的特征参数和主要技术指标

8.1 系统容量

系统容量应由本系统拥有的车辆数决定，并纳入本系统的各级调度室，折合为车数计算。

8.2 覆盖半径

覆盖半径应由系统的运营线路网的分布和调度中心的位置决定。大城市的覆盖半径以 15～20km 为宜。中、小城市以 10～15km 为宜。

8.3 数据查询周期

数据查询周期的取值，应保证车辆在相邻两站之间行驶时(不包括停站时间)被查询不小于一次。

8.4 数字传输速率

数字传输速率的取值，应保证在查询周期内完成全系统的信息交换，其优先选用的系列应符合下列规定：

1200，2400，4800bit/s

8.5 定位精度

里程表法的定位误差应不大于±100m。

信标法的定位误差应不大于$\pm\frac{1}{2}$平均站距。

8.6 载客量测量误差

车内载客量可以计乘客人数，也可分档表示满载率。其满载误差应不大于±10％。

8.7 全系统的时钟应与中心计算机的查询码同步，中心计算机的时钟应受标准时信号校准。

8.8 运行时刻偏离量应以“分”为计量单位，其负值为超前，正值为滞后。

8.9 传输质量应符合 GB7283 的有关规定。

8.10 误码率不应大于 10^{-6}。

8.11 系统的可靠性

8.11.1 系统研制和生产中的可靠性工作，应符合 GB6993 规定的程序。

8.11.2 系统的可靠性指标：

a. 可靠度；

b. 平均无故障工作时间；

c. 可靠寿命等。

8.11.3 系统的维修，应在对系统无需求的时间内进行。

附 录 A
系统框图和信息流程图
（参 考 件）

A1 AVM 系统框图

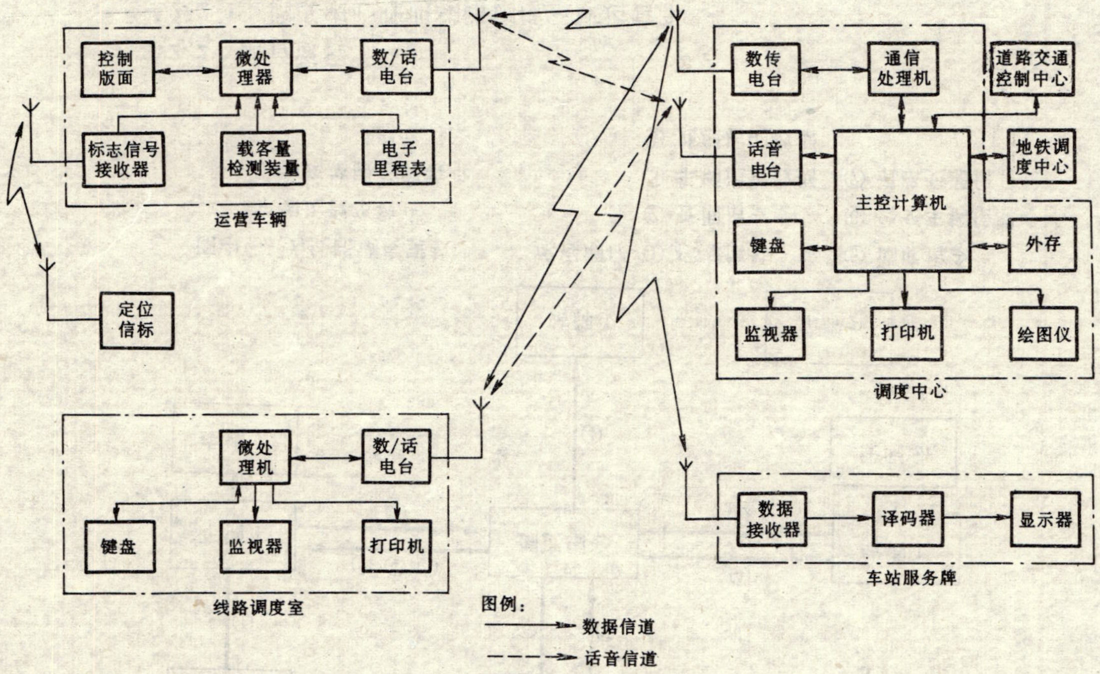

A2　信息流程图

A2.1　数据流程

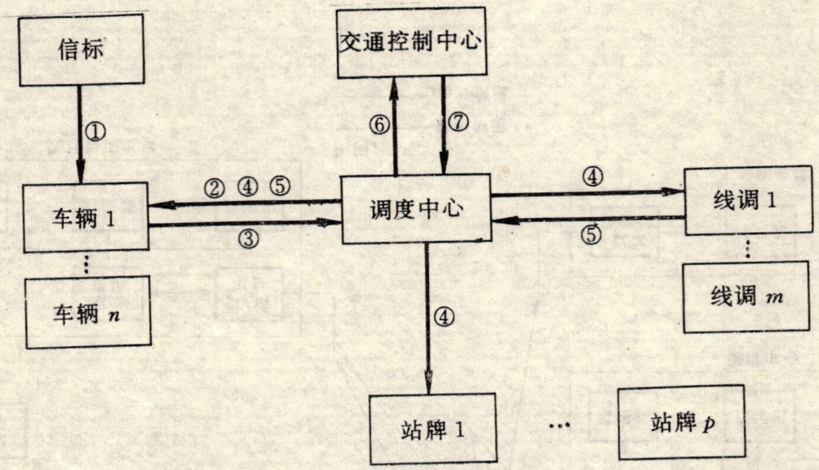

图中：m 为线路调度室数
n 为运营车数
p 为车站服务牌数

流程顺序：① 标志信号
② 查询指令
③ 车辆运营数据
④ 处理后的数据
⑤ 调度指令
⑥ 公交车辆信息
⑦ 道路交通信息

A2.2　话音流程

A2.2.1　调度中心呼叫线路调度室或运营车

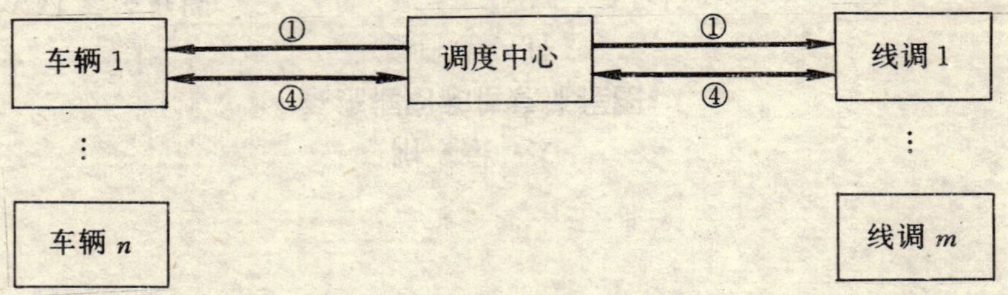

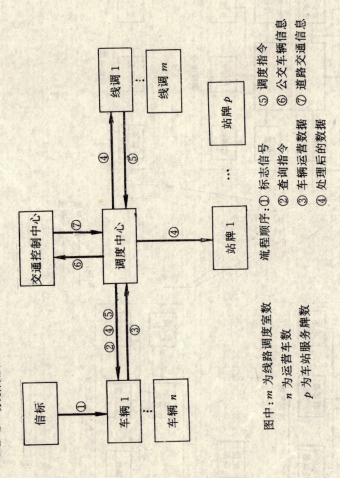

A2.2.2　线路调度室或运营车呼叫调度中心

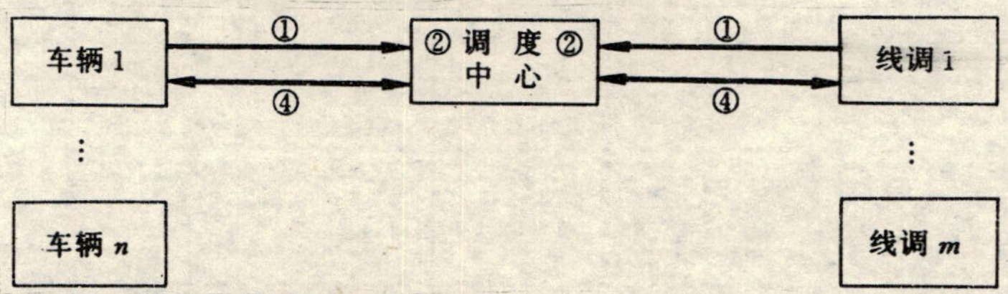

A2.2.3　线路调度室呼叫运营车

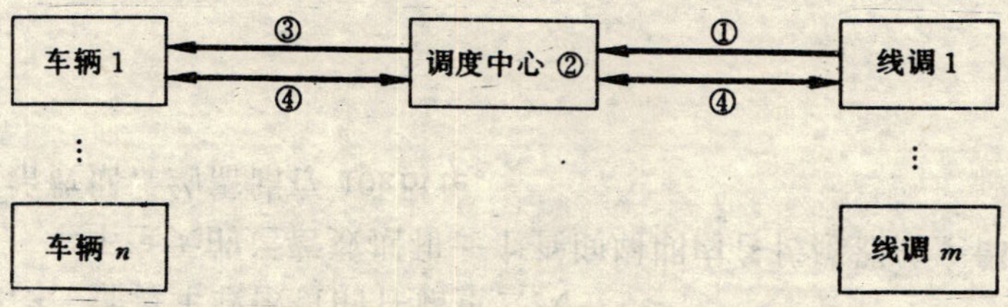

A2.2.4　运营车呼叫线路调度室

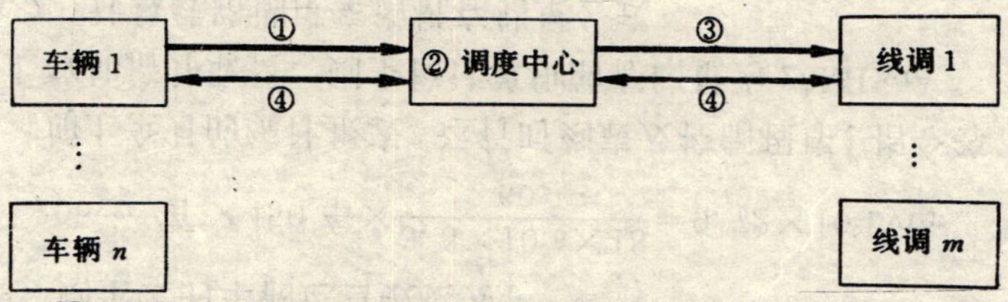

A3　车辆报警

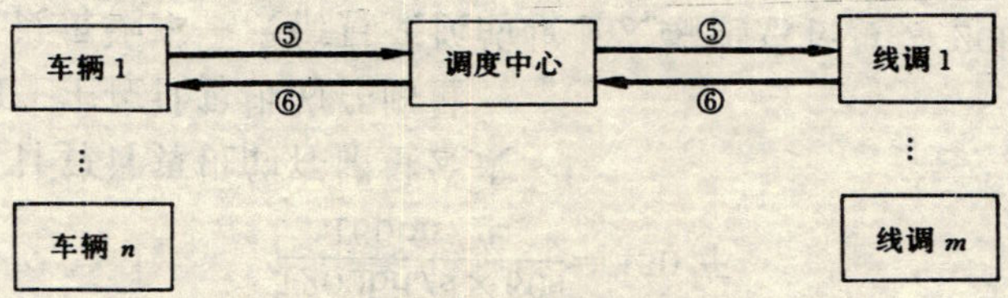

图例：① 选呼　② 优先级判定
③ 选呼　④ 通话
⑤ 报警　⑥ 报警回铃

附　录　B

主要参数的推荐值

（参　考　件）

B1　运营数据的编码格式和位数（bit）应符合表B1的规定。

表B1

数 据 内 容	中心→车辆	车辆→中心
引 导 码	16	16
同 步 码	8	8
线 路 号	8	8
车 号	8	8
司 机 号		2
运行方向		1
车辆位置		8
时刻偏离	6	
载 客 量		3（或8）
通话请求		1
允许通话	1	
车辆报警		1
报警回铃	1	
调度指令	8	
其 他	16	16（或11）
校 验 码	8	8
合 计	10 byte	10 tyte

B2　计算数据查询周期公式

设平均车速为30km/h，平均站距为500m，则数据查询周期应取：

$$\frac{500m}{30\times10^3m/3.6\times10^3s}=60s$$

B3　计算信道容量公式

设数传速率为1200bit/s，查询周期为60s，每辆车一次信息交换的收、发编码总长度为160bit/车，则信道容量应为：

$$\frac{1200\text{bit/s}\times 60\text{s}}{160\text{bit/车}}=450\text{车}$$

B4 计算计算机的存储量公式

B4.1 主控计算机的存储量

设每辆车一次信息交换的收、发编码总长度为20byte/车，信道容量为450车，全天工作时间为18h，查询周期为60s，则全天的车辆运营数据为：

$$20\text{byte/车}\times 450\text{车}\times\frac{3.6\times 10^3\text{s}\times 18}{60\text{s}}=9.72\times 10^5\text{byte}$$

加上全月的统计报表、运行时刻表及控制程序、指令等，将上数加倍并取整，则主控计算机的存储量为20MLyte。

B4.2 计算线路调度室微机存储量公式

按50辆车计算，约需存储2Mbyte。

B4.3 计算车载微机的存储量公式

本车全天的运营数据和一个查询周期内各传感器的全部原始数据，约需储存40kbyte。

附 录 C
AVM系统可行性研究的基本内容
（参 考 件）

C1 问题的提出

利用AVM系统解决本市公共交通车辆运营管理问题的必要性和可能性。

C2 国内外车辆调度通信系统的发展和目前水平。

C3 本市公路交通的现状及发展规划。

主要道路和路口的通过能力，车流量及车速的分布，客流量分布等。

C4 本市公共交通的结构、规模、运力、运量、组织机构、运营、管理、人员素质、经济效益等概况。

C5 公交企业现有通信设备及其使用情况。

C6 公交电台的辐射场强、通话效果及干扰场强的测试。

C7 选择骨干线路作AVM系统的示范工程，并拟出发展规划的设想。

C8 选择系统的制式，确定系统的结构和信息流程。

C9 确定总体技术要求和可靠性指标。

C10 在运营线路上作通道试验。

C11 设备估价和工程概算。

C12 社会效益和经济效益的分析。

附 录 D
系统的验评标准
（参 考 件）

D1 系统的功能应符合下列要求：

D1.1 监测车辆的动态位置；

D1.2 检测车辆的运行时刻偏离量；

D1.3 编制和打印运营报表和曲线；

D1.4 车辆报警；

D1.5 车辆进入或退出系统的处理；

D1.6 调度室与运营车的通话。

D2 系统的技术要求

D2.1 系统的主要指标应符合下列要求：

a. 定位精度：里程表法误差不应大于±100m；

信标法误差不应大于$\pm\frac{1}{2}$平均站距。

b. 载客量精度：满载误差不应大于10%。

c. 误码率：不应大于10^{-6}

d. 查询周期：不应大于60s

D2.2 主要设备的技术参数

a. 中央处理机：存储容量不应小于20M byte

b. 无线数传设备：传输速率不应低于1200bit

c. 车载微机：存储容量不应小于60k byte

D2.3 系统主要设备之间的接口应符合下列要求：

D2.3.1 数据终端设备（DTE）与数据通信设备（DCE）之间应采用CCITT V24建议主要接口线标准。

D2.3.2 主控计算机与通信处理机的接口，应采用微处理机连接。

D2.4 供电电源应符合7.4条的规定。

D2.5 环境条件应符合7.5条的规定。

D3 系统的可靠性应按8.11条考核。

附加说明：

本标准由建设部标准定额研究所提出。

本标准由建设部城镇建设标准技术归口单位建设部城市建设研究院负责归口。

本标准由北京市公共交通研究所负责起草。

本标准主要起草人：杨大忠、杨身则、庄永礼、杨天全、李明远、蒋瑞清、张自明。

本标准委托北京市公共交通研究所负责解释。

中华人民共和国城填建设行业标准

无轨电车供电网规划和设计

Project and design of power supply network for trolleybus

CJ/T 3011－93

本标准参照采用国际标准 IEC 913《电力牵引架空线路》（1988 年）。

1 主题内容与适用范围

本标准规定了在城市建设总体规划中，有关无轨电车工程的规划导则、协调要求以及线网专业技术设计标准。

本标准适用于城市建设总体规划、城市无轨电车工程中供电网规划和线网设计。轨道交通中相应的供电网部分可参照使用。

2 引用标准

GB 5951 城市无轨电车和有轨电车供电系统。

GB 12178 城市无轨电车和有轨电车供电网电杆。

3 术语

3.1 无轨电车供电网

专为无轨电车传输电能的供电网络。

3.2 触线

以滑动接触方式向电车集电装置供电的导线。

3.3 触线网

由触线及其组件所组成的网络。

3.4 馈线

从电车整流站向触线网输送电能的导线。

3.5 馈线网

由馈线及其组件所组成的网络。

3.6 无轨电车架空线网

由馈、触线网所组成为无轨电车馈供电能的网络。

3.7 重复线

两条及两条以上运营的无轨电车线路共用的触线线路。

3.8 避让线

在行车停靠站点处设置互相避让的触线线路。

3.9 触线定位

按电车行驶轨迹对正、负触线中心线位置的设定。

3.10 电车行驶轨迹

指电车理想行驶路线的中心线。

3.11 脱线

无轨电车在行驶中集电装置脱离触线的现象。

3.12 横绷线支承形式

以电杆和横绷线做支承的形式。

3.13 单臂梁支承形式

以电杆和装于其上的管梁做支承的形式。

3.14 斜摆悬吊型式

以平行四边形斜摆悬吊器，使触线在纵向平面悬吊成“之”字形的悬吊型式。

3.15 链式悬吊型式

以链式悬吊触线的型式。

3.16 硬性悬吊型式

触线网不具有或基本不具有弹性结构的悬吊型式。

3.17 蝙蝠拉铁悬吊型式

触线网采用管、排等悬吊较大曲折角弯道触线和衔接枢纽组件的悬吊型式。

3.18 张力

馈、触线断面上所承受的力。

3.19 垂度

馈、触线下垂点与其相邻两悬吊点连线间在铅垂方向上的最大距离。

3.20 斜垂度

在不等高悬吊情况下与两悬吊点联线相平行的触线悬链曲线上的切线，其切点与两悬吊点连线间铅垂方向的距离。

3.21 跨距

相邻两悬吊点所做两平行垂线之间的距离。

3.22 杆距（档距）

相邻两电杆中心之间的距离。

3.23 架空触线线路坡度

触线或其它滑磨体的两个相邻悬吊点对路面的高度差与跨距长度的比率。

3.24 锚线

用以锚定和平衡触线张力的装置。

3.25 馈电引线

馈线与触线之间的连接线。

3.26 联络馈线

不同整流站并馈或互为备用的馈线。

3.27 均压线

均衡触线网中相同极性触线之间电压值的横向连接线。

3.28 悬吊器

由绝缘子和线夹板等组成的悬吊触线的各式组件。

3.29 横绷线

横向悬吊触线的绞索。

3.30 链线

纵向悬吊触线的绞索。

3.31 分线器

架空触线线路由一条线路分岔为两条线路所架设的触线网组件。

3.32 并线器

架空触线线路由两条线路合并为一条线路所架设的触线网组件。

3.33 交叉器

在两条架空触线线路交叉处所架设的触线网组件。

3.34 枢组组件

分线器、并线器及交叉器等组成件的总称。

3.35 分段绝缘器

衔接相邻馈电区段的架空触线线路，以使电气上隔离的绝缘组件。

3.36 单臂梁

悬吊触线的单侧悬臂管梁支承组件。

3.37 馈线横担

在电杆上用以支承架空馈线组件的梁。

3.38 馈电箱

装有馈线电缆封端和刀开关的箱柜。

3.39 港湾式车站

在马路的一侧拓宽局部路面设置的车站。

4 规划导则

4.1 在城市总体规划中，无轨电车工程应和城市用地、电力配制、交通路网规划、绿化岛带、桥梁涵洞设施、主要建筑以及管、线敷设等工程项目相互协调配合、综合考虑。

4.2 无轨电车工程含有整流站，馈、触线网，电车供电所，保养、停车场（厂），站点设施以及管理、生活设施等系统，应完整配套。

4.3 无轨电车具有无污染、低噪声、起动加速性能好和符合国家能源政策等优点。在大、中城市公共交通中应推荐采用和发展。

4.4 发展无轨电车线路网的规划应根据客流预测确定，充分考虑运营的经济性和发挥社会服务效益。

4.5 无轨电车线路应与火车站、地铁、码头以及其它交通等枢纽设施紧密衔接，以方便乘客转乘。

4.6 无轨电车架空线网架设的基本条件

4.6.1 在无轨电车线路所行经的道路、绿化岛带与设施，应具备立杆、线缆、预留预埋位置等要求，并应在施工中协调配合。

4.6.2 人行道从侧面起1m范围内，其它管、线设施不应纵向连续占用。

4.6.3 在火车站、地铁和码头等交通枢纽出入口处，应满足竖立电杆的要求。

4.6.4 立交、人行天桥应考虑预留电车电杆或埋置吊锚装置。

4.6.5 在不影响建筑物的安全情况下，触线网应尺可能利用道路两旁的建筑物作支承。

4.6.6 道路行车宽度超过40m，不宜架设无轨电车触线网。

4.6.7 桥梁长度超过40m或桥顶与桥堍的标高差超过0.30m，建桥时应在桥上预留竖立电杆和敷设电车电缆的位置。

4.6.8 无轨电车架空馈线与电力架空线应在道路两侧分别架设，电车架空馈线宜设在路东、路南侧。

4.7 无轨电车通行的道路条件

4.7.1 道路纵向坡度不宜大于70‰。

4.7.2 在设计有通道车行驶的道路，弯道处道路中心线弯曲半径不足13m，同时行车宽度不足9m，而交会内侧路端线的半径不到7.5m的地方不得架设无轨电车线路。

5 协调

5.1 无轨电车工程和城市建设其它基础设施之间的协调。

5.1.1 电车整流站

5.1.1.1 无轨电车整流站的位置应接近触线网用电负荷中心。馈电距离应根据负荷大小、馈线网的配置、触线网区段的划分综合考虑，远近结合。要重视供电系统整体的可靠性和技术经济的合理性。

5.1.1.2 无轨电车整流站应具有两路不同变电所供给的高压交流10kV进户电源。

5.1.1.3 无轨电车整流站选择用地时，应考虑运输、接地装置安装位置、供排水设施、电缆敷设出入位置以及土建、街景、消防、绿化等要求。

5.1.1.4 无轨电车整流站的型级及面积应符合 GB5951 的规定。

5.1.2 停车、保养场（厂）

5.1.2.1 停车、保养场（厂）的选址原则应接近车辆运行线网的重心处为宜。

5.1.2.2 停车、保养场（厂）的用地可按每辆标准车用地不小于 220m^2 综合计算。

5.1.3 首末站和中途区间回车站

5.1.3.1 无轨电车首末站的规模应根据线路条数、所配运营车辆总数来确定。同时应考虑车辆转弯时的偏线距和不小于 11m 的电车回转半径以及架设触线网的可能性。用地面积一般为每辆标准车 90～100m^2。中途区间回车站也应考虑独立的车站设施。

5.1.3.2 中途站以港湾式为宜。

5.1.4 绿化树枝与馈、触线之间的距离

绿化树冠或枝叶与馈、触线间的距离应不小于 1m。

5.1.5 净空界限

5.1.5.1 触线下方移动体的界限高度超过 4m 时，也应事先向电车单位提出申请，要求派车护送通过。对于双层公共汽车，也应事先商定。

5.1.5.2 桥梁涵洞净空高度应不低于 5.40m。

5.1.5.3 其它工程设施（包括电力、电讯、交通信号等线、缆、管）跨越触线，其离地高度必须保持 9m 以上，低于 9m 的线、缆、管等应加装防护物，以免电车集电杆脱线时招致损坏，有条件的以走地下为宜。

5.1.5.4 无轨电车线路沿线的配电变压器、电缆头、刀闸、裸导线、霓虹灯广告、招牌等装置，当电车集电杆脱线时，有可能触及的部位，应移位或加装防护设施。

5.1.6 市政建设、交通管理与架空线网配合

由于市政建设以及交通管理等需要，要求架空线网和站点做配合改动时，不论是永久性或临时性改动，应事前与电车部门联系，采取措施、制订配合计划，并应按本标准有关章条规定执行。

5.2 无轨电车供电网和公交运营之间的协调

5.2.1 一条运营线路可根据客流断面的需要和运营调度的方便设置区间回车线，并以不超过两处为宜。

5.2.2 在重复线下运营的电车线路，以不超过两条线路为宜。在 1km 内的重复线段也不应超过 3 条。

5.2.3 重复线区段内重点站的停靠站可设置避让线。

5.2.4 在无轨电车运营线路中，架空触线不应超过 8 条。

5.2.5 保养场（厂）门口、路口或其它交通枢纽处，触线网不宜过于复杂。对于交叉枢纽组件超过 10 组的复杂地区，可采取分散架设方法解决。

5.2.6 分线器架设位置以不小于进入路口停车线前 100m 和不小于进入停靠站前 40m 处为宜。

5.2.7 分线器与并线器不得架在同一横绷线或同一单臂梁下，也不可设在弯线中部。

5.2.8 在无轨电车运营线路中 30m 单程以内不可连设两组分线器、两组并线器或一组分线一组并线器。

5.2.9 分段绝缘器架设位置，以架设在进入停靠站前 50m 处的平顺直道上为宜。并应满足合理馈供电和便于供电调度的管理。

5.2.10 馈供电计算应满足电车运营的需求，但每条线路最高配车数，不应超过计算允许值的极限。

5.2.11 在无轨电车非运营时间内，必须有停电时间，以满足架空线网的保修。

6 馈、触线网装置的一般规定

6.1 电压

6.1.1 系统直流标称电压为750V或600V。

6.1.2 系统电压变化极限见表1。

电压变化极限 **表1**

直流系统	电压		
	最低值	标称值	最高值
	500	750	900
	400	600	720

注：对未来建造的无轨电车道的直流牵引系统，明确建议该系统的电压应为750V。

6.2 馈、触线悬吊高度

6.2.1 架空馈线支承点离地面高度不得低于7m。

6.2.2 悬吊点处触线或其它滑磨体的离地标准高度：

路段 $5.50^{+0.00}_{-0.30}$m、路口 $5.30^{+0.10}_{-0.20}$m，在同一挡每对悬吊处正、负触线（或滑磨体）的水平高度差不得超过0.05m。

6.2.3 与铁路平交时，触线离轨顶高度不低于5.5m。如需超过该值时，则由双方协商解决。

6.2.4 未绝缘的馈线和触线或其它滑磨体离地的最小高度：专用道时为4.40m，非专用道时为4.80m。

6.2.5 要求每个悬吊点处触线或其它滑磨体离地高度应尽可能相同。如果由于局部条件（隧道涵洞）等原因，需要改变触线高度时，应以适当的坡度满足速度的要求，并在任何情况下坡度不应超过10‰。

6.3 馈、触线排列

6.3.1 馈线排列顺序应按靠人行道侧为负线，靠道路中心为正线。

6.3.2 触线以行车方向左侧为正线、右侧为负线的排列顺序进行布线。

6.4 馈、触线间距

6.4.1 馈线间距

架空馈线间距应不小于0.30m，以0.45m为宜。

6.4.2 触线间距

6.4.2.1 正、负触线悬吊点处的标准间距：直道为0.60m，弯道及交叉处为0.70m，允许施工的误差值均为0.20m。

6.4.2.2 直道相邻两对触线中心线的间距应不小于1.30m。

6.4.2.3 弯道相邻两对触线中心线的间距应不小于1.40m。

6.5 触线定位

正负触线间的中心线定位应符合电车行驶的轨迹要求，以避免脱线和触线畸形磨损。

6.5.1 直道触线应定位在电车行驶轨迹左右1.25m以内。

6.5.2 弯道触线应定位在电车行驶轨迹的内侧1.00～2.50m处。

6.5.3 平行支线触线应定位在电车行驶轨迹左右1.50m以内。

6.5.4 停站处触线应定位在电车行驶轨迹左右3.5m以内，其它特殊情况下，应定位在4m以内。

6.5.5 直道和弯道汇合处触线定位应当逐步调整。

6.6 支承形式

6.6.1 横绷线支承

6.6.1.1 横绷线支承可在斜摆悬吊、硬性悬吊、弯道和交叉枢组处采用。

6.6.1.2 对于道路行车宽度较宽，行车触线较多的线路，可采用横链式绷线支承或将往返程的触线各自以单独的横绷线做支承。

6.6.2 单臂梁支承

6.6.2.1 单臂梁架设可在链式悬吊、斜摆式悬吊和硬性悬吊中采用，不适于弯道内侧触线曲折角较大处和路口触线网较复杂处采用。

6.6.2.2 单臂梁在无载安装时，应有一定的上翘度，一般以1/75为宜，有载时应基本保持水平，不应向下倾斜。

6.7 悬吊型式

6.7.1 弹性悬吊型式

触线网应根据道路和气象等条件，可选取斜摆式或链式弹性悬吊型式。

6.7.2 硬性悬吊型式

硬性悬吊适用于枢纽组件的定位、桥梁、涵洞、场区、车库和弯道等高度受限制处，不适用于长区段触线网架设。

6.7.3 蝙蝠拉铁悬吊型式

枢纽组件衔接处和触线曲折角较大的弯道应采用蝙蝠拉铁悬吊型式。

6.8 馈、触线网绝缘。

6.8.1 馈线对地为单级绝缘。

6.8.2 正、负触线之间，必须采用双级绝缘。

6.8.3 触线及导电组件与电杆和其它支承件之间必须采用双级绝缘。

6.8.4 馈、触线网在多雷区污染严重等特殊环境下应采用加强绝缘。

6.8.5 单级绝缘的绝缘子和双级绝缘每个绝缘子的试验电压值应符合下列规定：

干燥时耐冲击的电压为10～20kV（峰值）：

绝缘子垂直安装时，工频1min耐雨淋的电压为5～10kV（有效值）。

6.8.6 馈电区段内馈、触线网总体绝缘：晴天应不小于1MΩ，雨天应不小于0.20MΩ。

6.9 电杆位置

6.9.1 电杆宜竖立在人行道处，杆中心距侧右边0.50～0.80m处，也可竖立在绿化岛带或路口环岛上。

6.9.2 电杆的竖立，应使其在永久负载作用下基本垂直。不应向道路中心倾斜。

6.10 锚线

6.10.1 架空触线线路的起终端处、分并线支线处和链线的分段处应设置锚线。

6.10.2 架空触线线路中间，根据运营需要可在适当位置设置锚线。

6.10.3 对厂区、桥梁、弯道和其他特殊地区线路可根据需要设置锚线。

6.11 触线均压线

触线均压线的间隔应根据计算确定。一般以每隔500～1000m设一处为宜。

6.12 馈线敷设

馈线敷设可采取架空和地下两种方式，地下敷设时宜采用电缆沟，不具备电缆沟条件时可直埋。

6.12.1 架空馈线与其它线路和非带电体之间的距离应符合表2的规定。

架空馈线与其它线路和非带电体之间的距离　m　表 2

项　目	最小距离
与 1～10kV 高压线垂直距离	2
与 400V 低压交流电线	1.0
与广播、电信等其它线路垂直距离	1.2
跨越公路铁路时距地面高度	7
跨越房屋时垂直距离	2.5
与房屋凸出部分净距	1

6.12.2　架空馈线跨越触线网时，其离地高度必须保持在 9m 以上。

6.12.3　地下馈线电缆与其它设施之间的距离应符合表 3 的规定。

地下馈线电缆与其它设施之间的距离　m　表 3

序号	项　目		最小净值 平行时	最小净值 交　时
1	电力电缆间及其与控制电缆间	(1) 10kV 及以下	0.10	0.50 (0.25)
		(2) 10kV 及以上	0.25 (0.10)	0.50 (0.25)
2	不同使用部门的电缆间		0.50	0.50
3	热力管（管沟）及热力设备		2.00	(0.50)
4	油管道（管沟）		1.00	0.50
5	可燃气体及易燃液体管道（管沟）		1.00	0.50 (0.25)
6	其它管道（管沟）		0.50	0.50 (0.25)
7	铁路（平行时与轨道，交叉时与轨底）		3.00	1.00
8	公路（平行时与路边，交叉时与路面）		1.50	1.00
9	电气化铁路路轨	交　流	3.00	1.00
		直　流	10.00	1.00

续表

序号	项　目	最小净值 平行时	最小净值 交　时
10	建筑物、构筑物基础（边线）	1.00	
11	电杆基础（边线）	1.00	

注：① 表中所列净距，应自各种设施（包括防护外层）外缘算起。
② 表中括号内数字，是指局部地段电缆穿管，加隔板保护或加隔热层保护后允许的最小净距。

6.12.4　严禁将电缆平行敷设于管道的上面或下面。

6.12.5　电缆在电缆沟内敷设的规定

6.12.5.1　敷设在电缆沟及室内的电缆应采用裸铠装、非易燃性外护层电缆或剥除麻护层。

6.12.5.2　电缆沟应采取防水措施，其底部应做坡度不小于 0.5%的排水沟。

6.12.5.3　在电缆沟内敷设电缆时的最小净距：

水平敷设时应不小于电缆外径。

垂直敷设时应不小于 0.20m。

6.12.6　直流电缆的规定

6.12.6.1　直埋地下电缆，应选铠装电缆。在电缆敷设沿途有可能使电缆受到机械性损伤，化学作用、地下电流、振动、热影响、腐植物质、虫鼠等危害地段，应采取保护措施。

6.12.6.2　电缆在室外直埋敷设的深度不应小于 0.70m，穿越农田时不应小于 1m。在寒冷地区，电缆应埋设于冻土层以下，当无法深埋时应采取措施，防止电缆受到损坏。

6.12.6.3　直埋电缆上下须铺以不小于 0.10m 厚的软土或沙层，并盖以混凝土保护板或砖块，其覆盖宽度应超过电缆两侧各 0.05m。

6.12.7　电缆在桥梁上敷设的规定

6.12.7.1 敷设在经常受震动的桥梁上的电缆，应有防震措施。桥墩两端和伸缩缝处的电缆，应留有松弛部分，以防由于温度变化时结构胀缩而使电缆受到损坏。

6.12.7.2 敷设于木桥上的电缆应穿在铁管中，敷设于其它结构的桥上电缆，应放在人行道下的电缆沟中或穿在耐火材料制成的管道中。如无人接触，电缆也可裸露敷设在桥上，但应避免太阳直接照射，必要时可加装遮阳罩。

6.12.8 电缆穿管保护

6.12.8.1 电缆通过有振动和承受压力的地段应穿管保护，管的内径不应小于电缆外径的1.5倍，且不得小于0.10m。

6.12.8.2 电缆引入和引出建筑物和构筑物基础，所穿保护管应超出建筑散水坡0.10m。

6.12.8.3 电缆横过城市街道、铁路、公路和可能受到机械损伤等地段，保护管应伸出路基两边各2m；伸出排水沟0.50m和伸出城市街道车道路面2m。

6.12.8.4 电缆距地面2m至地下0.20m处和行人容易接触可能受到机械损伤的地方，应加以保护。

6.13 大气过电压保护

馈、触线网应根据地区雷电活动强度和频率、线路环境条件和线路绝缘水平装设避雷装置。其接地电阻应不大于10Ω。

7 馈、触线网的主要材料与组成件

7.1 馈、触线网材料

7.1.1 馈线选择

7.1.1.1 架空馈线宜用240mm² 硬铜绞线或400mm² 铝绞线。

7.1.1.2 电缆宜用300mm² 铜芯电缆或500mm² 铝芯电缆。

7.1.2 触线选择

7.1.2.1 触线宜选用85mm² 或100mm² 双沟槽型硬铜触线，也可选用与上述截面和性能等效的合金导电材料。

7.1.2.2 85mm² 触线的抗拉强度应不低于353MPa，100mm² 触线的应不低于343MPa。

7.1.3 线索

7.1.3.1 单股线以选用直径为2.00～6.00mm之间镀锌铁线为宜。

7.1.3.2 多股线以选用7×2.00～7×2.60mm之间的镀锌钢绞线和其它防蚀层的钢绞线为宜。

7.1.4 绝缘子

7.1.4.1 馈线网绝缘子一般采用针式、蝶式和悬式，其电压等级一般采用6～10kV。

7.1.4.2 触线网绝缘子一般采用球形、蛋形、多角形和各种悬吊型的电瓷绝缘子，也可选用高分子合成的塑料、尼龙、环氧树脂等绝缘子和绝缘连接件。

7.2 馈、触线网组成件

7.2.1 馈线横担

用以固定安装馈线绝缘子的馈线横担组件，应根据架空馈电线路走向的不同角度，可分别采用直路、转角和终端形式。

7.2.2 分线器

7.2.2.1 分线器应具有左向及右向之分，其导舌转折角不宜大于7°，分线器的部件应有互换性。

7.2.2.2 分线器操作方式有电动和手动两种形式，一般在运营线路上宜采用电动分线器。

7.2.2.3 分线器应采用不承受触线张力的结构，本身应具有防雨防雷防护装置。

7.2.2.4 电动分线器起动电流应适应无轨电车的不同控制系统的最小起动电流要求，动作时间应保证在 30km/h 车速下顺利通过。

7.2.2.5 正、负触线分线器应保证在车辆运行中同步起动。

7.2.3 并线器

7.2.3.1 并线器应具有左向、右向和对称向之分，并线器的角度不大于 7°。

7.2.3.2 并线器应采用不承受触线张力结构。

7.2.4 交叉器

7.2.4.1 交叉器的角度范围 25°～90°，角度的变化以每 5°为一档。对于分、并线器中的交叉器最小角度不宜小于 22°。

7.2.4.2 交叉器应采用不承受触线张力的结构。

7.2.5 分段绝缘器

7.2.5.1 分段绝缘器应具有在雨淋和带电行驶情况下不引起燃烧的阻燃能力。

7.2.5.2 分段绝缘器可采用承受或不承受触线张力的结构。以采用不承受触线张力为宜。

7.2.6 电杆选择

7.2.6.1 电车电杆应选用 GB12178 中规定的杆型与规格，对特殊杆型可采用非标准电杆。

7.2.6.2 单臂梁和横绷线架设应分别选用 GB12178 中的 B 型和 T 型电杆。

8 保养场（厂）内触线网架设的特殊要求

8.1 场内触线网应满足进出车、检车、保养和停放车等工艺流程的要求。

8.2 场内应具有调整车序功能，每行线以停两排车为宜。

8.3 场内应设置专用试车线，试车线段内的架空触线线路不应有分、并、交及分段绝缘器等枢纽组件，也不应有折角挡装置。

8.4 场内触线网布设最好应使电车回转方向一致，统一为顺时针或逆时针方向为宜。

8.5 场内触线悬吊高度应按照 6.2 规定执行。

8.6 场内分线器架设宜采用电动分线器，对进入停车场处成列的分线器，不论采用何种操作控制都应动作可靠。

8.7 保养场（厂）宜有两个出入口。场门口触线网架设不宜复杂。

8.8 场内应尽可能利用建筑物做触线网的支承。

8.9 保养车间内的架空触线线路不应架设在电车的正上方。

8.10 场内触线网架设应留有测漏电的位置与设施。

8.11 场内供电方式应考虑单独的供电系统，并应具有备用的联络馈线供电装置。

9 馈、触线网的设计计算

9.1 环境参数

设计电车架空线网时，应考虑的环境参数主要是：环境温度、风速、日照、频雷程度、污染、地面形状、地理条件以及当需要时应考虑设备上覆冰的厚度和积雪的重量。

9.1.1 环境温度

9.1.1.1 应根据当地气象资料可取：

a. 近 10 年一遇的极端最高温度值和极端最低温度值；

b. 近 10 年极端最高温度的平均值和极端最低温度的平

均值。

9.1.1.2 如当地无可靠的气象资料时，可按典型气象适应区和典型气象区所列的数值确定（见附录A）。

9.1.2 风速

9.1.2.1 应根据当地的气象资料可取：

a. 离地10m高，近10年一遇10min最大风速值；

b. 离地10m高，近10年一遇10min最大风速的平均值。

9.1.2.2 空旷平坦地区的最大设计风速，如无可靠资料时，可按典型气象适应区和典型气象区所列的数值确定（见附录A、B）。

9.1.2.3 山区最大设计风速，如无可靠资料时，风速可采用30m/s。

9.1.2.4 架空线网所经道路两侧有屏蔽物（如建筑物）的地区，且两侧屏蔽物平均高度大于电杆高度的2/3时，其最大设计风速宜较无屏蔽时的风速减少20%。

9.1.3 冰

设计覆冰厚度应根据当地气象条件和已有的架空线路运行经验确定。如无资料时，可按典型气象适应区和典型气象区所列的数值确定（见附录A、B）。

9.2 馈、触线网计算参数

9.2.1 馈线网设计应考虑的计算参数主要是：标称电压、安全截流密度、车辆负载电流、馈线单位长度电阻、自重和环境参数影响的附加负荷、馈线允许抗拉强度、弹性模数、膨胀系数和杆距等。

9.2.2 馈线网设计应考虑的计算参数主要是：触线及组件的重量、允许抗拉强度、弹性系数、膨胀系数、触线安全截流密度、杆距、跨距、断面系数和触线单位长度电阻等。

9.3 风压

在计算馈、触线网各部分的稳定性时，应考虑由风引起的过负荷。假设风是水平地吹并且以物体迎风的垂直面承受它的作用力，风压力计算见附录C。

9.4 覆冰

覆冰所引起的负载取决于冰的厚度和冰的比重（各地区覆冰厚度及冰的比重见附录A）。当冰层覆盖在圆柱形导线上时，覆盖的冰层可近似的看成空心圆柱。

9.5 馈、触线的机械设计规定

9.5.1 馈、触线的张力负荷应符合它的抗拉强度，并应采用以下的负荷理论来检验：

9.5.1.1 按9.1中考虑的环境参数值和无风条件，馈、触线在使用中的张力负荷应不超过它的极限负荷的30%；

9.5.1.2 按9.1中考虑的环境参数值最不利的可能组合所导致的条件，馈、触线在使用中的张力负荷应不超过它极限负荷的40%；

9.5.1.3 在由铜、银青铜或镉青铜等合金铜制成的导线，而且它的张力能自动调节的情况下，允许馈、触线在使用中的张力负荷应不超过它的极限负荷：在以上9.5.1.2的条件时为50%；9.5.1.1的条件时为40%。

9.5.2 对于触线的所有验算应按安全运行允许的最大磨耗而规定的最小截面来进行。

9.5.3 硬铜触线允许拉应力变化范围，一般最高为118MPa，最低为44MPa。

9.5.4 在触线机械强度允许范围内，设计所规定的最高和最低环境温度之间的任何数值下（见9.1.1）触线的垂度必须保持相当低的数值，使之适合正确的集电。

9.5.5 馈线张力调整

在任何年极端温度差的条件下，馈线的设计应验算无需张力调整。

9.5.6 触线张力调整

9.5.6.1 年极端温度差在40℃以下的地区，斜摆式悬吊的设计应验算无需张力调整；

其它悬吊型式的设计应验算在一年内的张力调整并不得超过两次（即一次放松和一次收紧）。

9.5.6.2 年极端温度差在40℃以上的地区，各种悬吊型式的设计应验算在一年内的张力调整并不得超过两次（即一次放松和一次收紧）。

9.6 馈、触线的张力与垂度的计算

9.6.1 触线张力与垂度的计算

9.6.1.1 触线垂度由触线允许计算张力和各种悬吊型式及触线网的参数来决定。

9.6.1.2 硬性等高悬吊触线的垂度按如下公式计算：

$$F=\frac{qL^2}{8T} \tag{1}$$

式中 F——垂度，m；

q——单位长度导线自重和附加负载，N/m；

L——跨距，m；

T——悬吊导线张力的水平分量，N。

9.6.1.3 硬性不等高悬吊触线的垂度用斜垂度概念，其值可按等高悬吊触线的垂度公式计算：

$$F'=\frac{H_a+H_b}{2}-H_c \tag{2}$$

式中 F'——斜垂度，m；

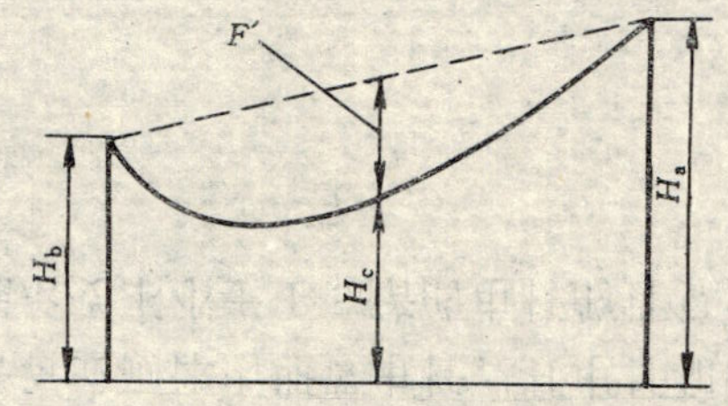

图1 硬性不等高悬吊触线的斜垂度

H_a——高悬吊点导线的高度，m；

H_b——低悬吊点导线的高度，m；

H_c——跨距中心导线的高度，m。

斜摆式和链式悬吊触线垂度的计算可近似地同硬性悬吊触线垂度的计算。

9.6.2 馈线张力与垂度的计算

架空馈线的张力与垂度的计算，可按9.6.1中所列公式计算。

9.7 悬吊型式计算

9.7.1 计算斜摆式悬吊的触线的张力和垂度随温度变化的数值并验算：

9.7.1.1 在最高和最低温度时，触线的曲折角不大于2.5°不小于0.5°。

9.7.1.2 在最低温度时，悬吊点的斜摆角在集电器作用下不大于50°。

9.7.2 计算链式悬吊的链线、触线的张力和垂度随温度变化的数值以及计算链式悬吊无载时的张力与垂度值。

9.7.3 计算硬性悬吊触线的张力与垂度随温度变化的数值。

9.7.4 各型悬吊的计算公式见附录C。

9.8 触线曲折张力计算

触线曲折张力可按如下公式计算：

$$Z=2T\sin\frac{\beta}{2} \tag{3}$$

式中 Z——触线曲折张力，N；

T——触线张力，N；

β——触线曲折角。

9.9 横绷线计算。

9.9.1 直道横绷线计算

9.9.1.1 直道横绷线的计算可把正、负两触线简化为一点集中载荷计算。

9.9.1.2 直道横绷线的安装应保证正负触线的高低差不超过 0.05m。

9.9.1.3 直道横绷线的斜率一般可取 1/6～1/12 来计算两侧绷线的受力。

9.9.2 弯道横绷线计算

9.9.2.1 弯道横绷线的受力允许用示力图作近似计算。

9.9.2.2 弯道横绷线计算应根据本身的数据计算出触线曲折角外侧绷线斜率并不得大于 1/8，触线曲折角内侧绷线斜率可按下式选取 n，来计算触线曲折角内外侧绷线的受力；

$$\frac{n_1}{n_2}=1.33\sim2.5 \tag{4}$$

式中 n_1——触线曲折角外侧；

n_2——触线曲折角内侧。

9.9.2.3 弯道横绷线的安装应保证正负触线的高低差不超过 0.05m。

9.10 单臂梁

9.10.1 单臂梁计算应考虑承受触线网系统的负载，单臂梁自重与附加环境影响的负载。

9.10.2 在计算时应计算危险断面的弯曲应力、受压应力、受压稳定性，使其承受的负荷在允许应力范围之内。

9.10.3 单臂梁同电杆抱箍的连接必须保证在触线或链线发生折断故障时，单臂梁不致断裂。

9.11 电杆受力设计的规定

9.11.1 电杆的受力应按作用于电杆各个力的作用高度和作用方向计算成作用于电杆的合力方向和作用弯矩。

9.11.2 电杆的设计理论以及电杆材料的设计计算应按 GB12178 中有关章节的规定执行。

9.12 电杆基础设计一般规定

9.12.1 电杆基础应根据线路的地质情况进行设计，确定电杆的基础形式。

9.12.2 电杆基础设计理论可按极限被动土压力计算。

9.12.3 基础稳定性的检验应以验算电杆所采用的那些同样的假定负荷来进行。应验证最不利的假定负荷时，其倾覆力矩不超过其稳定力矩的 85%。

9.12.4 除检验稳定性之外，还必须验证由地面上传送到基础的压力不得超过其允许极限。

9.12.5 在地面可能下沉的情况下，应采取特别措施去减少基础不稳定的危险。

9.12.6 在岩石或砌体内埋置电杆，其电杆和岩石或砌体之间粘结力应能承受不小于 1.5 倍的电杆的计算负荷。

附 录 A
典 型 气 象 区
（补 充 件）

气象区		Ⅰ	Ⅱ	Ⅲ	Ⅳ	Ⅴ（一）	Ⅵ（Ⅴ）	Ⅶ（Ⅵ）	Ⅷ（Ⅶ）	Ⅸ（一）
大气温度（℃）	最高	+40								
	最低	−5	−10	−10（−5）	−20	−10	−20	−40	−20	−20
	覆冰	—	−5							
	最大风	+10	+10	−5	−5	+10	−5	−5	−5	−5
	安装	0	0	−5	−10	−5	−10	−15	−10	−10
	大气过电压	+15								
	内部过电压年平均气温	+20	+15	+15	+10	+15	+10	−5	+10	+10
风速（m/s）	最大风	35（30）	20（25）	25	25	30	25	30（25）	30（25）	30
	覆冰	10							15（10）	15
	安装	10								
	大气过电压	15	10							
	内部过电压	0.5×最大风（不低于15m/s）								
覆冰厚度（mm）		—	5	5	5	10	10	10	15	20
冰的比重		0.9								

注：① 如表内一个栏内有两个数值，带括号的适用于10kV及以下线路，不带括号的适用于35kV线路。

② 10kV及以下线路的各级气象区，最高、最低气温时的风速均为零。

附 录 B
典型气象适用区
（补 充 件）

序号	气象区	适区地区
1	Ⅰ	南方沿海受台风侵袭地区，如浙江、福建、广东、广西、上海
2	Ⅱ	华东大部分地区
3	Ⅲ	西南非重冰区、福建、广东等台风影响较弱地区
4	Ⅳ	西北大部分地区、华北京、津、塘地区
5	Ⅴ（一）	华东部分覆冰较重地区
6	Ⅵ（Ⅴ）	华北平原、湖北、湖南、河南
7	Ⅶ（Ⅵ）	东北大部地区、河北、承德、张家口一带
8	Ⅷ（Ⅳ）	覆冰严重地区，如山东、河南部分地区，湘中、鄂北、粤北重冰地带
9	Ⅸ（一）	云贵高原严重覆冰地区

注：同附录A注①

附　录　C
悬吊型式计算公式
（参　考　件）

C1　导线及钢绞线表面上的风压力可按下列公式计算：

$$P=ac\frac{v^2}{1.6}dl \tag{1}$$

式中　P——风压力，N；

a——风速不均匀系数，可取 0.85；

c——表面形式迎风面的空气动力系数，对导线及钢绞线取 1.2；

v——风速，m/s；

d——承受风的圆柱面的直径，m；

l——承受风的圆柱面的长度，m。

C2　斜摆式悬吊触线张力、垂度与温度关系的计算。

C2.1　触线张力与温度关系按如下公式计算：

$$t_i=\frac{C_i^2}{2L_D^2a}-\frac{C_1^2}{2L_D^2a}-\frac{L_D^2q^2}{24L_i^2a}+\frac{L_D^2q^2}{24T_1^2a}-\frac{T_i}{EaS}+\frac{T_1}{EaS}+t_1 \tag{2}$$

式中　t_i——计算环境温度，℃；

t_1——计算最低的环境温度，℃；

T_i——温度 t_i 时触线张力，N；

T_1——温度 t_1 时触线张力，N；

C_i——温度 t_i 前后连续两档跨距触线悬吊点在垂直平面上的水平距离，m；

C_1——温度 t_1 时前后连续两档跨距触线悬吊点在垂直平面上的水平距离，m；

L_D——当量跨距，m；

q——触线单位长度的重力，N/m；

a——触线材料的温度线膨胀系数；

E——触线材料的弹性系数，MPa；

S——触线的截面积，mm^2。

C2.2　触线的张力与垂度的关系按如下公式计算：

$$F=\frac{qL_D^2}{8T} \tag{3}$$

式中　F——触线垂度，m；

q——触线单位长度的重力，N/m；

L_D——当量跨距，m；

T——触线张力，N；

C3　等距离吊弦的简单链式悬吊的计算：

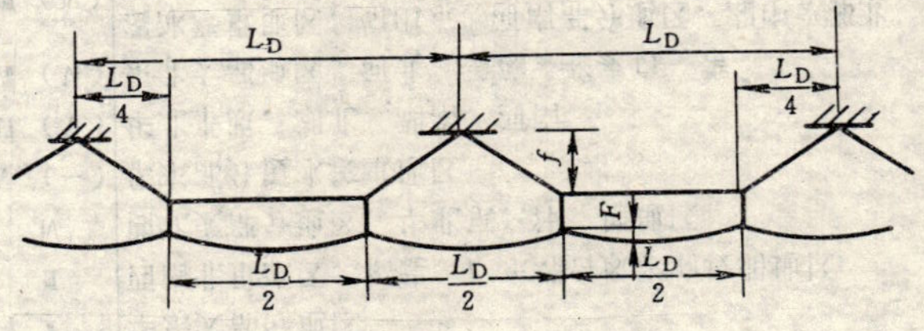

附图 C.1　两个等距离吊弦的简单链式悬吊线网结构图

C3.1　纵吊线张力与温度的关系按如下公式计算：

$$t_i=\frac{1}{16a_m}\left[(q+q_m)L_D+2G\right]^2\left[\frac{1}{K_i^2}-\frac{1}{K_1^2}\right]+\frac{K_1-K_i}{E_m a_m S_m}+t_1 \tag{4}$$

式中　t_i——计算环境温度，℃；

t_1——计算最低环境温度，℃；

K_i——温度 t_i 时纵吊线张力，N；

K_1——温度 t_1 时纵吊线张力，N；

q——触线单位长度重力，N/m；

q_m——纵吊线单位长度重力，N/m；

L_D——当量跨距；

G——吊线器重力，N；

E_m——纵吊线材料的弹性系数，MPa；

a_m——纵吊线材料的温度线膨胀系数；

S_m——纵吊线的截面积，mm；

C3.2 纵吊线的张力与垂度关系按如下公式计算：

$$f=\frac{L_D}{8K_i}[(q+q_m)L_D+2G] \tag{5}$$

式中 f——纵吊线的垂度，m；

L_D——当量跨距，m；

K_i——纵吊线张力，N；

q——触线单位长度的重力，N；

q_m——纵吊线单位长度的重力，N；

G——吊线器的重力，N。

C3.3 触线的张力与温度的关系按如下公式计算：

$$T_i=\frac{A}{T_i}=B \tag{6}$$

其中：

$$A=\frac{\left(\frac{L_D}{2}\right)^2 q^2ES}{24}$$

$$B=T_1-\frac{\left(\frac{L_D}{2}\right)^2 q^2ES}{24T_1^2}-aES\ (t_i-t_1)$$

式中 t_i——计算环境温度，℃；

t_1——计算最低环境温度，℃；

T_i——温度 t_i 时触线张力，N；

T_1——温度 t_1 时触线张力，N；

L_D——当量跨距，m；

q——触线单位长度重力，N/m；

E——触线材料的弹性系数，MPa；

a——触线材料的线膨胀系数；

S——触线截面积，mm^2。

C3.4 触线的张力与垂度的关系按如下计算公式计算：

$$F=\frac{q\left(\frac{L_D}{2}\right)^2}{8T} \tag{7}$$

式中 F——触线的垂度，m；

q——触线单位长度重力，N/m；

L_D——当量跨距，m；

T——触线张力，N。

C3.5 无负载纵吊线张力与温度关系按如下公式计算：

$$K_i-\frac{A}{K_i^2}=B' \tag{8}$$

其中：

$$A=\frac{q_m^2L_D^2E_mS_m}{24}$$

$$B'=K_0-\frac{q_m^2L_D^2E_mS_m}{24K_0}-a_mE_mS_m\ (t_i-t_0)$$

式中 t_0——计算转换温度，℃；

t_i——计算环境温度，℃；

K_0——温度 t_0 时纵吊线张力，N；

K_i——温度 t_i 时纵吊线张力，N；

L_D——当量跨距，m；

q_m——纵吊线单位长度重力，N/m；

E_m——纵吊线材料弹性系数，MPa；

a_m——纵吊线材料线膨胀系数；

S_m——纵吊线截面积，mm^2。

C3.6 无负载纵吊线张力与垂度关系按如下公式计算：

$$f'=\frac{q_m L_D^2}{8K} \tag{9}$$

式中 f'——纵吊线的垂度，m；

q_m——纵吊线单位长度重力，N/m；

L_D——当量跨距，m；

K——纵吊线张力，N。

C4 集中吊弦简单链式悬吊的计算：

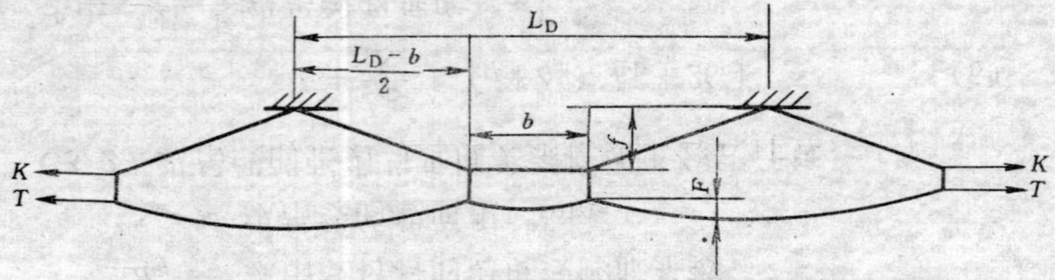

附图 C.2 集中吊弦简单链式悬吊线网结构图

C4.1 纵吊线张力与温度的关系按如下公式计算：

$$t_i=\frac{L_D-b}{3aL_D a_m}〔2q_0L_D+4G-q_m\ (L_D-b)〕^2\left[\frac{1}{K_i^2}-\frac{1}{K_1^2}\right]+\frac{K_i-K_1}{E_m S_m a_m}+t_1 \tag{10}$$

式中 t_i——计算环境温度，℃；

t_1——计算最低环境温度，℃；

K_i——温度 t_i 时纵吊线张力，N；

K_1——温度 t_1 时纵吊线张力，N；

L_D——当量跨距，m；

b——杆距中两根吊弦间的距离，m；

q_0——纵吊线与触线单位长度重力之和，N/m；

G——吊线器重量，N；

q_m——纵吊线单位长度重力，N/m；

S_m——纵吊线截面积，mm；

E_m——纵吊线材料的弹性系数，MPa；

a_m——纵吊线材料的线膨胀系数。

C4.2 纵吊线张力与垂度的关系按如下公式计算：

$$f=\frac{L_D-b}{8K}〔2q_0L_D+4G-q_m(L_D-b)〕 \tag{11}$$

式中 f——纵吊线垂度，m；

L_D——当量跨距，m；

K——纵吊线张力，m；

b——杆距中两根吊弦间的距离，m；

q_0——纵吊线与触线单位长度重力之和，N/m；

G——吊线器重量，N；

q——纵吊线单位长度重力，N/m。

C4.3 触线张力与温度的关系按如下公式计算：

$$t_i=\frac{〔(L_D-b)^3+b^3〕\ q^2}{24L_D}\left[\frac{1}{T_i^2}-\frac{1}{T_1^2}\right]+\frac{T_i-T_1}{ESa}+t_1 \tag{12}$$

式中 t_i——计算环境温度，℃；

t_1——计算最低环境温度，℃；

T_i——温度 t_i 时触线张力，N；

T_1——温度 t_1 时触线张力，N；

L_D——当量跨距，m；

b——杆距中两根吊弦间的距离，m；

q——触线单位长度重力，N/m；

E——触线材料的弹性系数，MPa；

a——触线材料的线膨胀系数；

S——触线截面积，mm²。

C4.4 触线张力与垂度的关系按如下公式计算：

$$F=\frac{q(L_D-b)^2}{8T} \tag{13}$$

式中 F——触线垂度，m；

q——触线单位长度的重力，N/m；

L_D——当量跨距，m；

b——杆距中两根吊弦间的距离，m；

T——触线张力，N。

C4.5 无负载纵吊线张力与温度的关系按如下公式计算：

$$K_i-\frac{A}{K_i^2}=B' \tag{14}$$

其中：

$$A=\frac{q_m^2 L_D^2 E_m S_m}{24}$$

$$B'=K_0-\frac{q_m^2 L_D^2 E_m S_m}{24K_0^2}-a_m E_m S_m\ (t_i-t_0)$$

式中 t_i——计算环境温度，℃；

t_0——转换计算温度，℃；

K_i——温度 t_i 时纵吊线张力，N；

K_0——温度 t_0 时纵吊线张力，N；

L_D——当量跨距，m；

q_m——纵吊线单位长度重力，N/m；

E_m——纵吊线材料的弹性系数，MPa；

a_m——纵吊线材料的线膨胀系数；

S_m——纵吊线截面积，mm²。

C4.6 无负载纵吊线张力与垂度的关系按如下公式计算：

$$f'=\frac{q_m L_D^2}{8K} \tag{15}$$

式中 f'——纵吊线垂度，m；

q_m——纵吊线单位长度重力，N/m；

L_D——当量跨距，m；

K——纵吊线张力，N。

C5 菱形吊弦简单链式悬吊的计算

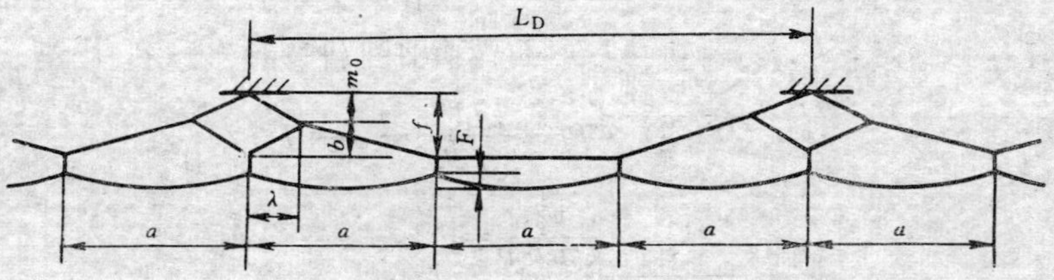

附图 C.3 菱形吊弦简单链式悬吊线网结构图

C5.1 纵吊线张力、垂度与温度的关系按如下公式计算：

$$Af_i^3+Bf_i^2+Cf_i+D=0 \tag{16}$$

其中：

$$A=\frac{(1-\varphi)^2}{\lambda}+\frac{\varphi^2}{a-\lambda}$$

$$B=-2\left[m_0-(1-\varphi)\ f_0\right]\left(\frac{\varphi}{a-\lambda}+\frac{1-\varphi}{\lambda}\right)$$

$$-\left[\varphi\lambda\frac{3a\ (1-\varphi)\ -2\lambda}{2bE_mS_m}\right]T_i$$

$$C=\left\{-\frac{m_0{}^2-[m_0-(1-\varphi)\ f_0]^2}{\lambda}\right.$$

$$-\frac{(f_0-m_0)^2-[m_0-(1-\varphi)\ f_0]^2}{a-\lambda}$$

$$\left.+\frac{3aK_0}{E_mS_m}[1-(1-\varphi)\ \eta]+3a\alpha_mt_0\right\}$$

$$-\left\{\frac{\varphi\lambda}{E_m\alpha_mb}\cdot\left[\xi-2\ (1-\varphi)\ +\frac{2\lambda}{3a}-\frac{ab}{f_0\lambda}\right]\right\}T_i-3a\alpha_mt_i$$

$$D=\left\{-\frac{3a\ [1-(1-\varphi)\ \eta]}{E_mS_m\ (1-\xi\eta)}\left(q_0a^2-q_y\frac{\lambda^2}{2}\right)\right\}$$

$$-\left\{\frac{3f_0{}^2\varphi\lambda}{E_mS_mb}-\left[(1-\varphi)\ -\xi+\frac{ab}{\lambda f_0}\right]\right\}T_i$$

式中 t_0——触线无垂度时的温度，℃；

t_i——计算环境温度，℃；

φ——菱形吊线的结构系数，$\varphi=\left(\frac{a-\lambda}{a}\right)^2$；

a——吊弦间的跨距，m；

λ——菱形吊线水平投影的长度，m；

m_0——温度为 t_0 时菱形结构中纵吊线的垂度，m；

f_0——温度为 t_0 时纵吊线垂度，m；

b——菱形结构和吊线的垂度，m；

T_i——温度为 t_i 时触线张力，N；

f_i——温度为 t_i 时纵吊线垂度，m；

K_0——温度为 t_0 时纵吊线张力，N；

η——菱形吊线张力与纵吊线张力的关系系数；

ξ——触线无垂度时菱形吊线与纵吊线垂度的关系系数；

E_m——纵吊线材料弹性系数，MPa；

α_m——吊线线膨胀系数；

S_m——纵吊线截面积，mm；

q_0——跨距每米悬吊总重力，N/m；

q_y——菱形吊线单位重力，N/m。

C5.2 触线张力与温度的关系按如下公式计算：

$$T_i-\frac{A}{T_i{}^2}=B \tag{17}$$

其中：

$$A=\frac{a^2q^2ES}{24}$$

$$B=T_i-\frac{a^2q^2ES}{24T_1^2}-\alpha ES\ (t_i-t_1)$$

式中 t_1——计算最低环境温度，℃；

t_i——计算环境温度，℃；

q——触线单位长度重力，N/m；

a——吊弦间的跨距，m；

T_1——温度 t_1 时触线张力，N；

T_i——温度 t_i 时触线张力，N；

E——触线弹性系数，MPa；

S——触线截面积，mm^2；

α——触线线膨胀系数。

C5.3 触线的张力与垂度关系按如下公式计算：

$$F=\frac{qa^2}{8T} \tag{18}$$

式中 F——触线垂度，m；

q——触线单位长度重力，N/m；

a——吊弦间的跨距，m；

T——触线张力，N。

C5.4 无负载纵吊线张力与温度的关系按如下公式计算：

$$K_i-\frac{A}{K_i^2}=B' \tag{19}$$

其中：

$$A=\frac{q_m^2L_D^2E_mS_m}{24}$$

$$B'=K_0-\frac{q_m^2L_D^2E_mS_m}{24K_0^2}-\alpha_mE_mS_m\ (t_i-t_0)$$

式中 t_0——初始计算环境温度，℃；

t_i——计算环境温度，℃；

K_0——温度 t_0 时纵吊线张力，N；

K_i——温度 t_i 时纵吊线张力，N；

L_D——纵吊线杆距，m；

α_m——纵吊线线膨胀系数；

q_m——纵吊线单位长度重力，N/m；

E_m——纵吊线弹性系数，MPa；

S_m——纵吊线截面积，mm^2。

C5.5 无负载纵吊线张力与垂度的关系按如下公式计算：

$$f'=\frac{q_mL_D^2}{8K} \tag{20}$$

式中 f'——纵吊线垂度，m；

q_m——纵吊线单位长度重力，N/m；

L_D——纵吊线杆距，m；

K——纵吊线张力，N。

附加说明：

本标准由建设部标准定额研究所提出。

本标准由建设部城镇建设标准技术归口单位城市建设研究院归口。

本标准由天津市公共交通五场、上海市公共交通供电所负责起草。

本标准主要起草人：张新光、金伯显、曹象林、李明远、李炳林。

本标准委托天津市公共交通五场负责解释。

中华人民共和国城填建设行业标准

城市公共交通信号系统——轻轨交通

Signal system for urban public transportation—
Light rail transit

CJ/T 3027.1—93

1 主题内容与适用范围

本标准规定了轻轨交通信号系统的名词术语，系统分类，工作环境和基本技术要求。

本标准适用于直流电力牵引轻轨交通信号系统。

2 引用标准

TB 454 铁路信号名词术语。

3 术语

3.1 轻轨交通信号

应用于轻轨交通运输系统中，人工或自动实现行车指挥和列车运行间隔控制技术的总称。

3.2 列车自动监视

自动实现列车运行监视。

3.3 列车自动监控

自动实现行车指挥控制与监视。

3.4 列车自动防护

在司机驾驶条件下，自动实现列车超速防护控制。

3.5 计算机联锁

主要联锁关系用计算机实现的电气集中联锁。

3.6 固定式间隔控制

以若干固定闭塞分区间隔运行的间隔控制。

3.7 移动式间隔控制

以列车安全制动距离间隔运行的间隔控制。

3.8 轨间环线

敷设在轨道间用于检测列车位置和传递信息的环线。

3.9 目标速度

列车进入前方闭塞分区前应达到该闭塞分区规定的允许速度。

3.10 其它名词术语见 TB454。

4 基本要求

4.1 信号系统应确保行车安全、提高运输效率和改善有关运营人员劳动条件。

4.2 信号系统设计应做到技术先进、经济合理、安全可靠和协调配套。

4.3 信号系统涉及行车安全的软、硬件设备必须符合故障——安全的原则。

4.4 信号系统应具备抗电气和其它干扰的防护性能。

4.5 信号系统应具备较高的可靠性、可用性和可维修性。

4.6 信号系统采用的器材设备、技术指标和系统接口应符合国家有关标准或规定。

4.7 信号设备不得侵入轻轨交通有关限界，并应与城市的市容景观相协调。

5 设备工作环境条件

设备工作环境条件参照表1。车载设备的振动和冲击条件应符合轻轨车辆设备的规定。

设备工作环境条件　　表1

工作环境 \ 设备类型		地面		室内		车上	
		箱内设备	室外设备	无空调	有空调	车内	车外
温度（℃）		−25～60	−25～70	−5～40	+5～30	−25～55	−26～70
相对湿度（+25℃）%		≤90	≤95	≤90	≤90	≤90	≤95
大气压力 kPa（海拔2500m）		74.8～106	74.8～106	74.8～106	74.8～106	74.8～106	74.8～106
振动	振频（Hz）	1～35	1～35	1～35	1～35		
	加速度（m/s^2）	1	2	1	1		
冲击	时间（ms）	4～10	4～10				
	加速度（m/s^2）	12～20	12～20				

注：对个别严寒、湿热地区以及对环境条件具有特殊要求的设备应采取适当措施，以确保设备正常工作。

6 系统分类

6.1 信号系统一般分为：

a. 列车自动监视；

b. 列车自动监控；

c. 自动闭塞；

d. 车内信号与自动停车；

e. 列车自动防护；

f. 列车自动运行；

g. 联锁设备；

h. 道口信号。

6.2 信号系统应根据行车间隔、列车速度和列车编组等运营条件选定。

7 列车自动监视

7.1 基本功能

7.1.1 列车跟踪和列车识别表示。

7.1.2 监视列车运行位置和信号设备状态。

7.1.3 记录列车运行实绩。

7.1.4 其它监视功能

7.2 技术要求

7.2.1 列车自动监视系统可与列车占用检测和联锁设备结合使用。

7.2.2 列车自动监视系统一般采用行车指挥中心集中监视。

7.2.3 列车自动监视系统采用计算机技术，可配置下列设备：

a. 模拟表示盘或屏幕显示设备；

b. 列车运行实绩记录设备。

7.2.4 列车自动监视系统数据传输应满足下列要求：

a. 系统容量、信息传输速度和传输距离应满足运营要求；

b. 信息传输应具有差错控制能力。

7.2.5 列车自动监视系统监视范围与内容应符合以下规定：

7.2.5.1 调度区段内的区间和车站应集中监视；车场一般不

全部监视。

7.2.5.2　监视内容

a. 车站：信号开放、进路开通状态、股道占用、列车识别号及其它；

b. 车场：进、出场信号开放、有关区段占用及其它；

c. 区间：线路占用及列车识别号；

d. 记录列车运行实绩。

7.2.6　列车自动监视系统与列车占用检测和联锁设备接口应具有可靠的电气隔离。

8　列车自动监控

8.1　基本功能

8.1.1　自动和人工排列进路。

8.1.2　列车跟踪和列车识别表示。

8.1.3　监视列车运行位置和信号设备状态。

8.1.4　编制和管理列车运行图或时刻表。

8.1.5　列车运行调整。

8.1.6　记录列车运行实绩。

8.1.7　记录和统计车辆运行数据。

8.1.8　预告乘客向导信息。

8.1.9　列车监控模拟。

8.1.10　系统故障报警和恢复处理。

8.1.11　其它监控功能。

8.2　技术要求

8.2.1　列车自动监控系统应与列车占用检测和联锁设备结合使用，或直接实现联锁功能。

8.2.2　列车自动监控系统一般采用下列控制方式：

a. 行车指挥中心集中自动控制与监视，系统可转为行车调度员遥控或车站控制；

b. 行车指挥中心集中自动监视与车站分散自动控制，系统可转为车站控制。

8.2.3　列车自动监控系统应采用计算机控制，并满足下列要求：

a. 行车指挥中心和车站计算机一般采用冗余工作方式，并宜用人工和自动切换，切换时应保持系统正常监控；

b. 列车自动监控系统计算机除配置必要的外设外，在行车指挥中心应配置行车指挥专用的指挥终端、各种打印和列车运行实绩记录等设备。

8.2.4　列车自动监控表示设备应采用模拟表示盘或屏幕显示，并应满足下列要求：

a. 模拟表示盘宜采用光带显示；

b. 屏幕显示能人工和自动切换。

8.2.5　列车自动监控系统数据传输应满足下列要求：

a. 系统容量、数据传输速度和传输距离应满足运营要求；

b. 数据传输应具有差错控制能力；

c. 数据传输通道应具有冗余功能，并能自动和人工切换。

8.2.6　列车自动监控系统控制范围与显示

8.2.6.1　列车自动监控系统应控制调度区段内区间和车站的进路、信号以及车场向本调度区发车的信号。

8.2.6.2　列车自动监控系统监视下列内容：

a. 车站：信号开放、进路开通状态，股道和线路占用、列车识别号及其它；

b. 车场：进、出场信号开放，有关区段占用及其它；

c. 区间：线路占用及列车识别号。

8.2.7 列车自动监控系统与列车占用检测和联锁设备接口应满足下列要求：

a. 进路的控制应与车站控制方式一致；

b. 控制命令的输出持续时间应保证联锁设备可靠动作；

c. 与联锁设备接口应具有可靠的电气隔离。

9 自动闭塞

9.1 基本功能

9.1.1 检测区间占用和空闲状态。

9.1.2 实现列车间隔控制。

9.1.3 提供车内信号信息。

9.2 技术要求

9.2.1 自动闭塞一般采用固定式间隔控制。

9.2.2 双线区段一般采用单方向自动闭塞，单线双向运行区段应采用双方向自动闭塞。

9.2.3 自动闭塞电路和设备必须符合故障—安全的原则。

9.2.4 双方向运行的自动闭塞设备必须保证在任何情况下，不得同时开通两个相对的运行方向。

9.2.5 自动闭塞分区划分应根据列车牵引计算、行车间隔和其它要求确定。

9.2.6 自动闭塞分区长度应满足列车最大制动距离。

9.2.7 自动闭塞应具有必要的故障监测和报警功能。

10 车内信号与自动停车

10.1 基本功能

10.1.1 连续显示与地面信息相符的信号，指示列车运行。

10.1.2 在规定时间内司机未按停车信号制动时，自动强迫列车停车。

10.2 技术要求

10.2.1 车内信号设备应与自动停车设备结合使用。在自动停车设备故障时应不影响车内信号设备正常使用。

10.2.2 车内信号与自动停车设备必须符合故障—安全的原则。

10.2.3 车内信号设备应保证工作稳定可靠和具有较强的抗干扰能力，在任何情况下不得产生升级显示。

10.2.4 车内信号设备必须满足安全可靠的要求，并设故障监督表示。

10.2.5 车内信号基本显示应符合以下规定：

10.2.5.1 信号显示意义

a. 绿色表示按规定速度运行；

b. 黄色表示限速运行；

c. 半黄/半红色表示准备停车；

d. 红色表示强迫停车；

e. 白色表示未接收地面信息。

10.2.5.2 在下列情况下，车内信号应显示：

a. 车内信号显示停车信号时，如未接收到地面信息，则应保持显示红色灯光；

b. 车内信号显示允许信号时，如未接收到地面信息或列车在无信息区段运行，均应显示白色灯光。

10.2.6 自动停车设备在车内信号显示限速和停车信号时应发出音响报警，司机如在规定时间内不按压警惕按钮，则应施行紧急制动停车；在车内信号显示红灯时应立即施行紧急制动。

10.2.7 自动停车在紧急制动过程中不得中途缓解，停车后应经人工解锁方可恢复运行。

10.2.8 自动停车设备在下列情况下应自动切除报警：

a. 车内信号变为允许显示；

b. 司机采取制动措施。

10.2.9 自动停车设备不得影响司机采取正常制动措施。

10.2.10 自动停车音响报警和车内信号显示装置应便于司机确认。

10.2.11 自动停车与车内信号应在自动闭塞区间和车站正线起控制作用。

11 列车自动防护

11.1 基本功能

11.1.1 检测列车位置和实现列车间隔控制。

11.1.2 监督列车运行速度和实现超速防护。

11.1.3 防止受控人工驾驶和限制人工驾驶模式下的列车退行。

11.1.4 其它防护控制。

11.2 技术要求

11.2.1 列车自动防护系统一般由地面列车占用检测与信息传递设备和车上设备组成，并必须符合故障—安全的原则。

11.2.2 列车自动防护系统应能与列车自动运行系统结合使用。

11.2.3 列车自动防护系统可采用固定式或移动式间隔控制。

11.2.4 列车自动防护系统速度及速度级的选定，应通过列车牵引计算，并应根据行车间隔线路限制速度、车辆特性和其它运营要求确定。

11.2.5 列车自动防护系统施行紧急制动时应切断列车牵引控制回路，在制动过程中不得中途缓解。

11.2.6 列车自动防护系统一般采用下列驾驶模式：

a. 受控人工驾驶：司机在设备监控下驾驶列车运行；

b. 限制人工驾驶：在地面设备故障或不设地面信息设备的线路，列车按规定限速运行，超速时施行紧急制动停车；

c. 非限制人工驾驶：司机按操作规程驾驶列车安全运行。

11.2.7 列车自动防护系统采用车轮转速测定列车速度时应具有轮径磨耗补偿，测速装置宜采用冗余方式。

11.2.8 列车自动防护系统车上设备应具有必要的显示、音响报警和故障记录装置。速度显示装置应具有目标速度指示。

11.2.9 列车自动防护系统发生故障时应发出告警，司机应根据故障性质和发生时机采取制动措施或改变驾驶模式。

11.2.10 列车自动防护系统应在区间和车站的正线、折返线起控制作用。

12 列车自动运行

12.1 基本功能

12.1.1 启动列车运行。

12.1.2 调整列车运行速度。

12.1.3 列车进站定点停车。

12.1.4 列车按停车信息停车和再启动。

12.1.5 向司机提供允许开、关门指示。

12.1.6 其它功能。

12.2 技术要求

12.2.1 列车自动运行系统应与自动防护系统结合使用，超速防护应由列车自动防护系统保证。

12.2.2 列车自动运行系统应满足下列要求：

a. 列车追踪运行控制；

b. 定点停车精度控制；

c. 提高乘车舒适度；

d. 节省电能。

12.2.3 列车自动运行系统应具有必要的显示，音响报警和故障记录装置。

12.2.4 列车自动运行系统出站启动控制应采用自动和人工结合方式。

12.2.5 列车自动运行系统发生故障时应发出告警，并能转为司机控制。

12.2.6 列车自动运行系统应在区间和车站正线起控制作用，车站折返作业根据需要采用。

12.2.7 列车自动运行系统工作时，司机可施行紧急制动。

13 联锁

13.1 联锁设备应采用继电式电气集中联锁（以下简称电气集中联锁）或计算机联锁。有岔站和车场应装设联锁设备。

13.2 联锁设备基本功能

13.2.1 排列进路，开放信号。

13.2.2 保证道岔、信号和轨道区段的联锁。

13.2.3 监视列车运行和信号设备状态。

13.3 电气集中联锁技术要求

13.3.1 电气集中联锁设备应能受列车自动监控系统和车站控制。

13.3.2 电气集中联锁电路必须符合故障—安全的原则。

13.3.3 根据作业需要，应能办理列车和调车进路。

13.3.4 控制台宜采用操纵和表示合用方式，并能监督线路和道岔区段占用、进路开通和锁闭、信号开放和挤岔等内容。

13.3.5 进路

13.3.5.1 采用进路操纵方式，需要时也可随列车运行自动排列。

13.3.5.2 实行进路锁闭和接近锁闭。进路的接近区段一般为信号机前方邻接的轨道区段，无接近区段时应在信号开放后构成接近锁闭。

13.3.5.3 进路解锁一般采用分段解锁。锁闭的进路应能随列车的正常运行自动解锁以及人工办理取消进路和限时人工解锁。进行连续追踪运行的进路可不予解锁。

13.3.6 信号

13.3.6.1 经正常办理的信号，只在其防护的进路空闲、有关道岔位置正确、进路锁闭、未施行人工解锁、敌对进路未建立以及照查联锁条件正确时方可开放。

13.3.6.2 已开放的信号机除人工办理解锁和信号灯泡熄灭或改变联锁关系应及时关闭外，列车信号应在列车第一轮对进入该信号机后方第一轨道区段时关闭；调车信号应在列车全部越过信号时关闭。

13.3.6.3 必须保证值班人员能随时关闭开放的信号机。开放后又关闭的信号机，不经办理不得重新开放。

13.3.6.4 信号机应设灯丝监督，主、副灯丝应能自动转换。

13.3.7 道岔

13.3.7.1 联锁道岔应能实行单独操纵和进路选动，进路选动时可采用顺序启动或同时启动。

13.3.7.2 集中道岔应受进路锁闭、区段锁闭或其它锁闭，当受上列其中之一条件锁闭时道岔均不能启动。

13.3.7.3 联锁道岔一经启动应能转换到底，因故被阻不能转到规定位置时，当所在区段无车占用时经操纵应能转回原位。实行自动控制的道岔应具有自动停转防护。

13.3.7.4 集中道岔表示电路应在道岔实际位置与操纵要求位置一致时构成，联动道岔应检查各组道岔均在规定位置。

13.3.8 信号机设置及显示

13.3.8.1 信号机应采用色灯信号机，设在列车运行方向的右侧。特殊情况下经主管部门批准可设于左侧。

13.3.8.2 车站和车场可设进、出站信号机；区间和站内道岔应设防护信号机；具有调车作业的区域应设调车信号机。采用列车自动控制系统的车站，可不设进、出站信号机。

13.3.8.3 进站信号机和车站防护道岔的信号机可设引导信号，具有两个及其以上运行方向的信号机可设进路表示器。

13.3.8.4 信号显示的基本颜色及其含义应符合如下规定：

a. 红色表示停车；

b. 黄色表示限速或注意运行；

c. 绿色表示按规定速度运行；

d. 月白色表示允许调车。

引导信号显示应为一个红色灯光及一个白色灯光。进路表示器应在主体信号显示允许信号时显示月白色灯光。

13.4 计算机联锁技术要求

13.4.1 计算机联锁设备宜采用微型计算机。

13.4.2 计算机联锁一般采用下列方式：

a. 各站分散；

b. 多站集中；

c. 中心集中。

13.4.3 计算机联锁设备必须符合故障—安全的原则，并应采用必要的冗余和安全技术以及具有故障诊断和报警功能。

13.4.4 计算机联锁应配置必要的外设，并可采取键盘控制和屏幕显示。

13.4.5 其它技术要求可采用电气集中联锁的有关规定。

14 道口信号

14.1 基本功能

14.1.1 列车接近报警

14.1.2 道口关闭时禁止行人车辆通行。

14.2 技术要求

14.2.1 道口信号一般采用道口自动信号。根据需要，可加设自动栏木。

14.2.2 道口信号可纳入信号系统控制，宜与交通信号构成城市交通管理实时控制系统。

14.2.3 道口信号必须保证任何方向列车接近道口时，能向道路方向报警。

14.2.4 道口信号的列车接近通知设备可采用轨道电路或其它传感系统。

14.2.5 道口信号除应有灯光显示外，一般还应设音响报警或语音通知，并满足下列要求：

a. 道口得到列车接近通知时，道口信号应向道路方向显示红色灯光或闪红灯，并发出音响报警或语音通知，列车通过道口后复原；

b. 道口未得到列车接近通知时，道口信号应显示绿色灯光；

c. 道口停用或停电时，道口信号应灭灯。

14.2.6 道口信号应采用一次接近通知方式。

14.2.7 道口信号的列车接近通知时间应满足行人车辆通过道口和设备动作时间的要求。道口接近区段长度由列车运行速度和接近通知时间确定。

14.2.8 道口应设轻轨遮断信号，当信号开放时应与车内信号发生联系。

14.2.9 自动栏木应全部或部分遮蔽道路。根据道口宽度采用一对或多对栏木。

14.2.10 在道口上设有二对及其以上栏木时，两栏木间的动作应相互校核。

14.2.11 自动栏木落下动作时机，应保证行人车辆安全通过道口。

14.2.12 自动栏木除自动动作外还应能人工控制。

15 列车占用检测与信息传递

15.1 列车占用检测与信息传递可采用轨道电路、轨间环线、查询——应答器或其它传感设备。

15.2 列车占用检测与信息传递设备必须符合故障—安全的原则。

15.3 轨道电路技术要求

15.3.1 轨道电路应采用无绝缘或有绝缘轨道电路。

15.3.2 轨道电路应具有列车占用检测与信息传递功能。根据需要，信息传递也可采用迭加方式。

15.3.3 轨道电路的发送和接收设备应采用集中设置方式。

15.3.4 轨道电路应在规定的电源电压和道床条件的变化范围内保证可靠分路，满足调整状态和稳定工作。传递信息的轨道电路还应保证车载设备可靠接收信息。

15.3.5 轨道电路应能防止牵引电流和邻线信号干扰，并应具有轨道绝缘功能失效防护。

15.3.6 轨道电路应具有必要的检测、显示和故障报警功能。

15.3.7 轨道电路适用范围与工作条件：

a. 地下、地面和高架线路；

b. 碎石和混凝土整体道床；

c. 采用焊接式钢轨和焊接式钢轨接续线连接；

d. 各种电动车辆；

e. 采用单轨条或双轨条走行轨回流。

15.3.8 轨道电路主要技术数据应满足下列要求：

a. 应用传输距离应满足闭塞分区长度；

b. 无绝缘轨道电路模糊区应满足使用要求；

c. 发送和接收设备至轨道终端的传输距离应满足工程要求；

d. 钢轨阻抗、道床电阻和分路灵敏度应符合线路特征。

15.3.9 轨道电路设置

15.3.9.1 区间和车站宜设无绝缘轨道电路，道岔区段和车场线路应设有绝缘轨道电路。

15.3.9.2 符合下列条件之一的区段应装设轨道电路：

a. 集中联锁区内的列车和调车进路；

b. 自动闭塞区间或列车自动防护系统控制线路；

c. 其它需要装设的线路区段。

15.4 轨间环线，查询—应答器和其它传感设备技术参数和装设位置的选定，应满足列车占用检测或信息传递要求。

16 供电

16.1 信号系统供电应为一级负荷，设两路独立电源。

16.2 信号系统采用集中电源和分路馈电方式。

16.3 电源电压波动超过用电设备正常工作范围时，应设稳压设备。

16.4 车载设备电源应采用车上电源直接或经变流设备供电。

16.5 计算机系统应采用不间断电源供电，后备供电时间应满足使用要求。

16.6 联锁设备专用的交、直流电源应对地绝缘。

16.7 电源容量应具有必要的备用量。

16.8 根据需要，用电设备应设独立的电源屏或其它配电设备，并应具有主、副电源自动和手动切换装置，切换时不得影响用电设备正常工作。

17 接地与防护

17.1 电源设备及其它带电信号设备的机架，机壳应设保护地线、需工作接地的设备应设工作地线。地线接地电阻应符合下列规定：

a. 保护地线接地电阻应小于 10Ω；

b. 工作地线接地电阻应小于 4Ω。

17.2 根据需要，设备工作接地和保护接地也可采用联合地线，其接地电阻应小于 4Ω。

17.3 受雷电危害的设备应具有雷电感应过电压防护，并应满足下列要求：

a. 防护电路应将雷电感应过电压限制到被防护设备的冲击耐压水平以下；

b. 防护电路不应影响被防护设备的正常工作，并应保证设备受雷电干扰时不得错误动作；

c. 防雷地线接地电阻应小于 10Ω。

17.4 信号设备与接触网或接触轨带电部分之间应留有安全距离。

17.5 信号金属结构物的装设，应考虑迷流的电蚀防护。

17.6 信号电缆线路与强电线路应分开敷设，必要时应采取防护。

17.7 隧道内和高架线路的信号电缆应满足阻燃、低毒及防腐蚀的要求。

附加说明：

本标准由建设部标准定额研究所提出。

本标准由建设部城镇建设标准技术归口单位建设部城市建设研究院归口。

本标准由中国铁路通信信号总公司研究设计院，建设部城市建设研究院，铁道部铁道科学研究院负责起草。

本标准主要起草人：施焕石、祁祖林、曹秀君、吴宗祥、韩怀恭。

本标准委托中国铁路通信信号总公司研究设计院负责解释。

中华人民共和国行业标准

城市客运车辆修理通用技术条件

General specification for repairing vehicles of urban transit system

CJ/T 30—91

1 主题内容和适用范围

本标准规定了城市客运车辆大修修理通用技术要求。

本标准适用于城市大、中、小客车，摩托车，无轨电车，轨道车辆（有轨电车、地铁、轻轨等），轨道缆车，索道缆车以及其它客运车辆。

本标准对城市客运车辆修理技术要求作了原则规定。未作规定之事项，各车种、车型、总成（系、系统）等修理，按各有关标准的规定执行，但必须遵循本标准原则规定。

2 引用标准

GB4992 城市公共汽车技术条件
GB5336 大客车车身修理技术条件
GB7258 机动车运行安全技术条件
CJ17 城市公共汽车修理技术条件
CJ23 城市无轨电车修理技术条件
GB7928 地下铁道车辆通用技术条件
JB2286 牵引电器基本技术条件
JB3369 牵引电机基本技术条件
GB12478 客车防尘密封性试验方法
GB12480 客车防雨密封性试验方法

3 术语

3.1 城市客运车辆：主要行驶于城市市区、市郊及旅游点，用于载客并具有动力装置的车辆（含拖、挂车）。

3.2 首次大修间隔里程（时间）：车辆从制造厂出厂起至需要第一次大修的间隔里程（时间）。

4 送修条件

4.1 在正常使用和保养条件下，城市客运车辆首次大修间隔里程（时间），大、中型客车和无轨电车一般应不低于 250×10^3km（或 5a）；轨道车辆应不低于 600×10^3km（或 6a），或者按制造厂规定。未规定车辆可按制造厂规定修理期送修；第二次大修间隔里程（时间），不低于首次大修里程（时间）的 80%。在行驶里程与使用年限不一致时，应以使用年限为主。

4.2 送修应以车身（厢）技术状况为主要依据。

4.3 虽未达到规定里程（时间），但车辆技术状况恶化，不宜继续运行，不通过大修无法恢复技术性能时，应予以提前大修。

4.4 允许对损坏严重，性能恶化的主要总成（系、系统）单独修理。

4.5 凡属国家限期报废淘汰或修理费用过高，无修理价值的车辆，不允许送修。

5 修理技术基本要求

5.1 通过修理应恢复车辆的基本性能。

5.2 修理过程中，允许按经规定程序批准的技术文件或规定，更换部分总成（系、系统），改变某些零、部件的设计，但其技术性能不得低于原设计要求。

5.3 修理中必须使用规定的机具、工具，不许损伤基础面和精加工面。

5.4 通过诊断，判明总成（系、系统）、零、部件的技术状况，确定修理方法。采用的修理工艺，应以能确保修理质量为基本要求。对重要配（偶）合件组（副）、旋转件，以及直接涉及安全的重要部件，组装前、后，视需要进行必要的检测（探伤，气密，绝缘，水压，动、静平衡试验等）。

5.5 解体及组装零、部件时，必须彻底清洁，不允许表面有油污、水垢、胶质、积碳及其它异物。采用的清洁剂及清洁方法不得直接危害人体及污染环境或改变原零、部件的几何尺寸及性能。清洁后的零、部件表面须呈中性。清洁电气装置、仪表时，必须保证其绝缘性能及外观质量良好。

5.6 凡有分级修理尺寸时，应按其有关修理标准规定执行。更换、修理、修复后的零、部件，其几何尺寸、表面粗糙度、材质、机械性能等须符合原车或相关的修理技术要求。

5.7 装配组合件时，应符合原设计的装配要求或相关的修理技术标准（条件）。允许更换的单件（体），必须进行选配、磨合（研磨），使其配合状况符合原设计技术要求。对于不允许互换的零、部件，应严格执行原要求。

5.8 凡有规定扭紧力矩和扭紧顺序的螺栓、螺母，装配时应按其规定执行。

5.9 车身（厢）（包括骨架）的焊接，宜采用气体保护焊。焊缝处应连续、平整、牢靠，不得有裂纹、烧穿、假焊、夹渣、焊瘤等缺陷。铆接及螺栓连接部位牢固可靠、间距均匀、排列整齐。

5.10 车身（厢）构件的内、外表面，均应采取有效的防腐蚀措施，如：磷化处理、施防腐涂层等。

5.11 车身（厢）涂层

5.11.1 车身（厢）构件、覆盖件及附件（包括焊缝），施涂前必须除去油污、漆膜、锈蚀物、焊渣、灰尘等。保证施涂表面平整、干燥、清洁。

5.11.2 车身（厢）外部涂层，应具有良好的耐候性、耐水性、装饰性和机械强度。涂层外观光滑、色泽均匀、不允许有颗粒（允许有轻微“桔皮”），光泽度不低于90%。其耐候性指标规定为在湿热带地区一年半内涂层完整、不起泡、不生锈、不开裂，光泽度不低于60%。

5.11.3 车身（厢）内表面的涂层，外观应光滑、平整、色泽均匀，不应有露底流痕等缺陷。其耐候性指标为在湿热带地区一年半内涂层完整、不起泡、不粉化、不开裂。

5.11.4 与碱、酸、油接触处的涂层，应具有良好的耐碱、耐酸、耐油等性能。

5.11.5 结合缝、连接部位的涂层，应具有隔水、防尘、密封性能。

5.11.6 车身（厢）涂层，除执行本标准规定外，具有特殊要求的涂层，可参照有关标准执行。

5.12 车辆（厢）内、外附件、服务设施、标志等，必须符合有关标准或规定。

5.13 避免使用易燃材料，电线、电缆须采用阻燃型或难燃型材料。

5.14 门窗及挡风玻璃，须使用安全玻璃。

6 竣工检验要求

6.1 竣工之车辆，其主要结构参数须与原车相同，由于修理使轴荷及总质量的增加，不超过原设计值的 3%。

6.2 内、外装饰，服务设施、通信、音响、照明、信号显示等附件，各调节装置和电气设施、安全防护等，齐全完好，工作有效。其技术要求应符合 GB7258 及 GB7928 及其它有关规定。

6.3 所有密封装置（部位），不允许有渗漏现象。

6.4 各种电气线路绝缘性能及接头接触良好；各种管路清洁畅通、连接可靠不泄漏；各种线路、管路安装牢靠、排列整齐、走向合理，不发生碰擦及干涉，紧固件齐全有效；线、管规格及其它技术要求符合原车设计，穿过洞孔及转弯处的保护装置须齐全有效。

6.5 修竣后的动力装置应工作正常，其动力性能指标，应不低于额定功率的 90%。经济性能指标，无明显降低。

6.6 操纵系统轻便、灵活、工作正常可靠、无异响，符合原车辆设计要求。

6.7 车辆的平顺（平稳）性、舒适性等与原设计性能要求无明显改变。

6.8 修竣后车辆的走行、制动、排放、噪声、灯光等性能应符合 GB7258、GB7928 及其它有关规定。

6.9 车窗开启灵活，关闭严密；车门启闭灵活、平稳，行驶中能有效锁止；安全门开启灵活、锁止有效。

6.10 修复后采暖、制冷、除霜装置应运转正常、控制灵活、工作可靠。其性能要求如下：

6.10.1 采暖装置：当外界温度为－10℃时，在 30min 内能使驾驶员座位处的环境温度不低于 10℃。在外界温度为－10℃，正常速度行驶时，乘客座椅处的环境温度不低于 10℃。

6.10.2 制冷装置：当外界温度为 35℃时，应能使车内、外温差不小于 7℃。

6.10.3 除霜装置：除霜系统在 40min 内，车辆风窗玻璃除霜面积在刮水器刮刷范围内，除霜面积不小于 90%。在驾驶员一侧的刮水器刮刷范围内，除霜面积应超过 90%，未除尽部分只允许在刮刷面积的边缘。

6.11 电气设备的过载、欠压、过压、限速、失控、限位等保护装置，绝缘性能及其与车体之间的主、次级绝缘应符合原设计要求。

6.12 动力为电力的车辆，其牵引电机、牵引电器的技术要求，参照 JB3369 及 JB2286 及有关规定执行。

6.13 接地装置牢靠、完整、有效。

6.14 里程计价器必须工作准确、可靠。

6.15 车身（厢）应具有良好的防尘、防雨、密封性能，其性能指标见表 1、表 2。测试方法参照 GB12480 及 GB12478。

车辆防尘密封性能限值指标表　　表 1

车 辆 类 型	密封度（M）%
豪华型城市客运车辆	≥95
普通型城市客运车辆 （铰接式客运车辆）	≥91 （≥89）

车辆防雨密封性能限值指标表　　表 2

车辆类型	限值（分）
豪华型城市客运车辆	≥93
普通型城市客运车辆 （铰接式客运车辆）	≥87 （≥84）

6.16 竣工车辆出厂时，每辆（列）车均需对外观、牵引、制动、操纵、转向、灯光等按各车种、车型的修理标准予以检验。其它性能根据用户要求双方协商后抽检，凡不符合标准的项目，应予以返修。

7 质量保证

7.1 车辆质量保证期，应按各车种、车型的有关修理标准规定执行，但不得少于 20×10^3km（或 0.5a）。质量保证期内，在正常使用和保养条件下，因修理质量引起的非正常损坏，应由承修单位负责返修。

7.2 大修竣工车辆，经质量检验合格，安装铭牌并签发合格证后，方能出厂。

附加说明：

本标准由中华人民共和国建设部标准定额研究所提出。

本标准由建设部城镇建设标准技术归口单位城市建设研究院归口。

本标准由重庆市公用事业局负责主编，上海市公用事业管理局、武汉市公用事业管理局、天津市公用局、广州市公用事业局、西安市公用事业局、北京市地下铁道总公司参编。

本标准主要起草人苗志明、蒋惠仪、张观复、王广印、李挺生、黄佩钊、陈文福、谈金楼、鲍际时、陈立学、刘瑞祥、姚兰云、池嘉亮。

本标准委托建设部城市建设研究院负责解释。

中华人民共和国城镇建设行业标准

无轨电车产品型号编制规则

Rules for numbering of trolleybuses

CJ/T 5005—93

1 主题内容与适用范围

本标准规定了无轨电车型号的编制方法。

本标准适用于CJ/T 5004《无轨电车系列》中的各型无轨电车。

2 无轨电车产品型号的构成

2.1 参照汽车产品型号编制规定，产品型号由企业名称代号、车辆类别代号、主参数代号和产品序号组成，必要时附加企业自定代号。

2.2 代号的排列顺序，按下图所示：

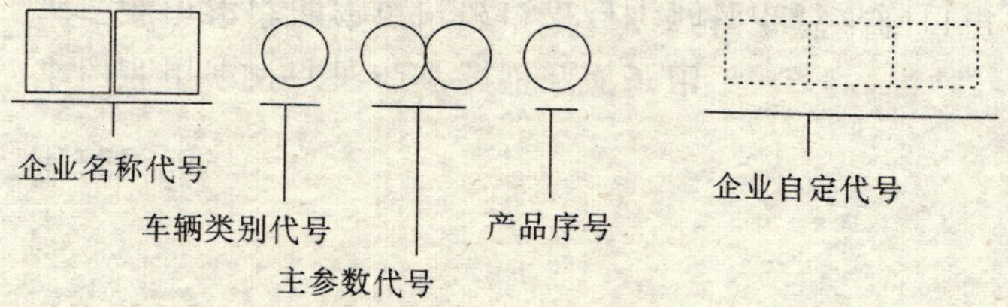

3 代号

3.1 企业名称代号

在生产企业全称中，选取两个具有代表性的字，并以其汉语拼音的第一个大写字母组成。企业名称代号由生产企业提出申请，报请主管部门批准。

3.2 车辆类别代号

以汉语拼音“WG”代表无轨电车。

3.3 主参数代号

无轨电车以车辆长为主参数，取车辆长(m)的整数部分，用二位阿拉伯数字表示。例如，车辆长9.25m的，其代号为“0.9”；车辆长11.80m的，其代号为“11”。

3.4 产品序号

表示在本企业内主参数相同的无轨电车，按不同的设计而投入生产的顺序，以阿拉伯数字表示。例如第一次生产的为“0”，设计有较大变动第二次生产的为“1”，以此类推。

3.5 企业自定代号

在必要时，生产企业可用大写汉语拼音字母代表以上代号不能表示的车辆特征。例如，不同的底盘代号、特种结构或用途的代号等。代号不应超过三个。

3.6 标记示例

某厂生产的车辆长为17.75m，属同类型第二次设计而投入生产的无轨电车：

无轨电车 □□WG171

附加说明：

本标准由建设部标准定额研究所提出。

本标准由建设部建筑机械设备与车辆标准技术归口单位北京建筑机械综合研究所归口。

本标准由上海客车厂负责起草。

本标准主要起草人：张盛林、王洁。

本标准委托建设部北京建筑机械综合研究所负责解释。

自本标准实施之日起，CJ 10—84《城市用无轨电车系列型谱》中的编号规则作废。

中华人民共和国城镇建设行业标准

无轨电车产品图样编号方法

The numbering method for drawings of trolleybus components

CJ/T 5006－93

1 主题内容与适用范围

本标准规定了无轨电车产品的零件、总成和总成装置图的编号方法。

本标准适用于各种型式的无轨电车产品的零件、总成和总成装置图的编号。

本标准不适用于无轨电车产品中标准件图样的编号。

2 引用标准

CJ/T 5005　无轨电车产品型号编制规则。

3 无轨电车产品图样编号的构成

产品图样编号由产品型号、七位数字的基本号和变更经历号构成。

图式如下：

3.1 产品型号

产品型号说明按 CJ/T 5005 编制。

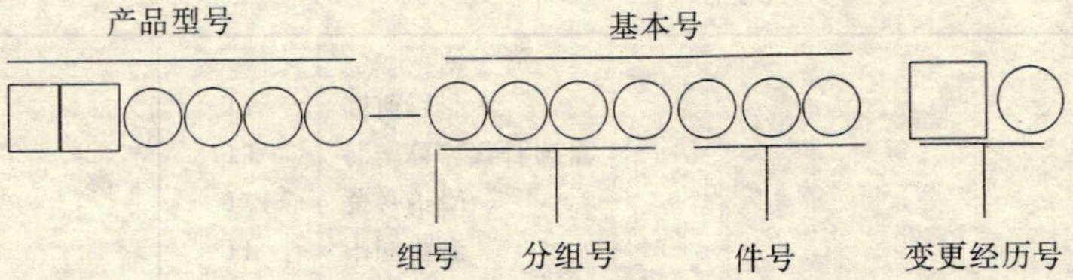

注 □——汉语拼音字母　○——阿拉伯数字

3.2 组号

组号用基本号中前 2 位数字，表示无轨电车各功能系统内分系统的分类代号。范围从 00 到 99，其中 10－13 为汽车专用组号；01～09 以及附录 A 中未列入的组号为备用号。

3.3 分组号

分组号用基本号中第 3、4 位数字，表示总成和总成装置的分类代号。

3.4 件号

件号用基本号中后 3 位数字，表示零件的代号。当编制对称零件时，左面的零件给予奇数号，右面的零件给予偶数号，前者比后者小 1。

3.5 变更经历号

变更经历号位于基本号之后，用一个大写汉语拼音字母和一位阿拉伯数字表示。当零件、总成在原产品图基础上对结构、尺寸、材料或工艺方面的特征有改变时，应改变变更经历号，按顺序用大写汉语拼音字母表示。但不得用“I”、“O”、“X”。变更经历号中的数字用 0～9 自然数表示，当数字为“0”时，可省略。

3.5.1　当零件和总成变化不大，并且更改不影响互换时，应不改变变更经历号。

3.5.2　当零件和总成变化较大，并且首次更改不影响互换时，用 A 表示。以后再有类似的更改，依次用 A_1、A_2……。

3.5.3 当零件和总成首次更改且影响互换时，则应用字母 B 表示。再次更改若不影响互换时，用 B_1 表示。再次更改若影响互换，应依次更改字母用字母 C 表示。其它依此类推。

4 外购件的编号

外购件按原制造厂的产品图样编号，在编制外购件明细表时应注出该厂的名称。

5 借用零件的编号

借用零件的编号按原零件的图样编号。

6 产品图样编号规定

允许在零件、总成和总成装置图上省略产品型号中的企业名称代号。但在总成图简图及装钉封面上应写出全部编号。

附录 A
无轨电车产品图样统一编号示例表
（补充件）

组号	分组号	名称
00		整车
	01	整车外形图
	02	车身油饰颜色图
	03	车内座椅布置图
14		底盘
	00	底盘总布置
22		传动轴
	00	传动轴总成
	01	后传动轴
	02	前传动轴
	10	传动轴中间支承
24		后桥（铰接车中桥）
	00	后桥总成
	01	后桥外壳
26		第三轴
	00	第三轴总成
27		连接装置（铰接式电车）
	00	机械连接装置
	01	牵引架
	03	铰接机构
	05	限位机构
	06	保险机构
	11	中间框架
	12	等分机构
	13	伸缩篷及悬挂装置
	14	圆地板
28		底架

续表

组　号	分组号	名　　称
	00	底架总成
	01	底架
	02	挡泥板
	03	前保险杠
	04	后保险杠
	05	牵引装置
	07	牌照架
	11	副车底架
29		悬　挂
	00	悬挂总成
	01	前悬挂
	02	前钢板弹簧
	04	前钢板弹簧支座
	05	前减震器
	06	前悬挂横向稳定装置
	11	后悬挂
	12	后钢板弹簧
	13	后副钢板弹簧
	14	后钢板弹簧支座
	15	后减震器
	16	后悬挂横向稳定装置
	20	橡胶副簧及缓冲垫
	21	空气悬挂
30		前　轴
	00	前轴总成
	01	前轴及转向节
	03	转向拉杆
31		车轮及轮毂
	00	车轮及轮毂
	01	车　轮
	02	车轮盖
	03	前轮毂
	04	后轮毂

续表

组　号	分组号	名　　称
	06	轮　胎
34		转向器
	00	转向器总成
	01	转向器
	02	转向盘
	03	转向器支架
35		制动系
	00	制动系装置
	01	前制动系及制动鼓
	02	后制动系及制动鼓
	04	踏蹬总成及传动装置
	05	制动总泵
	06	制动管路
	07	手制动器
	08	手制动操纵装置
	09	气制动空气压缩机
	11	气制动油水分离器
	12	气压控制开关
	13	储气罐
	14	气制动阀
	16	气制动快放阀
	19	气制动室
	24	储能制动器
	25	单向阀
	27	继动阀
37		低压电气设备
	01	发电机
	02	充电调节器
	03	蓄电池及安装架
	09	电源总开关
	10	变光开关
	11	前照灯
	12	前小灯

续表

组号	分组号	名称
	13	仪表灯
	14	内部照明灯及开关
	15	工作灯
	16	尾　灯
	17	牌照灯
	18	车门灯及车门指示灯
	19	乘务员工作灯
	20	制动灯及开关
	21	喇　叭
	22	熔断丝盒
	23	接线板
	24	电线束
	26	转向灯及操纵装置
	29	倒车灯及开关
	30	副车接线板
	31	木廓灯
	32	雾　灯
	33	路肩灯
	34	路牌灯
	35	倒车限位警报器
	36	乘务联络讯号
	39	风　扇
	40	报话器
38		仪　表
	01	仪表板
	02	车速里程表
	03	远光灯
	04	电　钟
	11	电流表
	12	电压表
	18	警报器
	19	蜂鸣器
39		随车工具及附件

续表

组号	分组号	名称
	01	通用工具
	02	说明书
	04	标　牌
	10	灭火器及附件
	11	黄油枪
	12	轮胎气压表
	13	千斤顶
	15	活动扳手
	16	特殊扳手
	19	工具箱
40		高压电气设备
	01	集电器总成
	02	集电头
	03	集电杆
	04	集电器座
	05	集电器底架
	06	集电器安装
	07	绳　箱
	08	高压电气原理图
	09	高压电气接线图
	10	高压电气布置图
	11	高压电气附件
	12	电度表
	13	自动断路安装图
	14	牵引电动机安装图
	15	空压机用电动机安装图
	16	斩波器安装图
	17	斩波器线路图
	18	斩波器控制板安装图
	19	主回路晶闸管安装图
	20	脉冲变压器
	21	电流互感器
	22	接触器底板安装图

续表

组　号	分组号	名　　称
	23	接触器
	24	反正器
	25	高压接线板
	26	高压接线板安装图
	27	熔断器安装图
	29	平波电抗器
	30	抑制电抗器
	31	换流电抗器
	32	制动电阻
	33	削磁电阻
	34	分压电阻
	35	主令控制器
	36	差动变压器
	37	控制箱
	38	平波电容器安装图
	39	换流电容器安装图
50		车　身
	00	车身总布置
	01	车身骨架
	02	前轮罩
	03	后轮罩
51		地　板
	00	驾驶区地板总成
	01	驾驶区地板骨架
	02	驾驶区地板护面
	10	乘客区地板总成
	11	乘客区地板零件
	12	乘客区地板护面
	13	地板检视孔盖
53		前围及风窗
	00	前围及风窗总成
	01	前围骨架
	02	前围外蒙皮

续表

组　号	分组号	名　　称
	03	前围内蒙皮
	04	风窗玻璃及密封条
	07	前路牌
54		侧　围
	00	侧围总成
	01	左侧围骨架
	02	左侧围外蒙皮
	03	左侧围内蒙皮
	06	侧围路牌
	08	侧围箱小门
	09	安全视孔
	11	右侧围骨架
	12	右侧围外蒙皮
	13	右侧围内护板
56		后围及后窗
	00	后围总成
	01	后围骨架
	02	后围外蒙皮
	03	后窗
	06	后围内蒙皮
	07	后牌照架
	08	后路牌
57		车顶盖及车顶窗
	00	车顶盖总成
	01	车顶盖骨架
	02	车顶盖外蒙皮
	04	车顶盖内护板
	05	车顶窗
	06	车顶盖通风装置
63		乘客门
	00	乘客门总成
	01	乘客门骨架
	02	乘客门蒙皮

续表

组　号	分组号	名　　称
	03	乘客门玻璃及密封条
	06	乘客门铰链
	07	乘客门密封条
	08	乘客门启闭装置
	11	三通阀
	12	电磁开关
64		驾驶员门
	00	驾驶员门总成
	01	驾驶员门骨架
	02	驾驶员门蒙皮
	03	驾驶员门窗
	05	驾驶员门锁及手柄
	06	驾驶员门铰链
	07	驾驶员门密封条
	09	驾驶员门安全及限位装置
67		踏　步
	01	前乘客门踏步
	02	中乘客门踏步
	03	后乘客门踏步
	04	驾驶员门踏步
	05	乘务员踏步
68		驾驶员座
	00	驾驶员座总成
	01	驾驶员座骨架
	03	驾驶员座软垫
	04	驾驶员座调整机构
	05	驾驶员座靠背
	07	驾驶员座支架
71		乘客单人座
	00	乘客单人座总成
	01	乘客单人座骨架
	03	乘客单人座软垫
	05	乘客单人座靠背

续表

组　号	分组号	名　　称
72		乘客双人座
	00	乘客双人座总成
	01	乘客双人座骨架
	03	乘客双人座软垫
	05	乘客双人座靠背
73		乘客三人座
	00	乘客三人座总成
	01	乘客三人座骨架
	03	乘客三人座软垫
	05	乘客三人座靠背
74		乘客五人座
	00	乘客五人座总成
	01	乘客五人座骨架
	03	乘客五人座软垫
	05	乘客五人座靠背
76		乘务员座
	00	乘务员座总成
	01	乘务员座骨架
	03	乘务员座软垫
	04	乘务员座调整机构
	05	乘务员座靠背
77		售票台
	00	售票台总成
	01	售票台骨架及护板
	02	售票台面板
	03	工具箱及服务设施
78		驾驶区隔离装置
	00	驾驶区隔离装置
	01	隔板骨架
	02	隔板护面
81		空气调节设备
	01	暖气设备
	02	除霜设备

续表

组　号	分组号	名　　称
	03	冷气设备
82		附　件
	01	后视镜
	02	扶手柱、拉手杆及连接头
	04	遮阳板
	05	窗　帘
	07	各种用具
	08	反光器
	11	前视镜
	12	刮水器
	13	风窗洗涤器
	14	车　标
	15	扶　梯

附加说明：

本标准由建设部标准定额研究所提出。

本标准由建设部机械设备与车辆标准技术归口单位北京建筑机械综合研究所归口。

本标准由北京电车公司制配厂负责起草。

本标准主要起草人：由喜占、臧玉海、王惠源、赵思省。

本标准委托建设部北京建筑机械综合研究所负责解释。

中华人民共和国城镇建设行业标准

有轨电车技术条件

Technical specifications for tramcars

CJ/T 5016－94

1 主题内容与适用范围

本标准规定了设计、制造有轨电车的一般技术要求。

本标准适用于直流供电的各型城市有轨电车。

2 引用标准

GB 1497 低压电器基本标准

GB 4094 道路车辆、操纵件、指示器和信号装置的图形标志

GB 4785 汽车和挂车的外部照明和信号装置的数量、位置和光色

GB 5599 铁道车辆动力学性能评定和试验鉴定规范

GB 5845 城市公共交通标志

GB 5951 城市无轨电车和有轨电车供电系统

GB 11380 客车车身涂层技术条件

GB/T 12430 客车乘客扶手杆的固定件基本型式与规格尺寸

GB/T 12431 客车乘客扶手杆断面规格

GB/T 12481 客车防雨密封限值

ZBK 63002 牵引电器基本技术条件

ZBK 63004 牵引电动机基本技术条件

JB 3030 汽车挡风玻璃气动刮水器型式与尺寸

JB 3031 汽车挡风玻璃气动刮水器技术条件

JB 3032 汽车挡风玻璃电动刮水器型式与尺寸

JB 3033 汽车挡风玻璃电动刮水器技术条件

3 技术要求

3.1 使用条件

a. 海拔不超过 1200m。

b. 环境温度范围为：－25～40℃。

c. 最湿月月平均最大相对湿度不大于 90%（该月平均最低温度不高于 25℃）。

如超过上述使用条件，由用户与制造厂协商。

3.2 技术参数

有轨电车的技术参数应符合表 1 的规定。

表 1

序号	项　目	4 轴车	6 轴车
1	车辆总长(mm)不大于	14200	22000
2	车辆宽度(mm)不大于	2600	2600
3	车辆高度(mm)不大于	3500	3500
4	转向架中心距(mm)	6000～7200	6000～7200
5	额定载客人数(8 人/m^2)	160	260
6	空车质量(kg)不大于	20000	32000
7	厂定满载总质量(kg)不大于	32000	52000
8	轴重(kg)不大于	主动轴 9100 从动轴 7900	主动轴 9100 从动轴 7900
9	轨距(mm)	1435	1435

续表

序号	项　　目	4 轴车	6 轴车
10	线网高度(mm)	5200～5500	5200～5500
11	线网额定电压(V)	600 或 750	600 或 750
12	功率(kW)不小于	74	148
13	最高车速(额定载客量)(km/h)不小于	45	45
14	最大起动加速度(空载)(m/s^2)不小于	0.74	0.74
15	最大起动加速度(满载)(m/s^2)不小于	0.6	0.6
16	最大爬坡度(额定载客量)(%)不小于	6	6
17	离轨面最小间隙(mm)不小于	90	90
18	最小转弯半径(m)不大于	19	19
19	一级踏步高度(mm)不大于	420	420
20	车厢内高(mm)不小于	2100	2100
21	常用制动减速度(m/s^2)不小于	1.1	1.1
22	紧急制动减速度(m/s^2)不小于	1.3	1.3

注:1. 序号 1 车辆总长(mm)可根据用户需要在一定范围内生产,4 轴车为 11000～14200,6 轴车为 20000～22000。

2. 序号 11 线网额定电压应符合 GB5951。

3.3　一般要求

3.3.1　在正常的轨道上,有轨电车以 10km/h 的速度,按规定通过允许最小曲率半径时,有轨电车的走行部分和联结部分应无损伤。

3.3.2　车辆以 30km/h 速度行驶时,司机室内及乘客间内的最大噪声级不超过 88dB(A),外部距轨道中心 7.5m 处的最大噪声级不超过 90dB(A)。

3.3.3　车辆运行的平稳性指标,参照 GB5599 应不劣于 2.5。

3.3.4　有轨电车的防雨密封性能应达到 GB/T 12481 的要求。

3.3.5　有轨电车在正常使用、保养情况下,从投入运行到第一次车身大修的行驶里程应不少于 36×10^4km。

3.4　高、低压电气设备及控制电路

3.4.1　有轨电车受电弓的工作变化范围不小于 1200mm。

3.4.2　有轨电车上的牵引电动机应符合 ZBK63004。

3.4.3　有轨电车上的牵引电器应符合 ZBK63002。

3.4.4　有轨电车的低压电气设备应符合 GB1497。

3.4.5　有轨电车直流牵引电动机起动和调速的控制,可以采用有触点电器的间接变阻控制方式,及有触点电器的直接变阻控制方式,或者采用晶闸管脉冲斩波调速方式。

3.4.6　有轨电车的主电路、辅助电路、控制电路应设有保护装置。主电路应该有短路保护、过流保护、大气过电压保护及欠电压保护。对采用斩波脉冲调速的电路,还应该有过电压保护装置,辅助电路应装总开关,各辅助电气设备分路应装分路熔断器。

3.4.7　高、低压电气线路的敷设应排列整齐,接头编号标志清晰,穿过洞孔或转弯处时应有保护绝缘措施,固定应牢靠。

3.4.8　控制回路及辅助设备的电源由电动发电机,或逆变器和蓄电池供给,控制回路及辅助设备的额定电压推荐选用直流 24V。

3.4.9　低压线路应与高压线路分开敷设,分开包扎,并与气路管道保持一定距离。

3.4.10　有轨电车的主电路、控制电路和辅助电路均应进行绝缘耐压试验。主电路的试验电压值为 0.85($2.2U_e$+1000)V,控制电路和辅助电路的额定电压为 24V 及以下时,试验电压为 750V。(注:式中 U_e 为主电路的额定电压,V。)

3.5　传动、制动及气路系统

3.5.1　有轨电车车轮的滚动圆直径偏差:

a. 在同一轮对上两滚动圆直径偏差不得超过±1mm。

b. 在不同轮对上两滚动圆直径偏差不得超过±2mm。

3.5.2 有轨电车的制动系统必须装有彼此独立的常用制动装置和驻车制动装置，并具有应急制动功能。

3.5.3 有轨电车装有空气制动和电制动，在车辆满载且采用紧急制动时，以 30km/h 速度行驶时，制动距离不得大于 30m，在干燥平直的轨面上缓制动时，减速应均匀，制动解除后行走部分无干扰。

3.5.4 电气制动线路是电阻制动，或者是再生制动和电阻制动的复合线路。

3.5.5 在气路系统中应装有低气压警报装置，当气路系统发生故障，使气压低于 450kPa 时，应能发出音响警报信号。

3.5.6 气路系统在各气动元件不工作的情况下，气压由 650kPa 降到 550kPa 的时间应不少于 30min。

3.5.7 气路中应装设油水分离器、排水阀、安全阀等设施。

3.6 对铰接式有轨电车铰接部分的技术要求

3.6.1 铰接机构的水平方向应保证在最小转弯半径条件下安全通过。

3.6.2 铰接机构的承载连接件必须严格控制其材质，对成品必须经过检测。

3.6.3 铰接机构必须装置钢丝保险索的安全设施。

3.6.4 铰棚装置和铰盘地板必须具有与铰接机构相适应的活动范围，运动中不得有任何触碰和卡阻等现象。

3.6.5 铰棚装置与车厢连接处必须密封良好，不得漏水。

3.6.6 车厢的铰接部位应装设安全护栏和扶手杆等安全设施。

3.7 车厢、车窗及车门

3.7.1 车厢应设有换气装置及车顶夹层内应有隔热材料。

3.7.2 全车的门窗玻璃，应采用平整、光洁的钢化玻璃。

3.7.3 前挡风玻璃应采用夹层玻璃或钢化玻璃，其性能应符合有关标准的规定。

3.7.4 前挡风玻璃应装有刮水器，刮水器应符合 JB3030 及 JB3031，或者符合 JB3032 及 JB3033。

3.7.5 两端都有司机室的电车，乘客车门设置在车厢两侧四轴车乘客车门应不少于 6 个，六轴车乘客车门应不少于 8 个。

3.7.6 乘客车门的净宽，供一个人通过的单通道门应不小于 820mm，供二人通过的双通道门应不小于 1020mm。

3.7.7 司机室及售票员工作台设有操纵车门的开关。

3.8 对司机室和车厢设施的要求

3.8.1 有单独的司机室，司机室的挡壁可采用半壁或整壁式。

3.8.2 司机座椅应能调整。

3.8.3 司机室车窗上部应有遮阳设施，并安装防霜设施。

3.8.4 应设有售票员座椅和工作台，工作台应装有：报站话筒、车门开关、发车信号音响器及照明装置。

3.8.5 在车厢外部的前、后及右侧的明显位置处，应设有路线牌。

3.8.6 有轨电车应装设由司机控制的撒砂设备。

3.8.7 车顶棚、侧窗和车门处应设有扶手杆，或为站立乘客设拉手环。

3.8.8 扶手杆及其附件规格尺寸应符合 GB/T12430 及 GB/T12431 的有关规定。

3.9 骨架、车身蒙皮及装饰件

3.9.1 车身的钢结构框架须经彻底除锈和相应的防腐措施，车架骨架应连接牢固、可靠。

3.9.2　车身内外蒙皮、钣金件及各种压条等装饰件以及联接紧固件均应装接平顺，排列整齐，间距均匀，连接紧密，无翘曲和刮痕，外蒙皮不应有突出的尖角及锐边。

3.10　车身涂层应符合 GB11380 的规定。车身各部位的金属构件，应有可靠的防腐、防锈措施。按规定不饰漆或不涂油的零部件（如玻璃、橡胶件、塑料件等）不得有油污或漆迹。

3.11　内、外部照明

3.11.1　车内不同区域的照明，不能小于表 2 的规定值。

表 2

照明位置	平均照度(lx)
乘客车厢距地板高 1m 处	25
车门踏步	10
司机室内	30
售票员工作处	50
车厢外距乘客车门 1m 远，距地面高 1m 处	10

3.11.2　有轨电车的外部照明和信号装置的数量、位置、光色、最小几何可见度应符合 GB4785 的规定。

3.12　其它设施

3.12.1　有轨电车内应安装两个灭火器。

3.12.2　有轨电车应安装电度表。

3.12.3　有轨电车应安装速度里程表。

3.12.4　每辆有轨电车应备有工具箱。

4　标志、运输与质量保证

4.1　每辆有轨电车应在明显的部位固定产品标牌，标牌的内容应包括：

a. 产品名称和型号；

b. 主要技术参数；

c. 出厂编号；

d. 出厂日期；

e. 生产厂名。

4.2　有轨电车在出厂时必须附有《产品使用说明书》及按说明书规定的随车工具一套。

4.3　在用户遵守《使用说明书》中有关规定的条件下使用时，从接车之日起六个月内，并行驶里程不超过 25000km 时，如有出现因制造质量不良而造成机件损坏或不能正常使用的情况，生产厂应负责免费为用户修理或更换零部件，如用户已将车辆自行改装，则生产厂不对由此而产生的质量问题负责。

附加说明：

本标准由建设部标准定额研究所提出。

本标准由建设部机械设备与车辆标准技术归口单位北京建筑机械综合研究所归口。

本标准由大连市公共电车公司负责起草，长春市公交总公司、鞍山市公交公司参加起草。

本标准主要起草人：陈培凤、崔朱霖。

本标准委托建设部北京建筑机械综合研究所负责解释。

中华人民共和国行业标准

城市公共交通主要保修设备配备 无轨电车保养场

Allocated standard of maintenance facilities for urban public transportation
Maintenance workshop of trolley buses

ZBP 52001.1—89

1 主题内容与适用范围

本标准规定了城市无轨电车保养场主要保修设备配备标准，其设备配备数量和设备种类，可随设备功能的组合或分解作适当调整。

本标准适用于城市无轨电车保养场。

2 引用标准

GB7635—87 全国工农业产品（商品、物质）分类与代码。

3 术语

3.1 城市无轨电车保养场

从事城市无轨电车保养作业的企业。

3.2 主要保修设备

用于城市公共交通车辆保养或修理的主要设备。

3.3 保修设备的主要技术要求

指保修设备的主要技术参数或主要功能。

3.4 年度生产规模

年度车辆拥有量。

4 无轨电车保养场保修设备按表1配备

表 1

序号	设备名称	主要技术要求	单位	年度生产规模与设备台数 200辆以下	201～400辆	401～600辆	备注
一	金属切削设备						
1	普通车床	最大工件直径:320mm	台	2	3	4	
2	普通车床	最大工件直径:400mm	台	2	2	2	
3	普通车床	最大工件直径:615mm	台	1	1	1	
4	牛头刨床	最大刨削长度:650mm	台	1	1	1	
5	牛头刨床	最大刨削长度:1000mm	台	—	1	1	
6	摇臂钻床	最大钻孔直径:25mm	台	—	1	2	
7	摇臂钻床	最大钻孔直径:40mm	台	1	1	1	
8	立式钻床	最大钻孔直径:25mm	台	1	1	1	
9	台式钻床	最大钻孔直径:12mm	台	5	6	7	
10	卧式升降台铣床	工作台工作面宽×长 320mm×1250mm	台	1	1	1	
11	立式升降台铣床	工作台工作面宽×长 320mm×1250mm	台	—	1	1	
12	外圆磨床	最大磨削直径×长度 315mm×1500mm	台	1	1	1	
13	工具磨床	最大工件回转直径×长度 200mm×525mm	台	—	1	1	
14	弓锯床	最大锯料直径:250mm	台	1	1	1	
15	型材切割机	最大切割圆钢直径:50mm	台	2	2	3	
16	砂轮机	砂轮直径:200mm	台	4	5	6	带除尘装置

续表

序号	设备名称	主要技术要求	单位	年度生产规模与设备台数 200辆以下	201～400辆	401～600辆	备注
17	砂轮机	砂轮直径:300mm	台	3	4	5	带除尘装置
18	插床	最大插削长度:200mm	台	—	1	1	
二	清洗设备						
1	车辆外部清洗设备	车身外部清洗	台	1	1	2	不冲洗底盘
2	枪式冲洗机	车身外部清洗	台	2	2	2	
3	零件清洗机	零件清洗、总成清洗	台	1	1	1	粗洗
4	零件清洗机	过程清洗	台	1	1	1	过程清洗是总成装配前的零件清洗
5	洗胎机		台	1	1	2	
6	车箱吸尘设备		套	1	1	1	
7	电器吸尘设备		套	2	2	2	
三	举升设备						
1	车辆举升设备		套	4	5	6	整车举升
2	移动式举升设备		台	2	3	3	辅助举升
四	拆装设备						
1	轮胎螺母拆装机	拆装轮胎螺母	台	4	6	6	
2	轮胎拆装设备	拆装、移动、轮胎	台	1	1	1	
3	制动鼓拆装设备	拆装制动鼓	台	8	10	12	
4	U型螺栓螺母拆装机	拆装U型螺栓、螺母	台	2	3	4	
5	前桥总成拆装小车	拆装、移动前桥总成	台	2	3	4	
6	后桥总成拆装小车	拆装、移动后桥总成	台	2	3	4	
7	钢板弹簧拆装机	拆装、移动钢板弹簧总成	台	1	1	2	
8	半轴套管拆装机	拆装半轴套管	台	1	1	1	
9	轴承拉压器		台	1	1	1	

续表

序号	设备名称	主要技术要求	单位	年度生产规模与设备台数 200辆以下	201～400辆	401～600辆	备注
10	牵引电动机轴承拉压器		台	1	1	1	
五	修理专用设备						
1	制动鼓镗床	镗削直径范围:250～500mm	台	1	2	2	
2	钻、磨、铆制动蹄片机	蹄片最大加工直径不小于500mm	台	1	2	3	
3	前轴工作台	拆装、维修、调整前轴总成	台	1	2	2	
4	后轴工作台	拆装、维修、调整后轴总成	台	1	2	2	
5	前轴镗孔机		台	1	1	1	
6	前轴校正机		台	1	1	1	
7	差速器工作台	拆装、维修、调整差速器总成	台	1	2	2	
8	钢板弹簧工作台	拆装、维修钢板弹簧总成	台	1	1	2	
9	制动控制阀气室工作台	拆装、维修、调试制动控制阀气室	台	1	—	—	带试验
10	制动控制阀工作台	拆装、维修、调试制动控制阀	台	—	1	1	
11	继动阀工作台	拆装、维修、调试继动阀	台	—	1	1	
12	气室工作台	拆装、维修、调试气室	台	—	1	1	
13	传动轴、万向节工作台	拆装、维修传动轴、万向节总成	台	1	1	2	
14	转向器工作台	拆装、维修、调试转向器总成	台	1	1	1	
15	转盘工作台	拆装、维修转盘总成	台	1	1	2	
16	高压加脂机		台	2	2	3	
17	润滑油注油器		台	2	3	3	

续表

序号	设备名称	主要技术要求	单位	年度生产规模与设备台数			备注
				200辆以下	201～400辆	401～600辆	
18	移动式镗磨缸机	镗磨孔直径范围：66～140mm	台	1	1	2	
19	空气压缩机工作台	拆装、维修空气压缩机	台	1	1	1	
20	客车门泵工作台	拆装、维修、调试客车门泵和三通阀	台	1	1	1	带试验
21	客车门泵电磁阀工作台	拆装、维修、调试客车门泵电磁阀	台	1	1	1	带试验
22	低压电器工作台	拆装、维修、调试发电机、调节器等低压电器	台	2	2	3	带试验
23	蓄电池工作台	拆装、维修蓄电池	台	1	1	1	
24	充电机	输出电压范围：0～250V 输出电流≥30A	台	2	3	3	
25	快速充电机	输出电压范围：0～36V 输出电流≥100A	台	1	1	2	
26	集电杆、集电头工作台	拆装、维修、调试集电杆、集电头	台	2	2	3	带试验
27	高压电器工作台	拆装、维修、调试高压电器	台	3	3	4	
28	牵引电动机工作台	拆装、维修牵引电动机	台	1	1	1	
29	牵引电动机电枢整流子切削器	清洁牵引电动机电枢整流子	台	1	1	1	
30	真空浸漆设备	工作真空度 98.7～99.9kPa，罐内最高温度 140℃	台	1	1	1	
31	电热恒温烘箱	内腔容积长×宽×高不小于，500mm×500mm×550mm	台	2	2	2	

续表

序号	设备名称	主要技术要求	单位	年度生产规模与设备台数			备注
				200辆以下	201～400辆	401～600辆	
32	制动电阻工作台	拆装、维修制动电阻	台	1	1	1	
33	交流磁饱和稳压器	功率不小于 2kVA，稳压范围：160～250V，输出电压：220±2V	台	1	1	1	
34	直流稳压电源	输出电压：0～30V，输出电流不小于 1.5A，四路输出	台	2	2	3	
35	直流稳压电源	输出电压：0～750V，0～1500V 输出电流：50～500mA，20～500mA	台	1	1	1	
36	直流稳流电源	输出电压：2.5V，6.5V，输出电流：0.01～30A	台	1	1	1	
37	直流电度表工作台	拆装、维修、调试直流电度表	台	1	1	1	
38	触发器工作台	拆装、维修、调试触发器	台	1	1	1	
39	主令控制器工作台	拆装、维修、调试主令控制器	台	1	1	1	
40	轮辋除锈机		台	1	1	1	
41	轮胎扩张机		台	1	1	1	
42	轮胎软轴打磨机		台	2	2	3	
43	轮胎修补工作台		台	1	1	2	
44	打胶浆机		台	1	1	2	
45	自动控制电加热内外胎烘补机	硫化时间：60～120min 硫化温度范围：132～150℃	台	2	3	4	
46	远红外控温小型硫化机	硫化自动控温范围：120～170℃	台	1	2	3	

续表

序号	设备名称	主要技术要求	单位	年度生产规模与设备台数 200辆以下	201～400辆	401～600辆	备注
47	电热式数码轮胎编号机		台	1	1	1	
48	钣金大平台	长×宽×高≥2000mm×1500mm×150mm	台	2	2	3	
49	快速涂镀机	最大镀层经济厚度≥0.5mm	台	1	1	1	
		镀层结合强度：196～294N/cm²	台				
50	热风机		台	1	2	3	
六	检测设备						
1	磁力探伤机	磁化夹头间距范围：80～100mm 试件最大截面直径：130mm	台	1	1	1	
2	弹簧拉压试验机	最大负荷不小于980N	台	1	1	1	
3	硬支承动平衡机	试件质量：10～300kg，试件长度范围：60～1700mm	台	—	1	1	
4	综合气路试验台	对气路元件制动控制阀、继动阀气室等进行校验	台	—	1	1	
5	空气压缩机试验台		台	1	1	1	带磨合
6	贮气筒耐压试验台	试验压力不小于1.47MPa	台	1	1	1	

续表

序号	设备名称	主要技术要求	单位	年度生产规模与设备台数 200辆以下	201～400辆	401～600辆	备注
7	电喇叭测试台	测试频率范围：31.5～8000Hz，测量声级范围：35～130dB	台	1	1	1	
8	牵引电动机试验台		台	1	1	1	
9	空气断路器试验台	试验电流：0～350A	台	1	1	1	
10	气压自动开关试验台	试验压力范围：0～981kPa	台	1	1	1	
11	继电器、接触器试验台	直流输出电压0～30V，输出电流不大于5A，直流输出电压：0～750V输出电流不小于2A	台	1	1	1	
12	晶体管特性图示仪	最大集电极电流不大于50A，电压不大于3000V	台	2	2	2	
13	双踪示波器	带宽：DC-15MHz，灵敏度：1CmV/cm	台	3	3	4	
14	线性电路图示仪		台	1	1	1	
15	数字集成电路测试仪		台	1	1	1	
16	通用数字频率计数器	测量周期DC：1～100kHz计数：999999	台	1	1	1	
17	R、C、L电桥	R：1Ω～19.00MΩ，C：0.1PF～1900μF，L：0.1μH～1900H，	台	1	1	1	

续表

序号	设备名称	主要技术要求	单位	年度生产规模与设备台数 200辆以下	201～400辆	401～600辆	备注
18	直流电位差计	1μV～1.911110V	台	1	1	1	
19	可控硅伏安特性测试仪	测量范围：0～3000V；0～500A	台	1	1	1	
20	可控硅触发特性测试仪	测量范围：0～25V；0～500mA	台	1	1	1	
21	可控硅维持特性测试仪	测量范围：0～500mA	台	1	1	1	
22	斩波器综合试验台		台	1	1	1	
23	内胎漏气检验设备		台	1	1	1	
24	洛氏硬度计		台	1	1	1	
25	检验平台	精度等级 1T5	台	1	1	1	
26	制动试验台	检测前、后制动力及手制动器	台	1	1	1	
27	侧滑试验台	检测前轮侧滑量	台	1	1	1	
28	前轮定位测试仪	检测前轮定位角，车轮转角	台	1	1	1	
29	转向系工作检测仪	按修理规范检测转向机构松紧程度	台	1	1	1	
30	汽车前照灯检测仪	光度计测量范围远光：0～75000cd 近光：0～10000cd	台	1	1	1	
31	灯光照度计	检测车内灯光照度	台	1	1	1	
32	声级计	测量范围：60～120dB	台	1	1	1	
33	介质击穿放电测试仪	测量交直流：0～5kV，误差≤3%，波形失真度≤5%，时间设定：1～999s，误差≤4%±1s	台	1	1	1	

续表

序号	设备名称	主要技术要求	单位	年度生产规模与设备台数 200辆以下	201～400辆	401～600辆	备注
七	锻压设备						
1	空气锤	落下部分质量：150kg	台	1	1	1	
2	反射式加热炉		套	1	1	1	
3	单柱液压机	公称压力：61.8kN	台	1	2	2	
4	单柱液压机	公称压力：496kN	台	1	1	1	
5	四柱液压机	公称压力：980kN	台	—	1	1	
6	开式可倾压力机	公称压力：785kN	台	—	—	1	
7	联合冲剪机	最大剪板厚度：16mm，最大冲孔力：540kN	台	—	—	1	
8	剪板机	最大剪板尺寸厚×宽，6.3mm×2000mm	台	1	1	1	
9	折边机	最大折板尺寸厚×宽：4mm×2000mm	台	1	1	1	
10	弯管机	弯管直径范围：25～60mm，弯曲角度：0°～180°	台	1	1	1	
11	振动剪	最大剪板厚小于 5mm	台	—	—	1	
八	焊接切割设备						
1	二氧化碳气体保护焊机	额定焊接电流：160A	台	2	2	2	
2	直流弧焊机	额定焊接电流：300A	台	2	3	4	
3	交流弧焊机	额定焊接电流：300A	台	2	3	4	
4	半自动氧气切割机		台	1	1	1	
九	木工缝纫设备						
1	木工圆锯机	锯片直径：500mm	台	1	1	1	
2	细木工带锯机	锯轮直径：400mm	台	1	1	1	
3	木工平刨床	刨削宽度：400mm、刨削最小长度：250mm	台	1	1	1	

续表

序号	设备名称	主要技术要求	单位	年度生产规模与设备台数 200辆以下	201～400辆	401～600辆	备注
4	双面木工压刨床	刨削宽度：600mm、刨削最小长度：350mm	台	1	1	1	
5	立式榫槽机	榫槽长×宽：软木 22mm×22mm 硬木 16mm×16mm	台	1	1	1	
6	工业缝纫机		台	2	2	2	
十	起重运输设备						
1	电动桥式起重机	起重量：2t	台	1	2	2	
2	电动葫芦	起重量：1t	台	4	4	5	
3	叉　车	起重量：2t	辆	2	2	3	
4	牵引电机吊车	起重量：1t	辆	1	1	2	
5	急修车		辆	2	3	4	
十一	动力设备						
1	空气压缩机	公称排气量范围：0.6～0.8m³/min 排气压力范围：0.785～1.18MPa	台	4	5	6	
2	空气压缩机	公称排气量：6m³/min 排气压力：785kPa	台	2	2	3	在序号十一2,3与序号十一4,5,6,7中任选一种供气方式的设备配备
3	贮气罐	公称容积：3.7m³ 工作压力：785kPa	台	2	2	3	
4	空气压缩机	公称排气量：6m³/min，排气压力：785kPa	台	—	—	1	
5	空气压缩机	公称排气量：10m³/min，排气压力：785kPa	台	1	1	1	

续表

序号	设备名称	主要技术要求	单位	年度生产规模与设备台数 200辆以下	201～400辆	401～600辆	备注
6	贮气罐	公称容积：5.6m³，工作压力：785kPa	台	1	1	—	
7	贮气罐	公称容积：7.0m³，工作压力：785kPa	台	—	—	1	
8	中压乙炔发生器	发气量：1m³/h	台	2	3	4	在序号十一8，与序号十一9中任选一种
9	乙炔钢瓶	压力：1.47MPa	只	12	18	24	
10	工业锅炉	蒸发量：4t/h，压力：1.28MPa	台	1	1	2	北方地区配备
11	工业锅炉	蒸发量：2t/h，压力：686kPa	台	1	1	2	南方地区配备
十二	喷漆设备						
1	喷漆设备		套	1	1	1	
2	喷漆烘房		间	1	1	1	根据当地气候可适当增加
十三	三废处理设备						
1	三废处理设备		套	1	1	1	

附录 A

（补充件）

A1 本标准中年度生产规模栏内车辆数为标准车辆台数，铰接车折算系数为1.6。

A2 城市无轨电车的保养、修理周期里程范围按下表执行：

城市公共交通车辆保养作业间隔里程表 **表 A1**

	各级保养周期间隔里程（$\times 10^4$km）			
	一 级	二 级	三 级	四 级
甲	0.3～0.4	1.5～2	3～4	9～12
乙	0.2～0.3	1～1.5	2～3	6～9
丙	0.15～0.25	0.75～1.25	1.5～2.5	4.5～7.5

城市公共交通车辆修理作业间隔里程表 **表 A2**

	车身第一次大修		车身第二次大修		发动机大修
	年 限	里 程（$\times 10^4$km）	年 限	里 程（$\times 10^4$km）	
道路条件好	5～6	35～40	4～5	30～35	<15
山区和道路条件差	3～4	25～30	2～3	20～25	<10

A3 城市无轨电车保养场，若兼作城市无轨电车车身修理可参照城市公共交通主要保修设备配备标准（公共汽车修理厂）选配不足的项目。

A4 城市无轨电车保养场若兼作城市公共汽车保养时，可参照城市公共交通主要保修设备配备标准（公共汽车保养场）选配不足的项目。

A5 若企业另有加工、制配任务，则由企业按实际需要自行增补、配置设备。

附加说明：

本标准由建设部标准定额研究所提出。

本标准由北京市公共交通研究所归口。

本标准由重庆市公用事业设计研究所负责起草并解释。

本标准主要起草人：李涛、宁增春。

中华人民共和国行业标准

城市公共交通主要保修设备配备 公共汽车保养场

Allocated standard of maintenance facilities for urban public transportation
Maintenance workshop of buses

ZBP 52001.2—89

1 主题内容与适用范围

本标准规定了城市公共汽车保养场主要保修设备配备标准,其设备配备数量和设备种类,可随设备功能的组合或分解作适当调整。

本标准适用于城市公共汽车保养场。

2 引用标准

GB7635—87 全国工农业产品(商品、物质)分类与代码。

3 术语

3.1 城市公共汽车保养场

从事城市公共汽车保养作业的企业。

3.2 主要保修设备

用于城市公共交通车辆保养或修理的主要设备。

3.3 保修设备的主要技术要求

保修设备的主要技术要求是指保修设备的主要技术参数或主要功能。

3.4 年度生产规模

年度汽车拥有量。

4 公共汽车保养场主要设备按表1配备

表 1

序号	设备名称	主要技术要求	单位	年度生产规模与设备台数				备注
				200 辆以下	201～400 辆	401～600 辆	601～1000 辆	
一	金属切削设备							
1	普通车床	最大工件直径:320mm	台	2	3	5	6	
2	普通车床	最大工件直径:400mm	台	2	2	3	4	
3	普通车床	最大工件直径:615mm	台	1	1	1	1	
4	牛头刨床	最大刨削长度:650mm	台	1	1	1	1	
5	牛头刨床	最大刨削长度:1000mm	台	—	1	1	1	
6	摇臂钻床	最大钻孔直径:25mm	台	—	1	2	2	
7	摇臂钻床	最大钻孔直径:40mm	台	1	1	1	1	
8	立式钻床	最大钻孔直径:25mm	台	1	1	1	2	
9	台式钻床	最大钻孔直径:12mm	台	5	6	7	7	
10	卧式升降台铣床	工作台工作面宽×:长 320mm×1250mm	台	1	1	1	2	
11	立式升降台铣床	工作台工作面宽×长:320mm×1250mm	台	—	1	1	1	
12	卧式矩台平面磨床	工作台尺寸宽×长:320mm×1600mm	台	1	1	1	1	
13	外圆磨床	最大磨削直径×长度:315mm×1500mm	台	—	—	1	1	
14	工具磨床	最大工件回转直径×长度 200mm×525mm	台	1	1	1	1	
15	弓锯床	最大锯料直径:250mm	台	1	1	1	1	
16	型材切割机	最大切割圆钢直径:50mm	台	2	2	3	3	

续表

序号	设备名称	主要技术要求	单位	年度生产规模与设备台数				备注
				200辆以下	201～400辆	401～600辆	601～1000辆	
17	砂轮机	砂轮直径:200mm	台	1	5	6	8	带除尘装置
18	砂轮机	砂轮直径:300mm	台	3	4	5	6	带除尘装置
二	清洗设备							
1	车辆外部清洗设备	车身外部清洗	台	1	1	2	2	
2	枪式冲洗机	车身外部清洗	台	2	2	3	3	
3	零件清洗机	零件清洗,总成清洗	台	1	1	2	2	粗 洗
4	零件清洗机	过程清洗	台	1	1	2	2	过程清洗是总成装配前的零件清洗
5	洗胎机		台	1	1	2	3	
6	水箱清洗设备		台	1	1	1	1	
7	燃油箱清洗设备		台	1	1	1	1	
三	举升设备							
1	车辆举升设备		套	3	4	5	6	整车举升
2	移动式举升设备		台	2	3	5	5	辅助举升
四	拆装设备							
1	轮胎螺母拆装机	拆装轮胎螺母	台	4	6	6	8	

续表

序号	设备名称	主要技术要求	单位	年度生产规模与设备台数				备注
				200辆以下	201～400辆	401～600辆	601～1000辆	
2	轮辋拆装小车	拆装、移动轮辋	台	1	1	1	1	
3	制动鼓拆装小车	拆装、移动制动鼓	台	8	10	12	14	
4	U型螺栓、螺母拆装机	拆装U型螺栓、螺母	台	2	3	4	4	
5	前桥总成拆装小车	拆装、移动前桥总成	台	1	2	2	3	
6	后桥总成拆装小车	拆装、移动后桥总成	台	2	3	4	6	
7	钢板弹簧拆装机	拆装、移动钢板弹簧总成	台	1	1	2	2	
8	半轴套管拆装机	拆装半轴套管	台	1	1	1	1	
9	轴承抗压器		台	1	1	1	1	
10	变速箱拆装机		台	1	2	2	3	在车上拆装用
11	发动机拆装翻转架		台	4	4	6	8	
12	缸套拆装机		台	1	1	1	1	
13	飞轮齿圈拆装机		台	1	1	1	1	

续表

序号	设备名称	主要技术要求	单位	年度生产规模与设备台数				备注
				200辆以下	201～400辆	401～600辆	601～1000辆	
五	修理专用设备							
1	磨汽门机	磨削直径范围:25～90mm,磨气门角度范围:30°～60°	台	1	1	2	2	
2	气门座镗削机	镗削锥面的直径范围:35～65mm 镗削锥面角度 15°～75°	台	1	1	1	2	
3	主轴瓦连杆瓦镗床	镗主轴孔直径范围:36～120mm,镗连杆孔直径范围:28～100mm	台	1	1	1	1	
4	移动式镗磨缸机	镗磨孔直径范围:66～140mm	台	1	1	2	2	
5	立式金钢镗床	最大镗孔直径:165mm	台	—	1	1	2	
6	立式珩磨机	最大珩磨直径:150mm	台	—	1	1	2	
7	活塞连杆工作台	拆装、维修活塞连杆组	台	1	1	1	1	
8	连杆校验台		台	1	1	1	1	
9	汽油泵、化油器工作台	拆装、维修、调试汽油泵、化油器	台	1	1	2	3	
10	机油泵工作台	拆装、维修、调试机油泵	台	1	1	1	1	
11	水箱工作台	拆装、维修、试验水箱	台	1	1	1	2	带试验
12	水泵工作台	拆装、维修水泵	台	1	1	1	2	
13	汽油滤清器工作台	拆装、维修汽油滤清器	台	1	1	1	2	
14	柴油滤清器工作台	拆装、维修柴油滤清器	台	1	1	1	2	柴油车专用

续表

序号	设备名称	主要技术要求	单位	年度生产规模与设备台数				备注
				200辆以下	201～400辆	401～600辆	601～1000辆	
15	机油滤清器工作台	拆装、维修机油滤清器	台	1	1	1	2	
16	空气滤清器工作台	拆装、维修空气滤清器	台	1	1	1	2	
17	发动机冷磨机	冷磨转速范围:250～700r/min	台	1	1	1	2	
18	发动机热磨调试架		台	1	1	2	2	
19	变速器工作台	拆装、维修变速器	台	1	1	2	2	
20	变速器磨合台	磨合与调试变速器	台	1	1	1	2	
21	离合器工作台	拆装、维修调整离合器	台	1	1	1	2	
22	离合器片修磨机	修磨离合器片	台	1	1	1	1	
23	转向器工作台	拆装、维修调试转向器总成	台	1	1	1	1	
24	制动控制阀工作台	拆装、维修、调试制动控制阀	台	—	1	1	1	带调试
25	继动阀工作台	拆装、维修、调试继动阀	台	—	1	1	1	带调试
26	制动气室工作台	拆装、维修、调试制动气室	台	—	1	1	1	带调试
27	管路工作台	修理、装配气管和油管	台	1	1	1	1	
28	空气压缩机工作台	拆装、维修空气压缩机	台	1	1	1	2	
29	前轴工作台	拆装、维修、调整前轴总成	台	1	1	1	2	
30	后轴工作台	拆装、维修、调整后轴总成	台	1	1	1	2	
31	前轴镗孔机		台	—	1	1	1	

续表

序号	设备名称	主要技术要求	单位	年度生产规模与设备台数				备注
				200辆以下	201～400辆	401～600辆	601～1000辆	
32	前轴校正机		台	—	1	1	1	
33	差速器工作台	拆装、维修、调整主减速器及差速器总成	台	1	2	2	3	
34	高压加脂机		台	3	4	5	5	
35	润滑油注油器		台	3	4	5	5	
36	制定鼓镗床	镗削直径范围:250～500mm	台	1	2	2	3	
37	钻、磨、铆制动蹄片机	蹄片最大加工直径:≥500mm	台	1	2	3	4	
38	钢板弹簧工作台	拆装、维修钢板弹簧总成	台	1	1	1	2	
39	传动轴、万向节工作台	拆装、维修传动轴、万向节总成	台	1	1	1	2	
40	转盘工作台	拆装、维修转盘总成	台	1	1	2	2	
41	客车门泵工作台	拆装、维修、调试客车门泵和三通阀	台	1	1	1	1	带试验
42	客车门泵电磁阀工作台	拆装、维修、调试门泵电磁阀	台	1	1	1	1	带试验
43	蓄电池工作台	拆装、维修蓄电池	台	1	1	1	1	
44	点火系工作台	拆装、维修、调试点火系分电器点火线圈、火花塞等总成	台	1	1	1	2	

续表

序号	设备名称	主要技术要求	单位	年度生产规模与设备台数				备注
				200辆以下	201～400辆	401～600辆	601～1000辆	
45	低压电器工作台	拆装、维修、调试发电机、起动机、调节器等低压电器	台	2	2	3	3	
46	电热恒温烘箱	内腔容积长×宽×高不小于500mm×500mm×550mm	台	1	1	2	2	
47	直流电源装置	输出额定电压19V，输出额定电流750A，1500A	台	1	1	2	2	
48	充电机	输出电压范围：0～250V，输出电流不小于30A	台	2	3	3	4	
49	快速充电机	输出电压范围：6～36V，输出电流不小于100A	台	1	1	2	2	
50	轮辋除锈机		台	1	1	1	1	
51	轮胎扩张机		台	1	1	1	1	
52	轮胎软轴打磨机		台	2	2	3	3	
53	轮胎修补工作台		台	1	1	2	2	
54	打胶浆机		台	1	1	1	1	
55	自动控制电加热内外胎烘补机	硫化时间范围：60～120min，硫化温度范围：132～150℃	台	2	3	4	5	

续表

序号	设备名称	主要技术要求	单位	年度生产规模与设备台数				备注
				200 辆以下	201～400 辆	401～600 辆	601～1000 辆	
56	远红外控温小型硫化机	硫化自动控温范围:120～170℃	台	1	2	3	3	
57	电热式数码轮胎编号机		台	1	1	1	1	
58	钣金大平台	长×宽×高≥2000mm×1500mm×150mm	台	2	2	3	3	
59	抛光设备		套	1	1	1	1	
60	快速涂镀机	最大镀层经济厚度不小于:0.5mm,镀层结合强度范围:196～294N/cm^2	台	1	1	1	1	
六	检测设备							
1	晶体管汽车示波器	工作电源:12V,转速量程范围:0～5000r/min	台	1	1	2	2	
2	燃烧室容积测试仪	测量范围:120～160mL	台	—	—	1	1	
3	气缸漏气量检验仪	检测气缸漏气量	台	1	1	1	1	
4	机油清净性分析仪	检测机油中杂质分布情况	台	1	1	1	1	
5	机油泵试验台	试验机油泵总成性能	台	1	1	1	1	
6	汽油泵试验台	试验汽油泵泵油压力、泵油量、密封性	台	1	1	1	1	
7	喷油泵试验台	试验喷油泵供油量	台	1	1	1	2	柴油车专用
8	喷油嘴试验台	可测喷油压力范围:0～39MPa	台	1	1	2	2	柴油车专用

续表

序号	设备名称	主要技术要求	单位	年度生产规模与设备台数				备注
				200辆以下	201～400辆	401～600辆	601～1000辆	
9	汽油发动机测试仪	可测发动机异响,配气相位、点火系、转速、加速测功等参数	台	—	1	1	1	
10	柴油发动机测试仪	可测供油系统各项系数、异响分析配气相位和发动机性能等参数	台	—	1	1	1	柴油车专用
11	水泵试验台	转速测量范围:1200～2000r/min,流量测量范围:30～2001/min	台	1	1	1	1	
12	综合气路试验台	对气路元件制动控制阀、继动阀、气室等进行校验	台	1	1	1	1	
13	空气压缩机试验台	转速测量范围:600～1200r/min	台	1	1	1	1	带磨合
14	储气筒耐压试验台	试验压力不小于1.47MPa	台	1	1	1	1	
15	内胎漏气检验设备		台	1	1	1	1	
16	传动系统异响检测仪		台	1	1	1	1	
17	弹簧拉压试验机	最大负荷不小于:980N	台	1	1	1	1	
18	磁力探伤机	磁化夹头间距范围:80～100mm,试件最大截面直径:130mm	台	1	1	1	1	
19	曲轴动平衡机	被测轴最大长度不大于:1600mm,被平衡轴的质量:3～300kg	台	1	1	1	1	

续表

序号	设备名称	主要技术要求	单位	年度生产规模与设备台数				备注
				200辆以下	201～400辆	401～600辆	601～1000辆	
20	汽车电器试验台	输出直流电压：6V、12V、24V	台	—	1	1	1	
21	电喇叭测试台	测试频率范围：31.5～8000Hz，测量声级范围：35～130dB	台	1	1	1	1	
22	晶体管特性图示仪	最大集电极电流不大于50A，电压不大于3000V	台	1	1	1	1	
23	双踪示波器	带宽：DC－15MHz，灵敏度：10mV/cm	台	1	1	2	2	
24	洛氏硬度计		台	1	1	1	1	
25	检验平台	精度等级IT5	块	1	1	1	1	
26	制动试验台	检测前、后制动力及手制动器	台	1	1	1	1	
27	侧滑试验台	检测前轮侧滑量	台	1	1	1	1	
28	速度表检验台	检测车速表，车速量程：0～120km/h	台	1	1	1	1	
29	前轮定位测试仪	检测前轮定位角，车轮转角	台	1	1	1	1	
30	转向系工作检查仪	按修理规范检测转向机构松紧程度	台	1	1	1	1	
31	汽车前照灯检测仪	光度测量范围：远光0～75000cd，近光：0～10000cd	台	1	1	1	1	
32	灯光照度计	检测车内灯光照度	台	1	1	1	1	
33	汽车油耗计	测量范围：汽油2～40L/h，柴油1～50L/h	台	1	1	1	1	

续表

序号	设备名称	主要技术要求	单位	年度生产规模与设备台数				备注
				200辆以下	201～400辆	401～600辆	601～1000辆	
34	废气分析仪	测量范围CO量程:0～2%,0～8%,HC量程:0～500ppm,0～2000ppm,0～4000ppm,0～8000ppm	台	1	1	1	1	
35	半自动排气烟度计	抽气泵抽气容积:330±15ml,滤纸通过有效直径:30mm	台	1	1	1	1	柴油车专用
36	声级计	测量范围:60～120dB	台	1	1	1	1	
七	锻压设备							
1	空气锤	落下部分质量:150kg	台	1	1	1	1	
2	反射加热炉		套	1	1	1	1	
3	单柱液压机	公称压力:61.8kN	台	2	2	3	3	
4	四柱液压机	公称压力:980kN	台	—	1	1	1	
5	开式可倾压力机	公称压力:785kN	台	—	—	1	1	
6	联合冲剪机	最大剪板厚度:16mm,最大冲孔力:540kN	台	—	—	1	1	
7	剪板机	最大剪板尺寸厚×宽:6.3mm×2000mm	台	1	1	1	1	
8	折边机	最大折板尺寸厚×宽:4mm×2000mm	台	1	1	1	1	

续表

序号	设备名称	主要技术要求	单位	年度生产规模与设备台数				备注
				200辆以下	201～400辆	401～600辆	601～1000辆	
9	弯管机	弯管直径范围:25～60mm,弯曲角度:0°～180°	台	1	1	1	1	
10	振动剪	最大剪板厚小于5mm	台	—	—	1	1	
八	焊接切割设备							
1	二氧化碳气体保护焊机	额定焊接电流:160A	台	2	2	2	2	
2	直流弧焊机	额定焊接电流:300A	台	2	3	4	6	
3	交流弧焊机	额定焊接电流:300A	台	2	3	4	6	
4	半自动氧气切割机		台	1	1	1	2	
九	木工缝纫设备							
1	木工圆锯机	锯片直径:500mm	台	1	1	1	1	
2	细木工带锯机	锯轮直径:400mm	台	1	1	1	1	
3	木工平刨床	刨削宽度:400mm 刨削最小长度:250mm	台	1	1	1	1	
4	双面木工压刨床	刨削宽度:600mm 刨削最小长度:350mm	台	1	1	1	1	
5	立式榫槽机	榫槽尺寸长×宽:软木22mm×22mm 硬木16mm×16mm	台	1	1	1	1	
6	工业缝纫机		台	2	2	3	4	

续表

序号	设备名称	主要技术要求	单位	年度生产规模与设备台数				备注
				200辆以下	201～400辆	401～600辆	601～1000辆	
十	起重运输设备							
1	电动桥式起重机	起重量:2t	台	2	3	3	4	
2	电动葫芦	起重量:1t	台	4	4	5	6	
3	叉　车	起重量:1t	辆	2	3	3	4	
4	叉　车	起重量:3t	辆	1	1	2	2	
5	发动机吊车	起重量:1t	辆	1	1	2	2	
6	急修车		辆	2	3	4	5	
十一	动力设备							
1	空气压缩机	公称排气量范围:0.6～0.8m³/min 排气压力范围:0.785～1.18MPa	台	4	5	6	8	
2	空气压缩机	公称排气量:6m³/min 排气压力:785kPa	台	1	2	2	3	在序号十一2,3,4与序号5,6,7,8,9中任选一种供气方式的设备配备
3	贮气罐	公称容积:3.7m³,工作压力:785kPa	台	1	2	2	3	
4	贮气罐	公称容积:2.5m³,工作压力:785kPa	台	—	2	2	3	
5	空气压缩机	公称排气量:6m³/min,排气压力:785kPa	台	1	—	—	1	
6	空气压缩机	公称排气量:10m³/min,排气压力:785kPa	台	—	1	1	1	

续表

序号	设备名称	主要技术要求	单位	年度生产规模与设备台数				备注
				200辆以下	201～400辆	401～600辆	601～1000辆	
7	贮气罐	公称容积：3.7m^3，工作压力：785kPa	台	1	—	—	—	
8	贮气罐	公称容积：5.6m^3，工作压力：785kPa	台	—	1	1	—	
9	贮气罐	公称容积：7.0m^3，工作压力：785kPa	台	—	—	—	1	
10	中压乙炔发生器	发气量：1m^3/h	台	2	3	4	4	在序号十一10
11	乙炔钢瓶	压力：1.47MPa	台	12	18	24	30	与序号十一11 两种任选一种
12	工业锅炉	蒸发量：4t/h，压力1.28MPa	台	1	1	2	2	北方地区配备
13	工业锅炉	蒸发量：2t/h，压力686kPa	台	1	1	2	2	南方地区配备
十二	喷漆设备							
1	喷漆设备		套	1	1	1	1	根据当地气候
2	喷漆烘房		间	1	1	1	1	可适当增加
十三	三废处理设备							
1	三废处理设备		套	1	1	1	1	

附 录 A

（补充件）

A1 本标准中年度生产规模栏内车辆数为标准车辆台数，铰接车折算系数为1.6。

A2 城市公共汽车的保养、修理周期里程范围按下表执行：

城市公共交通车辆保养作业间隔里程表　　表 A1

	各级保养周期间隔里程（$\times 10^4$km）			
	一 级	二 级	三 级	四 级
甲	0.3～0.4	1.5～2	3～4	9～12
乙	0.2～0.3	1～1.5	2～3	6～9
丙	0.15～0.25	0.75～1.25	1.5～2.5	4.5～7.5

城市公共交通车辆修理作业间隔里程表　　表 A2

	车身第一次大修		车身第二次大修		发动机大修
	年 限	里 程（$\times 10^4$km）	年 限	里 程（$\times 10^4$km）	
道路条件好	5～6	35～40	4～5	30～35	<15
山区和道路条件差	3～4	25～30	2～3	20～25	<10

A3 城市公共汽车保养场，若兼作城市公共汽车修理时，可参照城市公共交通主要保修设备配备标准（公共汽车修理厂）选配不足的项目。

A4 城市公共汽车保养场若兼作城市无轨电车保养时，可参照城市公共交通主要保修设备配备标准（无轨电车保养场）选配不足的项目。

A5 若企业另有加工、制配任务，则由企业按实际需要自行增补、配置设备。

附加说明：

本标准由建设部标准定额研究所提出。

本标准由北京市公共交通研究所归口。

本标准由重庆市公用事业设计研究所负责起草并解释。

本标准主要起草人：蒋惠仪　张培禧。

中华人民共和国行业标准

城市公共交通主要保修设备配备 公共汽车修理厂

Allocated standard of maintenance facilities for urban public transportation

Repair workshop of buses

ZBP 52001.3—89

1 主题内容与适用范围

本标准规定了城市公共汽车修理厂主要保修设备配备标准，其设备配备数量和设备种类，可随设备功能的组合或分解作适当调整。

本标准适用于城市公共汽车修理厂。

2 引用标准

GB7635—87 全国工农业产品(商品、物质)分类与代码。

3 术语

3.1 城市公共汽车修理厂

从事城市公共汽车修理作业的企业。

3.2 主要保修设备

用于城市公共交通车辆保养或修理的主要设备。

3.3 保修设备的主要技术要求

指保修设备的主要技术参数或主要功能。

3.4 年度生产规模

年度汽车大修数量。

4 公共汽车修理厂主要保修设备按表1配备

表 1

序号	设备名称	主要技术要求	单位	年度生产规模与设备台数 200辆以下	201～400辆	401～600辆	备注
一	金属切削设备						
1	普通车床	最大工件直径:320mm	台	3	5	6	
2	普通车床	最大工件直径:400mm	台	2	2	3	
3	普通车床	最大工件直径:615mm	台	1	1	2	
4	牛头刨床	最大刨削长度:650mm	台	1	2	2	
5	牛头刨床	最大刨削长度:1000mm	台	1	1	2	
6	龙门刨床	最大刨削宽度×最大刨削长度:1000mm×4000mm	台	—	1	1	
7	摇臂钻床	最大钻孔直径:25mm	台	1	2	2	
8	摇臂钻床	最大钻孔直径:50mm	台	1	1	1	
9	立式钻床	最大钻孔直径:25mm	台	1	1	2	
10	台式钻床	最大钻孔直径:12mm	台	6	8	10	
11	立式钻铣床	最大钻孔直径:32mm	台	1	1	1	
12	卧式升降台铣床	工作台工作面宽×长:320mm×1250mm	台	1	1	2	
13	立式升降台铣床	工作台工作面宽×长:320mm×1250mm	台	1	1	1	
14	卧轴矩台平面磨床	工作台尺寸宽×长:320mm×1600mm	台	1	1	1	

续表

序号	设备名称	主要技术要求	单位	年度生产规模与设备台数 200辆以下	201～400辆	401～600辆	备注
15	外圆磨床	最大磨削直径×长度：315mm×1500mm	台	1	1	1	
16	内圆磨床	加工直径×深度：6－100mm×150mm	台	—	1	1	
17	工具磨床	最大工件回转直径×长度：200mm×525mm	台	1	1	1	
18	插床	最大插削长度：200mm	台	1	1	1	
19	弓锯床	最大锯料直径：250mm	台	1	1	2	
20	型材切割机	最大切割圆钢直径：50mm	台	2	3	5	
21	砂轮机	砂轮直径：200mm	台	5	7	9	带除尘装置
22	砂轮机	砂轮直径：300mm	台	3	4	5	带除尘装置
二	清洗设备						
1	枪式冲洗机	车身外部清洗	台	2	2	2	
2	零件清洗机	零件清洗、总成清洗	台	2	2	2	粗洗
3	零件清洗机	过程清洗	台	1	2	2	过程清洗是总成装配前的零件清洗
4	洗胎机		台	1	1	1	
5	水箱清洗设备		台	1	1	1	
6	燃油箱清洗设备		台	1	1	1	
7	铝合金零部件清洗设备		台	1	1	1	
8	车身零部件除漆设备		台	1	1	1	
三	举升设备						
1	车辆举升设备		套	1	2	2	整车举升
2	移动式举升设备		台	1	2	2	辅助举升

续表

序号	设备名称	主要技术要求	单位	年度生产规模与设备台数 200辆以下	201～400辆	401～600辆	备注
四	拆装设备						
1	轮胎螺母拆装机	拆装轮胎螺母	台	4	4	6	
2	轮辋拆装设备	拆装移动轮辋	台	1	1	1	
3	制动鼓拆装设备	拆装、移动制动鼓	台	2	3	3	
4	U型螺栓螺母拆装机	拆装U型螺栓螺母	台	1	1	2	
5	前桥总成拆装小车	拆装、移动前桥总成	台	1	1	2	
6	后桥总成拆装小车	拆装、移动后桥总成	台	2	2	4	
7	钢板弹簧拆装机	拆装、移动钢板弹簧总成	台	1	1	2	
8	半轴套管拆装机	拆装半轴套管	台	1	1	1	
9	轴承拉压器		套	1	1	1	
10	变速箱拆装机		台	1	2	3	在车上拆装用
11	发动机拆装翻转架		台	4	6	8	
12	缸套拆装机		台	1	1	2	
13	飞轮齿圈拆装机		台	1	1	1	
五	修理专用设备						
1	磨气门机	磨削直径范围：25～90mm，磨气门角度30°～60°	台	1	2	3	
2	气门座镗削机	镗削锥面直径范围：35～65mm，镗削锥面角度，15°～75°	台	1	1	2	
3	汽门挺杆球面磨床	最大夹持直径，25mm	台	—	1	1	

续表

序号	设备名称	主要技术要求	单位	年度生产规模与设备台数 200辆以下	201～400辆	401～600辆	备注
4	缸体主轴瓦拉床	拉孔直径范围，64～75mm	台	—	1	1	
5	主轴瓦连杆瓦镗床	镗主轴孔直径范围：36～120mm 镗连杆孔直径范围：28～100mm	台	1	1	1	
6	移动式镗磨缸机	镗磨孔直径范围：66～140mm	台	1	2	2	
7	立式金钢镗床	最大镗孔直径:165mm	台	1	1	2	
8	立式珩磨机	最大珩磨直径 150mm	台	1	1	2	
9	活塞连杆工作台	拆装、维修活塞连杆组	台	1	1	1	
10	连杆校验后		台	1	1	1	
11	汽油泵、化油器工作台	拆装、维修、调试汽油泵、化油器	台	1	1	2	
12	机油泵工作台	拆装、维修、调试机油泵	台	1	1	1	
13	水箱工作台	拆装、维修、试验水箱	台	1	1	1	带试验
14	水泵工作台	拆装、维修水泵	台	1	1	1	
15	汽油滤清器工作台	拆装、维修汽油滤清器	台	1	1	1	
16	柴油滤清器工作台	拆装、维修柴油滤清器	台	1	1	1	柴油车专用
17	机油滤清器工作台	拆装、维修机油滤清器	台	1	1	1	
18	空气滤清器工作台	拆装、维修空气滤清器	台	1	1	1	
19	曲轴磨床	最大工件直径×长度：580×1500mm	台	1	1	2	
20	凸轴轴磨床	最大磨削直径×长度：250×1250mm	台	—	1	1	

续表

序号	设备名称	主要技术要求	单位	年度生产规模与设备台数 200辆以下	201～400辆	401～600辆	备注
21	发动机冷磨机	冷磨转速范围：250～700r/min	台	1	2	3	
22	发动机热磨调试架		台	1	2	3	
23	变速器工作台	拆装、维修变速器	台	1	1	2	
24	变速器磨合台	磨合与调试变速器	台	1	1	1	
25	离合器工作台	拆装、维修调整离合器	台	1	1	1	
26	离合器片修磨机	修磨离合器片	台	1	1	1	
27	转向器工作台	拆装、维修、调试转向器总成	台	1	1	1	
28	制动控制阀、气室工作台	拆装、维修、制动控制阀气室	台	1	1	1	带试验
29	管路工作台	修理、装配气管和油管	台	1	1	1	
30	空气压缩机工作台	拆装、维修空气压缩机	台	1	1	1	
31	前轴工作台	拆装、维修、调整前轴总成	台	1	1	2	
32	后轴工作后	拆装、维修、调整后轴总成	台	1	1	2	
33	前轴镗孔机		台	1	1	1	
34	前轴校正机		台	1	1	1	
35	差速器工作台	拆装、维修、调整主减速器和差速器总成	台	1	2	2	
36	高压加脂机		台	1	1	2	
37	润滑油注油器		台	2	2	2	
38	制动鼓镗床	镗削直径范围：250～500mm	台	1	2	2	
39	钻、磨、铆制动蹄片机	蹄片最大加工直径≥500mm	台	1	2	2	
40	钢板弹簧工作台	拆装、维修钢板弹簧总成	台	1	1	1	

续表

序号	设备名称	主要技术要求	单位	年度生产规模与设备台数 200辆以下	201～400辆	401～600辆	备注
41	传动轴万向节工作台	拆装、维修传动轴和万向节总成	台	1	1	1	
42	转盘工作台	拆装、维修转盘总成	台	1	1	2	
43	车架校正机		台	1	1	1	
44	客车门泵工作台	拆装、维修、调试客车门泵和三通阀	台	1	1	1	带试验
45	蓄电池工作台	拆装、维修蓄电池	台	1	1	1	
46	点火系工作台	拆装、维修、调试点火系、分电器、点火线圈、火花塞等总成	台	1	1	1	
47	低压电器工作台	拆装、维修、调试发电机、起动机、调节器等低压电器	台	2	2	3	
48	电热恒温烘箱	内腔容积长×宽×高不小于：500mm×500mm×550mm	台	1	1	2	
49	充电机	输出电压范围：0～250V，输出电流不小于30A	台	2	2	3	
50	快速充电机	输出电压范围：6～36V，输出电流不小于：100A	台	1	1	2	
51	直流电源装置	输出额定电压19V，输出额定电流：750A、1500A	台	1	1	2	
52	轮辋除锈机		台	1	1	1	
53	轮胎扩张机		台	1	1	1	

续表

序号	设备名称	主要技术要求	单位	年度生产规模与设备台数 200辆以下	201～400辆	401～600辆	备注
54	轮胎软轴打磨机		台	2	2	3	
55	轮胎修补工作台		台	1	1	2	
56	打胶浆机		台	1	1	1	
57	自动控制电加热内外胎烘补机	硫化时间范围：60～120min，硫化温度范围：132～150℃	台	2	3	4	
58	远红外控温小型硫化机	硫化自动控温范围：120～170℃	台	1	2	3	
59	电热式数码轮胎编号机		台	1	1	1	
60	钣金大平台	长×宽×高：≥2000mm×1500mm×150mm	台	4	6	8	
61	抛光设备		套	1	1	1	
62	快速涂镀机	最大镀层经济厚度：≥0.5mm，镀层结合强度范围：196～294N/cm^2	台	1	1	1	
63	镀铬涂镀机		套	—	1	1	
六	检测设备						
1	晶体管汽车示波器	工作电源：12V，转速量程范围：0～5000r/min	台	1	1	2	
2	燃烧室容积测试仪	测量范围：120～160ml	台	1	1	1	
3	气缸漏气量检验仪	检测气缸漏气量	台	1	2	2	
4	机油清净性分析仪	检测机油中杂质分布情况	台	—	1	1	
5	机油泵试验台	试验机油泵总成性能	台	1	1	1	

续表

序号	设备名称	主要技术要求	单位	年度生产规模与设备台数 200辆以下	201～400辆	401～600辆	备注
6	汽油泵试验台	试验汽油泵泵油压力、泵油量密封性	台	1	1	1	
7	喷油泵试验台	试验喷油泵供油量	台	1	1	1	柴油车专用
8	喷油嘴试验后	可测喷油压力范围：0～39MPa	台	1	1	1	柴油车专用
9	汽油发动机测试仪	可测发动机异响，配汽相位，点火系、转速、加速测功等参数	台	—	1	1	
10	柴油发动机测试仪	可测供油系统各项系数、异响分析、配汽相位和发动机性能等参数	台	—	1	1	柴油车专用
11	水泵试验台	转速测量范围：1200～2000r/min 流量测量范围：30～200L/min	台	1	1	1	
12	综合气路试验后	对气路元件、制动控制阀、继动阀、气室等进行校验	台	1	1	1	
13	空气压缩机试验台	转速测量范围：600～1200r/min	台	1	1	1	带磨合
14	储气筒耐压试验台	试验压力不小于1.47MPa	台	1	1	1	
15	内胎漏气检验设备		台	1	1	1	
16	传动系统异响检测仪		台	1	1	1	
17	弹簧拉压试验机	最大负荷不小于980N	台	1	1	1	

续表

序号	设备名称	主要技术要求	单位	年度生产规模与设备台数 200辆以下	201～400辆	401～600辆	备注
18	磁力探伤机	磁化夹头间距范围：80～100mm，试件最大截面直径：130mm	台	1	1	1	
19	曲轴动平衡机	被测轴长度不大于1600mm，被平衡轴质量：3kg～300kg	台	1	1	1	
20	传动轴动平衡机	被平衡轴质量：5kg～30kg，被测轴轴最大直径：90mm	台	1	1	1	
21	汽车电器试验台	输出直流电压：6V、12V、24V	台	1	1	2	
22	电喇叭测试台	测试频率范围：31.5～8000Hz，测量声级范围：35～130dB	台	1	1	1	
23	晶体管特性图示仪	最大集电极电流不大于50A，电压≤3000V	台	1	1	1	
24	双踪示波器	带宽 DC－15μHz，灵敏度 10mV/cm	台	1	2	2	
25	洛氏硬度计		台	1	1	1	
26	检验平钣	精度等级 IT5	块	1	1	1	
27	亮度计检测仪	检测车身漆膜亮度	台	1	1	1	
28	轴荷测试台	检测车辆轴荷	台	1	1	1	
29	制动试验台	检测前、后制动力及手制动器	台	1	1	1	
30	测滑试验台	检测前轮侧滑量	台	1	1	1	
31	速度表检验台	检测车速表，车速量程：0～120km/h	台	1	1	1	
32	前轮定位测试仪	检测前轮定位角，车轮转角	台	1	1	1	

续表

序号	设备名称	主要技术要求	单位	年度生产规模与设备台数 200辆以下	201～400辆	401～600辆	备注
33	转向系工作检查仪	按修理规范检测转向机构松紧程度	台	1	1	1	
34	汽车前照灯检测仪	光度计测量范围,远光0～75000cd 近光,0～10000cd	台	1	1	1	
35	灯光照度计	检测车内灯光照度	台	1	1	1	
36	汽车油耗计	测量范围:汽油 2～40l/h,柴油:1～50l/h	台	1	2	3	
37	排气分析仪	测量范围:CO 量程 0～2%,0～8%HC 量程 0～500ppm, 0～2000ppm, 0～4000ppm, 0～8000ppm	台	1	2	3	
38	半自动排气烟度计	抽气泵抽气容积:330±15ml,滤纸通过有效直径:30mm	台	1	1	1	柴油车专用
39	声级计	测量范围:60～120dB	台	1	1	1	
40	微电脑五轮仪	测量距离范围:0～9999.99m,测量车速范围:1～200km/h	套	1	1	1	
41	测功机		台	1	1	1	
七	锻压设备						
1	空气锤	落下部分质量:150kg	台	1	1	1	
2	空气锤	落下部分质量:250kg	台	—	1	1	
3	反射加热炉		套	1	1	1	

续表

序号	设备名称	主要技术要求	单位	年度生产规模与设备台数 200辆以下	201～400辆	401～600辆	备注
4	单柱液压机	公称压力 61.8kN	台	2	3	4	
5	单柱校正压装液压机	公称压力:245kN	台	1	1	1	
6	四柱液压机	公称压力:981kN	台	—	—	1	
7	四柱液压机	公称压力:2940kN	台	1	1	1	
8	开式可倾压力机	公称压力:294kN	台	—	1	2	
9	开式可倾压力机	公称压力:785kN	台	1	1	1	
10	联合冲剪机	最大剪板厚度:16mm,最大冲孔力:540kN	台	1	1	2	
11	剪板机	最大剪板尺寸厚×宽,10mm×2500mm	台	1	1	2	
12	折边机	最大折板尺寸厚×宽:6.3mm×2500mm	台	1	1	1	
13	弯管机	弯管直径范围:25～60mm,弯曲角度:0°～180°	台	1	1	1	
14	板料折弯压力机	公称压力:785kN	台	—	1	1	
15	振动剪	最大剪板厚小于 5mm	台	1	1	2	
16	卷板机	卷板最大尺寸厚×宽:2mm×1600mm	台	1	1	1	
八	焊接切割设备						
1	二氧化碳气体保护焊机	额定焊接电流:160A	台	3	4	6	
2	二氧化碳气体保护焊机	额定焊接电流:300A	台	1	2	2	
3	直流弧焊机	额定焊接电流:300A	台	2	3	4	
4	交流弧焊机	额定焊接电流:300A	台	2	3	4	
5	点焊机	额定焊接功率:75kVA	台	—	1	1	

续表

序号	设备名称	主要技术要求	单位	年度生产规模与设备台数 200辆以下	201～400辆	401～600辆	备注
6	交直流两用手工氩弧焊机	额定焊接电流:250A	台	—	1	1	
7	半自动氧气切割机		台	1	1	1	
8	液力铆接机	铆接最大铆钉直径不大于13mm	台	1	1	1	
九	木工缝纫设备						
1	木工圆锯机	锯片直径:500mm	台	1	1	1	
2	细木工带锯机	锯轮直径:400mm	台	1	1	2	
3	木工平刨床	刨削宽度:400mm 刨削最小长度:250mm	台	1	1	1	
4	双面木工压刨床	刨削宽度:600mm 刨削最小长度:350mm	台	1	1	1	
5	立式榫槽机	榫槽尺寸:长×宽:软木 22mm×22mm 硬木 16mm×16mm	台	1	1	1	
6	工业缝纫机		台	3	4	5	
十	热处理设备						
1	外热硝盐炉	额定功率:36kW,额定温度:550℃	台	1	1	1	
2	箱式电阻炉	额定功率:15kW,额定温度:950℃	台	1	1	2	
3	箱式电阻炉	额定功率:45kW,额定温度:950℃	台	—	1	1	
十一	起重运输设备						
1	电动桥式起重机	起重量:5t	台	—	—	1	
2	电动桥式起重机	起重量:2t	台	2	3	4	
3	电动葫芦	起重量:1t	台	4	5	6	

续表

序号	设备名称	主要技术要求	单位	年度生产规模与设备台数 200辆以下	201～400辆	401～600辆	备注
4	叉车	起重量:1t	辆	2	3	4	
5	叉车	起重量:3t	辆	1	1	1	
6	发动机吊车	起重量:1t	辆	2	2	3	
7	地车		套	—	—	1	
十二	动力设备						
1	空气压缩机	公称排气量范围 0.6～0.8m³/min,排气压力范围:0.785～1.18MPa	台	2	3	4	
2	空气压缩机	公称排气量 6m³/min,排气压力 785kPa	台	2	3	4	在序号十二2,3与序号十二4,5,6,7,8中任选一种供气方式的设备配备
3	贮气罐	公称容积:3.7m³ 工作压力 785kPa		2	3	4	
4	空气压缩机	公称排气量 6m³/min,排气压力 785kPa	台	2	1	—	
5	空气压缩机	公称排气量 10m³/min,排气压力 785kPa	台	—	1	2	
6	储气罐	公称容积 5.6m³,工作压力:785kPa	台	1	—	—	
7	储气罐	公称容积 7.0m³,工作压力:785kPa	台	—	1	—	
8	储气罐	公称容积 8.5m³,工作压力:785kPa	台	—	—	1	
9	中压乙炔发生器	发气量:1m³/h	台	2	3	4	在序号十二9,

续表

序号	设备名称	主要技术要求	单位	年度生产规模与设备台数 200辆以下	201～400辆	401～600辆	备注
10	中压乙炔发生器	发气量:5m³/h	台	1	1	1	10与序号十二11中任选一种
11	乙炔钢瓶	压力:1.47MPa	只	20	30	40	北方地区配备南方地区配备
12	工业锅炉	蒸发量:4t/h,压力:1.28MPa	台	1	1	2	
13	工业锅炉	蒸发量:2t/h,压力:686kPa	台	1	1	2	
十三	喷漆设备						
1	防腐处理设备		套	1	1	1	
2	喷漆设备		套	1	1	1	
3	喷漆烘房		间	1	1	1	
十四	三废处理设备						
1	三废处理设备		套	1	1	1	

附录 A

（补充件）

A1 本标准中年度生产规模栏内车辆数为标准车辆台数，铰接车折算系数为1.6。

A2 城市公共汽车的保养、修理周期里程范围按下表执行：

城市公共交通车辆保养作业间隔里程表 **表 A1**

	各级保养周期间隔里程(×10⁴km) 一级	二级	三级	四级
甲	0.3～0.4	1.5～2	3～4	9～12
乙	0.2～0.3	1～1.5	2～3	6～9
丙	0.15～0.25	0.75～1.25	1.5～2.5	4.5～7.5

城市公共交通车辆修理作业间隔里程表 **表 A2**

	车身第一次大修 年限	车身第一次大修 里程(×10⁴km)	车身第二次大修 年限	车身第二次大修 里程(×10⁴km)	发动机大修
道路条件好	5～6	35～40	4～5	30～35	<15
山区和道路条件差	3～4	25～30	2～3	20～25	<10

A3 城市公共汽车修理厂，若兼作城市公共汽车保养时，可参照城市公共交通主要保修设备配备标准(公共汽车保养场)选配不足的项目。

A4 城市公共汽车修理厂若兼作城市无轨电车保养时，可参照城市公共交通主要保修设备配备标准(无轨电车保养场)选配不足的项目。

A5 城市公共汽车修理厂可兼作城市无轨电车的车身修理。

A6 若企业另有加工、制配任务，则由企业按实际需要自行增补、配置设备。

附加说明：

本标准由建设部标准定额研究所提出。
本标准由北京市公共交通研究所归口。
本标准由重庆市公用事业设计研究所负责起草并解释
本标准主要起草人：夏渝生　谭湘成。